izdj.k 1

lksykiwj ftYgk % lkekftd] vkfFkZd] jktdh; ifjfLFkrh vkf.k 'ksrdjh dkexkj i{kkph LFkkiuk

lksykiwj ukokph mRiRrh

egkjk"Vª jkT;kph LFkkiuk 1 es 1960 jksth >kyh- iz'kklukP;k lks;hlkBh R;kps lgk foHkkx ikMys- egkjk"Vªkph foHkkx.kh 31 ftYg;kr dj.;kr vkyh- R;krhy ,d lksykiwj ftYgk- rks iq.ks foHkkxkr egRokpk ftYgk Eg.kwu vksG[kyk tkrks- lksykiwj ;k ukokP;k mRiÙkhfo"k;h fHkUu fHkUu ers pfpZyh tkrkr- ,dk er izokgkuqlkj rs xko 16 xkops |ksrd uko vlwu R;kr [kkyhy 16 xkos vfHkiszr vkgsr- vgenuxj] vfnyiwj] peyknso] QÙksiwj] teknkjokMh] dktGkiwj] [kkniwj] [kaMsjokMh] egaeniwj] lanykiwj] 'ksdiwj] lksykiwj] lksUuyxh] lkstkiwj] jk.kkiwj] oS|okMh v'kk 16 xkokaP;k ,dhdj.kkuarj O;ogkjkr :< gksr xsys vlkos vls lkafxrys tkrs rj dkghaP;kers ^lksUuyxh* ;k ewG [ksM;kph ok< gksr tkÅu dkykarjkus ^lksUuyxh* ;k 'kCnkpk viHkza'k lksuykiwj o R;kuarj lksykiwj vls >kyk vlkok-[1]

lksykiwj fMfLVªDV xW>sfVvjus iq<s vlsgh EgVys vkgs dh lksuykiwj gs ewG uko gksrs- uarjP;k dkGkr R;krhy uk xkGyk xsyk o lksykiwj gs uko izpfyr

>kys- fczVh'k vf/kdkjh R;kpk mPpkj 'kksykiwj (Sholapur) vlk djhr-

lksykiwj HkkSxksfyd

iq.ks foHkkxkr lekfo"V dj.;kr vkysY;k ikp ftYg;ke/;s lksykiwj ftYgk vlwu rks egkjk"V^{a} jkT;kP;k nf{k.k iwoZ lhesoj 17^{0}42* vkf.k 18^{0}32* mÙkj v{kka'k o 74^{0}42* vkf.k 76^{0}15* iwoZ js[kka'k ;kaP;ke/;s olyk vkgs- ;k ftYg;kP;k mÙkjsyk vgenuxj o mLekukckn iwosZyk mLekukckn ftYg;kpk dkgh Hkkx o dukZVd jkT; nf{k.ksyk lkaxyh ftYgk o dukZVd jkT; if'pesyk lkrkjk o iq.ks ftYgk vkgs- ;k ftYg;kps eq[; dk;kZy; lksykiwj 'kgjkr vlwu ftYg;kpk ,dw.k foLrkj 14895 pkS- fd- ehVj vkgs-[2] lksykiwj ftYgk leqnzlikVhiklwu 550 ehVj maphoj vlwu ck'khZ rkyqD;kpk mÙkjspk o iwosZpk Hkkx ek<k o djekGk rkyqD;kpk e/;Hkkx ekGf'kjl rkyqD;kpk dkgh Hkkx o lkaxksyk rkyqD;kP;k nf{k.ksdMhy Hkkx Mksaxjkuh O;kiysyk vkgs- djekGk vkf.k ek<k rkyqD;krhy ik.kyksV {ks= Hkhek o lhuk u|kaP;k e/khy ik.kyksV {ks=kpk Hkkx map eSnkuh izns'k o f'k[kj VsdM;kauh tksMyk vkgs- ftYg;kpk moZjhr Hkkx dksjMk o o`{kjghr vkgs-[3] ;k ftYg;krhy eq[; MksaxjkG izns'kkr ck'khZrhy okMf'kou?kkV] djekG;krhy ok?kksck vkf.k cksMdh] ek<k rkyqD;krhy fpapxko] ekGf'kjl rkyqD;krhy xqjokM o QyV.kP;k Mksaxj ioZr jkaxk o lkaxksyk rkyqD;krhy egknso MksaxjkP;k ,dne iwosZdMhy dMkapk lekos'k vkgs-

i) **gokeku**

lksykiwj ftYg;kps gokeku loZ lk/kkj.ki.ks fo"ke vkgs- ekpZ rs twu ;k efgU;ke/;s gokeku vfr'k; m".k vlrs- ek= uksOgsacj rs Qscqzokjh f'kf'kj olar _rwr gokeku vkYgknnk;d vlrs- ;k fnolkr iwosZdMwu vkf.k if'pesdMwu okjs okgr vlrkr- ftYg;kps deky rkieku 111 fMxzht QWne o fdeku rkieku 72 fMxzht QWne vlrs-[4]

ii) **u|k o /kj.ks**

lksykiwj ftYg;ke/;s Qkj eksB;k u|k ukghr Eg.kwu eksBh /kj.ks ukghr- ijarq ,dw.k 40 ygku o e/;e /kj.ks vlwu ftYg;krwu okg.kkjh Hkhek ghp eq[; unh vkgs- lhuk uhjk vkf.k ek.k ;k u|k fryk ;sÅu feGrkr- lhuk] Hkhek vkf.k uhjk vkXUks;dMs okgrkr rj ek.k unh ftYg;kr 50 eSykP;k izns'kkrwu bZ'kkU;sdMs okgrs- brjgh ygku ygku tyizokg ftYg;krwu okgrkr- rj u|kps ik.kh eqcyd ulrs- ,o<sp uOgs rj 'ksrhyk ik.kh iwjoBk dj.;kl ns[khy ygku u|k mi;qDr ukghr- ftYg;ke/;s ikFkjh] dksjsxko gh NksVh NksVh /kj.ks vkgsr- ek= gh /kj.ks 12 efgus 'ksrhyk ik.kh iqjow 'kdr ukghr- rj QDr ikolkG;kP;k fnolkrp tkLr ikÅl iMyk rj dkgh dkG 'ksrhyk ik.khiqjoBk dsyk tkrks-[5] Hkhek ikVca/kkjs izdYi gk ftYg;krhy ,d eksBk izdYi vkgs- gh ;kstuk izFke ;qjksfi;u ra=K Jhcsu ;kus VsfDudy isij&30 ;k iwLrdkr 1905 e/;s izfl/n dsyh vlwu R;klkBh iq.ks&lksykiwj jkT;ekxkZojhy eSy ua-91 e/;s Hkhek unhoj fgax.kxko [ksM;k'kstkjh ek<k rkyqD;krhy mtuh xkoktoG tkxk lqpfo.;kr vkyh gksrh- frlÚ;k iapokf"kZd ;kstusr vusd izdYi gkrh ?ksrys R;kr HkhesP;k [kksÚ;krhy Hkhek ikVca/kkjs izdYikpk lekos'k gksrk- ijarq 1962&63 P;k vFkZladYikr ;k ;kstusoj dkghgh rjrwn dsyh uOgrh ;k fo:/n 'ks-dk-i- vkenkjkauh vkokt mBfoyk-[6] ;k /kj.kkpk ,dw.k tyflapu lkBh 1]07]000

n'ky{k ?kuQwV vlwu /kj.kkph ykach 7650 QwV vkgs- ik.;k[kkyh tk.kkjs {ks= 71 xkokrhy lqekjs 72]000 ,dj vkgs- ;k /kj.kkeqGs 48 xkos iw.kZr% ik.;k[kkyh xsyh- dkyO;kph ,dw.k ykach 267 eSy vlwu dkyO;keqGs fHkt.kkjh ,dw.k tehu 3 y{k ,dj vkgs- ;k izdYikpk vankts [kpZ 4]55]25]000 #i;s vkgs-[7]

iii) **ik.;kps ekxZ**

gk ftYgk uhjk] Hkhek] lhuk o ek.k u|kP;k [kksÚ;kr olysyk vlwu ekGf'kjl rkyqD;krhy if'pesdMhy cÚ;kp eksB;k izek.kkrhy ik.kyksV {ks= izkeq[;kus mÙkjsdMwu tkÅu uhjk unhl feGrs o uhjk unh rkyqD;kP;k if'pe Hkkxkl Hkhesl tkÅu feGrs- Hkhesps ik.kyksV {ks= ftYg;kP;k nf{k.kiwoZ Hkkxkrwu iljysys vkgs- iwosZdMhy djekGk] ek<k] ck'khZ] iwoZ eksgksG vkf.k nf{k.k o mÙkj lksykiwjpk Hkkx lhusP;k ik.kyksV {ks=k[kkyh ;srks-[8]

bfrgkl

v'e;qxkr lksykiwj ftYg;krhy ck'khZ o ukjk;.k fpapksyhPkk mYys[k feGrks-[9] izkphu dkGh ,d O;kikjh ekxZ lksykiwj ekxZs pksy canjkdMs tkrk gksrk- ;kno dky[kaMkr lksykiwj o lkrkjk ftYgk ek.kns'k Eg.kwu vksG[kyk tkr gksrk- rRdkyhu dkxni=kr R;kpk mYys[k feGrks- eqfLye lÙkkf/k'kkauh ;knokapk ijkHko dsY;kuarj lksykiwj ftYgk 1358 i;Zar cgkeuhP;k vf/kiR;k[kkyh jkfgyk- R;kph jkt/kkuh xqycxkZ gh gksrh- 1497 e/;s lksykiwjpk lekos'k futke'kkgh jkT;kr >kyk- R;kuarj lksykiwjpk jktdh; bfrgkl lksykiwj fdYY;kHkksorh fQjr jkfgY;kps fnlrs- ejkBh dky[kaMkr lksykiwj eksBs y"djh dsanz gksrs- ejkBh lÙksP;k vLrki;Zar rs fVdysys fnlrs- 10 es 1818 jksth ejkBh lÙkspk vLr >kY;kuarj lksykiwjPkk lekos’k ckWEcs izsflMsUlhe/;s dsyk-[10]

1830 iwohZ djekGk Hkkx vgenuxj ftYg;kr gksrk- eksgksG Hkkx iq.ks ftYg;kr gksrk- ia<jiwj] ekGf’kjl] lkaxksyk gs lkrkjk ftYg;kr gksrs- 1830 e/;s lkgk,;d ftYgkf/kdkjh lksykiwj ;kaph fu;qDrh >kyh- iq<s 1838 e/;s lksykiwj ftYgk r;kj dsyk xsyk- R;kosGh ftYg;kr lksykiwj] ck’khZ] eksgksG] ek<k] djekGk] fgIijxh vkf.k cqn~nsfogkG gs mifoHkkx gksrs- 1869 e/;s ;kr cny gksÅu lksykiwj ftYg;kr lksykiwj] ck’khZ] eksgksG] ek<k] djekGk gs mifoHkkx r;kj dsys-[11] 1875 e/;s lkrkjk ftYg;krhy ekGf’kjl] ia<jiwj o lkaxksyk lksykiwj ftYg;kr lekfo"V dsys- 1941 Ik;Zar ;kr eksBs cny >kys ukghr- iq<s Hkkjrh; laLFkkukrhy te[kaMh] tr] dq:anokM] fejt] lkaxyh o vDdydksV laLFkkukapk dkgh Hkkx ftYg;kr lekfo"V dsY;keqGs eksgksG] vDdydksV o eaxGos<k gs rhu uohu rkyqds r;kj dsys xsys gh iz’kkldh; voLFkk 1949 iklwu lq# >kyh- ;kposGh lksykiwj ’kgjkps nksu foHkkx d:u mÙkj lksykiwj o nf{k.k lksykiwj rkyqds fuekZ.k dsys- 1929 e/;s ia- usg:auh ;qFk dk¡xzslP;k fufeÙkkus lksykiwjyk ifgY;kank HksV fnyh-[12]

1857 P;k mBkokr Hkkx ?ks.;klkBh ;k ftYg;krhy 600 r#.kkauh FksV mÙkj Hkkjrki;Zar ety ekjyh-[13] 1885 e/;s bafM;u uW’kuy dk¡xzslph LFkkiuk >kyh- dk¡xzslps laLFkkid lj vWyu g;qe ;kauh 1893 lkyh lksykiwjkl HksV fnyh R;kosGh jsYos LFkkudkoj R;kaps HkO; Lokxr dj.;kr ;sÅu ukxfjd lferhP;korhus

R;kauk ekui= ns.;kr vkys- R;kosGh lHksP;k v/;{kLFkkuh okMhyky thou gksrs- lHksr vkIiklkgsc okjn] ekf.kd thou ilkjs] fnudj pØnso o fdyksZLdj ;kaph jk"Vªh; dk¡xzslps lnL; Eg.kwu fuoM >kyh- gh ?kVuk lksykiwjkrhy jk"Vªh; dk¡xzslph eqgqrZes< dj.kkjh Bjyh- R;kuarj yks- fVGdkapk lksykiwj'kh lrr laidZ ;sr jkfgyk- fVGdkauh ;k dkGkr ck'khZ] ia<jiwj] lksykiwj vkfn fBdk.kh HksVh nsÅu Lons'khP;k eksfgesyk izHkkoh Lo:Ik fnys- i{kizpkjkpk ,d Hkkx Eg.kwu yks- fVGd 1907 e/;s izFke lksykiwjkr vkys- R;kosGh R;kaph izpaM fejo.kwd dk<.;kr vkyh- yks- fVGdkauk ykHkysY;k f'k";oxkZr jktkHkkÅ jktokMs] HkkÅlkgsc [kMdhdj] xqykcpan nks'kh vknhapk lekos'k gksrk- njE;kuP;k dkGkr fczVh'k lÙkk/kkÚ;kafojks/kkr vusd fBdk.kh dkgh Økafrdkjdkauh l'kL= mBko dsys- R;ke/;s lksykiwj ftY;kae/khy deykdj lqear ;kauh vkiys lgdkjh ek:rhjko] ckcqHkkbZ rkacksGh vknh lgdkÚ;kalg ckWEc r;kj d:u] fiLrqys tek d:u] l'kL= mBko dj.;kpk iz;Ru dsyk ijarq ;kckcr >kysY;k QanfQrqjheqGs gk dV m?kMdhl vkyk o deykdjiar lqear o lgdkÚ;kauk nh?kZeqnrhP;k f'k{kk BksBko.;kr vkY;k- gkse:y pGoGhyk ikBhack ns.;klkBh 1918&1920 Ik;Zar fBdfBdk.kh ifj"knk >kY;k- 1920 e/;s lksykiwjkr >kysY;k izkafrd ifj"knsyk gkse:y pGoGhyk ikBhack ns.kkjs Bjko eatwj >kys- 1920 uarj e- xka/khuh jktdkj.kkph lw=s gkrh ?ksryh o f[kykQr pGoGhyk ikBhack fnyk- R;keqGs ns'kkr fganw&eqLyhe ,sD;kph ykV iljyh- lksykiwjkrgh vHkwriwoZ fganw&eqLyhe ,dksik fnlwu vkykegkRek xka/khuh vlgdkj pGoGhP;k izpkjklkBh 1921 e/;s lksykiwj ftYg;kpk nkSjk dsyk- xka/khthaP;k lksykiwjP;k nkSÚ;kus izHkkfor gksowu pØik.kh] dkdMs] dfo dqatfogkjh nsoLFkGh] O;a-xks-vnaaqjdj r:.kkauh eqG'kh /kj.k lR;kxzgkr Hkkx ?ksryk o 1926 e/;s etwj jksM vkf.k ikdZ eSnkukoj ijns'kh diM;kaP;k gksG;k dsY;k- dk;ZØekpk ,d Hkkx Eg.kwu 1927 e/;s e- xka/khuh djekGk] dqMqZokMh] ck'khZ] lksykiwj oGlaxyk izpkjlHkk ?ksrY;k ;kpk ifj.kke [kknhpk okij lwrdrkbZ vkfn dk;ZØekyk pkyuk feGkyh o Lokra«; vkanksyuklkBh /kkM'kh r:.k iq<s ;sÅ ykxys-[14] rqG'khnkl tk/ko ;kauh ck'khZ rkyqD;kr o lksykiwj ftY;krhy vusd xkokr fQ:u loZlkekU; turse/;s jk"Vªh; Lokra«;y<;kP;k dk;ZØeklaca/kh tkx`rh dsyh- vusd fBdk.kh dk¡xzsl dfeV;kph LFkkiuk dsyh- fizUl vkWQ osYl 27 uksOgsacj 1922 jksth Hkkjrkr vkys rsaOgk tk/ko ;kauh loZ= fQ:u 'kkGk] O;kikjh laLFkk] dkiM fxj.;kr vkiY;k >atkorh izpkjkus gjrkG ikG.;kps vkokgu dsys- 1928 e/;s vf[ky Hkkjrh; dk¡xzsl dfe'kuus lk;eu dfe'kuoj cfg"dkj ?kkrY;kps tkghj dsys- R;kosGh lksykiwj 'kgj ftYgk dk¡xzslps v/;{k jked`".k tktwth rqG'khnkl tk/ko] MkW- va=ksGhdj deykiar lqear vkfn dk¡xzszl iq<kÚ;kauh 'kgjkr fQ:u lHkk ?ksrY;k- 1929 e/;s ia- tokgjyky usg:P;k usr`Rok[kkyh LFkkiu >kysY;k ;qFk yhxph lksykiwjkr LFkkfud 'kk[kk MkW- va=ksGhdj] HkkbZ NkUuwflax] HkkbZ ,e-Mh- foHkqrs] txUukFk f'kans] dqckZu gqlsu o iBk.k vkfnuh LFkkiu dsyh- ;kosGh ia-usg:uh izFkep lksykiwjyk ;qod dk¡xzslP;k dk;ZdR;kZauk HksV fnyhlksykiwj uxjikfydsrhy lÙkk:< jk"Vªh; vk?kkMhps usrs o uxjk/;{k ekf.kdpan 'kgk ;kauh 4 ,fizy 1930 jksth uxjikfydk lHksr uxjikfydk dk;kZy;koj ;qfu;u tWd ,soth jk"Vªh; frjaxk /ot QMdo.;kpk Bjko lokZuqers eatwj dsyk- o 6 ,fizy jksth R;kauh uxjikfydsoj frjaxk >saMk QMdkoyk ;kyk dysDVjkauh fojks/k dsyk rsaOgk uxjikfydk lnL;kaP;k ijokuxh f'kok; >saMk mrjrk ;s.kkj ukgh vls dysDVjkauk lkafxrys- ifj.kkeh ekf.kdpan 'kgk ;kauk 6 efgus rq:axokl o 10]000 :Ik;s naMkph f'k{kk BksBkoyh- ;kposGh ck'khZ] ia<jiwj] lkaxksyk] oGlax vkfn fBdk.kh frjaxk >saMk ljdkjh dk;kZy;kojrh QMdfo.;kr vkyk-

5 es 1930 jksth ljdkjus egkRek xka/khauk vVd dsyh- gh ckreh R;kp fno'kh lksykiwjkr dGyh ifj.kkeh 6 es jksth 'kgjkrhy dkiMfxj.;k cktkjisBk o O;kikjh O;ogkj can Bso.;kr vkys- 'kgjkrhy dk;ZdrsZ jked`".k tktw] rqG'khnkl tk/ko] dqckZu gqlsu vkfnauh O;kikj] nqdkus] dkj[kkus vkf.k m|ksx/kans iwoZor lq: gksÅu 'kgjkrhy tuthou lqjGhr pkykos ;klkBh iz;Ru dsyk ijarq R;kpk Qkjlk ifj.kke >kyk ukgh- 8 es jksth usgehizek.ks fejo.kwdk o lHkk laiY;kuarj fla/khph >kMs rksM.;klkBh cjsp ykasd rqGtkiwj os'khdMs xsys o >kMs rksMw ykxys- rsFks vf/kdkjh vkY;kuarj yksdkauh R;kauk ?ksjko ?kkryk R;keqGs R;k tekokrhy 7&8 t.kkauk iksfylkhu idMys- idMysY;k yksdkauk lksMwu |k v'kh ekx.kh djr frjaxk >saMk gkrh vlysY;k 'kadj f'konkjs tekokrwu iq<s ;sÅu vf/kdk & ;kaleksj mHkk jkfgyk-[13] lktZaVus 'kadj f'konkjsyk xksGh ?kkryh o lksykiwjP;k Lokra«; y<;krhy f'konkjs gk

ifgyk gqrkRek Bjyk- R;keqGs 'kgjkr loZ= fgalsps okrkoj.k ijlys iz{kqC/k tekokus nksu iksfylkauk vks<wu pkSdkrhy fnO;kP;k [kkackyk cka/kwu jkWdsy vksrwu tkGys o iksfyl pkSdhgh tkGyh- yksdkapk ok<rk larki ikgwu loZ iksfyl o izeq[k vf/kdkjh 'kgj lksMwu ckgsj xsys- fnukad 9] 10] 11 o 12 es 1930 ;k fno'kh 'kgj ftYgk dk¡xszl dfeVhekQZr lqekjs 300 Lo;alsodkauh 'kgjkr cankscLr Bsoyk ;k dkyko/khr 'kgjkus laiw.kZ Lokra«; Hkksxys ek'kZy ykW dksVkZus jked`".k tktwauk 7 o"kZs lDr etwjh o 2000 :Ik;s naM dsyk- rqG'khnkl tk/ko ;kauk 10 o"ksZ lDretwjh o 3000 :i;s naM dsyk- eYyklik /ku'ksV~Vh] txUukFk f'kans] dqckZu gqlsu] Jhfdlu lkjMk ;kauk izR;sdh ,d o"kkZaph f'k{kk BksBko.;kr vkyh ;k lokZauk lksykiwj tsye/;s o rsFkwu fotkiwj o uarj ;sjoMk tsye/;s gyfo.;kr vkys- rsFkwu eYyklik /ku'ksV~Vh] txUukFk f'kans] dqckZu gqlsu o Jhfdlu lkjMk ;k pkS?kkojgh iksfyl pkSdh tkG.ks o dksVZ bekjr tkG.ks ;k vkjksik[kkyh 12 tkusokjh 1931 jksth ;sjoMk rq:axkr Qk'kh fnyh-

12 es 1930 jksth jk=h 8-30 oktrk lksykiwjkr ek'kZy ykW gk y"djh dk;nk iqdkj.;kr ;sÅu jk"Vªh; fu'kku QMdfo.ks gk ;k dk;n;kus xqUgk Bjfo.;kr vkyk o uxjikfydsojhy jk"Vªh; frjaxk >saMkgh [kkyh mrjo.;kl Hkkx ikMys- ifj.kkeh iq.ks ;sFkhy izkafrd dk¡xzsl dfeVhr lksykiwj jk"Vªh; fu'kk.k laj{k.k eaMG LFkkiu dj.;kr vkys- ;k eaMGkrQsZ lksykiwjyk tkÅu jk"Vªh; fu'kku QMdfo.ks ;k dk;ZØeklkBh fnukad 28] 29 o 30 es 1930 jksth lR;kxzghaP;k rqdM;k ikBfo.;kr vkY;k

R;k lokZaP;k toGpk >saMk fgldkowu ?ksÅu R;kaps [kknh diMs o xka/kh Vksih fgldkowu ?ksÅu eGdV diMs ?kkywu ekjgk.k d:u R;kauk iq.;kyk ijr ikBfoys xsys- 7 twu 31 Ik;Zar ;k eaMGkus ,dw.k 14 rqdM;k lksykiwjyk ikBfoY;k 11 twuyk 34 lR;kxzghaph rqdMh ikBfoyh- caxyksjgwu 120 lR;kxzgh vkys vls ojpsoj lR;kxzgh ok<rp jkfgys 'ksoVh daVkGwu ljdkjus gk tqyeh ek'kZy ykW 30 twu 1930 yk mBoyk- eqacbZr xokfy;k V¡d eSnkukoj HkjysY;k vf[ky Hkkjrh; dk¡xzsl egklferhP;k vf/kos'kukr 8 vkWxLV 1942 P;k e/;jk=h e- xka/khuh djsaxs ;k ejsaxs' vlk lans'k tursyk fnY;keqGs jk"Vªh; usR;kph /kjidM >kyh- ;ke/;s lksykiwj 'kgj o ftY;krhy izeq[k dk¡xzsl iq<kjhgh xtkvkM >kys- R;ke/;s tk/ko] v=ksaGhdj] tktw] HkkbZ foHkqrs ;kapk lekos'k gksrk- dkgh dkyko/khuarj R;krhy HkkbZ NkUuwflax o HkkbZ foHkqrs ;sjoMk tsy QksMwu ckgsj vkys o Hkwfexr voLFksr lksykiwj ftYg;krhy Lora= vkanksyu rhoz dj.;klkBh fBd fBdk.kh fQjys- Jh-J/nkuan lektkps usrs jso.kfl/n [kjkMs o macjts ;kaP;kekQZr vkanksyukP;k [kpkZlkBh feGkysY;k enrhrwu 'kqdzokj isBsr vacknkl egkjkt ;kaP;k [kksyhr xaxk/kj gCcw] d`".kkr dksYgkiwjs] ckcwjko pOgk.k ;kauh 50 ckWEc r;kj dsys o iksfyl xsV] ljdkjh bekjr] 'kkGsr v'kk 4&5 fBdk.kh gs ckWEc Vkdys ;kr dkgh iksyhl t[keh >kys-

Lokra«; pGoGhrhy efgyk

1932 iklwu dk¡xzsl vf/kos'kukr fL=;kaP;k osxosxG;k ifj"knk gksÅ ykxY;k- e- xka/khP;k O;fDreRokus Hkk:u tkowu fL=;k ljdkjfojks/kh fun'kZus] izHkkrQsÚ;k vkfn dk;ZØekr Hkkx ?ksow ykxY;k- lksykiwj ftY;krhy ifgY;k lR;kxzgh Eg.kwu jekckbZ fi=s ;kapk mYys[k dsyk tkrks- R;kauh 1932 lkyh lR;kxzgkr Hkkx ?ksryk- R;kosGh dsysY;k Hkk"k.kkcn~ny 2 o"kkZph f'k{kk o 50 :Ik;s naM R;kauk Hkjkok ykxyk- 1930 lkyP;k taxy lR;kxzgkr Jherh feuk{kh lkus] HkxhjFkh tktw] flykckbZ tktw] vkuanhckbZ tktw] izk- ljksftuh Mkxk o ikoZrh Mkxk ;kauh Hkkx ?ksryk- 26 tkusokjh 1943 jksth }kjdkckbZ ns'kikaMs ;kauh 12 efgyk dSn;kaP;k leosr rq:axkP;k nkjkoj frjaxk /ot QMdfoyk- MkW- oRlyk vkiVs ;k r:.khus Hkwfexr jkgwu cqysfVu okV.ks] lR;kxzghps Mcs iksgpfo.ks] xqIr lans'k iksgpfo.ks ;klkj[kh dkes dsyh- lqerhckbZ 'kgk] bafnjkckbZ lrksaGhdj] tukckbZ tk/ko] jkfgckbZ f'kans] fuYyoknsoh /ku'ksV~Vh] gkSlkckbZ tk/ko] fgjkckbZ xka/kh ¼dqMqZokMh½] paikrkbZ <oGs ¼vdywt½] izHkkrkbZ lyk[ks] fo.kk lqjk.kk] tkudhckbZ ykxw ¼ck'khZ½] fueZykjkts Hkkslys ¼vDdydksV½] banwrkbZ 'ksaMs] d`".kkrkbZ rqis ¼ia<jiwj½] banwerh doMs ¼lkaxksyk½] jekckbZ fprGs ¼Jhiwj½ ;kauh Lokra«; pGoGhP;k fofo/k dk;ZØekr Hkkx ?ksryk-[15]

lkus xq:thaps ia<jiwjkrhy miks"k.k

ia<jiwjP;k foB~By eafnjkr gfjtukauk izos'k feGkok Eg.kwu lkus xq:thauh 1 es 1947 jksth ruiwjs egkjktkaP;k eafnjkr izk.kkafrd miks"k.k lq: dsys- miks"k.k rkcMrksc Fkkacokos v'kh xka/khthuh rkj dsyh gksrh- ikaMqjaxkus xq:thauk lqcq/nh |koh Eg.kwu vuarjko f>js] ikj.ksjdj oxSjsuh o dkgh fL=;kauh ijes'ojkph izkFkZuk dsyh- Jh Mkojs ;kauh xq:thaP;k ;k izdj.kkl vkRegR;sps izdj.k letwu R;kaP;kfo:/n fQ;kZn dsyh gksrh- e/;orhZ vlsaCyhps v/;{k nknkjko ekyo.kdj o fouksck Hkkos ;kauh ia<jiwjkrhy cMO;kaph HksV ?ksÅu foB~By eafnj gfjtukauk [kqys djkos Eg.kwu iz;Ru dsys gksrs- ek= ;'k vkys uOgrs- nfyr QsMjs'kuus ek= ;k miks"k.kkyk ikfBack fnyk uOgrk- xq:thuh tj gs miks"k.k jktdh; ekx.;kdfjrk dsys vlrs rj dnkpr vLi`';kauh ;k miks"k.kkl lgkuqHkwrh nk[kfoyh vlrh vls nfyr QsMjs'kuus EgVys gksrs- 10 es 1947 jksth cMos eaMGhauh gfjtukauk eafnj izos'k [kqys dj.;kr vkys cn~nyps fuosnu fMfLV^aDV dksVkZdMs dsY;keqGs lkus xq:thauh vkiys miks"k.k Fkkacfoys ;kosGh xq:thauh iq<hy izfrfØ;k O;Dr dsyh- larkuh 300 o"kkZiwohZ okGoaV [kqys dsys vkt cMO;kauh eafnj [kqys dsys gh egRokph Økarh vkgs-'[16]

lksykiwj ftYg;krhy Lokra«;kpk vkuan lksgGk

15 vkWxLV 1947 jksth Hkkjr Lora= >kyk- R;kfufeÙk ns'kHkj fofo/k dk;ZØe vk;ksftr dsys- lksykiwj ftYg;ke/;s Lokra«; fnukP;k dk;ZØekl 14 vkWxLV 1947 jksth e/;jk=h 12 oktwu 1 fefuVkauh lq:okr >kyh- 'kgj dk¡xzsl dfeVh o lksykiwj uxjikfydk dk;kZy;koj jk"V^a/ot vuqØes deZohj tktw] vkenkj rqG'khnkl tk/ko MkW- v=ksaGhdj o uxjk/;{k 'ksB yks.kdjth paMd ;kaP;k gLrs QMdfo.;kr vkys- jk-ck- ukxIik vCnqyiwjdj ;kauh Lokra«; fnukfizR;FkZ iafMr tokgjyky usg:] xOgZuj tujy fnYyh] eqacbZps xOgZuj tujy o lksykiwjps fM- eWftLVs^aV ;kauk vkuanizn'kZd rkjk ikBfoY;k- jfookj isBsr jktsanz okpuky;krQsZ fn-

15 jksth Jh-csr ofdy ;kaP;k gLrs jk"Vª/ot QMdowu rsFkhy pkSdkps uko jktsanz pkSd tkghj dsys- djekG;kP;k pkjhcktwl 11 rksQsph lykeh ns.;kr vkyh o 200 eqykauk izR;sdh 6 vk.;kps is<s okVys- ck'khZr 50 cSykP;k xkMhrwu jk"Vªiq<kÚ;kaP;k QksVksph fejo.kqd canqdhps ckj o ys>he ok|s ;klg dk<yh o R;kosGh 500 ek.klkauk tso.k fnys- ekGf'kjl rkyqD;kr cksjxko ekGhuxj fprGsokMh ;sFks Lokra«; fnukP;k eqgqrkZoj jk"Vªh; QWDVjh la?k vkf.k 'ksrdjh dkexkj la?k LFkkiu dsyk rkyqD;krhy 36 xkoh mRlo >kyk- vDdydksV rkyqD;krhy ukx.klwj ;sFkhy cSyxkM;krwu jk"Vªh; usR;kaP;k QksVksaph fejo.kwd dk<yh- [kknh VksI;k o [kkÅps okVi dsys- lkaxksyk rkyqD;kr Lokra«; fnukfufeÙk eqykeqyhaps [ksG o 'kkGsrhy laokn ?ks.;kr vkys- gk fnol 'ksrdÚ;kauh l.kklkj[kk lktjk dsyk- 'ksrdÚ;kauh 'ksrhph dkes can Bsowu cSykaph fejo.kwd dk<yh- 30 [ksM;krwu xko Hkkstu fnys xsys o lkeqnkf;d o`{kkjksi.k dsys- oSjkx foHkkxkr xjhckauk TokjhP;k f[kjhps tso.k fnys- eksgksG ;sFks xjhc eqykauk xka/kh VksI;k o usg: lnjs okVys- gfjtu fL=;kauk yqxMh o Hkkstu fnys- eqfLyekaukgh mRlkgkus Hkkx ?ksryk gksrk- fiyho ;sFks iztkifj"kn o jk"Vª lsok nyk e/khy Lokra«; fnu FkkVkus lktjk dsyk-[17]

vDdydksV laLFkkukps foyhuhdj.k

Lokra«;kP;kosGh Hkkjrkr 562 laLFkkus gksrh- Lokra«;kuarj R;kauh Hkkjrkr foyhu Ogko;kps dk Lora= jkgko;kps gk iz'u R;kaP;kojrhp fczfV'kkauh lksifoY;keqGs cgqrka'k laLFkkfudkuh Lora= jkg.;kpk fu.kZ; ?ksryk- R;kl vDdydksV laLFkkugh viokn uOgrs- vDdydksV lkj[;k NksV;k laLFkkfudkauk baxzt ;k ns'kkrwu fu?kwu xsY;koj LojkT;kph ?kks"k.kk d'kh djko;kph gk iz'u iMyk dkj.k iztkifj"knspk R;kl fojks/k gksrk- ;keqGs 24 tkusokjh 1946 jksth jktokM;koj lHkk ?ksÅu laLFkkukr iztkifj"knsps pkSFks vf/kos'ku ?ks.;klkBh useysY;k dk;Zdkjh eaMGkyk lq:ax yko.;kpk iz;Ru >kyk- o gs dk;Zdkjh eaMG jn~n dsY;kps rRdkyhu jktslkgsckauh ?kksf"kr dsys- R;keqGs vkIiklkgsc ns'kikaMs jkts t;flagjko Hkkslys dqysZdj vkf.k vkenkj 'kkons ;kauh lksykiwjP;k izeq[k usR;ka'kh ppkZ d:u ckGklkgsc okjn ;kaP;k vkJ;k[kkyh ujflagkpk;Z ckxsokMhdj ;kaP;k ?kjh iztkifj"knsph dpsjh m?kMyh- vkf.k ckgs:u y<;kph r;kjh pkyw dsyh- vDdydksV iztkifja"knsl vkfFkZd lgk¸; ckGklkgsc okjn vkf.k lksykiwj o vDdydksVP;k O;kikjh oxkZus dsys ;keqGs laLFkkukus R;kauk gn~nikj dsys- rjhi.k iztkifj"knsps dk;Z pkywp gksrs- v[ksj iztkifj"knsps vf/kos'ku ek/kojko ckxy ;kaP;k v?;{krs[kkyh 28] 29 uksOgsacj 1946 jksth dkjtxh ;sFks ikj iMys- ;k vf/kos'kuke/;s laLFkkukr pkyysY;k vU;k;kyk okpk QksM.;kpk iz;Ru dsyk- v[ksjpk y<k jRuklik dqaHkkj ;kaP;k v/;{krs[kkyh ns.;klkBh fMlsacj 1947 e/;s lksykiwjyk cSBd >kyh- o 1 tkusokjhyk jRuklikuh ekxZn'kZuij lHkk ,dk okM;kr ?ksryh ijarq rks okMkp tkG.;kpk dV xqaMkauh jpyk gksrk- ek= R;kvk/khp jRuklikauk ckgsj dk<ys xsys- xqaMkpk Mko QlY;keqGs R;kauh xkokr yqVkyqV] tkGiksG dsyh- cktkjisB yqVyh

tk.;kph 'kD;rk gksrh- R;keqGs jktslkgsckauh xksGhckj dsyk ifj.kkeh xqaMkauh turspk ikBykx dsyk ifjfLFkrh gkrkckgsj xsY;keqGs jktslkgsckauh jktokM;kr dksaMwu ?ksrys- iksfyl vf/kdkjh o U;k;kf/k'kkauh jktslkgsckauk 'ksoVi;Zar lkFk fnyh- ijarq dkgh mi;ksx >kyk ukgh- 'ksoVh Lor%P;k bPNsfo:/n jktslkgsckauh vDdydksVP;k lkehy dj.;koj lgh dsyh o 8 ekpZ 1948 jksth vDdydksV laLFkkukps Hkkjrkr fofyuhdj.k >kys-[18] vDdydksV laLFkkukps foyhuhdj.k >kY;keqGs laLFkkukrhy 103 [ksMh o 1 xko lksykiwj ftYg;kr lkehy dj.;kr vkys-[19]

egkjk"Va izkafrd lektoknh ifj"knsps 5 os vf/kos'ku

egkjk"Va izkafrd lektoknh i{kkps 5 os vf/kos'ku eqacbZP;k vtey nSfudkps laiknd lkFkh eksfgn~nhu gWjhl ;kaP;k v/;{krs[kkyh fnukad 4 o 5 es 1948 jksth lksykiwj ;sFks Hkjys- ;k vf/kos'kukl 175 izfrfu/kh mifLFkr gksrs- fxj.kh dkexkjkaP;k ;qfu;Ul O;ofLFkr pkyr ulY;keqGs ;k vf/kos'kuke/;s fxj.h dkexkjkaP;k ;qfu;Ulojrh Vhdk dsyh- o gSnzkckn xksok iz'u lqj{kk dk;|kph nMi'kkgh o rRle iz'ukalaca/kh lektoknh i{kkph Hkwfedk Li"V d:u iq<hy Bjko ikl dsys-[20]

i) lqj{kk dk;|kapk fu"ks/k

ii) lkrkjP;k j;r f'k{k.k laLFksph xz;V can dsysyh iqUgk lq: dj.ksckcr 'kklukyk fouarh dj.ks-

iii) xka/kh o/kkuarjP;k naxyhr [kqukf'kok; brj xqUg;kcn~ny vVd dsysY;k lokZaph eqDrrk dj.;kr ;koh-

lksykiwj ftYg;krhy nq"dkG

lksykiwj ftYgk nq"dkGh Eg.kwu izfl/n vkgs- nqxkZekrspk nq"dkG] nkekth iarkpk nq"dkG 1952 o 1972 pk nq"dkG vls vusd Hkh"k.k nq"dkG lksykiwj ftYg;ke/;s iMys gksrs- 1336 iklwu 1407 Ik;Zar iMysY;k nq"dkGkyk nqxkZekrrspk nq"dkG Eg.kwu vksG[kys tkrs- ;k nq"dkGkr egen'kgk vcnkyh ¼1378&97½ xqtjkre/kwu /kkU; vk.kys gksrs- 1460 e/;s iMysY;k nq"dkGkyk nkekth iarkpk nq"dkG Eg.kwu vksG[kys tkrs- ;kosGh eaxGos<;kph /kkU;kph dksBkjs nkekthiar ukokP;k ljdkjh vf/kdkÚ;kP;k rkC;kr gksrh- R;kauh ljdkjh gqdekfouk gtkjks xksj xfjckauk vkiY;k rkC;krhy ljdkjh /kkU;kaP;k dksBkjkrwu /kkU;kps okVi dsys-[21] 1896 P;k nq"dkGke/;s lksykiwj ftYg;kr lqekjs 40]000 yksd dkekoj tkr gksrs- nq"dkGke/;s 'ksrdÚ;kauh vusd tukojs [kkVdkauk fodyh gksrh v'kk tukojkaph gR;k Fkkacfo.;klkBh lqekjs 1800tukojs lksykiwj ;sFkhy ikatjiksGke/;s Bsoyh gksrh- nq"dkGh d"Vkph dkes fo.kdj dks"Vh oxkZyk djrk ;sbZukr Eg.kwu R;kaP;klkBh ,d Lora= enr ;kstuk vk[kyh gksrh- ;klanHkkZr yks- fVGdkauh lksykiwj ftYg;kyk HksV fnyh- ;kosGh Tokjhpk Hkko 1 :Ik;kyk 4 'ksj >kyk gksrk- ;keqGs 7 uksOgsacj 1896 yk MQMs oktohr yksd dysDVjkaP;k ?kjh xsys- uarj R;kauh /kkU;kph yqVkyqV dsyh- ;keqGs xksGhckj djkok ykxyk R;kr 3 Bkj o 4&5 t.k t[keh >kys- lksykiwj izek.ks ck'khZ] vDdydksV bR;knh fBdk.kh /kkU;kph yqVkyqV >kyh-[22] 1899 P;k nq"dkGke/;s lkaxksyk rkyqD;krhy cq/nsgkG rykokps dke pkyw dsys gksrs- nq"dkGkph >G laiY;kuarj gtkjks :Ik;s [kpZ >kysys gs dke rlsp iMwu gksrs- tursP;k Lo;aLQwrhZ i/nrhus gs dke iw.kZ dj.;kph egRokdka{kk dysDVj eksfgrs ;kaph gksrh ijarq R;kr R;kauk ;'k vkys ukgh- tursP;k jsV;keqGs uarj 26 fMlsacj 1953 yk gs dke lq: dsys- [23] ;k rykokr T;k 'ksrdÚ;kaP;k tfeuh xsY;k R;k 'ksrdÚ;kauk tfeuhph uqdlku HkjikbZ ljdkjus ok<owu |koh Eg.kwu xkSMokMhP;k 127 yksdkauh nkos ykoys gksrs- R;kP;k 31&12&1960 P;k fudkykuqlkj uqdlku HkjikbZ ok<owu feGkyh-[24] ;kosGh HkkbZ x.kirjko ns'keq[k o [krkG ofdykauh xkSMokMhrQsZ ofdyh dsyh gksrh- HkkbZ x.kirjko ns'keq[kkacjkscj HkkbZ lxj] eqjyh/kj Fkkskjkr] HkkbZ jkÅG ;kauh cq/nsgkG rykok[kkyh xsysY;k tfeuhauk ;ksX; ekscnyk |kok Eg.kwu iz;Ru dsys R;kpk Qk;nk HkkbZ x.kirjko ns'keq[kkauk feGkyk o rs vktv[ksj lkaxksyk rkyqD;koj vkiys opZLo fVdowu vkgsr- 1952&53 P;k nq"dkGke/;s lkaxksyk vkf.k djekGk rkyqD;kyk tkLr >G iksgpyh ifj.kkeh ;k rkyqD;krhy dkgh yksd vkiyk mnjfuokZg Hkkxfo.;klkBh brj fBdk.kh xsys- ;k nq"dkGkr vkenkj ,e- ch- dkMknh o ckcqjko tDdy ;kauh ftYgk nkSjk d:u nq"dkGh ikg.kh dsyh-

1962 e/;s lksykiwj ftYg;kr vosGh vkf.k viwjk ikÅl iMyk- ifj.kkeh /kkU;kps eksB;k izek.kkr uqdlku >kys- R;keqGs eglqy [kkR;kP;k miea«;kauh ;k Hkkxkpk nkSjk d:u nq"dkGh dkes lq: dj.;klkBh 1 yk[k 90 gtkj :Ik;s QWfeu QaMkrwu ns.;kps vkns'k fnys-[25] 1965 P;k nq"dkGke/;s lkaxksyk rkyqD;krhy nq"dkGh dkekojhy etwjkapk ixkj okVikl foyac ykxyk gksrk-[26] 1966 e/;s lksykiwj ftYg;krhy 475 [ksM;kr 6 vk.;kis{kk deh vk.ksokjh vlY;keqGs ;k [ksM;kr nq"dkG tkghj dj.;kps dysDVjkauh lwfpr dsys vlrkukgh 15 ekpZ 66 Ik;Zar dsoG 139 [ksM;kr nq"dkG tkghj dsyk ijarq ,dgh dke lq: dys uOgrs- lkaxksyk Hkkxkl g;k nq"dkGkph >G tkLr iksgpY;kus dksGs o tquksuh xkoP;k yksdla[;sP;k fuEes yksd lkaxyh] lkrkjk] djkM] eqacbZ Hkkxkr xsys-[27] 1970 o 72 e/;sgh lkaxksyk rkyqD;kyk nq"dkGkyk rksaM n;kos ykxys- 1970 P;k nq"dkGkr nq"dkGh dkes lq# dj.;klkBh 'kklukus 10]000 :Ik;s eatwj dys- 1972 P;k nq"dkGkr QksMysY;k [kMhpk okij jLrs :anhdj.k o etcqrh dj.;klkBh dsyk- 1974&75 e/;s ftYg;krhy 81 xkokapk lekos'k vo"kZ.kizo.kxzLr xkoke/;s dsyk o nq"dkGh dkekdjrk 175-51 yk[k :Ik;s [kpZ dsys-[29]

lkaLd`frd lksykiwj

lksykiwj ftYg;krhy vDdydksV gs nRr iaFkh;kps egRokps dsanz letys tkrs- vDdydksVyk Jh Lokeh leFkZ egkjktkaps oVo`{keafnj vkgs- R;kykp vkoMhus vDdydksV Lokeh eB Eg.krkr- ia<jiwj gs ,d egRokps rhFkZ{ks= vlwu vusd HkDr ia<jhP;k foBksckP;k n'kZukyk ;srkr- ia<jiwj gs egkjk"V³krhy uOgs rj Hkkjrkrhy ,d egRokps ;k=sps fBdk.k vlwu egkjk"V³krhy lokZr eksBh ;k=k ;sFks Hkjrs- vk"kk<h o dkfrZdh ,dkn'khyk 4&5 yk[k Hkkfod HkDr ia<jiwjP;k ;k foB~By n'kZuklkBh ;srkr- lksykiwj gs ,d ,sfrgkfld] /kkfeZd] vkS|ksfxd o O;kikjh egRokps 'kgj vkgs- rsFks HkwbZdksV fdYyk] fl/ns'oj eafnj] efYydktqZu eafnj bR;knh egRokph LFkGs vkgsr- ck'khZ rkyqD;krhy oSjkx gs xko ukFkiaFkh larkps

HksV.;kps fBdk.k vlwu R;kauh vkiys vk;q"; ri'p;sZl okgwu ?ksrysys vlrs- ukFkiaFkh larkuh vkiys loZ vk;q"; ri'psZr ?kkyfoysys vlrs- Eg.kwup ;k xkokyk oSjkx gs uko fnys xsys vlkos-[30]

larukFk ;k=k ck'khZ] ia<jiwjph foB~Bykph okjh] eksgksGph ukxukFkkph ;k=k] lksykiwjph xM~Mk ;k=k ;k ftYg;krhy egRokP;k ;k=k vlwu egknso ;k=k] HkSjksck ;k=k] nRr t;arh] guqeku t;arh] ;ekbZ nsoh] Hkxoku efYydktqZu] m:l] Kkus'oj iky[kh] fyaxs'oj pS=h] vk"kk<h] dkfrZdh] ek?kh bR;knh ;k=k ftYg;kP;k fofo/k Hkkxkr lktÚ;k dsY;k tkrkr-[31]

lksykiwj ftYg;kr 20 LFkkfud okpuky;s] 4 ukV;x`gs o 27 fp=iVx`gs vlwu lksykiwjps fgjkpan usepan okpuky; ftYg;krhy lokZr tqus okpuky; vkgs- R;kph LFkkiu 1885 e/;s >kyh- rs la'kks/kukP;k n`f"Vdksukrwu vfr'k; egRokps okpuky; vkgs- ukV;x`gke/;s gqrkRek Le`freafnj lksykiwj gs ftYg;krhy lokZr eksBs ukV;x`g vkgs-[32]

fp=iV {ks=krhy lksykiwj

lksykiwjkr fp=iVkps vkxeu 1900 lkyh >kys- vesfjdu fe'kurQsZ eWftd yWVuZP;k lkgk,;kus /keZizpkjkP;k LykbMl nk[kfo.;kr ;sÅ ykxY;k- 1907 lkyh ekf.kd lsBuk o vyh lkgc ;kauh yWEi ykbZVoj lksykiwjkr flusek nk[kfoyk- flnzkelik ekGxs ;kauh Lor%ps jkgrs ?kj rhu gtkjkyk xgku Bsowu HkkaMoy mHks dsys- xMM;kph ;k=k] tqU;k fxj.khrhy enkZuh lkeus ;kaP;k fQYel ?ksÅu eqacbZ] gqcGh] /kkjokM bR;knh fBdk.kh Hkzearh d:u R;kauh ;k fQYel Jhear yksdkauk nk[kfoY;k vkf.k fp=iV x`gkrwugh iznf'kZr dsY;k- i.k dkSrqdk[ksjht gkrh dkgh ykxys ukgh- ns’keq[k ekGxs ;kauh dk<ysY;k lkÅFk bafM;u fQYe daiuhP;k lkoG;k rkaMsy' ;k fp=iVkyk th-Mh- macztdj ;kauh lgk¸; dsys gksrs- lksykiwjdj dykoarkuh r;kj dsysY;k ;k fp=iVkr dksukiwjs] nq/kkGs] /kqaMw isaVj] bjs’kh ekfgedj] xaxk/kjiar tks’kh] xqykcckbZ bR;knh dykoar gksrs- 1929 lkyh lkoG;k rkaMsy' izdkf’kr >kyk- loZ dykdkjkauh ;k cksyiVkr foukewY; dke dsys- Hkkslys xq:thauh 1927 rs 35 P;k njE;ku uxjikfydsP;k enrhus vusd NksVs NksVs 'kS{kf.kd ekfgrhiV dk<ys- rksaMkr vUu xsY;kiklwu R;kps ipu gksbZi;Zarph izfrØ;k R;kauh 'kkL=h; n`f"Vdksukrwu fp=hr dsyh gksrh- fotkiwj o.kZu lksykiwj 'kgjkpk bfrgkl cfynku gs R;kaps ekfgrhiV cjsp xktys- fot;uxjP;k lkezkT;koj R;kauh dk<ysY;k dykd`rhpk ijns’kkrgh xkSjo >kyk- iq.;krhy fp=iV O;olk;krhy ,d rTK ,u~- ,e~ dksGsdj ;kaps lgdk;Z ?ksÅu macztdjkauh r;kj dsysyk 'kkek' gk fganh fp=iV vis{ksizek.ks ;’k feGow 'kdyk ukgh- vkGandjkauh jktk ijkatis ;kaP;klkj[;k leFkZ fnXn’kZdkyk gkrk’kh /k:u 1952 lkyh yk[kkph xks"V' gk fp=iV dk<yk doh latho] jhxyps x.ks’kcGh] n-uk- eqjkj ;k fe= eaMGhuh 1954 lkyh lksykiwjkr dkapu fQYe' ukokph fp= laLFkk LFkkiu dsyh- lklj ekgsj' gk ;k fp=laLFkspk ifgyk cksyiV ;k fp=iVkps fnXn’kZu n-l- vacdj ;k dksYgkiwjP;k fnXn’kZdkus dsys gksrs- ;k fp=iVkP;k dFkk] ins] laokn doh latho ;kauh fyfgyh gksrh- doh lathokP;k dykxq.kkauk vf/kd oko feGkok vls R;kaP;k fudVP;k fe=kauk usgehp okVk;ps R;keqGs fe=iszekrwu dkapu

fQYe' ;k laLFkspk mn; >kyk- lksykiwjps jktdqekj 'kgk ;kauh 1955 lkyh oSHkofp=' ;k laLFksph LFkkiuk dsyh- ;k fp=laLFkspk HkkÅcht' gk fp=iV vfr'k; yksdfiz; >kyk- dFkk] laokn] xk.kh doh latho ;kauh fyfgyh gksrh- laxhrdkj olardqekj eksfgrs] fnXn'kZd & jktdqekj gh eaMGh lksykiwjphp gksrh- Hkkjrh; fp=iVkps tud nknklkgsc QkGds ;kapk ifgyk fp=iV gfj'panz' fMlsacj 1963 e/;s lksykiwjkr izfl/n >kyk rRiwohZ QkGds ;kauh r;kj dsysyk jksiV;kph ok<' gk 'kkL=h; fo"k;kojP;k 50 QwV ykachPkk fp=iV lksykiwjkr nk[kfoyk xsyk gksrk-[33]

lksykiwj ftYg;krhy tkrh; naxyhpk bfrgkl

1882 yk lksykiwjkrhy lk[kj o csxe isBsrhy fganwP;k ,dk lok| fejo.kqdho#u okrkoj.k rax >kY;keqGs fganw eqlyeku lektkr fdaphr izek.kr tkrh; rs< fuekZ.k >kyh gksrh- rMtksM dj.;kr R;k lektkrhy usR;kauk vi;'k vkY;keqGs eksjjks xksikG ;k iksfyl vf/kdkÚ;kl e/;LFkh djkoh ykxyh- ;sFkwu lksykiwjkrhy tkrh; naxyhuk lq:okr >kyh- 1885 P;k laØkrhP;k dkB;kP;k fejo.kqdhP;k osGh >kysY;k naxyhr izeq[k eqlyeku iq<kÚ;kauk vVd dsyh rsOgk R;kauk tkehu jkgwu lksMfo.;kl dks.kh r;kj >kys ukgh- ;kosGh vkIiklkgsc okjn oxSjs iq<kÚ;kauh tkehu jkgwu R;kauk ca/kueqDr dsys- ok| oknukph gh dk;eph dVdV feVkoh Eg.kwu 1887 lkyh fyaxk;r lektkus dksVkZr nkok dsyk- R;kpk fudky iq<hyizek.ks ykxyk- lkoZtfud izkFkZusP;k BjysY;k fBdk.kh /kekZlaca/kh izkFkZuspk fo/kh dj.;kdfjrk vFkok /kekZlaca/kh dks.krsgh d`R; dj.;kl teysY;k brj yksdkal =kl u gksbZy

v’kk fjrhus fejo.kwd ok|klfgr us.;kpk fganwpk gDd vkgs- fganw vkiY;k LokHkkfod gDdkpk miHkksx ?ksr vlrk R;kl dks.kh gjdr ?ksÅ u;s- 1886 iklwu fejo.kqdhP;kosGh ckokdknjh e’khn ljdkjh gqdwekus can dj.;kr ;sr vls- gh i/nrh 1912&14 i;Zar pkyw vlkoh vls fnlrs- R;kuarj dysDVj esa g¡ap ;kaP;krQsZ ;k izdj.kkr rMtksM dj.;kps iz;Rukl lq:okr >kyh- ef’knhoj ddZ’k ok|s oktoyh tkow u;sr QDr fganw ok|s oktorhy R;kl eqlyekukauh gjdr ?ksÅ u;s v’kk vk’k;kph rMtksM >kyh- ef’knhrwu izkFkZuk vxj brj /kkfeZd d`R;s jk=afnol pkyw vlrkr R;keqGs izkFkZusP;k osGh =kl gksÅ u;s Eg.kwu ef’knho:u fejo.kwd tkrkuk QDr e`nw ok|s oktoyh tkohr vlk ljdkjh gqdwe R;kosGh fu?kr vls- Eg.kwu 1915 lkyh dysDVj es gIij ;kauh izkFkZusP;k osGk Bjok Eg.kwu eqlyeku iq<kÚ;kauk dGfoys gksrs- ;kuarj izkFkZusP;k osGk BjfoY;k vlkO;kr o ok|kP;k ckcrhr dks.krh ok|s oktfoyh tkohr ;kpk mYys[k ljdkjh ijokuxhr dj.;kr ;sr vls- 1920 uarj e-xka/khuh jktdkj.kkph lq=s gkrh ?ksryh- o f[kykir pGoGhyk R;kauh ikfBack fnyk- R;keqGs ns’kkr fganw eqLyhe ,sD;kph ykV mlGyh- lksykiwjkrgh vHkwriwoZ eqLyhe ,dksik fnlwu ;srks- ijarq 1924 lkyh xqycxkZ ;sFks eksBk naxk >kyk- 'kgjkrhy gh ifjfLFkrh y{kkr ?ksÅu lkoZtfud fejo.kqdhoj ca/kus ?kky.kkjk iksfyl gqdwe fu?kkyk- ;k ca/kukpk fganwuh fu"ks/k dsyk- dksVkZr nkok nk[ky dsyk- iksfylkaP;k gqdwekfo:/n pkyw vlysY;k nkO;kpk fudky 1925 e/;s fganwrQsZ ykxyk- ;keqGs ;k lektkr lek/kku O;Dr dj.;kr vkys- yodjp fu?k.kkÚ;k R;kaP;k fejo.kqdhP;kosGh rMtksM

Ogkoh Eg.kwu fl-ea-v=sauh iz;Ru dsyk ijarq R;kr vi;'k vkys- v'kk ifjfLFkrhr dkfrZdh ,dkn'khP;kosGh fu?kkysY;k fejo.kqdhoj nxMQsd >kyh- R;keqGs iksfylkauh xksGhckj dsyk o 76 eqlyekukaoj [kVyk Hkjyk- 1927 lkyh eksgje o vk"kk<h gs nksu l.k ,dkposGh vkys vkf.k ;kaP;k fejo.kqdhP;kosGh naxyhl lq:okr >kyh- ,dk ekxwu ,d vls izdkj ?kMr xsY;kus 'kgjkrhy okrkoj.k x<wG cuys- ;keqGs x.kirh foltZukosGh fejo.kqdhyk canh dj.;kr vkyh- ;kpk fu"ks/k Eg.kwu fganwuh lqekjs 8 fnol vkiyh nqdkus can Bsoyh- x.kirh foltZukP;k fno'kh tursP;k vkxzgk[kkrj o fejo.kqd 'kkarrsus ikj iMsy vls vk'oklu fnY;kus fejo.kqdhl ijokuxh fnyh ijarq fejo.kwdhr >kysY;k naxyhr csacGxh ofdy] dqyd.khZ] iBk.k] xjdkys o nsxkodj odhy t[keh >kys- 1927 uarj ns'kkr Lokra«; y<;kP;k ykVsps ifj.kke lksykiwjkrgh meVys- 1930 lkyh feBkP;k lR;kxzgkP;k pGoGhP;kosGh lksykiwjoj ek'kZy ykW iqdkj.;kr vkyk- ijarq ;kosGh eqlyeku lekt rVLFk jkfgY;keqGs ;k lektkyk ek'kZy ykWph >G ykxyh ukgh- ifj.kkeh ek'kZy ykW uarj clfoysyk tknk iksyhl dj o uqdlkuHkjikbZ eqlyekukdMwu olqy dsyh ukgh- eqlyekusÙkj ukxfjdkadMwu 15&16 yk[k :Ik;s uqdlkuHkjikbZ olwy dj.;kpk iz;Ru dkgh ljdkjh vf/kdkjh djhr gksrs- ijarq MkW- oS'kaik;u o [kMdhdj ;kaP;k iz;RukaeqGs QDr nhM yk[k :Ik;s olwy dsys- 1927 iklwu 39 Ik;Zar lksykiwje/;s tkrh; 'kkarrk gksrh- 1939 lkyh vk;Z lekt o fganw egklHksus gSnzkckn laLFkkufo:/n lq: dsysY;k y<;kps eq[; dsanz gs lksykiwj gs dk;e dsys o ;sFks vk;Z lektkph ,d eksBh ifj"kngh Hkjfoyh- vk;Z lektkps lR;kxzgh LVs'kuo:u eqDdkekyk ?kks"k.kk djhr tkr vlrk eqlyeku lektkl phM ;sr vls- 'ksoVh fdjdksG dkj.kko:u 1939 lkyh ,d naxy >kyh 1940 lkyh laaØkrhP;k osGh 2 eqlyeku r:.k Hkksldys xsys- ;kpk ifj.kke vusd [ksMqrkaoj xM~Mk eSnkukoj lqjhps gYys >kys- ifj.kkeh 1946 Ik;Zar laØkrkph ;k=k Hkjyh ukgh-

1940 iklwu 47 i;aZr tkrh; naxy >kyh ulyh rjh 1940 uarj eqLyhe pGoGhl tksj vkyk o ;sFkhy cgqrsd lekt eqfLye yhx i{kkr lkehy >kyk- R;keqGs naxy ulyh rjh ;sFkhy tkrh; okrkoj.k x<wGp gksrs- fnukad 16 vkWxLV 1946 gk Mk;jsDV vWD'ku fnu Eg.kwu eqfLye fyxus Bjfoyk gksrk- v'kk okrkoj.kkr x.ks'k mRlokP;k fufeÙkkus ckcqjko tDdy ;kauh loZ i{kh; iq<kÚ;kaP;k Hkk"k.kkpk dk;ZØe eksnh [kk.;kr Bsoyk vkf.k uarj 'kgjkrhy fujfujkG;k x.kirhiq<s izlkfjr dj.;kr vkyk- ;kpk brdk ifj.kke >kyk dh 'kgjkrhy rax okrkoj.k 2&3 fnolkrp fuoGys- gk miØe ;'kLoh BjY;keqGs fnukad 11 lIVsacj 1946 jksth loZ i{kkaP;k o /kekZP;k ukxfjdkauh lksykiwj 'kkarrk lferh ;k ukokph laLFkk uxjk/;{k ckcklkgsc okjn ;kaP;k v/;{krs[kkyh LFkkiu dsyh- dk¡xszl fganw egklHkk] eqLyhe fyx] ikj'kh] f[kz'pu gfjtu oxSjs loZ laLFksps o tkrhps izeq[k lHkkln ;k lferhoj vlY;kus dk;kZl Qkjp O;kid Lo:Ik izklr >kys- ckcqjko tDdy] jked`".k tktw] vCnwy lÙkkj] egEen vCckl] HkkbZ NUuqflax] va=ksGhdj oxSjs iq<kÚ;kaph lkFk feGkyh-

1947 yk ns'kkr fganw egklHkk o ng'kroknh yksdkapk tksj ok<w ykxyk- i.k cgqla[; tursl R;kps

rRoKku iVr ulY;kus lksykiwjkr R;kpk Qkjlk ifj.kke >kyk ukgh- R;keqGs fpMwu ijxkoP;k o dkgh LFkkfud eaMGhP;k fpFkko.khus 1 vkWxLV 1947 jksth 30] 40 eqlyekukauk Hkksldyus ;kpk cnyk Eg.kwu 1947 e/;s 5] 6 fganw ukxfjdkaPkk eqfLyekauh ukgd cGh ?ksryk- 15 vkWxLV jksth Lokra«; fnu lktjk gks.kkj vlY;keqGs lksykiwjkrhy okrkoj.k yodj lq/kkjys o Lokra«; fnu mRlkgkus lktjk >kyk-[34]

vkS|ksfxd izxrh

1920 i;Zar lksykiwj ftYg;kr lokZr eksBh tquh fxj.kh] ujflax fxj.kh] y{eh fo".kw o tkek fey ;k pkj dkiM fxj.;k gksR;k- R;kaph LFkkiuk vuqØes 1876] 1898] 1908 o 1909 e/;s >kyh- ;k fxj.;ke/;s izlaxh dkexkjkaph fiGo.kwd gksr gksrh- R;keqGs vkEgkal ek.kwl Eg.kwu tx.;kpk vf/kdkj gok rks vkEgh feGo.kkjp ;k fu/kkZjkus 1920 e/;s dkexjkauh lai iqdkjyk gk lai 6 efgU;ki;Zar ykacyk R;kosGh dkexkjkapk usrk Hkhejko gksrk- R;keqGs ;k laikyk Hkhejkokpk lai Eg.kwu vksG[kys tkrs- lksykiwjP;k bfrgklkr izFker% ;k laikP;k fufeÙkkus fefyVjhyk ikpkj.k dsys xsys- 26 tkusokjh 1920 jksth laidjh dkexkjkoj xksGhckj gksowu 7 dkexkj tkxhp Bkj >kys R;kuarj rMtksM gksowu lai feVyk-[35]

Lkksykiwj gs 19 O;k 'krdkP;k frlÚ;k n'kdkiklwu dkiM m|ksxkps ,d egRokps dsanz vkgs- vkS|ksfxdhdj.kkP;k ckcrhr ftYg;kpk jkT;kr pkSFkk Øekad ykxrks- l/;k ftYg;kr dkiM fxj.;k o iq"dG pknjh] csM dOgZl r;kj dj.kkÚ;k daiU;k vkgsr- lksykiwjh pknj jkT;kr izfl/n vkgs- lk[kj m|ksxkpk ftYg;kP;k fodklkr [kwi eksBk okVk vkgs- vdywt] ia<jiwj] ekGf'kjl] ekGhuxj] vDdydksV] lksykiwj] lkaxksys] eaxGos<k bR;knh fBdk.kh lk[kj m|ksxkps dsanzhdj.k >kys vkgs- gkrekx] fo.kdke] peksZn;ksx] /kkxsdke] ckacwdke] jaxdke] js'khe izfØ;k] HkkaMh r;kj dj.ks bR;knh dqVhjm|ksx o dqadw vxjcÙkh r;kj dj.ks gs fdjdksG m|ksx/kans vkgsr-[36]

'ksrdjh dkexkj jkT;kph ladYiuk dk¡xzslus 1942 P;k vkWxLV Bjkokr varHkwZr dsyh- lektoknh yksd'kkgh jkT;O;oLFksps nqljs :i 'ksrdjh dkexkj jkT; v'kk jkT;kP;k LFkkiuslkBh dkgh fdeku vko';d ckch gksR;k-[37]

1- ns'kkrhy jktlÙksoj Jethoh oxkZps fu;a=.k vlwu R;k oxkZps fgrlaca/k tksikl.;klkBh ;k lÙkspk fofu;ksx Ogkok-

2- okgrqdhph lk/kus] mRiknukph lk/kus] tehu] dkj[kkus bR;knh jk"V^akP;k ekydhph vlkohr-

3- lDrhP;k eksQr f'k{k.kk}kjs lokZaP;k 'kkjhfjd] ekufld vkf.k ckSf/nd fodklkph O;oLFkk Ogkoh-

4- loZ L=h&iq:"kkauk ;ksX; vls y"djh f'k{k.k nsÅu Lor%ps o ns'kkps laj{k.kklkBh R;kauk leFkZ cuokos-

5- lokZalkBh iksVHkj ldl vkgkj] vaxHkj oL= o jkg.;kl ;ksX; fuokl ;klkBh jkT;laLFks}kjk geh n;koh-

6- mRikfnr o fu;kZr oLrwaps okVi [kktxh Lo:ikps u Bsork rs lgdkjh laLFkkdMs vlkos-

7- lkekftd lersP;k rRokizek.ks O;Drhps Js"B vFkok dfu"B LFkku tUekoj] /kekZoj vxj m|ksx O;olk;koj vk/kkfjr vl.kkj ukgh-

dk¡xzsl varxZr la?k"kZ

'ksrdjh dkexkj i{kkps mn;kps cht 'ksrdjh] dkexkjkaP;k ladYiusr vkgs- b-l- 1942 e/;s 'kadjjko eksjs] HkkÅlkgsc jkÅr] rqG'khnkl tk/ko] y-ek- ikVhy vkfn cgqla[; lektkrhy usrs ;sjoMk rq:axkr gksrs- dk¡xzsle/;s mtO;k fopkjkaps izkcY; ok<r gksrs- 'ksrdjh] dkexkj] 'ksretwj b- Jethoh tursP;k lanHkkZr dk;ZØe gkrh ?;kok- R;kaP;kr tkÅu dke djkos vls usr`Rokl okVr uOgrs- R;keqGs ojhy mijksDrkauh vkiyh lqVdk gksrkp Jethoh tursP;k dY;k.kdkjh dk;ZØekoj Hkj |k;pk vls Bjoys gksrs- ijarq dk¡xzsle/khy oSpkfjd la?k"kZ b-l- 1937 P;k izkafrd dk;nseaMGkP;k fuoM.kqdhiklwu mQkGw ykxyk gksrk- ;kosGh egkjk"V^a dk¡xzsle/;s LFkwy ekukus rhu xV gksrs- nso&nsofxjhdj ;kapk ,d xV] ds'kojko ts/ks&xkMxhG ;kapk nqljk xV o lektoknkpk iqjLdkj dj.kkÚ;kapk frljk xV gksrk- nso&nsofxjhdjkaP;k xVkr czkã.k] ekjokMh] xqtjkFkh bR;knhapk lekos'k gksrk- ts/ks&xkMxhG ;kaP;k xVkr czkã.ksÙkj] 'ksrdjh o dkgh izek.kkr dkexkj gksrs- lektoknh iqjLdR;kZaP;k xVkr lektoknh] dE;qfuLV] jkW;oknh b- eksMr gksrs- b-l- 1937 P;k izkafrd dk;nseaMGkP;k fuoM.kqdk vkY;k rsaOgk egkjk"V^a izkafrd dk¡xzslps usr`Ro nso xVkdMs gksrs- ernkjke/;s cgqla[; czkã.ksÙkj ernkj gksrs- lj ,l~- Vh- dkacGh ;kaP;k usr`Rok[kkyhy czkã.ksÙkj i{kkus fuoM.kqdhP;k vk[kkM;kr mrj.;kps Bjoys gksrs- R;keqGs cgqla[; vlysys czkã.ksÙkj ernkj czkã.ksÙkj i{kkP;k mesnokjkaukp ers nsrhy gh Hkhrh nso xVkyk HksMlkor gksrh- R;keqGs R;kauh ts/ks xVkP;k yksdkauk vf/kd izek.kkr frfdVs fnyh- vis{ksis{kk vkiY;k xVkyk vf/kd frfdVs feGkY;kus ts/ks ;kauh egkjk"VªHkj >a>kokrh nkSjk dsyk- R;kaP;k leosr u-fo-xkMxhG gksrs- fuoM.kqdhr czkã.ksÙkjkapk nk:.k ijkHko >kyk- R;k dkGkr izkarkP;k eq[;ea«;kyk iariz/kku Eg.kr vlr- i{kkoj ts/ks xVkps opZLo vkY;keqGs [ksjkauk eq[; iariz/kku djkos v'kh rMtksM dj.;kr vkyh- [ksj iariz/kku >kY;kuarj nso nsofxjhdj xVkps izkcY; ljdkjh njckjkr ok<r xsys- ljdkjh LFkkukapk okij d:u ;k xVkus ts/ks&xkMxhG xVkps egRo deh dj.;kpk iz;Ru lq: dsyk- FkksM;kp fnolkr nqlÚ;k egk;q/nkyk rksaM QqVY;kus dk¡xzslus pys tko y<k iqdkjyk o lÙkspk R;kx dsyk- R;kuarj e/;orhZ dk;ns eaMGkP;k fuoM.kqdk uksOgscj 1945 e/;s >kY;k- iq<s dkgh fnolkauh izkafrd dk;nseaMGkP;k fuoM.kqdk vkY;k- ;k fuoM.kqdhP;k osGh ikyZesaVjh cksMkZr vkiY;k xVkps cgqer gksbZy v'kh O;oLFkk nso xVkus dsyh- frfdVs dks.kkyk n;ko;kph ;kpk fu.kZ; ikyZesaVjh cksMZ ?ksr vlY;keqGs R;koj vkiys opZLo fuekZ.k dj.;kpk iz;Ru dk¡xzslus dsyk- ikyZesaVjh cksMkZr vkiys cgqer feGrkp nsokauh vkiY;kp yksdkauk frfdVkaph f[kjkir okVyh-

vkiY;k xVkaP;k rksaMkyk ikus iql.;kr ;sr vkgsr vls fnlrkp ts/ks ;kauh dk;ZØekoj cksy.;kl lq:okr dsyhb-l- 1937 rs b-l- 1939 ;k dkGkr [ksj eaaf=eaMGkpk dkjHkkj fdlku&dkexkjkaP;k Qk;n;kpk >kyk ukgh- vls ts/ks xV Eg.kw ykxyk- ;kpk ifj.kke ts/ks xVkyk pkj&nksu tkxk ok<owu feGkY;k- b-l- 1946 P;k eaf=eaMGkph jpuk djrkuk ts/ks ;kapk fdaok izns'k dk¡xzsl v/;{k dkdklkgsc xkMxhG ;kapk vftckr lYyk ?ksryk ukgh-[38] ex ts/ks&xkMxhG xVkph ek.kls eaf=eaMGkr ?ks.;kph ckc rj nwjp jkfgyh- vkf.k ;sFkwup 'ks-dk- i{kkP;k LFkkiusps chtkjksi.k >kys-

b-l- 1946 e/;s egkjk"Vª dk¡xzslph fuoM.kqd >kyh- R;kr ts/ks xV fot;h >kyk vkf.k v/;{kinh ds'kojko ts/ks fuoMwu vkys- la?kVuk vkiY;k rkC;kr vkY;kuarj ts/ks izHk`rhauh eaf=eaMGkdMs dk;ZØekaP;k vuq"kaxkus f'kQkjl dj.;kl lq:okr dsyh- 'ksrdÚ;kaph dtsZ ekQ djkohr] 'ksrlkjk jn~n djkok] rs 'kD; ulsy rj fdeku 'ksrlkjk deh djkok- vkfnoklhaP;k dY;k.kdkjh ;kstukauk izk/kkU; n;kos- ;k ekx.;kaoj vk/kkjysY;k dk;ZØekaph f'kQkjl [ksj eaf=eaMGkdMs egkjk"Vª izkafrd eaMG d: ykxys- ;k f'kQkj'khaph eaf=eaMG n[ky ?ks.;kl r;kj uOgrs- la?kVusr cgqer vlysY;k ts/ks&xkMxhG xVkyk cktwyk lkj.;kr vkys- rsaOgk ;k ifjfLFkrhpk fopkj dj.;klkBh ekpZ 1946 e/;s HkkÅlkgsc jkÅr ;kaP;k ?kjh pkGhl vkenkjkaph cSBd Hkjyh- gh cSBd dks.kR;k dkj.kkalkBh Hkjyh ;kps o`Ùk R;kosGh nSfudkarwu vkys ukgh- ek= czkã.ksÙkjkaph ,dtwV'] czkã.ksÙkjkaph xVckth'] v'kk ckrE;k ;k cSBdhlaca/kh vkY;k- ;k cSBdhr vkenkjkaP;k orhus 'ksrdjh dkexkj ;kaP;k iz'uklaca/kh dkgh f'kQkj'kh iariz/kku [ksj ;kaP;kdMs dj.;kps Bjys- o [ksjkauk HksV.;k dfjrk ckcklkgsc f'kans] HkkÅlkgsc jkÅr] rqG'khnkl tk/ko ;kaps f'k"VeaMG cuoys- eaf=eaMGkpk dkjHkkj cgqtulektkP;k fgrkpk Ogkok v'kh ekx.kh vkenkj djr gksrs- R;kaps gs Eg.k.ks cjkscj gksrs dh ukgh ;kph ppkZ o`Ùki=karwu gks.;k,soth czkã.ksÙkjkaps dkjLFkku Eg.kwu ;k ?kVusph n[ky o`Ùki=kauh ?ksryh- o dk;ZØekojhy oSpkfjd ppsZyk tkrh fo"k;d Lo:Ik fnys xsys- czkã.ksÙkjkaP;k xVkdMs o`Ùki=s ulY;keqGs R;kaph cktw yksdkaiq<s u ;srk R;kaP;koj czkã.ksÙkj Eg.kwu f'kDdk ekjyk tkow ykxyk-[39]

dk¡xzsl 'ksrdjh dkexkj la?k

ts/ks ;kaP;k xVkoj o`Ùki=krwu dsyh tk.kkjh Vhdk gh ,drQhZp gksrh- eaf=eaMGkP;k ekjd o yksd'kkgh fojks/kh jktdkjHkkjkoj tursP;k n`"Vhus vf/kd izHkkoh nMi.k vk.k.;kP;k gsrwus lefopkjh vkenkjkauh o dk;ZdR;kZauh la?kfVr >kys ikfgts ;k fopkjkus 26 tqyS 1946 jksth ckcqjko l.kl ;kaP;k ?kjh vkenkj] dk;ZdR;kZaph cSBd >kyh- ;k cSBdhr 'ksrdÚ;kaph xkÚgk.kh tursiq<s ekaM.;klkBh o R;kaph nkn ykowu ?ks.;klkBh orZekui= dk<kos vkf.k 'ksrdÚ;kaP;k] JethohaP;k la?kVuslkBh izpkjnkSÚ;kph O;oLFkk djkoh vls nksu Bjko eatwj >kys- ;k cSBdhr ds'kojko ts/ks] 'kadjjko eksjs] NUuqflax] ukuk ikVhy b- iq<kjh rj rqG'khnkl tk/ko] Hkkidj] nÙkk ns'keq[k] O;adVjko iokj] ih- ds- lkoar gs vkenkj gtj gksrs- dk;ZØekPkk fopkj dj.;klkBh ;k HkjysY;k cSBdhr nSfud dk<.;klkj[kk fdjdksG okV.kkjk fu.kZ; dk ?ksryk gs ojhr foospuko:u Li"V gksrs- o iq<hy dk;ZØeklkBh ,d lferh fu;qDr dsyh-[40] i.k ;k lferhP;k dk;kZl ewrZ

Lo:Ik u vkY;keqGs 11 lIVsacj 1946 jksth iq.ks ;sFks dkgh vkenkj] dk;ZdrsZ teys- R;ke/;s ts/ks] eksjs] tk/ko] ukuk ikVhy] Hkkidj] NUuqflax] nÙkk ns'keq[k] O;adVjko iokj] ih- ds- lkoar] Kkuksck tk/ko HkkÅlkgsc jkÅr] jk- i- uyoMs] rGsxkodj] jk- uk- f'kans] lq- rks- eksjs] ;'koarjko pOgk.k] ds-Mh- ikVhy] uoy ikVhy gtj gksrs- iznh?kZ ppsZvarh dk¡xzsl varxZr 'ksrdjh dkexkj la?k LFkkiu dj.;kpk Bjko ;k cSBdhr eatwj dj.;kr vkyk- ;k Bjkokr EgVys gksrs dh] dk¡xzsl varxZr jkgwu dk¡xzslpk jktdh;] vkfFkZd o lkekftd dk;ZØe cgqtulektkP;k n`"Vhus vf/kd izHkkoh dj.;klkBh o fo'ks"kr% 'ksrdjh dkedjh jkT; LFkkiu dj.;kP;k dk¡xzslP;k ?kks"k.ksl 'kD; frrD;k yodj ewrZ Lo:Ik ns.;klkBh 'kDrh fuekZ.k dj.ks t:jh vlY;keqGs ;k la?kkph LFkkiuk dj.;kr ;sr vkgs-[41]

lHksr BjY;kizek.ks ts/ks&eksjs ;kauh izpkj dk;Z lq: dsys- vkenkj fof/keaMG dk¡xzsl i{kkr rj vU; dk;ZdrsZ ckgsj eaf=eaMGkP;k /kksj.kkoj Vhdk d: ykxys- 20 vkWDVkscj 1946 P;k egkjk"Va izkafrd dk¡xzsl dfeVhP;k lHksr dk¡xzsl la?kVuk cGdV djkoh v'kk vk'k;kpk ,d Bjko vkyk vlrk ts/ks ;kaP;k vuq'ksus fHkoaMhps lektoknh iq<kjh i-l- Hkkxor ;kauh ekaMysY;k eaf=eaMGkus lkekftd iqu?kZVusP;k o fgrkP;k xks"Vh ftYgk dk¡xzsl dfeV;kaP;k lYY;kuarjp djkO;kr ;k milwpusP;k fufeÙkkus eaf=eaMGkP;k dkjHkkjkoj Vhdk dj.;kr vkyh[42] vkrwu o ckgs:u gks.kkÚ;k ;k Vhdspk ekjk vlkg; gksÅu cgqtulektoknh i{k vls migkliw.kZ uko nsÅu 'ksrdjh dkexkj la?kkyk /kksikV.;kpk iz;Ru eaf=eaMG o HkkaMoyh o`Ùki=s

;kaP;kdMwu gksÅ ykxyk- R;keqGs 'ksrdjh dkexkj la?kkyk vf/kd [kachj o vf/kd HkDde la?kVuk cka/k.;kph t:jh okVw ykxyh-[43]

9 fMlsacj 1946 jksth ?kVuk lferhps dkedkt lq: >kys- dWfcusV fe'kuP;k ;kstusuqlkj 2 lIVsacj 1946 iklwu dsanzh; ikrGhoj usg:aps vfrfjDr ljdkj lÙksoj vkys gksrs- yodj baxzt jkT;drsZ ;k ns'kkrwu dk<rk ik; ?ks.kkj vkf.k fczfV'kkaP;k gkrwu HkkaMoynkjkaP;k gkrh lÙksps foyhuhdj.k gks.kkj v'kh Hkhrh okVw ykxyh gksrh- gh izfØ;k Fkkaco.;klkBh tula?kVu dsys ikfgts v'kk Hkkousus 11 tkusokjh 1947 jksth HkkÅlkgsc jkÅr] uyoMs] rGsxkodj] jk-uk- f'kans] lq-rks- eksjs] ;'koarjko pOgk.k] ds-Mh- ikVhy] uoy ikVhy] j-ds- [kkMhydj] HkkbZ dMw] vk..klkgsc voVs] iz-ds- v=s] Ogh-,u- ikVhy vkf.k esek.ks] [kjkr gs vkenkj gtj gksrs- ts/ks] v=s] eksjs] [kkMhydj] tk/ko izHk`rhauh dk¡xzsl varxZr 'ksrdjh dkexkj la?k la?kfVr o etcwr gks.;kph fudM lkafxryh- ;'koarjko pOgk.k vkf.k NUuqflax ikVhy ;kauh ek= izfrdwy Hkwfedk ;k cSBdhr ?ksryh- v[ksj rMtksM gksÅu iq<hy Bjko ikl >kyk- dk¡xzslP;k /;s;/kksj.kkizek.ks dk¡xzslpk nSuafnu dk;ZØe cgqtulekP;k fgrkdjhrk Ogkok o rls dk;Z dj.kkÚ;k dk;ZdR;kauk ekxZn'kZu Ogkos] R;kpizek.ks fczfV'kkaP;k gkrwu feG.kkÚ;k lÙkspk mi;ksx 'ksrdjh o dkexkjkaP;k fgrklkBh Ogkok vkf.k R;ke/kwu 'ksrdjh dkedjh la?k cyoÙkj gksÅu R;kaps gkrh lÙkk ;koh ;klkBh la?kfVr iz;Ru dj.ks Qkj vxR;kps >kysys vkgs- ;k in~/krhus 'ksrdjh dkedjh oxkZlkBh djko;kP;k dk;kZlkBh o fryk ;ksX; fn'kk ns.;klkBh ,d lferh use.;kr

vkyh-[44] vBjk tukaP;k ;k lferhP;k nksu cSBdh >kY;k- 'kadjjko eksjsaP;k ers lÙkk/kkjh xVkdMwu vkfe"ks o /kkd nk[koyk tkr vlY;kus vusd dk;ZdrsZ fo'ks"kr% vkenkj lferhP;k dk;kZr fcpdr&fcpdr Hkkx ?ksr vlr- f'kok; dk;kZlkBh fuf'pr ekxZn'kZu] rRoKku] /;s;/kksj.k gh 'ksrdjh la?kkP;k ;k lferhps Bjysys uOgrs- 'ksrdjh dkedjh fgrkph Hkk"kk vfr lafnX/k vlY;keqGs dk;ZdR;kZae/;s oSpkfjd xksa/kG vukLFkk o vkSnkflu gksrs- dkgh dk;ZdrsZ izfrdwy rj dkgh Hk;Hkhr v'kk voLFkseqGs rGeGhP;k o lektoknh fu"Bk vl.kkÚ;kapk dksaMekjk gksr gksrk- gh vfuf'prrsph dksaMh QqVkoh] vkpkjkr o fopkjkr ,dlq=hi.kk o dk;kZr lkrR; ;kos ;k n`"Vhus fopkj dj.;klkBh o T;kaps /;s;/kksj.k fuf'pr vkgs- T;kaph dke fpoVi.ks dj.;kph /kMkMh o r;kjh vkgs v'kk dk;ZdR;kZaph ygku la[;kgh vf/kd pkaxys dk;Z d: 'kdsy vls fu"Bk vl.kkÚ;k dk;ZdR;kZauk okVw ykxys- v[ksj ;kp fopkjkus mpy [kkaYY;keqGs 2 o 3 vkWxLV 1947 jksth nsokph vkGanh ;sFks fuoMd dk;ZdR;kZaph lHkk ?ks.;kr vkyh- rhr ds'kojko ts/ks] 'kadjjko eksjs] rqG'khnkl tk/ko] ukuk ikVhy] th-Mh- ykM] d`".kjko /kqGi] eqGhd] f'kjksGs] ukFkkth ykM] ds- ,e~- tks'kh] j-ds- [kkfMydj] ckcqjko tks'kh oxSjs dk;ZdrsZ gtj gksrs-[45] ;k lHksr iq<hy Bjko ikl >kyk-[46]

dk¡xzsl 'ksrdjh dkexkj la?k LFkkiuspk Bjko

dk¡xzslus 'ksrdjh&dkedjh jkT;kph ?kks"k.kk dsyh vkgs- rk- 15 vkWxLV 1947 jksth ;k ns'kkP;k gkrkr iw.kZ Lokra«;kph lÙkk ;s.kkj vkgs- ;k feG.kkÚ;k Lokra«;ke/;s 'ksrdjh o dkexkj ;kauh eksB;k izek.kkoj tks R;kx dsyk o tks nsgnaM lkslyk ;keqGs

Lokra«; eq[;Ro feG.kkj vkgs- ;k vkysY;k lÙkspk mi;ksx 'ksrdjh] dkedjh ;kaps vf/kdkf/kd Qk;|klkBh d:u v[ksj R;k lÙkspk ifjikd 'ksrdjh dkedjh jkT;kr gks.ks vR;ar t:jhps vkgs- o r'kk izdkjph ?kks"k.kk dk¡xszlus dsyh vkgs- lnj ?kks"k.ksoj vkepk iw.kZ fo'okl vkgs-

ns'kkr vkysY;k lÙkspk mi;ksx vkiY;k Lor%P;kp fgrklkBh 'ksrdjh & dkedjh ;kauk fiG.kkjs HkkaMoynkj] tehunkj oxSjs oxZ fuf'pri.ks djrhy v'kh fHkrh ok<w ykxyh vkgs- 'ksrdjh o dkexkj ;kaph oxZfu"B la?kVuk d:u 'ksrdjh & dkedjh ;kaps jkT; LFkkiu dj.;kP;k ?kks"k.ksl 'kD; frrD;k yodj ewrZLo:Ik ;s.;klkBh vkf.k 'ksrdjh o dkexkj ;kaps oxZfgrklkBh lektoknh Hkwfedso:u tkx`ri.ks o [kachji.ks dke dj.kkÚ;k dk¡xzsl varxZr dk;ZdR;kZaph la?kVuk vl.;kph Qkj t:jh vkgs- lcc vkEgh ojhy ukokP;k dk¡xzl vaarxZr dk;ZdR;kZapk la?k LFkkiu dj.;kpk fu.kZ; ?ksr vkgksr-

vkGanh ¼nsokph½ ;sFks rk- 3 vkWxLV 1947 jksth dk¡xzsl varxZr 'ksrdjh dkexkj la?kkph ?kVuk o dk;ZØe rlsp 'ksrdjh la?kkph ?kVuk r;kj dj.;klkBh 'kadjjko eksjsaP;k v/;{krs[kkyh uÅ tukaph lferh useyh- ;k lferhus r;kj dsysY;k nLr,sotkoj 'ksrdjh la?kkP;k 12 lIVsacj 1947 P;k lHksr eatwjhoj f'kDdkeksrZc dj.;kr vkys-[47]

'ksrdjh dkexkj la?kkP;k LFkkiusuarj izkarkP;k fofHkUu Hkkxkrwu R;kyk eksBk izfrlkn feGkyk- egkjk"Vªkrhsy ukxiwj] oÚgkM o ejkBokM;krhy 500 dk;ZdR;kZaph ,d lHkk 9 uksOgsacj 1947 jksth vgenuxjyk >kyh- frusgh la?kkP;k dk;ZØekyk ekU;rk fnyh- 'ksrdjh la?kkP;k dk;kZaph O;klrh ok<o.;klkBh ukuk ikVhy ;kaP;k v/;{krs[kkyh ,d lferh use.;kr vkyh- ?kVuk cuo.kkÚ;k lferhps :ikarj 'ksrdjh la?kkP;k dk;Zdkjh eaMGkr dj.;kr vkys- dk¡xzsl varxZr vl.kkÚ;k 'ksrdjh dkedjh la?kkyk vls fuf'pr Lo:Ik o oSpkfjd vf/k"Bku izkIr >kY;kus R;kaP;k iq<kji.kkauh >a>korh izpkjlHks}kjs la?kkph Hkwfedk tulkekU;k i;Zar ikspo.;kpk iz;Ru dsyk- R;k izpkjkrwu dk¡xzsl ljdkjps HkkaMoy'kkgh /kksj.k m?kM gksr vls vkf.k gh loZ Vhdk dk¡xzslP;kp O;klihBko:u o T;ss"B dk¡xzslh usR;kaP;kp rksaMwu ;sr vlY;keqGs tuerkoj R;kpk xaHkhj ifj.kke gksr gksrk- 'ksrdÚ;kaps iz'u ;kaph ljdkjdMwu mis{kk vkf.k R;kP;kojhy mik; gs izpkjkps e/;orhZ lw= vlY;keqGs gk izpkj izHkkoh Bjr gksrk- dkj.k gs iz'u tursP;k thouk'kh lk{kkr fuxMhrp gksrs- izkafrd dk¡xzsl eaMG vkf.k eaf=eaMG ;kaP;krhy v'kk ojhy ?kVukaeqGs forq"V ;sÅu fBdfBdk.kh >xMs lq: >kys- fMlsacj 1947 e/;s iwoZ o if'pe [kkuns'k] uxj] ukf'kd Hkkxkr nkSjs dk<wu 'kadjjko eksjs] ukuk ikVhy] rqG'khnkl tk/ko] nÙkk ns'keq[k] dkdk ok?k] th-Mh- ykM] [kq'kkyjko ekrksGs] iatkcjko ns'keq[k] ia<jh ikVhy b- izHkwrhauh mii{kkph Hkwfedk o /;s;/kksj.k tursl letkowu lkafxryh-[48] i{kkpk /;t ykyk jaxkpk vlwu R;koj gkrksMk] foGk o rhu pkan.;k ¼LVkj½ vkgsr- rhu pkan.;k 'ksrdjh] dkexkj o e/;eoxhZ;kaps izfrfu/khRo djrkr-

;kp njE;ku vkenkj rqG'khnkl tk/ko] 'kadjjko eksjs] 'kkarkckbZ eksjs] ds'kjko ts/ks] ukuk ikVhy ;kauh lksykiwj ftYg;ke/;s rqQkuh nkSjs dk<ys o vusd

fBdk.kh 'ksrdjh dkedjh la?kkP;k xzkelHkk] 'ksrdjh lHkk] fo|kFkhZ lHkk LFkkiu dsY;k- ftYg;kr vusd f'kchjs ?ksryh o ftYg;krwu 'ksrdjh la?kkyk izpaM ns.kxh feGkyh- ;kosGh HkkbZ fo'okljko QkVs ;kaP;k usr`Rok[kkyh vusd dk;ZØe >kys-[49]

'ksrdjh dkedjh la?kkP;k usR;kauh uksOgsacj 1947 jksth laiw.kZ jkT;kpk >a>korh nkSjk dsyk- o 'ks-dk- la?kkpk dk;Zdze o /kksj.k ;kapk izpkj dsyk- 'ksrdÚ;kaps iz'u dks.krs vkgsr rs lksMo.;kps ekxZ dks.krs ;koj ;k izpkj nkSÚ;kr Hkj fnyk xsyk- ;k izpkjkcjkscjp ds'kojko ts/ks xVkus fof/keaMG dk¡xzsl i{kkph cSBd cksykowu 'ksrdÚ;kaP;k iz'uklaca/kh fopkj dj.;klkBh lferh useyh- ;k lferhe/;s HkkÅlkgsc jkÅr] rqG'khnkl tk/ko o xksfoajko ns'kikaMs ;kapk lekos'k dsyk gksrk- ;k lferhus 'ksrdÚ;kaph dtsZ ekQ djkohr] 'ksrlkjk jn~n djkok v'kk f'kQkj'kh dsY;k- ;k f'kQkj'khauk xksfoanjko ns'kikaM;kauh fojks/k d:u vkiyh fHkUu erif=dk tksMyh- ts/ks xVkus ;k f'kQkj'khapk ikBiqjkok dj.;kps Bjoys- egkjk"Vª dk¡xzsl 'ksrdÚ;kaP;k dSokjkph Hkk"kk cksyr gksrh i.k izR;{k d`rh dj.;kph dk¡xzslph r;kjh uOgrh- 'ksrdU;kaps fgr igkos rj tehunkj] HkkaMoynkj ;kaP;k fgr laca/kkuk /kksdk iksgp.kkj gksrk- dk¡xzsl usr`Rokyk oxZ la?k"kZ isyo.kkjk o ekuo.kkjk uOgrk- ts/ks&jkÅr&eksjs xVkus mii{kkpk izpkj lq: dsyk rsaOgk dk¡xzslps HkkaMoynkjh Lo:Ik m?kMs iMw ykxys o mii{kkyk eksB;k izek.kkr ikfBack feGw ykxyk-[50]

iq.;kr j- ds- [kkfMydjkaps yksder'] uxjyk HkkbZ lFF;kaps bUDykc' o ekrksGsaps xzkejkT;'] lksykiwjkr rqG’khnkl tk/kokaps yksdlsok'] [kkuns’kkr tulsod' o ckrehnkj'] dksYgkiwjkr iq<kjh' o v[kaM Hkkjr'] yksdlsod' bR;knh fu;rdkfydkauh ;k mii{kkP;k izpkjkyk gkrHkkj ykoyk-[51]

24 ,fizy 1948 jksth eqacbZ ;sFks HkjysY;k vkf[ky Hkkjrh; dk¡xzsl vf/kos’kukr th ?kVuk nq:Lrh dsyh- frus HkkaMoynkj o R;kaps gLrd ;kauk i{kizos’kcanh dj.;k,soth MkO;ki{kkaukp i{kkrwu gn~nikj dj.;kpk eulqck jpyk- R;k nq:Lrhpk vk’k; iq<hyizek.ks gksrk- dye 4 ¼x½ T;kyk Lokra«; lnlRo] ?kVuk o dk;ZØe vkgs] v’kk dks.kR;kgh tkrh;] jktdh; i{kkPkk lHkkln dk¡xzsl i{kkpk lHkkln gks.;kl vik= Bjsy- ;k ?kVuk nq:LrheqGs dk¡xzsl i{kkarxZr fØ;k’khy vlysY;k mii{kkaP;k lHkklnkauk vkiys dk¡xzsl lnL;Ro ;kiq<s fVdork ;s.ks v’kD; >kys- ?kVuk nq:LrheqGs fojks/kh xVkaP;k iq<kÚ;ka fo:/n f’kLrHkaxkPkk cMxk okij.;kps ,d uos lk/ku dk¡xzsltukaP;k gkrh vkys-

dk¡xzslP;k Lo:ikr o ?kVusr vlk izfrxkeh cny dsY;keqGs MkO;k xVkauk dk¡xzslckgsj iM.;kokpwu i;kZ; mjyk ukgh- 19 ekpZ 1948 jksth lektoknh xV vkf.k 13 es 1948 jksth 'ksrdjh dkedjh xV dk¡xzsl e/kwu ckgsj iMyk- ;kosGh cgqtulektkP;k fgrklkBh fuekZ.k >kysyk i{k Eg.kwu iwohZP;k czkã.ksÙkj pGoGhrhy vusd yksd 'ksrdjh dkexkj i{kkr vkys-[52]

dk¡xzslR;kx o i{k LFkkiuk

mijksDr ifjfLFkrhr dk¡xzsle/;s jkg.ks Eg.kts fdlku&dkexkjkapk fo'okl ?kkr dj.;klkj[ks vkgs- v'kh [kk=h >kY;keqGs dk¡xzslckgsj iMyks vls lkaxwu 'kadjjko eksjs ;kauh vkiY;k ;k fu.kZ;kph ikp BGd dkj.ks iq<hyizek.ks lkafxryh vkgsr-

1- dk¡xzslP;k ?kVusr vkrk lokZsn;kps /;s; uewn dsys vlwu oxZleUo;kP;k rRokrhy rh uoh vko`Ùkh vkgs- oxZy<;k}kjs HkkaMoynkj] ljatkenkj oxkZpk uk'k dsY;kf'kok; fdlku dkexkj jkT; LFkkiu dj.ks v'kD; vlrkuk loksZn;oknh fdjdksG lq/kkj.kk d:u gYyhP;k O;oLFksyk dk¡xzsl txow ikgr vkgs-

2- dk¡xzslP;k ?kVusr vkiY;kyk eukbZ dsyh vlY;kus ;kiq<s dk¡xzsle/;s jgko;kps rj nso ikVhy izHkwrhdMwu lektoknkps /kMs ?;kos ykxys vlrs- o m|ksxirhauk lektoknh ekukos ykxys vlrs-

3- dk¡xzsl gh HkkaMoynkj] tehunkj] o laLFkkfud ;kaP;k gqdqek[kkyh tkr vkgs gs oxZ lRrk:< >kys dh gqdwe'kkgh vk.kw ikgrkr cynso flaxkph ,di{k'] ,dusrk'] o ,d dk;ZØe' gh ?kks"k.kk gsp nk[kors-

4- dk¡xzsle/;s vkrk lRrkyksHkh] ekukyk gkikiysY;kaph xnhZ mlGysyh vkgs-

5- ,di{kh; lÙkk lgt gqdqe'kkghr ifjorZu gksÅ 'kdrs- i;kZ;h fojks/kh i{k yksd'kkghlkBh vR;ko';d vlrks- MkO;k i{kkauh rh Hkwfedk Lohdkjkoh- vkEgh dk¡xzsle/;s jkfgyks vlrks rj ,d rj HkkaMoynkjkaps xqyke cuyks vlrks fdaok R;kaP;k fgrfpardka'kh vkeps >xMs rhoz >kys vlrs- izkafrdpk dCtk vkEgh dsyk vlrk rj R;kauh fryk caM[kksj Bjowu jn~n dsyh vlrh-[53] ;kf'kok; dkgh dkj.ks iq<hyizek.ks Lokra«;izklrhuarjP;k lÙkk Li/ksZP;k jktdkj.kkr cgqtu lektkrhy usR;kauh vkiyh 'kDrh fVdo.;klkBh 'ksrdjh dkexkj i{kkph LFkkiuk dsyh-[54] LFkkfud

jktdkj.kkyk foVwu ts/ks&eksjs&tk/ko oxSjs cgqtu lektkrhy iq<kÚ;kauh dk¡xzsl ckgsj iM.;kps gVoknh /kksj.k vk[kys-[55] lkr yk[k vKkuh 'ksrdÚ;kauk tkx`r dj.;kps dk;Z dk¡xzsle/;s jkgwu djrk ;s.ks 'kD; ukgh dkj.k dk¡xzsle/;s HkkaMoynkj o bukenkjkapk Hkj.kk vf/kd gksrk- dk¡xzsl y<kow jkfgyh ikfgts ;k egkRek xka/khaP;k vkns'kkyk gkjrkG Qklyk xsyk gksrk-[56]

;kosGh 'kadjjko nso vkf[ky Hkkjrh; dk¡xzslps ljfpV.khl gksrs- nsokauh vkiY;k inkpk mi;ksx d:u egkjk"Vª izkafrd dk¡xzsl v/;{k ds'kojko ts/ks ;kaP;koj f'kLrHkaxkph dkjokbZ dj.;kpk iz;Ru dsyk- dk¡xzslus vkiY;k ?kVusr dsysyk cny o ts/ks ;kaP;kfo:/n nsokauh ;kstysyh dkjokbZ ;keqGs fuekZ.k >kysY;k ifjfLFkrhpk fopkj dj.;klkBh 'kadjjko eksjs ;kauh 26 ,fizy 1948 jksth 'ksrdjh dkedjh la?kkps v/;{k ;k ukR;kus HkkÅlkgsc jkÅr ;kaP;k ?kjh eqacbZr cSBd cksykoyh- brdh o"kZ T;k i{kkr dk<yh rks i{k lksM.;kpk izlax vkyk- rsOgk vrh nq%[k >kys vkf.k eh xka/kh Vksih dk<r ukgh vls ikgwu HkkÅlkgsc egkxkodjkauh ek>h xka/kh Vksih mMowu ykoyh- v'kh ojhy lHksph vkBo.k vkenkj rqG'khnkl tk/ko lkaxrkr-[57] ;k lHksr 150 dk;ZdrsZ gtj gksrs- R;kr ts/ks] ukuk ikVhy] HkkÅjko ikVhy ;kaP;klg 'ksrdjh dkedjh la?kkps loZ vkenkj ;k cSBdhl gtj gksrs- dkW¡xzslckgsj iM.kkjk Bjko izpaM cgqerkus ikl >kyk-[58] i{kkP;k lHkklnkauh o fgrfpardkauh 31 es 1948 iwohZ dk¡xzslps jkthukes nsÅu ckgsj iMkok vlk vkns'k ;k lHksus lacaf/krkauk fnyk gksrk- R;kuqlkj ds'kojko ts/ks] jk-e-uyoMs ;k ?kVuk lferhP;k lHkklnkauh vkf.k rqG'khnkl tk/ko] nÙkk ns'keq[k] HkkÅlkgsc jkÅr] xoGs oxSjs vkenkjkauh dk¡xzsl i{kkP;k lnlRokps jkthukes ikBfoys-

'kadjjko nsokauh v'kh fouarh dsyh gksrh dh] ns'kkph lÙkk ts/ks ;kaP;k bPNsizek.ks cgqtu lektkP;k gkrkr vYiko/khr tkrp vkgs- rsaOgk R;kauh dk¡xzsle/;s cgqtu lektoknkph lsok djkoh- vkf.k dk¡xzslph f'kLr ikGkoh- R;koj ts/ksauh R;kauk v'kh vV ?kkryh dh] R;kaP;k uO;k i{kkyk dk¡xzslus ekU;rk n;koh- vkf.k dk¡xzsl lksMwu pkyys R;kauk lUekuiwoZr ijr cksyokos- uokdkGP;k laikndkP;k ers gk tckc Eg.kts nso ;kaP;k fouarhpk l'krZ Lohdkj ulwu ukxeksMh vOgsjp gksrh-'[59] ukuk ikVykauh 13 es 1948 jksth dk¡xzsl R;kx dsyk- ,d Lora«k i{k Eg.kwu 'ks-dk- i{kkus lalkj lq: djr vlrkuk ?kVusus fnysY;k gDdkizek.ksp lun'khj ekxkZus gh jkT;i/n~r cnywu 'ksrdjh dkexkjkaps jkT; cuous gs ;k i{kkps /;;s gksrs-[60]

nkHkkMh vf/kos'ku

1950 e/;s ukf'kd ftYg;krhy nkHkkMh ;sFks 'ks-dk- i- ps nqljs vf/kos'ku Hkjys- ;k vf/kos'kukr i{kkus jktdh; izca/k eatwj dsyk R;kr lkr izdj.kkapk lekos'k vlwu i{kkus dE;qfuLV rRoKkukpk tkghji.ks Lohdkj dsyk vkgs-

'ksrdjh dkexkj i{kkP;k fufeZrhuarj i{kkoj tkrh;oknkpk vkjksi eksB;k izek.kkoj lq: >kyk- gk i{k ejkB;kapk vkgs- Jhear 'ksrdÚ;kapk vkgs- b- Vhdsyk 'ksrdjh dkexkj i{kkyk rksaM |kos ykxys- rls ikfgys rj 'ksdjh dkedjh la?kkP;k fufeZrh iklwup- czkã.ksÙkjkaph ,dtwV'] ejkB;kaph la?kVuk'] ejkB;kaps jktdkj.k vls vkjksi dsys tkr gksrs- vkepk i{k tkrh;oknh ukgh] tkrhpk fopkj vkEgh d/kh dsykp ukgh] ejkBs ukghr vls vusd yksd vkeP;k i{kkr vkgsr] dkgh vkenkj vkgsr ijarq R;kaP;k tkrh lkaxr clwu vkEgh t.kw vkjksihP;k fiatÚ;kr vkgksr vls Lo:Ik n;ko;kph vkeph r;kjh ukgh- vls ,u~-Mh- ikVhy] nkthck nslkbZ] m/n~ojko ikVhy Eg.kr- rlk fopkj djko;kpk EgVys rj

HkkÅlkgsc jkÅr dk; ejkBk vkgsr] fo/kkulHksrhy fojks/kh i{kusrs x.kirjko ns'keq[k dk; ejkBk vkgsr v'kh vusd eaMGh ejkBk ukghr i.k i{kkr rh egÙokph vkgsr vls rkokrkokus cksyrkuk ,u~-Mh- ikVhy lkaxwu tkrkr-

Tkkrhoknkpk vkjksi dj.kkjke/;s egkjk"Vª dk¡xzsl e/khy nsoxV vk?kkMhoj gksrk- R;kpizek.ks dE;qfuLV i{kgh gk vkjksi djhr gksrs- 'ksrdjh dkexkj i{kkP;k fufeZrhuarj cgqtu lektkpk o 'ksrdÚ;kapk ikfBack ;k i{kkyk feGw ykxyk rsaOgk nso xVkps /kkcs n.kk.kys- egkjk"Vª dk¡xzsl T;kaP;k gkrh R;kauhp gk i{k lksMwu uok i{k dk<Y;keqGs 'ksrdjh dkedjh i{k gk egkjk"Vª dk¡xzslyk vkOgku >kys-[61] 1885 e/;s dk¡xzslph LFkkiuk >kyh R;kosGh baxztkauh dk¡xzslyk dk;ZØe ukgh'] lÙkslkBh teysyk vlarq"Vkapk xV vls EgVys gksrs- gs vkjksi cksFkkV vkgsr- 'ks- dk- i{kkojhy vkjksikr rF; ukgh- R;kps mnkgj.k n;ko;kps >kY;kl vls Eg.krk ;sbZy dh] ejkBh tkrhpsp jktdkj.k ;k eaMGhaps gksrs- rj egkjk"Vªkr dk¡xzsl la?kVuk o ljdkj ;kaph lkjh lq=s ejkBh yksdkaP;k gkrkr vkY;kojgh 'ks-dk-i- dk¡xzslP;k fojks/kkr dk mHkk jkfgyk- ejkBk tkrhps jktdkj.k vlrs rj dk¡xzsle/;s ejkBk tkrhps usr`Ro mn;kl vkY;kuarj 'ks-dk-i{kkps vfLrRop jkgrk dkek uOgrs- ijarq rks i{k fVdwu vkgs- ;kps dkj.k tkrhis{kk dk;ZØe gsp izeq[k vkgs- R;kaP;k rkdnhpk fopkj dsyk rj brj fojks/kh i{kkph egkjk"Vªkrhy dk; voLFkk vkgs gsp mÙkj vkgs- ;k ns'kkr dks.krkp fojks/kh i{k ok<yk ukgh dkj.k lokZaps [kPphdj.k gksr xsys- 'ks-dk-i- gh R;kyk viokn ukgh-[62]

Ckgqtu lektoknh i{kkP;k ukokrhy cny

13 twu 1948 jksth iq.ks ;sFks cgqtulektoknh i{kkP;k dk;ZdR;kZaph cSBd Hkjyh- ;k cSBdhe/;s i{kkps uko 'ksrdjh dkexkj i{k vlkos vls eatwj dj.;kr vkys- ;kp cjkscj la?kVusP;k n`"Vhus ftYgk o rkyqdk lfeR;k LFkkiu dj.;kpk fu.kZ; >kyk- 'ksrdÚ;kaP;k la?kVuslkBh [ksMksikMh 'ksrdjh lHkk LFkkiU;kpk fu.kZ; ?ks.;kr vkyk-[63] R;kuqlkj 'ksrdjh lHksph ?kVuk r;kj dj.;kr vkyh- ;k ?kVuse/;s 40 dyes vlwu dye 7 izek.ks djko;kpk vtkZpk uequk iq<hyizek.ks & [64]

Ekyk 'ksrdjh lHkk ;k laLFksph ?kVuk okpwu] ,sdwu letyh vlwu R;k ?kVusrhy /;s; o mn~ns'k eyk ekU; vlwu R;k /;s; /kksj.kkizek.ks okx.;kl eh r;kj vkgs- ek>s o; 18 o"kkZis{kk tkLr vkgs- ek>s uko ------------ -------------------------------------lHkkln Eg.kwu uksanokos etdMs --------------------------------,dj vkdkjk ,o<h tehu vkgs-

lanHkZ

1- xOguZesaV vkWQ egkjk"V[a] egkjk"V[a] LVsV xW>sV] lksykiwj fMfLV[a]DV] xOguZesaV fizaVhax izsl ckWEcs] 1977] i`"B Ø- 1

2- fdRrk] i`"B Ø- 2

3- ¼laik½ HkV ,l- lh- bulk;DyksisMhd fMfLVªDV xW>sV] vkWQ bfM;k osLVuZ >ksu OgkWY;we] XIII] 1988] i`"B Ø 165

4- egkjk"Vªkps ftYgs & lksykiwj] izfl/nh foHkkx] egkjk"Vª ljdkj] eqacbZ 1980 i`"B Ø- 13

5- fdRrk

6- eqacbZ fo/kkulHkk ppkZ] 9 ekpZ 1963] i`"B Ø- 654

7- ¼laik½ HkV ,l- lh- iwoksZDr] i`"B Ø- 166

8- fdRrk

9- lax'ksV~Vh vkj- ,e~- ,U'k.V fgLVªh vkWQ lksykiwj fMfLVªDV] vuifCy'k ,e- fQy Ms>jVs'ku lcfeVsM Vw f'kokth ;qfuOgflZVh] dksYgkiwj] 1977 i`"B Ø- 5

10- xk;dokM jRukdj] ¼laiknd½ lksykiwj ftYgk 'kkldh; dk;kZy;s Lejf.kdk] lksykiwj] 1987 i`"B Ø- 2] 4

11- xOguZesaV vkWQ egkjk"Vª iwoksZDr i`"B Ø- 673

12- dYir: vkf.k vkuano`Ùk fn- 16] 23 ,fizy 1960

13- ;soys ,l- ch- lksykiwj ftYg;kP;k Lokra«; y<k] i`"B Ø- 13

14- fdRrk] i`"B Ø- 17

15- fdRrk] i`"B Ø- 86

16- dYir: vkf.k vkuano`Ùk] fn- 8] 11 es 1947] i`"B Ø- 1

17- lksykiwj lekpkj] fnukad iq"B- 15] 20] 21] 27 vkWxLV 1947

18- lapkj] fn- 8 Qscqzokjh 1975] i`"B Ø-2

19- lksykiwj lekpkj] fnukad 15 twu 1954] i`"B Ø- 2

20- dYir: vkf.k vkuano`Ùk] fn- 9 es 1948] i`"B Ø- 4

21- lksykiwj lekpkj] 1963 fo'ks"kkad

22- lksykiwj lekpkj] fnukad 26 uksOgsacj 1961] i`"B Ø- 2

23- lksykiwj lekpkj] fnukad 12 Qscqzokjh 1953] i`"B Ø- 3

24- dYir: vkf.k vkuano`Ùk] fnukad 9 tkusokjh 1960] i`"B Ø- 1

25- eqacbZ fo/kkulHkk ppkZ] 12 lIVscj 1963] i`"B Ø- 349

26- fdRrk] 26 ekpZ 1965] i`"B Ø- 1029

27- fdRrk] 15 ekpZ 1966] i`"B Ø- 217&19

28- fdRrk] 17 ekpZ 1975 i`"B Ø- 16@33

29- fdRrk] 20 fMlsacj 1974 i`"B Ø- 2621

30- ¼laik½ HkV ,l~-lh- iwoksZDr] i`"B Ø- 4

31- fdRrk

32- egkjk"V[a] 'kklu ftYgk tux.kuk funsZ'kkad lksykiwj 1976] i`"B Ø- 22

33- lksykiwj lekpkj fp=iV egksRlo fo'ks"kkad 1969] i`"B Ø- 10

34- lksykiwj lekpkj] fnukad 25 es 1962] i`"B Ø- 2

35- yksder] fnukad 23 fMlsacj 1999] i`"B Ø- 1

36- ¼laik½ HkV ,l- lh- iwoksZDr i`"B Ø- 169

37- nslkbZ nkthck] Hkkjrh; 'ksrdjh dkexkj i{k jktdkj.k] dksYgkiwj] 1983] i`"B Ø- 4

38- QM.khl txu] 'ksdki 'ksrdjh dkexkj i{kkps jktdkj.k dksYgkiwj] 1978] i`"B Ø- 13] 15

39- fdRrk] i`"B Ø- 10&20

40- eksjs 'kadjjko] 'ksdki vk<kok vkf.k vkjk[kMk vkfyckx] 1983] i`"B Ø- 7

41- fdRrk] i`"B Ø- 8

42- uokdkG] fnukad 24 vkWVks] 1946] i`"B Ø- 1

43- eksjs 'kadjjko] iwoksZDr] i`"B Ø- 9

44- fdRrk] i`"B Ø- 132

45- fdRrk] i`"B Ø- 8

46- nslkbZ nkthck] iwoksZDr i`"B Ø- 3

47- QM.khl txu] iwoksZDr] i`"B Ø- 24

48- eksjs 'kadjjko] iwoksZDr] i`"B Ø- 8&10

49- tk/ko rqG'khnkl ilZuy Mk;jh

50- QM.khl txu] iwoksZDr] i`"B Ø- 24] 25

51- eksjs 'kadjjko] iwoksZDr] i`"B Ø- 10

52- QM.khl txu] iwoksZDr] i`"B Ø- 30

53- ts/ks ds'kojko] v/;{kh; Hkk"k.k nkHkkMh] vf/kos'ku 1950 i`"B Ø- 30

54- ¼laaiknd½QkVs fo-dksa- ckcqjko ikVhy vuxjdj ,d >atkor] eksgksG] 1980 i`"B Ø- 10

55- Lkksykiwj lekpkj] fnukad 7 tqyS 1948] i`"B Ø- 2

56- iq<kjh] ¼dksYgkiwj½ 11 es 1948] i`"B Ø- 1

57- QM.khl txu] iwoksZr] i`"B Ø- 28]29

58- eksjs 'kadjjko] iwoksZDr] i`"B Ø- 160

59- uok dkG] fnukad 27 es 1948] i`"B Ø- 3

60- eqacbZ fof/keaMG ppkZ] [kaM] 26] fn- 24 ekpZ 1954] i`"B Ø- 1746

61- QM.khl txu] iwoksZDr] i`"B Ø- 28] 29] 31

62- fdRrk] i`"B Ø- 32

63- Ykksdlsok] fnukad 26 twu 1948] i`"B Ø- 1

64- Ykksdlsok] fnukad 28 twu 1948] i`"B Ø- 1

izdj.k 2

'ksrdjh dkexkj i{k vkanksyus vkf.k fuoM.kqdk

'ksrdjh dkexkj i{kkus i{k LFkkius uarj i{k la?kVuk etcwr dj.;klkBh vusd iz;Ru dsysys fnlrkr- i{kkus 'ksrdÚ;kaps iz'u] dkexkjkaps iz'u] 'ksretwjkaps iz'u] fo|kFkkZaps iz'u lksMfo.klkBh fofo/k vk?kkM;k fuekZ.k dsY;k- mnk- 'ksrdjh lHkk] iqjksxkeh fo|kFkhZ la?kVuk] efgyk vk?kkMh R;k R;k la?kVukaP;k ek/;ekrwu lacaf/kr iz'ukauk okpk QksM.;kpk iz;Ru dsyk- ;klkBh i{kkus izklafxd fofo/k vkanksyus mHkkjyh o vkanksyukP;k ek/;ekrwu i{kkus 'kklukoj ncko Vkd.;kpk iz;Ru dsyk- yksd'kkghe/;s fuoM.kqdkauk vuU;lk/kkj.k egÙo vlrs R;keqGs i{kkus yksdlHkk] fo/kkulHkk] fo/kku ifj"kn] LFkkfud LojkT; laLFkkaP;k fuoM.kqdk] fofo/k lgdkjh rRokoj pky.kkÚ;k laLFkk ;kaP;k fuoM.kqdk y<foY;k- fuoM.kqdhP;k ek/;ekrwu fuoMwu tkÅu loZlkekU; tursps iz'u lksMfo.;kpk iz;Ru dsyk- ;keqGs xko ikrGhi;Zar i{kkph eqGs :t.;kl enr >kyh- R;kph ri'khyokj ekfgrh iq<hizek.ks

Lkksykiwj vf/kos'ku

rqG'khnkl tk/ko ;kauh vusd o"ksZ fpoVi.ks dke dsys gksrs- dk;ZdR;kZapk lap tek dsyk gksrk- fo'okljko QkVs] ek/kojko fFkVs] izHkkdj dVds oxSjs r:.k dk;ZdrZs ftíhus dke djr gksrs- lksykiwjkrhy fxj.kh dkexkjkaP;k pGoGhr rqG'khnklkapk lgHkkx gksrk- ;kewGs rsFksgh rqG'khnklkaps pkaxys out gksrs- vf/kos'ku Hkjfo.;klkBh loZ iks"kd ifjfLFkrh fuekZ.k dsysyh gksrh- R;kauh 'ksrdjh dkexkj i{kkP;k mHkkj.khlkBh dsysY;k ;ksxnkukeqGs i{kkus ifgY;k vf/kos'kuklkBh lksykiwj gs LFkku fuoMys-

lqjokrhyk gs vf/kos'ku 8 o 9 vkWxLV 1948 jksth ?ks.;kps Bjys gksrs-[1] ijarq fu;ksftr rkj[ksl dkgh dkj.kkaeqGs vf/kos'ku gksÅ 'kdys ukgh- R;keqGs 'ksrdjh dkexkj i{kkps ifgys vf/kos'ku 5 o 6 lIVsacj

1948 jksth lksykiwjyk tqU;k fxj.khtoG iksyhl ykbZuP;k izkax.kkr 'kadjjko eksjsaP;k v/;{krs[kkyh ikj iMys- lq:okrhyk >saMkoanukuarj iq<kjh] izfrfu/khaph o Lo;alsodkaph fu?kkysyh fejo.kwd f'kLrc/n o ifj.kkedkjd gksrh- ;k vf/kos'kuklkBh ?kkrysY;k eaMikl toG&toG 160 [kkac gksrs- o lqekjs 200x 100 pk foLrkj gksrk- O;klihBkoj MkW- vkacsMdj] ds'kojko ts/ks] ukuk ikVhy ;k izHk`rhaph fp=s] dlsy R;kph tehu o jkcsy R;kpk dkj[kkuk gh czhnokD;s o la;qDr egkjk"Vªkpk vkjk[kMk fnyk gksrk- i{k izpkjklkBh nksu dykiFkdkaph p<kvks< ;keqGs gks.kkjs euksjatu o fpÙkkd"kZd ;keqGs okrkoj.k vuqqdqy cuys gksrs- vf/kos'kukl miflLFkr jkfgysY;k ekU;ojkr [kkyhy O;Drhapk lekos'k gksrk-

deZohj HkkÅjko ikVhy] 'kadjjko eksjs] Økafrflag ukuk ikVhy] ek/kojko ckxy] ckcqjko ts/ks] ds'kojko iokj odhy] Ogh- ,u~- ikVhy] HkkÅlkgsc jkÅr] dkdklkgsc ok?k] jk"Vªohjdrzs nslkbZ usrkthdrsZ ijc] la;qDr egkjk"Vªkrhy fuackGdj] d`".kjko /kqGi] nkthck nslkbZ] th- Mh- ykM] dqMqZokMhps esgrk] 'kadjjko [kksr] lksykiwjps xksfoanjko cqjxqVs] vacknkl tk/ko] lhrkjke lkGqa[ks] lnkf'ko O;ogkjs] gfjHkkÅ O;ogkjs] ukuklkgsc tk/ko] Hkhejko ;kno] Hkhejko txrki ;kno fFkVs] nkew cks/kys] ;kno ukbZdokMh] ck'khZ & ujflax ekLrj] fiaijh & vkuanjko ikVhy] t;flaxjko iokj odhy o uxj] ukf'kd] lkrkjk] dksYgkiwj] eqacbZ] csGxko] iq.ks oxSjs fBdk.kkgwu vusd yksd vf/kos'kukl gtj gksrs-[2] lksykiwj ftYg;krhy dkgh [ksM;krwu 40&40] 50&50 yksd vkys gksrsds'kojko ts/ks] rqdMksth egkjkt] nÙkk ns'keq[k ¼;sjoMk½] j?kqukFkjko [kkfMydj izHkqrhaps lans'k vf/kos'kukl vkys gksrs- ;k vf/kos'kukr [kkyh eqí;kaoj Hkj ns.;kr vkyk-

'kadjjko eksjs

Lokra«kksÙkj dkGkr baxzth jktoVhP;k vkJ;kus fiGo.kwd dj.kkjk oxZp f'kjtksj >kyk-[3] 'kadjjko eksjs ;kauh vkiY;k iznh?kZ Hkk"k.kkr 'ksrdkjh dkexkj i{kkP;k LFkkiusekxhy ifjfLFkrhpk vk<kok ?ksÅu iq<hy izfrfØ;k O;Dr dsyh- 'ksrdjh dkexkjkauk feGkysys Lokra«; HkkaMoyokys jkcfor vlY;keqGs cNM;kps nq/k fi.kkÚ;k cksD;kP;k ikBhr ekrk ykV.ks' rls HkkaMoyokY;kaps isdkV eksM.;klkBh vkiyk i{k vkgs- vka/kGs nGrs fu dq=s fiB [kkrs v'kh ifjLFkrh vkrk mjyh ukgh- nkfjnz;] jksxjkbZ] miklekj] HkkaMoyokys] LFkkfud fo"kerk] lkekftd jpuk ;kauk vki.kkl pys tko Eg.kko;kps vkgs- 1942 P;k dk¡xzsl izek.ks vktP;k ifj"knspk lans'k pys tko gkp jkfgy- vkiY;k i{kkps cG vkiY;k la?kVukaPkkrqZ;kis{kkgh ljdkjdMwu gks.kkÚ;k vU;k;keqGs o nMi'kkgheqGs vf/kd ok<r vkgs- o ok<r jkfgy- oYyHkHkkbZ o eqjkjthHkkbZ nslkbZ lkj[ks dk¡xzslps iq<kjh xka/khaps QksVks MksD;kr fu rRoKku ik;k[kkyh ?ksr vkgsr-[4] lekt mUurhph /kkj.kk ?ksÅu lektke/;s bfrgkl ?kMo.;kP;k b"ksZus mHkk jkfgysY;k ;k i{kkP;k bfrgklkr gk ,d ,sfrgkfld {k.k vkgs- e- xka/kh] e- Qqys] jk- 'kkgw ;kaps /;s; dk¡xzsl i{k lkdkj d: 'kd.kkj ukgh- v'kh vkeph [kk=h iVY;kuarj vkEgh ckgsj iMyks- cgqtu lektkdfjrk Lokra«; feGwugh vkEgh dkgh d: 'kdr ukgh]

gh eukrhy [kar vkEgkyk LoLr clw nsbZuk Eg.kwup vkEgkyk la?k"kZ djkok ykxyk-i.k rks djrkuklq/n~k vkEgh 'kadjjko nso izHkqrhauk letwr ?kky.;kpk vxnh Vksdki;Zar tkowu iz;Ru dsyk- fo'ks"kr% rqG'khnkl tk/kokauh la?k"kZ VkG.;kpk vkVksdkV iz;Ru dsyk-i.k R;kauk ;'k vkys ukgh- cgqtu lektkrhy iq<kÚ;kauk lq/n~k ;ksX; fjrhus okxoys tkr ukgh- ex cgqtu lektkcn~ny gs dk; dj.kkj\ lektkrhy vkfFkZd fo"kerk u"V d:u lekurk vk.kyh tkr ukgh o rh dj.;kph fpUgs dk¡xzsle/;s vktrjh fnlr ukghr- Eg.kwu cgqtu lektkps fgr ti.kkjk uok i{k vkEgkyk LFkkiu djkok ykxyk- gk i{k LFkkiu djrkuk vkepk dks.krkgh LokFkZ ukgh] dks.krhgh vfHkyk"kk ukgh] dsoG cgqtu lektkP;k fgrkdMs e/;eoxhZ; dk¡xzsl iq<kÚ;kadMwu gksr vlysys nqyZ{k gs 'ks- dk- i{k LFkkiusyk eqyHkwr dkj.k vkgs-i.k gs /;;s lk/; djrkuk vkEgkyk ijkdksVhps Je djkos ykx.kkj vkgsr- 'ksrdÚ;kdMwu txkps thou le`/n~ >kysys vkgs- rksp txkpk [kjk ikyudrkZ vkgs- vls lkaxwu R;kauh vkiys Hkk"k.k laioys-[5]

Økafrflag ukuk ikVhy

vkEgkl ne vkgs] ifgys fid xsys rjh vkEgh ?kkcjr ukgh csoMkph tehu vkgs ;kph vkEgkl tk.kho vkgs- Eg'khP;k f'kaxkyk fHk:M ykxys dh [kqaV;kyk vxj fHkarhyk EgSl f'kax ?kklrs- f'kax dkiY;k[ksjht gh [kViV Fkkacr ukgh- dk¡xzslph fLFkrh v'khp >kyh vkgs- lkjk lqVhph iwohZph xksM Hkk"kk can gksÅu vkrk ljdkj nMi'kkgh djr vkgs- i.k T;k xkokP;k cksjh R;kp xkoP;k ckHkGh gh Eg.k foljrk dkek u;s- rq:ax Eg.kts izd`rh lq/kkj.;kps fBdk.k vls eh usgeh lkaxrkstksi;Zar eqyklkBh vkeP;kdMs uol djkos ykxr ukgh rksi;Zar rq:ax Hkjrhyk vkeP;kdMs derjrk ukgh- vls ukuk ikVykauh Hkk"k.kkr EgVys-

HkkbZ ek/kojko ckxy

e- xka/khthapk oxZ leUo; v'kD; vkgs- dk¡xzsl'kh y<rkuk lR;] vfgalsps R;kaps veks?k 'kL= vki.k okijys ikfgts- vR;kpkjh ekxZ vki.k iRdjyk rj dk¡xzsl R;k ckcrhy vf/kd izHkkoh vkgs- gSnzkcknP;k y<;kr ek= 'kL= ikj[kwu okijys ikfgts- O;ogkjh jkg.ks gs vkeps /kksj.k vkgs- fHk{kwd HkkaMoyokY;kauh nMiysys egkj] ekax] ejkBs gsp [kjs lektoknh vlwu rsp vkiyk la;qDr egkjk"Vª fuekZ.k djrhy vlk R;kauh fo'okl O;Dr dsyk-

deZohj HkkÅjko ikVhy

cgqtukaph lsok ;kykp ns'klsok Eg.krkr- e-Qqys ;kauh ykoysyk fu N- 'kkgw egkjktkauh fuxk BsoysY;k vØksMP;k >kMkyk vkt 60 o"kkZuarj vkysyh QGs Eg.kts vktpk 'ks- dk- i{k gks;-[6] vkeph j;r f'k{k.k laLFkk lsospk vkn'kZ vkgs- rsFks Qhp ukgh ex Qh ok< dksBwu vl.kkj\ ca/kqauks rqEgh lqf'kf{kr Ogk lkeF;Z ok<ok- pkyw jkT;dkjHkkj pkyo.kkjh eaMGh loZlkekU; tursP;k fopkjkph ukgh- R;kfBdk.kh 'ksrdjh dkexkj i{kkps [ksM;kikM;krhy iq<kjh clys ikfgtsr rjp yksdkfHkeq[k vlk jkT;dkjHkkj gksbZy- eh tjh f'k{k.k lsosps dke djr vlyks rjh ek>k 'ks-dk- i{kkP;k fopkjlj.khl laiw.kZ ikfBack vkgs- lektifjorZu gs vkeps czhn letk o dk;kZyk ykxk vlk deZohjkauh lans'k fnyk-[7]

j- ds- [kkfMydj

e/;e oxhZ;kauh R;kaP;k ifjJekrwu vkiY;k xjtk Hkkxo.kkjh laiÙkh la?kfVr dsyh- R;k 'ksrdjh dkexkj turscjkscj jkgwu R;kaP;kp HkY;kr vkiys dY;k.k ekuys ikfgts- ;k i{kke dke dj.;kl eyk [kwip lek/kku okVrs- [kjk lektokn vk.kko;kpk vlsy rj ;kp fdaok v'kkp i{kke/;s jkgwu vk.krk ;sbZy- /keZ] tkr] ikr vlk fdafprgh Hksn u Bsork vkfFkZd fo"kerk dk<wu Vkdyh ikfgts vkf.k rs djk;yk ;k i{kkps fu;ksftr v/;{k 'kadjjko eksjs gs fo}ku jktdkj.kh] fuiq.krk ;k loZ n`"Vhus ;ksX; vls ekxZn'kZd vkgsr- vls R;kauh izfriknu dsys-

rqG'khnkl tk/ko

;kauh vf/kos'kukl vkysY;k lokZaps Lokxr d:u i{k LFkkiu dj.;kph t:jh dk Hkklyh] egkjk"Vª dk¡xzsl Js"Bhaps cgqtu lekt o 'ksrdjh oxZ ;kaP;k laca/kkps /kksj.k] i{kkP;k LFkkiusP;k lanHkkZr dsysyk la?k"kZ bR;knhaph lfoLrj ekfgrh lkaxwu rs iq<s Eg.kkys Hkkjrke/;s baxztkaps jkT; 150 o"ksZ pkyys- ;k jkT;dkjHkkjkus Hkkjrkrhy vla[; [ksM;krhy turk HkjMwu Vkdyh- Eg.kwu R;kauk ns'kkckgsj ?kkyowu vkiY;k ns'kkrhy yksdkaps jkT; vk.k.;kkBh rq:ax] gkyvis"Bk lgu dsY;k- vkiys jkT; vkys i.k rs ns'kkrhy VkVk] fcykZ] pVthZ] HkkHkk] nkyfe;k] fla?kkfu;k] eQryky v'kk eksBeksB;k HkkaMoyokY;kaP;k ra=kus pkyw ykxys vkgs- fi<;ku&fi<;k pkyr vkysY;k tqU;kiqjk.;k cqjlVysY;k fopkjkaP;k iq<kÚ;kapk vaey lq: vkgs- rks dk<wu [ksM;kikM;krhy Jethoh] d"Vdjh]

'ksrdjh dkexkj b- tursP;k fopkjkaps o R;kaP;k vkfFkZdn`"V;k lq/kkj.kspk dkjHkkj lq: >kyk ikfgts- R;klkBh R;kaps iq<kjh fuekZ.k >kys ikfgtsr- ;klkBh vkiY;k uO;k 'ksrdjh dkexkj i{kkph vR;ar t:jh vkgs- r'kh xjt Hkklyh Eg.kwup gk vf[ky Hkkjrh; 'ksrdjh dkexkj i{k LFkkiu dsyk- vkf.k R;k}kjs dke dj.;kps vkEgh Bjoys vkgs- vki.k lokZauh i{kkpk gk mís'k lk/; d:u nk[ko.;klkBh vkiY;k xkoh tkrkp dk;kZyk ykxkos- o tsFks&tsFks i{kkph 'kk[kk ulsy rsFks i{kkph 'kk[kk LFkkiu d:u dk;ZdrsZ xksGk dj.;kpk iz;Ru djkok v'kh fouarh R;kauh dsyh- 'ksoVh rqG'khnkl tk/kokauh ;k vf/kos'kukl vkysY;k loZ tuleqnk;kps vkHkkj ekuys-[8]

vf/kos'kukleksj 28 Bjko >kys- rs loZP;kloZ ekU; dj.;kr vkys- R;k Bjkokaps Lo:Ik vkSipkfjd] izpkjkRed gksrs- dkgh Bjko i{kla?kVuk cGdV dj.;kP;k mís'kkus dsysys gksrs- R;kiSdh dkgh BGd Bjko [kkyhy izek.ks ekaM.;kr vkys gksrs-[9]

1- MkO;k xVkaph ,dtwV dj.ks-

2- v/;{k Lora= in u"V d:u fpV.khlkykp' izeq[k in ns.;kph ?kVuk n`:Lrh Li"V dsyh-

3- la;qDr egkjk"V^{a}kP;k Hkk"kkokj izkarjpusr eqacbZ 'kgjkpk varHkkZo >kykp ikfgts-

4- gSnzkcknpk iz'u Rojhr fudkykr dk<.ks-

5- 'kkys; 'kqYd dk<wu Vkd.ks-

6- egkekxZ o pyuok<hoj fu;a=.k Bso.ks-

7- ljdkjh m/kGiV~Vh o of'kysckthpk fu"ks/k dj.ks-

8- lqj{kk dk;nk ekxs ?ks.ks o ljdkjh nMi'kkghpk fu"ks/k dj.ks-

9- tkGiksGhP;k [kVy;krhy vkjksihaP;k eqDrrslkBh ekx.kh dj.ks-

10- xka/kh o/kkckcr eqjkjth HkkbZaP;k gyxthZi.kkP;k pkSd'khph ekx.kh dj.ks o dk¡xzslP;k vkenkjkaP;k jkthukE;kph ekx.kh dj.ks

11- 'ks- dk- i{kkP;k vkenkjkauh jkthukes u ns.ks

1948 rs 1980 ;k dky[kaMkri{kkus vusd ekspsZ vkanksyus mHkkjyh 29]30] 31 es o 1 twu 1965 jksth ia<jiwj ;sFks i{kkps uoos vf/kos'ku laiUu >kys- ;k vf/kos'kukr iq<hy ekx.;k dsY;k-[10]

1- xksok o lhek izns'kkrhy tursph ,dtwV djkoh-

2- ,l~-Vh- etwj lHksyk ekU;rk n;koh-

3- 'kklukps dkexkj fo"k;d /kksj.k lek/kkudkjd vlkos-

4- Ekgkjk"Vªkrhy vfnoklhauk loyrh n;kO;kr-

5- foLFkkfir 'ksrdÚ;kaps iwuoZlu djkos-

6- tursph miklekj Fkkacokoh-

7- /kj.kcka/k.kh dk;ZØe gkrh ?;kok-

8- Ckan iMysY;k fxj.kh pkyfo.;klkBh dkiksZjs'ku dk<kos-

9- vkarjjk"Vªh; lektoknh pGoGhrhy erHksn nwj djkosr-

10- fpuh o ikfdLrkuh vkØe.kkiklwu Hkkjrkps laj{k.k djkos-

11- fOg,rukeP;k Lokra«; y<;kyk ikfBack n;koki{kkus dk<ysY;k vusd ekspkZ iSdh 6 lIVsacj 1971 jksth oSjkx rk- ck'khZ ;sFkhy ekspkZ oSf'k"B;iw.kZ Bjyk R;kph ekfgrh iq<hyizek.ks

oSjkx xksGhckj

nq"dkGh ifjfLFkrh xaHkhj gks.;kiwohZp ljdkjus nq"dkG xzLrkalkBh dkes dk<yh ikfgtsr] /kkU; LoLr njkr miyC/k d:u fnys ikfgts] tukojkauk pkjk miyC/k d:u fnyk ikfgts] R;k Hkkxkrhy nq"dkGkoj ekr dj.;klkBh ca/kkjs] ik>j ryko] tehu lq/kkj.kk v'kh izR;sd xkokyk toG gksrhy v'kh ygku eksBh dkes dk<yh ikfgtsr- R;klkBh vkfFkZd lgk¸; 'kklukus dsys ikfgts v'kh 'ksrdjh dkexkj i{kkph Hkwfedk gksrh-[11]

lksykiwj ftYg;kr loZ= i.k ck'khZ rkyqD;kr 1970&1971 e/;s nq"dkGkph Hkh"k.krk vf/kd tk.kor gksrh- rRdkyhu eq[;ea«;kaP;k ers v'kk izdkjpk nq"dkG 125 o"kkZr d/khp iMyk uOgrk-[12] ;k nq"dkGkr dkgh dkes lq: gksrh- ijarq ikolkG;kr ikÅl iMsy Eg.kwu dkes can dsyh gksrh- ;keqGs ck'khZ rk- 'ks-dk- i- 'kk[ksus ;k lanHkkZr 26 tqyS 1971 jksth ck'khZ rglhy dpsjhoj iq<hy ekx.;klkBh ekspkZ dk<yk gksrk-

1- can dsysyh o uohu nq"dkGh dkes rkcMrksc pkyw djkohr-
2- dMck rxkbZ rkcMrksc ns.;kr ;koh-
3- rxkbZ okVi i/nrh fu;e cnywu rxkbZ yodj feGsy vls fu;e djkosr-
4- loZ ljdkjh dj o dtsZ ;kaph olwyh can dj.;kr ;koh-
5- 'ksrdÚ;kl tehu nq:Lrhph dkes dk<rk ;kohr o 'ksretwjkl tehu nq:Lrhph dkes miyC/k Ogkohr

Eg.kwu izR;sd 'ksrdÚ;kl ,djh 500 :Ik;s fcuO;kth dtZ iqjoBk djkok-

6- LoLr /kkU;kph nqdkus xkoksxko rkcMrksc pkyw djkohr-

vkWxLVP;k nqlÚ;k vkBoM;kr vf/k{kd vfHk;ark ;k Hkkxkr vkys vlrk R;kosGh rykokps dke rkcMrksc lq: djk v'kh 200 yksdkauh ekx.kh dsyh- rsOgk 1 lIVsacj iklwu gs dke lq: dj.;kps vk'oklu R;kauh fnys- ijarq lnj dke vk'okluk izek.ks 1 lIVsacj Ik;Zar lq: gksr ukgh ;kph 'ks-dk-i- dk;ZdR;kauk ekfgrh feGkyh- R;keqGs i{k 'kk[ksus ekspsZ la?kVhr dj.kpk fu.kZ; ?ksryk- 'ks-dk-i- us 30 vkWxLV 1971 jksth ftYgkf/kdkÚ;kyk ikBoysY;k fuosnukr ljdkjus fnysY;k eqnrhckcr Vhdk d:u eatwj >kysyh dkes pkyw ulY;kcíy o osGsoj ixkj feGr ulY;kcíy ljdkjph dkum?kM.kh dsyh-

v'kk ifjfLFkrhr tursph xkÚgk.kh lun'khji.ks ljdkjh vf/kdkÚ;kleksj ekaM.;kpk fu.kZ; 'ks-dk-i- us ?ksryk] o 6 lIVsacj 1971 jksth nqikjh 12 oktrk ekspkZus tkÅu oSjkx ;sFkhy /kkU; xksnkekoj /kj.ks /kj.;kpk dk;ZØe i=d dk<wu tkghj dsyk- ;k laca/kh ftYgkf/kdkjh] Mh-,l-ih- o ekeysnkj ;kauk jhrlj ekspkZpk dk;ZØe dGfoyk- i{kkP;k vgokykuqlkj oSjkx ifjljkrhy 30&35 xkokrwu 10]000 yksd 12 P;k lqekjkl tek >kys- R;k iSdh nhM nksu gtkj fL=;ka gksR;k- ck'khZ rkyqD;krhy i{kkps dk;ZdrsZ o ftYgk fpV.khl ltsZjko lxj] lnL; HkkbZ fo'okljko QkVs] panzdkar fuackGdj] Kkus'oj ikVhy] lqHkk"kjko Mqjs&ikVhy ;kosGh gtj gksrs- 1 oktrk ekspkZ ck'khZ&lksykiwj

jLR;kus xksnkekdMs xsyk- 144 dyekph gí ykxrkp iq<kÚ;kauh loZ ekspsZokY;kauk clwu ?ks.;kl lkafxrys ekspsZokY;krQsZ 'ks-dk-i- P;k dk;ZdR;kZauh ck'khZ rkyqD;kps ekeysnkj ;kaph HksV ?ksÅu ekx.;k lkafxrY;k o ck'khZ ;sFks 26 tqyS 1971 jksthP;k ekspkZyk vki.k th vk'oklus fnyh gksrh rh v|ki iw.kZ dsysyh uOgrh- rsOgk ;k iz'ukoj fu.kZ; ?ks.;kps vf/kdkj ftYgkf/kdkÚ;kl vkgsr- vkeP;k ekx.;koj th dkgh dk;Zokgh dj.kkj rs R;kauhp djkoh- rlsp rkcMrksc /kkU; okVi dj.ks 'kD; vkgs rsaOgk rksgh fu.kZ; vktp ?ks.;klkj[kk vkgs- R;koj vki.k dysDVjkauk Qksu djrks vls lkaxwu ekeysnkj fu?kwu xsys-

ftYgkf/kdkjh lksykiwjgwu oSjkxyk ;srhy ;k vk'ksojh Fkkacwu iq<kÚ;kauh ekspkZyk lHksps Lo:i fnys- lHksr ekth vke- ujflax rkR;k ns'keq[k] panzdkar fuackGdj] fo'okljko QkVs] ltsZjko lxj vkfn usR;kaph Hkk"k.ks >kyh- lkMspkj oktrk ekeysnkj ijr vkys] R;kauh ltsZjko lxj o fuackGdj ;kauk cktwyk ?ksÅu dysDVj ;s.kkj ulY;kpk fujksi lkafxryk-[13] R;kuarj R;kauh rqdM;k&rqdM;kauh lR;kxzg dj.;kpk fu.kZ; ?ksryk- gk lR;kxzg djhr vlrkukp iksfylkauh R;kaP;koj vJq/kwj lksMyk o xksGhckj dsyk-[14] xksGhckjkr rhu ble tkxhp Bkj >kys- brj tu uarj osGksosGh ej.k ikoys- ;k e`rk[ksjht egknso d`".kk xk;dokM&bysZokMh] rqdkjke nhukukFk rkVs&ekusxko] ckcklkgsc lkgscjko eqaMs&oSjkx] ltsZjko dksafMck lxj&ia<jiwj] Hkhek Hkxoku [kjVey&oSjkx] ikaMqjax dksafMck rqikjs&llqjs] olar rqdkjke f'kans&oSjkx] Qjhn ekSyk 'ks[k&oSjkx] fuo`Ùkh HkkÅ ckxMs&ekusxkao] iksiV

y{e.ku egkuoj&ekusxko] ujflax rkR;k ns'keq[k&ck'khZ d`".kkckbZ }kjdkukFk ?kkVs&oSjkx gs 12 ble t[keh >kys-[15] t[keh o e`rkaP;k la[;sr ,der vk<Gr ukgh- lksykiwj lekpkj P;k ers xksGhckjkr 15 t[keh >kys rj nxMQsd o ykBh gYY;kr 111 t[keh >kys- R;kr 57 iksyhlkapk lekos'k gksrk-[16] rj vke- x.kirjko ns'keq[kkaP;k ers 80 yksd xaHkhj >kys-[17] lnj ?kVusph U;k;ky;hu pkSd'kh Ogkoh v'kh ekx.kh vke- x.kirjko ns'keq[k] ,l~-,e~- ikVhy ;kauh fo/kkulHksr 7 lIVsacj 1971 jksth dsyh-[18] ijarq U;k;ky;hu pkSd'kh dj.;kl egkjk"V[a] 'kklukus udkj fnY;kus R;kP;k fu"ks/kkFkZ fo/kkulHksrhy loZ fojks/kh lnL;kauh lHkkR;kx dsyk-[19] nke |k dke |k v'kh ekx.kh dj.kkÚ;k fujijk/k ewd ekspkZoj iksfylkauh dsysyk xksGhckj vleFkZuh; o csNwV vlY;kus R;kph U;k;ky;hu pkSd'kh >kyh ikfgts vls i=d HkkbZ m/nojko ikVhy] Hkxokujko lq;Zoa'kh ;kauh dk<ys gksrs- xksGhckjkaP;k fu"ks/kkFkZ fn- 11 lIVsacj 1971 jksth lksykiwj canyk dk¡xzsl lksMwu loZ i{kkuh o d`rh lferhus ikfBack fnyk gksrk-[20] ijarq 'kklu U;k;ky;hu pkSd'khl r;kj gksbZuk R;keqGs rh Ogkoh Eg.kwu fo/kkulHksr fojks/kh lnL;kauh 15 lIVsacj jksth lHkkR;kx] vkjMkvksjM o xksa/kG vpkud lq: dsyk- ifj.kkeh lHkkirh Hkkjns ;kauh fo/kkulHksph cSBd 16 lIVsacj Ik;Zar rgdwc dsyh-[21]

;kposGh ukxiwjkr gh xksGhckj >kyk gksrk- ;kph pkSd'kh Ogkoh Eg.kwu /kksVs miks"k.kkl clys gksrs- xksGhckj izdj.kh ljdkj ispkr lkiMys gksrs- Eg.kwu eq[;ea«;kauh xksGhckjkph U;k;ky;hu pkSd'kh dj.;kps vk'oklu 21 lIVsacj jksth fnys- ;kckcr fo/kku ifj"kn lnL; x-iz- iz/kku Eg.kkys dh] oSjkx o ukxiwj xksGhckjkph U;k;ky;hu pkSd'kh dj.;kpk ljdkjpk fu.kZ; Eg.kts yksdkapk y<k vkf.k fojks/kh i{kkaph y<kÅ d`rh ;kapk fot; gks;-[22] dk¡xzslps vkenkj 'kadjjko eksfgrs&ikVhy ;kauh eq[;ea«;kaps vfHkuanu dsys- oSjkx xksGhckj ?kVuseqGs dk¡xzsl ljdkjph o i{kkph cnukeh gks.;kpk izlax vkyk gksrk- i.k eq[;ea«;kaP;k ?kks"k.ksus rks VGyk gksrk- ?kkbZ?kkbZus Bjko d:u iksfylkaP;k pqdkaoj ika?k:.k ?kky.;kpk ftYgk dk¡xzslpk iz;Ru gkL;kLin Bjyk- vls R;kauh er O;Dr dsys- tursP;k mBkokpk fot; >kyk vls er vkenkj czãnso ekus ;kauh O;Dr dsys- jkeHkkÅ ok?keksMs ;kauh tursP;k nckokpk fot; >kyk vls EgVys vkgs-[23] ijarq dk¡xzslP;k izeq[k dk;ZdR;kZauh dks.krsgh er izn'kZu dj.;kl udkj fnyk- ek= 25 lIVsacj jksth ;k xksGhckjkr e`R;weq[kh iMysY;k yksdkauk J/nkatyh okg.kkjk Bjko ftYgk/;{k 'kgkthjko ikVhy ;kauh ekaMyk o rks ,derkus eatwj dj.;kr vkyk-[kklnkj lwjtjru nekuh ;kauh xksGhckjkr e`R;weq[kh iMys R;kaP;k dqVqafc;kauk vkfFkZd lgk¸; Eg.kwu lksykiwj dk¡xzsl dfeVh ekQZr 2000 :Ik;s ns.;kph ?kks"k.kk dsyh-[24]

;k xksGhcjkph U;k;ky;hu pkSd'kh dj.;klkBh egkjk"Vª 'kklukus vkSjaxkcknps ftYgkf/kdkjh ih-th- df.kZd ;kaph ,dlnL;h; pkSd'kh dfe'kuph use.kwd dsyh- ijarq 'ks-dk-i- usR;kauh R;kl fojks/k d:u U;k- df.kZd ,soth gk;dksVZ tTt ;kaph use.kwd dj.;kph vkxzgh ekx.kh dsyh-[25] ;k xksGhckjkr naxy izdj.kh 36 t.kkauk vVd dsyh gksrh- riklkps dke iw.kZ gksbZi;Zar lHkk o ekspsZ dk<w u;sr ;k vVhoj R;kiSdh fo’okljko QkVs] panzdkar fuackGdj] ykyklkgsc fuackGdj] ek:rh mekVs] /kS;Zf’kyjko fuackGdj] iafMrjko fuackGdj] Hkxoku Mqjs] Kkus’oj ikVhy] vacd`"kh Mqjs] ;knojko ukbZdoMh ;k 14 dk;ZdR;kZaph 2 vkWDVkscj 1971 jksth tkehukoj eqDrrk dsyh-[26]

24 tkusokjh 1972 jksth U;k- ih-th- df.kZd dfe’kuph cSBd >kyh- R;kosGh 'ks-d-i- vkf.k lektoknh i{kkus] ofdykauh o iksyhlkauh vkiyk iqjkok izFke dfe’ku iq<s ekaMyk ikfgts vls izfriknu dsys- df.kZdkauh gh fouarh QsVkGwu ykoyh o iksfylkauh foukdkj.k vkf.k vokLro xksGhckj dsyk vlk vkjksi dj.kkÚ;k jktdh; i{kkauh izFke R;kapk iqjkok lknj djkok- v’kk izdkjP;k pkSd’khr iksyhl vf/kdkjh gs vkjksihaP;k Hkwfedsr vlY;keqGs R;kauh vkiyk iqjkok izfri{kkpk iqjkok laiY;kuarj ns.;kpk vf/kdkj vlyk ikfgts vlk vkns’k fnyk- ijarq ;k vkns’kkfo:/n lksykiwj ftYgk 'ks-dk-i- ljfpV.khl ltsZjko lxj ;kauh gk;dksVkZdMs nkn ekfxryh U;k- nslkbZ o U;k- ns’kikaMs ;kauh iq<hy fudky fnyk-[27] iksfylkauh dsysyk xksGhckj leFkZuh; gksrk fdaok ukgh vkf.k rks t:j rso<kp gksrk dh t:jh is{kk vf/kd gksrk] v’kk izdkjph pkSd’kh dj.;klkBh useysY;k dfe’kuus R;k ?kVusph iw.kZ ekfgrh vlysys iksfyl vf/kdkjh vkf.k R;kaps leFkZd ;kaukp izFke iqjkok lknj dj.;kl lkafxrys ikfgts- Eg.kts oSjkx xksGhckj pkSd’kh dfe’kupk vkns’k eqacbZ gk;dksVkZus jí Bjfoyh-

vWfM’kuy lqfizaMsaV vkWQ iksyhl Jh- Mseyk ;kauk iz{kqC/k teko gkrkG.;kpk vuqHko oSjkx ;sFkhy

?kVusiwohZ uOgrk- Jh- Mseyk ;kaps [ksjht ,[kk|k ofj"B vuqHkoh vf/kdkÚ;kyk oSjkx ;sFks ikBoys vlrs rj R;kus osxG;k i/nrhus ;sFkhy ifjfLFkrh gkrkGyh vlrh vlk tckc ftYgk iksfyl izeq[k Jh- jkepanzu ;kauh 24 ,fizy 1972 jksth oSjkx xksGhckj pkSd'kh dfe'ku iq<s myV rikl.kh osGh fnyk-[28] ijarq 25 ,fizy jksth R;kauh iq<hyizek.ks [kqyklk dsyk-[29] oS;fDrd dkS'kY;] turs'kh vlysyk laidZ o vuqHko ;k ckcr O;Drhe/;s Qjd vlw 'kdsy- ijarq O;kolkf;dn`"V;k fopkj djrk dks.khgh oSjkx ;sFkhy R;k fnolkP;k ifjfLFkrhckcr rhp xks"V dsyh vlrh-

xksGhckj izdj.kh fofo/k O;Drhauh fnysY;k lk{khr ,dokD;rk uOgrh- ekÖ;k rqdMhus dsysY;k ykBh gYY;kr dks.k t[keh >kys gs eyk ekfgr ukgh- toG e;r >kysys ,d izsr eh ikfgys- iszrkoj xksGhckjkP;k t[kek dksBs gksR;k gs eyk ekfgr ukgh- v'kh lk{k QkStnkj ftjxs ;kauh 25 ,fizy jksth fnyh- ekspkZps iq<kjh ykÅMfLidj o:u 'kkar jgk vls Eg.kkY;kaps ,sdw ;sr gksrs- nqikjh pkjP;k lqekjkl xksGhckjkpk vkokt ,sdw ;sÅ ykxyk- v'kh lk{k Jh- ijns'kh ;kauh fnyh rj dqyd.khZ ;kauh mRrjs ns.;kps VkGkVkG dsys ijarq uarj lkafxrys dh] nqikjh pkjP;k lqekjkl ekspkZ f'kLrc/n fu?kkyk gksrk- R;ke/;s fL=;kgh gksR;k R;kaP;k dMsoj eqys gksrh fdaok ukgh lkaxrk ;sr ukgh-[30]

iksyhlkauh xksGhckjkph lwpuk fnyh gs Eg.kus cjkscj ukgh] v'kh lk{k oSjkxP;k vk>kn ekLrjkauh 26 ,fizy jksth fnyh-[31] rj Egek.ks ;kauh js"ksoj ykBh /kkjh iksyhl gksrs- rglhynkj o iq<kjh ;kaP;kr cksy.kh glr o izlUursus pkyyh gksrh- ekspkZoj 20 fefuVkr vJq/kwj

lksM.;kr vkyk- vJq/kqjkuarj 5 fefuVkr xksGhckj lq: >kyk- v’kh lk{k fnyh-[32] gk xksGhckj laiw.kZi.ks vleFkZuh; o vfrjsdh gksrk vls ltsZjko lxj ;kauh 29 ,fizy jksth lkafxrys-[33] /keZjkt foHkqrs o 'kkafryky xka/kh ;kauhgh vJq/kwj lq: >kY;kuarj FkksM;k osGkr xksGhckj lq: >kY;kps lkafxrys-[34]

6 o 7 twu 1972 jksth 'ks- dk- i- ps ofdy Jh- ns’keq[k ;kauh pkSd’kh lferhiq<s iq<hy er O;Dr dsys-[35] ekspkZr dMsoj eqys ?ksrysY;k d"Vdjh ck;dk o lqlaLd`r ?kjk.;krhy efgykgh gksR;k- gk xksGhckj eqGhp leFkZuh; uOgrk vls izfriknu djrkuk cW- ns’keq[k Eg.kkys dh] nq"dkGkph Hk;kudrk o tursyk vlysyh dkekph fudM o rhozrsdMs y{k os/k.;klkBh 'ks- dk-i- us dysDVjyk ikBfoysY;k uksVhle/;s xksnkekrhy /kkU; mik’kh tursyk xjtsuqlkj okV.;kpk mYys[k dsyk gksrk- R;kr tursP;k tx.;kP;k gDdkdMs ljdkjps y{k os/k.;kpk gsrw gksrk- 'ks-dk-i- P;k nkHkkMh o 'ksxko ;sFkhy vf/kos’kuke/;s laer >kysyk izca/k ikfgyk Eg.kts 'ks- dk- Ik pk dk;ZØe fgalkpkjkoj vk/kkjysyk ukgh gs Li"Vi.ks fnlwu ;srs- ekspkZ 'kkarrsus fu?kwu xksnkektoGhy funku js"ksoj ekspsZokys 'kkar clys gksrs- R;keqGs oSjkxps /kkU; xksnke yqV.;klkBh gk ekspkZ vkysyk gksrk gs Eg.k.ks [kksVs o pqdhps vkgs- e`rkaph iszrs iapukek u djrk xksnkektoG xksGk dj.;kr vkyh- vlk iqjkok iksfylkauh vk.kysY;k lk{ksr miyC/k >kysyk vkgs- ;kpk vFkZ xksGhckjkr fu/ku ikoysyh ek.kls xksnkektoG 200 ;kMZ lqj{ksP;k ckgsj gksrh gs fl/n gksrs- xksGhckjkr e`R;w vkf.k t[keh >kysY;k yksdkaP;k t[kek R;kaP;k 'kjhjkP;k ikBhekxs

>kysY;k vkgsr gs oS|dh; pkSd'khr fu"iUu >kys vkgs- ;ko:u iG.kkÚ;k yksdkaoj iksfylkauh xksGhckj dsyk gs fl/n gksrs- vls vlys rjh U;k- ih- th- df.kZd vk;ksxkus twu 1972 e/;s lknj dsysY;k vgokykr EgVys vkgs dh [36] ljdkjh xksnkektoG fgald izdkj ?kMys- gs fgald izdkj VapkbZ eqGs xzklysY;k rFkkdfFkr xjtw yksdkauk /kkU; okV.;kpk gsrw eukr ckGxwu R;klkBh xksnkekpk rkck ?ksÅu rh yqV.;kP;k gsrwus xksnkekoj pkywu vkysY;k vkf.k nxMQsd dj.kkÚ;k 2500 rs 3000 blekaP;k ekQZr lkfey >kysY;k tekokeqGs ?kMys iksfylkauh ekspsZokY;kaoj dsysyk xksGhckj leFkZuh; gksrk- iksyhlkauh dsysyk xksGhckj gk cslqekj uOgrk-

'ksrdjh lgdkjh lwr fxj.kh e;kZfnr lkaxksys

lnj lwr fxj.kh ph LFkkiuk 28 tkusokjh 1980 jksth >kyh vlyh rjh O;kikjh mRiknukl lqjokr 14 lIVsacj 1984 jksth >kyh- ;k lwr fxj.khus olarjko ikVhy] txUukFkjko fyxkMs o R;kaps lqiq= izk- ukuklkgsc fyxkMs ;kaP;k usr`Rok[kkyh vkf.k vke- x.kirjko ns'keq[k ;kaP;k ekxZn'kZukuqlkj mYys[kuh; dk;Z dsysys vkgs- tkxfrd ikrGhoj lgdkjh lwr fxj.;kaPkk fopkj djrk vusd lwr fxj.;k dkGkP;k vks?kkr xMi >kysy;k fnlrkr- ek= 'ksrdjh dkexkj i{kkP;k usr`Rok[kkyh dk;Zjr vlysyh lwr fxj.kh vkf'k;k [kaMkr ukoykSfdd deowu eksB;k fnek[kkus dk;Zjr vlysyh fnlwu ;srs- ;k lwr fxj.khph dkgh oSf'k"V;s iq<hyizek.ks lkaxyk ;srhy-

egkjk"Vª jkT; lgdkjh lwr fey egkla?k e;kZ- eqacbZ ;kapsdMwu loZ lgdkjh lwrfxj.;kae/;s 1985&86 rs 1994&95 gh lrr ngk o"ksZ mRd`"V dkedkt dsY;kcn~ny izFke Øekad iqjLdkj vkf.k fo'ks"k iz'kalk izek.ki= feGo.kkjh ,deso fxj.kh vkgs- vf[ky Hkkjrh; lgdkjh lwr fey egkla?k e;kZ-eqacbZ ;kapsdMwu ns'kkrhy lgdkjh lwr fxj.;kae/;s lu 1990&91 o 19991&92 e/;s loksZRd`"V lwr fxj.khpk cgqeku feGoyk vkgs- ;kpcjkscj lu 1985&86 rs 1998&99 Ik;Zar lyx 14 o"ksZ dkexkj mRiknu {kerk] mRikndrk] <kscG uQk] fu;kZr iqjLdkj 100 VDds vYicpr] va/kRo fu;a=.k vfHk;ku rlsp dehr deh vi?kkr ;kckcr 'kklu o osxosxG;k laLFkkadMwu fo'ks"k xkSjo o iz'kalk izek.ki= feGfo.;kpk cgqeku iVdkoyk- ,dw.k mRiknukiSdh 30 VDds lwr tiku] gk¡xdk¡x] dksfj;k] flaxkiwj] eysf'k;k ;k ns'kkr fu;kZr gksrs- lkekftd ckaf/kydh Eg.kwu ekfld us= f'kchj] ik.kyksV fodkl dk;ZØe] xq.koar fo|kFkhZ o vkn'kZ f'k{kd iqjLdkj ;kstuk] okf"kZd lkeqnkf;d fookg lksgGk ;kaps vk;kstu dsys tkrs- R;kpcjkscj dkexkjkalkBh ?kjdqy ;kstuk] dkiql fodkl ;kstuk] Qyks|ku] lkekftd ouhdj.k] Bk.kc/n 'ksGh ikyu bR;knh fofo/k ;kstukgh ;k fxj.khus dk;kZfUor dsysY;k vkgsr-

ldl vkgkj ;kstuk

gh ;kstuk ftYg;kr ;k lwrfxj.khus loZizFke 1989 e/;s pkyw dsyh-[37] d"V dj.kkÚ;kauk ldj vkgkj feGkyk ukgh rj dkexkjkaP;k vkjksX;koj ifj.kke gksbZy Eg.kwu lnj ;kstuk tsOgk lapkyd eaMGkiq<s vkyh rsOgk rh rkcMrksc eatwj dj.ksr vkyh- lnj ;kstuseqGs dkexkjkauk 2 dsGh o 1 vaMs fdaok 'kasxnk.ks vkf.k 2 dsGh ns.;kr ;srkr- lnj ;kstuspk fuEek [kpZ lwrfxj.kh vkf.k fuEek [kpZ dkexkjkapk vlrks-

:X.kokfgdk lsok

gh lsok lwr fxj.khus 1989 e/;s lq: dsyh- lwr fxj.khrhy dkexkj vktkjh iMyk rj dkexkjkauk :X.kokfgdk eksQr fnyh tkrs- lHkklnkP;k dqVqacklkBh o dkexkjkaP;k dqVqacklkBh lnj :X.kokfgdk 65 iSls fd-eh- njkus fnys tkrs- lkaxksyk rkyqD;krhy dks.kR;kgh O;Drh lkBh 1-25 iSls fd-eh- njkus :X.kokfgdk fnyh tkrs-[38]

dkexkjkalkBh ?kjdqy ;kstuk

fxj.kh dkexkjkauk jkg.;kph lks; fxj.kh ifjljkr Ogkoh Eg.kwu lwr fxj.khus 1991 e/;s 35 ,dj tkxk [kjsnh dsyh o ifgY;k VII;kr 100 ?kjs cka/kyh-[39] ;kpcjkscj dkexkj o lHkklnkalkBh xzkgd HkkaMkj o irlaLFkk ;kaph mHkkj.kh dsyh vkgs-

tukojkalkBh Nko.kh

1995 e/;s lkaxksyk rkyqD;kr nq"dkGh ifjfLFkrhus mxz :Ik /kkj.k dsys gksrs- fi.;kP;k ik.;klkBh yksdkauk nkgh fn'kk fQj.kkph osG vkyh gksrh- tukojkauk pkjk uOgrk- lkaxksyk rkyqD;krhy i'kq/kukoj vkysys ladV nwj dj.;kr lkaxksyk lwrfxj.khus egRokph Hkwfedk ctkoyh vkgs- 'ksrdjh lgdkjh lwrfxj.khP;k orhus tquksuh ;sFks twu 1995 e/;s tukojkaph Nko.kh lq: dsyh- 22 twu v[ksj 3486 tukojs Nko.khr nk[ky >kysyh gksrh- ;ke/;s 1540 xkbZ 1969 EgS'kh vkf.k 677 cSy gksrs- 1092 dqVqac izeq[kkaph gh tukojs gksrh- tukojkaP;k ns[kHkkyhlkBh R;kaP;k vktkjkdMs y{k ns.;klkBh 2 MkWDVjlZ y{k ?kkyr gksrs- njjkst izR;sd tukojkekxs ljkljh 11 rs 12 :Ik;s [kpZ ;sr gksrk- izR;sd tukojkekxs 'kklukps 5 :i;s vuqnku feGr gksr- ckdhpk ;s.kkjk [kpZ lwr fxj.khus mpyyk gksrk- jkT;krhy lokZr eksBk dWVy dWEi Eg.kwu gh Nko.kh vksG[kyh tkr gksrks- gh Nko.kh pkyo.;klkBh lwr fxj.kh njjkst 30]000 :Ik;s [kpZ ;sr vls-[40]

2001 e/;s lkaxksY;kr Hkh"k.k nq"dkGh ifjLFkhrh fuekZ.k >kysyh gksrh- R;keqGs ;ko"khZgh lwr fxj.khus lkaxksyk] ikjs] tquksuh] vpdnk.kh] dMykl] jktkiwj ;sFks tukojkP;k Nko.;k lq: dsY;k gksR;k- vkWxLVP;k frlÚ;k vkBoM;kiklwu lkaxksyk lwr fxj.khP;kleksj dkexkj olkgrhP;k vkokjkr tukojkaph Nko.kh lq: dsyh- cq/kokj fnukad 6 lIVsacj v[ksj ;k Nko.khe/;s xk; ¼eksBh½ 692] dkyoM 237] EgS'kh 485] jsMqd 204 gksrh- xksMlsokMh] oklqn] f'ko.ks] vud<kG bR;knh xkokrhy ygku eksBh tukojs ;k Nko.khr nk[ky >kyh gksrh- ;ke/;s lokZr tkLr tukojs fpapksyh xkoph 561 nk[ky >kyh gksrh- R;k[kkyks[kky pksiMh xkokph 351 tukojs ;k Nko.khr nk[ky >kyh gksrh- ;k loZ tukojkauk lwr fxj.khP;korhus jkst 7 fdyks Ål 2 fdyks dMck vkf.k 1 fdyks lqxzkl vls ,dw.k 10 fdyks [kk| eksB;k tukojkauk rj ygku tukojkauk ;kps fuEes [kk| fnys tkr gksrs-

Tkukojs nk[ky >kY;koj i'kqoS|dh; vf/kdkjh Jh- MkW- lqosZ] MkW- ?kkMxs] MkW- vklcs] MkW- ;s.kis] MkW- baxksys] MkW- 'ksaMxs] ifjpj dsaxkj o brj R;kaps lgdkjh R;k tukojkaph iw.kZ rikl.kh djr vkf.k ex tukojkaph uksan.kh d:u R;kauk Nko.khe/;s izos'k nsr- dkagh tukojs ifjfLFkrhus uktwd] v'kDr vkf.k vktkjh vlrhy R;kaP;klkBh vfrn{krk foHkkx gh ;k fBdk.kh lq: dsyk gksrk-[42] ylhdj.k] xHkZrikl.kh] d`f=e jsru] oka> rikl.kh] [kPphdj.k vkf.k taruk'kd vkS"k/k ikt.ks v'kk izdkjph fofo/k mipkj i/nrhapk ;ke/;s lekos'k gksrk- v'kDr Hkqd eankoY;kus [kk| u [kk.kkÚ;k 150 is{kk tkLr tukojkauk mipkj dsys gksrs-

Lkksykiwj ftYg;kr tsyHkjks vkanksyu

MkO;k vk?kkMhP;k orhus 22 uksOgsacj 1983 jksth lksykiwj] lkaxksyk] ek<k] ck'khZ] ia<jiwj o eksgksG ;sFks dpsjhoj ekspsZ v;ksftr dsys- 'ksrhekykyk ;ksX; Hkko feGkok] eaMy vgokykP;k f'kQkj'kh Rojhr ekU; djkO;kr bR;knh 13 ekx.;kalkBh 'ks-dk-i-] ek-d-i- o Hkk-d-i- ;k MkO;k vk?kkMhP;k orhus tsyHkjks vkanksyu dsys-

Lkksykiwj ;sFks dUuk pkSdkrwu fu?kwu ftYgkf/kdkjh dk;kZy;kleksj ekspsZokys vkY;koj tekocanhpk gqdqe eksMY;kcn~ny iksfylkauh 181 t.kkauk idMys R;kr 112 iq:"k o 69 efgyk gksrk- loZ lR;kx`ghauk U;k;ky;kus 25 :i;s naM o rhu fnolkaph f'k{kk fnyh- ekspkZP;k vknY;k fno'khp dkW- ujl,;k vkMe ekLrj] fparke.kh bankiwjs o vYykc{k iVsy ;kauk vVd dsys gksrs-

Ckk'khZ ;sFks vke- panzdkar fuackGdj ;kaP;k usr`Rok[kkyh ck'khZ ekeysnkj dpsjhoj 3500 rs 4000 yksdkapk ekspkZ fu?kkyk gksrk- vke- fuackGdj o 1000 lR;kx`ghaoj [kVys Hkj.;kr vkys-

Lkkaxksyk ;sFks HkkbZ x.kirjko ns'keq[k ;kaP;k usr`Rok[kkyh ekeysnkj dpsjhoj 2000 lR;kx`gh yksdkapk ekspkZ fu?kkyk gksrk- rlsp 322 lR;kx`ghaoj [kVys Hkjys] dksVZ mBsi;Zar f'k{kk o 5 :Ik;s naM dsyk-[43]

1985 fo/kkulHkk fuoM.kwd

1985 P;k fo/kkulHkk fuoM.kqdhr 'ks-dk-i-yk 10]24]559 ¼4-67½ ernkjkauh ernku dsys- rj dk¡xzslyk 95]57]227 ¼43-63½ ernkjkauh ernku dsys- lksykiwj ftYg;kr 'ks-dk-i- us eksgksG] ek<k o lkaxksyk ;sFks vuqØes ikVhy ckcqjko ckthjko] ikVhy lairjko ek:rh o ns'keq[k x.kirjko vk..kklkgsc ;kauk mesnokjh fnyh- R;krwu QDr x.kirjko ns'keq[k ;kauh fot; laiknu dsyk rj ckcqjko ikVhy vo?;k 167 erkauh ijkHkwr >kys- ;k fuoM.kqdhph ri'khyokj ekfgrh iq<hyizek.ks-[44]

v-Ø-	mesnokjkps ukao	ernkj la?k	i{k	fpUg	>kysys ernku	VDdso kjh
1-	ikVhy ckcqjko ckthjko	eksgksG	'ks-dk-i-	[kVkjk	42752	49-90
2-	ikVhy 'kgkthjko 'kadjjko		INC	gkr	42919	50-10

v-Ø-	mesnokjkps ukao	ernkj la?k	i{k	fpUg	>kysys ernku	VDdso kjh
1-	ikVhy ikaMqjax x.kir	Ekk<k	IND	gRrh	38760	45-78
2-	ikVhy lairjko ek:rh		'ks-dk-i-	[kVkjk	15704	18-55
3-	eLds izdk'k rqdkjke		INC	gkr	29890	35-30
4-	Jhjke jktw Hkxoku		IND	ok?k	316	0-37

v-Ø-	mesnokjkps ukao	ernkj la?k	i{k	fpUg	>kysys ernku	VDdso kjh

1-	ns'keq[k x.kirjko vk..kklkgsc	Lkaxks yk	'ks-dk-i-	[kVkjk	54816	54-41
2-	HkkaHkwjs ikaMqjax vkcklkgsc		INC	gkr	45923	45-59

iqjksxkeh ;qod la?kVusr izos'k

fnukad 4] 5 o 6 twu 1988 jksth egqn rk- lkaxksyk ;sFks iqjksxkeh ;qod la?kVusps vH;kl f'kchj vk;ksftr dsys gksrs- ;k f'kchjkr 600 ;qodkauh vkiyh uksan.kh dsyh gksrh- ;k f'kchjkr ckSf/nd ppkZ dj.;kr vkyh- ;k f'kchjkrhy ppsZyk Hkkjkowu tkÅu egqn xVkrhy vusd bafnjk dk¡xzsl ;qodkauh iqjksxkeh ;qod la?kVusr izos'k dsyk- R;krhy dkgh ;qodkapk iq<hyizek.ks mYys[k djrk ;sbZy-[45]

ckiw nkew pOgk.k] vkye ckiw bukenkj] 'kkarhyky txUukFk cktkjs] xtkuu egknso foHkwrs] lqjs'k jkepanz ukx.ks] fl/ns'oj dkf'kukFk fBxGs] mRrjs'oj ekf.kd pOgk.k] /kksaMhck flnzke ckM] Kkuw gachjjko bR;kfn-

rgfly dk;kZy;kleksj ekspkZ

Hkkjrh; 'ksrdjh dkexkj i{kkus iq<hy ekx.;kalkBh 3 vkWxLV 1988 jksth jkT;krhy ftYgk o rkyqdk dk;kZy;koj tsyHkjks vkanksyu dj.;kpk fu.kZ; ?ksryk-[46]

'ksrhekykyk fdQk;r'khj Hkkokph geh ns.;kr ;koh] ygku 'ksrdÚ;kaph loZ izdkjph dtsZ ekQ djkohr] ygku 'ksrdjh o 'ksretwjkauk isU'ku ;kstuk lq: djkoh] jkstxkj gehph dkes jkgR;k xkoke/;s feGkohr] ;k dkekoj lDrhus ns.;kr ;s.kkjh dkGh Tokjh can d:u xgw |kok] csdkj ;qodkauk uksdjh vFkok m|ksxklkBh dtZ feGr ulsy rj njegk 300 rs 500 :i;s csdkj HkRrk |kok] cs?kj yksdkauk ?kjs cka/kwu feGkohr] efgykauk m|ksxklkBh dtZ feGkos] ckS/n o brj ekxkloxhZ;kauk] xjhc 'ksrdÚ;kauk fofgjh ikMwu |kO;kr] ek.k] dksjMk] csyo.k unh o xkoksxkoP;k vks<;koj dksYgkiwj i/nrhps ca/kkjs ?kkyk.;kr ;kosr] 100 is{kk tkLr yksdla[;k vlysY;k okM;koLR;kauk jLR;kph lks; djkoh] fotslkBh iSl HkjysY;k 'ksrdÚ;kauk rkcMrksc dusD'ku |kos bR;kfn-

ojhy ekx.;kaph iwrZrk dj.;klkBh lksykiwj ftYg;krhy ck'khZ] eksgksG ek<k o lkaxksyk ;k rkyqd;kP;k fBdk.kh rgfly dpsjhoj izpaM eksPkkZps vk;sktu dj.;kr vkys gksrs- lkaxksyk rglhy dpsjhoj rj 11]000 yksdkapk tuleqnk; fofo/k ok|s oktohr pkoMh dV~;kleksj tek >kysyk gksrk- nqikjh 1-30 P;k lqekjkl ekspkZl lq:okr >kyh- 'kgjkrhy loZ izzeq[k jLR;kauh ekspkZ nqikjh 3-00 oktrk rgfly dpsjhleksj xsyk- rsFks ekspkZps lHksr :ikarj >kys- ekspkZl vke- x.kirjko ns'keq[k] txUukFk fyxkMs] olarjko ikVhy ;kauh ekxZn'kZu dsys o f'k"VeaMGkus rgflynkjkauk ekx.;kaps fuosnu fnys- rsOgk rgflynkj Jh dkiMs ;kauh lkafxrys dh tsFks jks-g- ;kstusrwu dkekph ekx.kh vkgs- rsFks mn;kiklwu dkes lq: d:] dkGh Tokjh ?ks.;kph lDrh dsyh tk.kkj ukgh- R;k,soth pkaxyh Tokjh nsÅ] 'kklukus osxosxG;k dkj.kklkBh T;k tfeuh laikfnr dsY;k vkgsr R;kpk ekscnyk rkcMrksc ns.;kph lks; d: brj ekx.;kalnHkkZr 'kklukl dGforks-[47]

'ksxko rs ukxwij fnaMh

'ksrdjh dkexkj i{kkus fiGY;k tk.kkÚ;k 'ksrdjh] dkexkj] 'ksretwj ;kaP;k ekx.;k ekaM.;klkBh 1988 e/;s 'ksxko rs ukxiwj fnaMhps vk;kstu dsys gksrs- R;klanHkkZr egkjk"V^akP;k fofo/k Hkkxkr tutkx`rh o lHkkaps vk;kstu dsys gksrs- lksykiwj ftYg;krhy ek<k] lkaxksyk] ck'khZ o ekGf'kjl rkyqD;kr ;k fnaMhcn~ny tutkx`rh eksB;k izek.kkr >kysyh gksrh- ;kckcrpk esGkok fnukad 15 vkWDVkscj 1988 jksth lkaxksyk ;sFks laiUu >kysyk gksrk-[48] ;k esGkO;kl vke- x.kirjko ns'keq[k ;kauh ekxZn'kZu djrkuk jkstxkj geh ;kstuk] lqf'kf{kr csdkjkackcr i{kkph Hkwfedk Li"V djr ukxiwj fnaMh vk;ksftr dj.;kekxhy i{kkph Hkwfedk Li"V dsyh o fnaMhr tkLrhr tkLr yksdkauh lgHkkxh gks.;kps vkokgu dsys- lnj esGkO;kl rkyqD;krhy dk;ZdrsZ eksB;k la[;sus mifLFkr gksrs-

Lknjph fnaMh 17 uksOgsacj 1988 jksth ldkGh 10-00 oktrk 'ksxko ft- cqy<k.kk ;sFkwu lq: >kyh- ;k fnaMhps usr`Ro vkenkj x.kirjko ns'keq[k o ,u~- Mh- ikVhy ;kauh dsys- fnaMhP;k iz;k.kkP;k osGh fnaMhr lkehy gks.;klkBh egkjk"V^akP;k loZ ftYg;krwu fuoMd dk;ZdrsZ lkfey >kys gksrs- fnaMhyk vk'khokZn ns.;klkBh 'ksdkips ljfpV.khl [kklnkj HkkbZ fn-ck- ikVhy egkjk"V^a fo/kkulHksrhy fojks/kh i{kusrs uk- HkkbZ nRrk ikVhy] vkenkj izk- HkkbZ fojsanz ns'keq[k] HkkbZ ns- ek- djkGs] HkkbZ foB~Byjko gkaMs] HkkbZ ,l~- ,e- ikVhy o i{kkps e/;orhZ fpV.khl eaMGkps cjsp lnL; gtj gksrs-

;k fnaMhP;k }kjs tutkx`rh djr vkiY;k iq<hy ize[k ekx.;k egkjk"V^a 'klukl lknj dsY;k-

1- 'ksrhekykyk mRiknu [kpkZoj vk/kkjhr fdQk;r'khj Hkkokph geh n;k-
2- 'ksrdÚ;kaph loZ izdkjph dtsZ ekQ djk-
3- 'ksrdjh 'ksretwjkauk isU'ku ;kstuk ykxw djk-
4- Cksdkjkauk dke n;k fdaok 500 :Ik;s csdkjHkÙkk n;k-
5- 'ksretwjkauk fuokÚ;kph o ekukph geh n;k-
6- egkxkbZyk vkGk ?kkyk o Hkz"Vkpkj fuiVwu dk<k-
7- eaMy vk;ksx ykxw dkjk-
8- dkexkjkaP;k laikPkk vf/kdkj dk<wu ?ks.kkjs fo/ks;d jn~n djk-
9- jkstxkj geh dk;n;kph dkBsdksji.ks vaeyctko.kh djk-

fnaMhlkscr jk;xMP;k feuk{khrkbZP;k dykiFkdkpk vkd"kZd js[kho vlk dk;ZØe gksrk- R;kr vejkorhP;k dykiFkdkusgh Hkj ?kkryh- ;k dykiFkdkaP;k dk;ZØek}kjs fnaMhP;k ekxkZrhy ifjlj <oGwu fuxr gksrk- xkoksxkops r:.k c¡.M o ys>he iFkds ?ksÅu Lokxr djhr gksrs- gh fnaMh vdksyk ftYg;krhy 'ksxko& yksgkj & xk;xk & vdksyk & xka/khxzke & xksikG & vejkorh ftYg;krhy fiaiGdksV & ukan:t & n;kZiwj dGdu ekxsZ ukxiwjyk 5 fMlsacj 1988 jksth iksgpyh-[49]

vkysxko 'kk[kk dk;Zdkfj.khph fuoM

vkysxkao ;sFks Hkkjrh; 'ksrdjh dkexkj i{kkph cSBd fnukad 21&2&1989 jksth nqikjh 4-00 oktrk ek-lHkkirh Jh- txUukFk fyxkMs ;kaps mifLFkrhr gksÅu

R;ke/;s 'ksrdjh dkexkj i{kkph vkysxko 'kk[ksP;k dk;Zdkj.khph fuoM dsyh-[50] 'kk[kkizeq[kinh Jh- jkolkgsc fnols ;kaph fuoM dj.;kr vkyh- rlsp xkokrhy ik.kh O;oLFkk o okM;kojhy ykbZV] c¡dsph 'kk[kk] Ål 'ksrdjh lHkklnkaP;k vMp.kh ;kckcr ppkZ >kyh o la?kVusckcr ek- ljiap jkolks fnols ;kauh ekxZn'kZu dsys- ;kosGh xkokrhy cgqla[; dk;ZdrsZ eksB;k la[;sus mifLFkr gksrs- rlsp U;w bafXy'k Ldwyps f'k{kd Jh- laHkkthjko iokj ;kauhgh ekxZn'kZu dsys-

lkaxksY;kr Hkkjr can ;'kLoh

ns'kkrhy fojks/kh i{kkP;k orhus o fofo/k dkexkj la?kVukaP;k orhus Hkz"Vkpkjh dsanz] ljdkj pys tko ;k ekx.khlkBh 30 vkWxLV 1989 jksth laiw.kZ Hkkjr ns'k can y<;kpk dk;ZØe ?kksf"kr dsyk gksrk- ;k ekx.khcjkscjp loZp {ks=kr izpaM izek.kkoj cksdkGysyk Hkz"Vkpkj] ok<rh egkxkbZ] uohu tkpd dk;ns] eksB;k izek.kkoj ok<ysyh csdkjh] fnolasfnol can iMr vlysys m|ksx/kans vkf.k HkkaMoynkjkauk izksRlkgu ns.kkjs dsanz ljdkjps /kksj.k ;k lokZapk fu"ks/k dj.;klkBh o iariz/kku jktho xka/kh ;kauh cksQkslZ izdj.kkph uSfrd tckcnkjh Lohdk:u vkiY;k inkP;k jkthukek Rojhr lknj djkok bR;knh ekx.;kalkBh laiw.kZ ns'kHkj canph gkd fofo/k fojks/kh i{kkaP;kusR;kauh fnyh-

;k canP;k izpkjkFkZ fnukad 27@08@1989 jksth f'kokth pkSd ¼lkaxksyk½ ;sFks fojks/kh i{kkaP;k orhus tkghj lHkk vk;ksftr dsyh gksrh- ;k lHkse/;s 'ksdki] turk ny o fojks/kh MkO;k vk?kkMhP;k usR;kauh lkaxksY;krhy O;kikjh o tursus usgehizek.ks

;k canyk vHkwriwoZ lkFk o lgdk;Z nsÅu gk canpk ,sfrgklfld y<k ;’kLohi.ks ikj ikM.;klkBh lfØ; lgdk;Z djkos vls vkokgu dsys- ;keqGs 30 vkWxLV jksth 'kkldh; vf/kdkjh 'kgjkr fnolHkkj fQ:u ifjfLFkrhoj ckjdkbZus y{k Bsowu gksrs- ;k fno’kh 'kgjkrhy cgqla[; O;kikÚ;kauh vkiyh nqdkus can BsÅu canyk ikfBack fnyk-[51] ,d nks?kkauk eS=hps ca/ku ?kkywu dkghauk lefopkjh i{kkps Eg.kwu 10&20 nqdkus m?kM.;kl dk¡xszlokY;kauh Hkkx ikMys- vknY;k fno’kh can ikGw udk vls 15&20 P;k xVkus fQ:u lkaxwugh yksdkauh canyk eksB;k izek.kkr ikBhack fnY;kus dk¡xzslps dkgh iq<kjh fpMY;klkj[ks fnlr gksrs- lwr fxj.kh dkexkjkauhgh ldkGh 8-00 rs 4-00 gh ikGh can BsÅu canyk ikBhack fnyk- vke- x.kirjko ns’keq[k ;kauh 'ksrdÚ;kaP;k lks;hlkBh iksGk lu vlY;kus nqikjh 1-00 oktrk canpk dk;ZØe leklr gksbZy vls lkafxrY;kus nqikjkuarj cjsp O;ogkj lq: >kY;kps fnlwu vkys- canps vkokgu djr fQj.kkÚ;k bafnjk dk¡xszl dk;ZdR;kZph nqdkus can vlY;kps fnlwu vkys-[52]

1989 ph xzkeiapk;r fuoM.kwd

1989 e/;s lkaxksyk rkyqd;kr 58 xzkeiapk;rhP;k fuoM.kqdk tkghj >kY;k gksR;k- iSdh 11 xzkeiapk;rh fcufojks/k >kY;k- R;krhy cgqrka’k xzkeiapk;rhaoj 'ksdkips opZLoh gksrs- jkfgysY;k 47 xzkeiapk;rhP;k fuoM.kqdk vR;ar pwj’khP;k >kY;k- ;-eaxsokMh] f’kjHkkoh] twtkjiwj] g.kearxko] futkeiwj] dVQG] o >js] okdh&?ksjMh] mnuokMh] fMdlG ;sFkhy loZP;k loZ tkxk 'ksdkiP;k iWuyus ftadwu izpaM ;’k laiknu dsys-[53] rj vtukGs] laxsokMh] ekatjh] ikpsxko cqzAA vdksyk] okVacjs] ok.kh fpapkGs] yks.kfojs] uk>js] pksiMh yksVsokMh xzkeiapk;rhe/;s 'ksdkius vkiys fufoZokn cgqer fl/n dsys- toG;k [kkyhy okM;kauk uohu xzkeiapk;rhapk ntkZ 1989 iklwu feGkyk- R;k HkksilsokMh] vkxykosokMh] cqjaxsokMh] rjaxsokMh xzkeiapk;rhe/;s 'ksdkiP;k iWuyus izpaM ;'k feGowu vkiyh lÙkk ;k uO;kusp mn;kyk vkysY;k xzkeiapk;rhe/;s LFkkiu dsyh vkf.k 'ksdkiPkk ckysfdYyk cufoyk-

Ekgqn dMykl] toGk] oklwn] gkrhn] Mksaxjxko] naMkphokMh] fdMfcljh] ok<sxko bR;knh xzkeiapk;rhe/;s dk¡xszlP;k iWuyus cgqer feGfoys-

cyoMhrhy vusd r:.kkapk 'ks-dk-i- e/;s izos'k

cyoMh gs xko lqjokrh iklwup dk¡xzslpk ckysfdYyk Eg.kwu vksG[kys tkr gksrs- ijarq dk¡xzsle/;s ?kjk.ks'kkgh o gqdqe'kkghus dgj dsyk- R;kpcjkscj dk¡xzsle/;s Hkz"Vkpkjkpk f'kjdko dsysyk gksrk- ifj.kkeh ?kjk.ks'kkgh o gqdwe'kkghyk daVkGwu ;k xkokrhy 120 inoh/kj dk;ZdR;kZuh 'ksdkie/;s izos'k dsyk-[54] ;krhy dkgh dk;ZdR;kZaph ukaos iq<hyizek.ks lkaxrk ;srhy&jkolkgsc rqdkjke f'kans] Hkhejko osrkGk f'kans] HkkÅlkgsc] ukjk;.k f'kans] lafniku vkuank f'kans] MkW- v'kksd doMs] jkepanz ukuk [kqGis] izYgkn [kqGis] v'kksd olar f'kans] nRrk=; jkegjh f'kans] lqjs'k tuknZu f'kans] fnyhi Hkkuqnkl f'kans] lnkf'ko d`".kk f'kans] x.kirh foBksck f'kans] nRrk=; f'kofyax rsyh] ckcqjko foBksck iokj] egknso foBksck f'kans-

cyoMh ;sFkhy f'kolsuk izeq[k Jh x.ks'k egknso f'kans ;kauhgh vkiY;k loZ vuq;k;klg 'ks-dk-i- e/;s izos'k dsyk- ;kosGh vkliklP;k loZ xkokrhy lqekjs 3000 rs 3500 tuleqnk; ;k dk;ZZØeklkBh miflLFkr gksrk- u Hkwrks u Hkfo";rh vlk gk dk;ZØe laiUu >kyk gksrk- tkxkstkxh vke- x.kirjko ns'keq[kkauk lqokfluhuh vksokGys- ;k dk;ZØeklkBh txUukFk fyxkMs] ckGklkgsc ns'keq[k] i`Fohjkt pOgk.k ekf.kdjko ckcj] jkeHkkÅ ok?keksMs] v'kksdjko ns'keq[k] txUukFk >js] laHkkth iokj b- miflLFkr gksrs- 'ksdki e/;s izos'k dsysY;k ;qodkauh iq<hy ekx.;k dsY;k-

1- xkoke/;s c¡d >kyh ikfgts- 2-uk>js cyoMh jLrk >kyk ikfgts- 3-ek.k unhoj iwy >kyk ikfgts- ;k ekx.;k iw.kZ dj.;kps vko'oklu vke- ns'keq[kkauh fnys- ojhy ekx.;kapk fopkj djrk ;qodkauh 'ks-dk-i- e/;s dsysyk izos'k gk O;Drhxr LokFkkZlkBh dsyk uOgrk gs fl/n gksrs-

eqacbZ fo/kku Hkoukoj MkO;k vk?kkMh rQsZ ekspkZ

egkjk"V[a] fo/kkulHksps ikolkGh vf/kos'ku 20 twu 1990 iklwu lq: >kys- vf/kos'kukP;k ifgY;kp fno'kh 'ks-dk-i-] Hkk-d-i-] ek-d-i- o brj dkexkj la?kVukaP;k orhus 'ksrdjh 'ksretwj o dkexkjkaP;k vusd o"kZs 'kklu njckjh iMwu jkfgysY;k ftOgkG;kP;k ekx.;kalanHkkZr HkO; ekspkZ vk>kn eSnkukiklwu fu?kkyk- ;k ekspkZr egkjk"V[a]krhy loZ ftYg;krwu yksd lkehy >kys gksrs- fofo/k ok|s oktor o ?kks"k.kk nsr vk>kn eSnkukiklwu & fxjxko & /kksch ryko&f'kokth eaMbZ&HksaMh

cktkj ekxZs Ogh- Vh- o:u dkG;k ?kksM;ki;Zar fojkV lHksr :ikarj >kys-

;k ekspkZps usr`Ro [kklnkj fn- ck- ikVhy] vkenkj nRrk ikVhy] vke- x.kirjko ns'keq[k] vke- foB~Byjko gkaMs] izk- ,u~- Mh- ikVhy] dkW- xk;dokM] Hkxokujko lw;Zoa'kh b- usR;kauh dsys- nRrk gkaMs] ,u~- Mh- ikVhy] HkkbZ canjdj o dkW- xk;dokM ;kauh ekx.;kaps fuosnu eq[;ea=h 'kjn iokjkauk fnys- ;kosGsr ekspkZl ekxZn'kZu dj.;kps dke nRrk ikVhy] vfgY;k jkax.ksdj] Hkxokujko lw;Zoa'kh bR;knhuh dsys- R;kr R;kauh 'ksrdjh] 'ksretwj] dkexkj o vla?kVhr dkexkjkauk isU'ku ;kstuk dk ykxw dsyh ikfgts] lqf'k{khr csdkjkauk uksdÚ;k vFkok /ka|klkBh 4% O;ktkus dtZ nsrk ;sr ulsy rj csdkj HkRrk fnyk ikfgts] fotsph njok<] ,l~-Vh- njok< o egkxkbZ ;kckcr lfoLrj fopkj ekaMys- ;k ekspkZyk lkaxksyk rkyqD;krwu 6000 yksd mifLFkr gksrs-[55]

vke- x.kirjko ns'keq[k ;kauh vkiY;k Hkk"k.kkr gh pGoG vf/kd rhoz dj.;kph ekx.kh dsyh- rj ,u~-Mh- ikVhy ;kauh Hkfo";dkGkrhy y<;kP;k lanHkkZr ekxZn'kZu dsys- ek- eq[;ea«;kauh f'k"VeaMGkyk eks?ke mRrjs nsÅu ekspkZph cksGo.k dsyh- mnk- isU'ku ;kstusP;k ckcrhr ,d efgukHkjkr lferh user vkgksr- ohtnj izfr ,p~- ih yk 150 djr vkgksr-[56] brj iz'u dsanz ljdkj cjkscj ppkZ d:u ekxhZ ykorks-

'ks-dk-i- ftYgk esGkok

fnukad 27 uksOgs 1990 jksth lksykiwj ftYg;krhy 'ksdki dk;ZdR;kZapk ekxZn'kZuij esGkok lkaxksyk ;sFks vk;ksftr dsyk gksrk- ;k esGkO;kl ftYg;krhy 4000 dk;ZdrsZ gtj gksrs-[57] ;k dk;ZdR;kZauk ekxZn'kZu djrkuk ,u~-Mh- ikVykauh iq<hyizek.ks er O;Dr dsys- ;k ns'kke/;s 'ksrdÚ;kaps] dkexkjkaps] d"VdÚ;kaps vkf.k nhu nyhrkaps jkT; ;kos gs /;s; leksj BsÅu 'ks-dk-i- us vkrki;Zar okVpky dsyh vkgs- o ;sFkwu iq<sgh gk i{k ;kp ekxkZus tkbZy- ns'kkrhy eqBHkj /kfud m|ksxirh eksB;k izek.kkr vlysY;k dkexkjkoj d"VdÚ;koj vR;kpkj d:u R;kaph fiGo.kwd djhr vkgsr- dkexkjkauk viekuhr thou daBkos ykxr vkgs- R;klkBh vkiyk gk y<k vlkp lq: Bsoyk ikfgts- eaMy vk;ksxkcn~nygh R;kauh ekfgrh lkafxryh- ;k vk;ksxkeqGs o"kkZuqo"ksZ f[krir iMysY;k yksdkauk lkekftd U;k; feGkyk vkgs- vls izfriknu dsys o eaMy vk;ksxkeqGs feG.kkjk lkekftd U;k; letqrnkji.kkus ?ks.;kps vkokgu dsys-

;kosGh olarjko ikVhy ek<;kps HkkbZ ,l~-,e~- ikVhy] eksgksGps vke- panzdkar fuackGdj bR;knhaph ekxZn'kZuij Hkk"k.ks >kyh-

'ks-dk-i- o fe=i{kkapk esGkok

1990 P;k fo/kkulHkk fuoM.kqdhr 'ks-dk-i- yk lkaxksyk rkyqD;kr turk ny] fjifCydu i{k] 'ksrdjh la?kVuk o dkexkj vk?kkMhus ikfBack fnyk gksrk- ;k loZ fe=i{kkapk esGkok 'kfuokj fnukad 20 Qscqzokjh 1990 jksth lkaxksY;kP;k ekdsZV ;kMkZr vk;ksftr dsyk gksrk-[58] R;kl 20000 tuleqnk; gtj gksrk- ;k fuoM.kqdhosGh fojks/kh i{k] vke- ns'keq[k lwrfxj.kh dkexkjkaP;k ixkjkrwu oxZ.kh dkiwu ?ksrkr- v'kh Vhdk djhr gksrs- ;k Vhdsps ns'keq[kkauh [kaMu dsys o dkexkj vk?kkMh ;k fuoM.kqdhlkBh 60]000 :Ik;s

Hkjho oxZ.kh vke- ns'keq[kkauk ns.kkj gksrh- rh enrgh R;kauh ukdkjyh- eqacbZr dke dj.kkjs lkaxksyk ernkj la?kkrhy 2000 dkexkj fuoM.kwd izpkjklkBh lkaxksY;kyk ;s.kkj vlY;kph ekfgrh esGkO;kr vke- ns'keq[kkauh fnyh o 27 rkj[ksi;Zar xkQhy u jkg.;kps vkokgugh R;kauh dsys-

;k esGkO;kl ekGf'kjl rkyqD;krhy 14 xkokrhy izpaM dk;ZdrsZ gtj gksrs- R;kauh fiyho Hkkxkrwu 15 gtkjkaps fyM ns.;kph ?kks"k.kk dsyh- Hkxokujko lw;Zoa'kh ;kauhgh ;k esGkO;kl ekxZn'kZu dsys-

1990 ph fo/kkulHkk fuoM.kwd

1990 P;k fo/kkulHkk fuoM.kqcdhr egkjk"Vªkr 'ks-dk-i- yk 7]19]807 ¼2-42%½ ,o<;k yksdkauh ernku dsys rj dk¡xszlyk 1]13]34]781 ¼38-17 %½ yksdkuh ernku dsys- lksykiwj ftYg;kr 'ksdkius eksgksG ek<k o lkaxksyk ;k fBdk.kh vuqdzes panzdkar nRrkthjko fuackGdj] HkkbZ ,l~-,e- ikVhy o HkkbZ x.kirjko ns'keq[k ;kauk mesnokjh fnyh- iSdh panzdkar fuackGdj o x.kirjko ns'keq[k fot;h >kys ;kph lfoLrj ekfgrh iq<hyizek.ks& [59]

v- Ø-	mesnokjkps ukao	ernkj la?k	i{k	fpUg	>kysys ernku	VDdsokjh
1-	fuackGdj panzdkar nRrkthjko	eksgksG	'ks-dk-i-	[kVkjk	49]505	51-17
2-	ikVhsy 'kgkthjko 'kadjjko		dk¡xzsl	gkr	41]098	42-48
3-	eksjs egknso ek:rh		f'kolsuk	/kuq";ck.k	5]829	6-02

v- Ø-	mesnokjkps ukao	ernkj la?k	i{k	fpUg	>kysys ernku	VDdso kjh
1-	Xkksjs izdk'k jkepanz		f'kols uk	/kuq";c k.k	16]574	16-32
2-	HkkbZ ,l- ,e~- ikVhy	Ekk<k	'ks- dk-i-	[kVkjk	16]692	16-43
3-	ikVhy ikaMqjax x.kir		INC	gkr	33]510	33-99
4-	lkBs /kukth x.kirjko		IND	f'kMh	22]525	22-08

v- Ø-	mesnokjkps ukao	ernkj la?k	i{k	fpUg	>kysys ernku	VDdso kjh
1-	dksGsdj Hkkuqnkl ,dukFk		ch,lih	gRrh	1]563	1-2
2-	ns'keq[k x.kirjko vk..klkgsc	lkaxksy k	'ks- dk-i-	[kVkjk	72]341	55-4
3-	ikVhy 'kgkth jktkjke		dk¡xz sl	gkr	56]023	42-9

Lkksykiwj ftYgk esGkok

'ks-dk-i-P;k lksykiwj ftYg;krhy dk;ZdR;kZapk HkO; esGkok ck'khZ ;sFkhy ohj'kSo eaxydk;kZy;kr lkseokj fnukad 4 Qscqzokjh 1991 jksth laiUu >kyk-[60] lnj esGkO;kps mn~?kkVu lkaxksY;kps vkenkj x.kirjko ns'keq[k ;kaP;k gLrs >kys-v/;{kLFkkuh vke- panzdkar fuackGdj gksrs- lnj esGkO;kr eaMy vk;ksx ykxw djk] 'ksrdÚ;kauk oht chy ekQ djk] csjkstxkjkauk jkstxkj miyC/k djk] 60 o"kkZuarj isU'ku ykxw djk] nq/kkyk jkLr Hkko |k oxSjs 6 Bjko ,derkus eatwj dj.ksr vkys- lnj esGkO;kr lwr fxj.khps psvjeu olarjko ikVhy]

HkkbZ ,l-,e~- ikVhy] HkkbZ fo'oljko QkVs bR;knhaph ekxZn'kZuij Hkk"k.ks >kyh- lnj esGkO;klkBh lkaxksyk ;sFkwu j'khn 'ks[k] 'kjn dkGs] fd'kksj culksMs] fnyhi [kMrjs lj bR;knh 100 ps oj bPNwd dk;ZdrsZ gtj gksrs- ck'khZ] eksgksG] oSjkx] ek<k] lkaxksyk bR;knh Hkkxkrwu lqekjs 5000 dk;ZdrsZ ;k esGkO;kl mifLFkr gksrs-

jkLrk jksdks

eaMy vk;ksxkph Rojhr vaeyctko.kh djk] csdkjkauk dke n;k] egkxkbZyk vkGk ?kkywu thouko';d oLrqpk eqcyd iwjoBk djk bR;knh fofo/k ekx.;klkBh lkseokj fnukad 4 ekpZ 1991 jksth 'ksdkiP;korhus lkaxksyk rkyqD;krhy lkaxksyk] egwn] ekatjh] tquksuh ;k fBdk.kh jkLrk jksdks dj.;kr vkys-[61] 'ksrdjh lg- lwr fxj.khps psvjeu olarjko ikVhy ;kaP;k ekxZn'kZuk[kkyh i{kkP;k dk;ZdR;kZauh lkaxksyk ,l~- Vh- LV¡M uthd ia<jiwj&fejt ;k ekxkZoj okgus vMowu jkLrk jksdks vkanksyu ;'kLohfjR;k ikj ikMys ;k vkanksyuke/;s rkyqD;krwu lqekjs 1000 'ksretwj lgHkkxh >kys gksrs-

iksyhl mifujh{kd vfuy ikVhy ;kauh vkanksydkauk vVd djr nksu rklkuarj eqDr dsys- psvjeu olarjko ikVhy] jkeHkkÅ ok?keksMs] j'khn 'ks[k] txUukFk fyxkMs] iokj lj] ekf.kdjko ckcj] vfuy ns'kikaMs] efPNanz [kjkr] jktsanz ns'keq[k] ukuk pkSxqys] ccu cktkjs] gfjnkl tk/ko] nknklks ikVhy] txUukFk tjs bR;knhapk vVd >kysY;ke/;s lekos'k gksrk- R;kauk nksu rklkuarj lksMwu ns.;kr vkys-

1991 ph lkaxksyk u- ik- fuoM.kwd

1991 P;k lkaxksyk uxjikfydsP;k fuoM.kqdhr fo|eku vkenkj x.kirjko ns'keq[k ;kaP;k xVkyk 25 iSdh 18 tkxk feGwu uxjikfydsr cgqer feGkys- rj fojks/kh dk¡xzslyk 6 tkxk o Hkktiyk 1 tkxk feGkyh- fL=;kaP;k 8 tkxk iSdh 5 tkxk vkenkj xVkyk feGkY;k- uxjikfydspk gk fudky dk¡xzsl o turk ny ;kauk /kDdk ns.kkjk gksrk- rkyqD;kps y{k ykxwu jkfgysY;k okWMZ Ø- 23 e/khy mesnokj MkW- Jhdkar Hkkslsdj ;kauh xsyh 30 o"ksZ uxjikfydsP;k jktdkj.kkr vlysys eqjCch o vuqHkoh nhukukFk yks[kaMs ;kapk ijkHko 16 erkauh dsyk- nksUghgh mesnokj vkikiY;k {ks=kr eqjCch o vuqHkoh vlY;kus nks?kkauh ,desdkaP;k fojks/kkr mHks u jkgrk osxosxG;k okWMkZr mHks jgko;kl ikfgys gksrs- v'kk izfrfØ;k vusd yksdkauh O;Dr dsY;k- ;k fuoM.kqdhr 25 iSdh 20 uohu psgjs uxjlsod Eg.kwu mn;kl vkys-[62] R;ke/;s 8 O;kikjh] 2 'ksrdjh] 3 uksdjnkj] 1 jktdkj.k dj.kkjs] 2 MkWDVj] 1 odhy rj 8 efgyk vkgsr- ;k fuoM.kqdhr lokZr tkLr ers feGo.kkjk mesnokj Eg.kwu dk¡xzslps d`".kkr eUeFk yks[kaMs ;kapk mYys[k djkok ykxrks- R;kauk 367 iSdh 347 ¼94%½ ers feGkyh- lqfiz;k fo|k/kj csys ;k tula?kkP;k ,deso fot;h mesnokj gksR;k- vk.k[kh fot;h mesnokjkaph ukos iq<hyizek.ks lkaxrk ;srhy-

v- dz-	'ks-dk-i-	v- dz-	dk¡xzsl
1	Cktjax xq.koarjko dsnkj	1	Ekkyu t;oar j.kfnos& fcufojks/k
2	Ekk:rh rqG'khjke cudj	2	Lqkuank ukenso lqjols
3	MkW- izHkkdj ,dukFk ekGh	3	QqykckbZ lq[knso tkaxGs
4	tkfyanj vkIiklkgsc <sjs	4	lksiku ckGw fcys
5	izdk'k n'kjFk tk/ko	5	v:.k ckcqjko dkGs
6	xksj[k egknso ekus	6	d`".kkr eUeFk yks[kaMs
7	xkSre vkIik culksMs		
8	nRrk=; d`".kk lqjols		
9	fl/ns'oj ctjax yks[kaMs		
10	MkW- Jhdkar oklqnso Hkkslsdj		
11	'kadjjko jkepanz likVs& fcucjks/k		
12	iq"ikrkbZ panzdkar pkaMksys		
13	'kkyu laHkkth lkfnyxs		
14	jatuk fo".kw Egs=s		
15	Nk;k gsear rsyh		
16	y- fo- Hkkdjs		
17	jkepanz txUukFk rksMdjh		
18	fot; ckcqjko Egs=s		

vusd dk;ZdR;kZapk 'ks-dk-i- e/;s izos'k

1991&92 e/;s 'k-sdk-i- P;k usr`Rokus lkaxksyk rkyqD;krhy tursP;k pkaxyk fo'okl laiknu dsysyk gksrk- ifj.kkeh xkoksxkops dk¡xzsle/khy fnXxt usrs 'ks-dk-i- e/;s izos'k djhr gksrs- eaxGokj fnukad 7 tkusokhj 1992 jksth nsodrsokMh ;sFks 'ks-dk-i-us tkghj dk;ZØekps vk;kstu dsys gksrs- lnj dk;ZØekl vke- x.kirjko ns'keq[k 'ksrdjh lgdkjh lwr fxj.khps psvjeu olarjko ikVhy iapk;r lferh] lkaxksysps lHkkirh txUukFkjko fyxkMs] Jh y-fo- Hkkdjs] 'kgkthjko uyoMs bR;knh i{kkrhy ts"B eaMGh mifLFkr gksrh- ;k lokZaP;k lk{khus nsodrsokMh ;sFkhy dk¡xszlps dk;ZdrsZ Jh- ukjk;.k d`".kk QkVs] Kkuw fnxacj QkVs] jktkjke 'kadj f'kuxkjs] ukjk;.k fdlu d.kls] vkSanqacj foBksck f'kuxkjs] eYgkjh lafniku lkGqa[ks] efgcwc vCckl 'ks[k] pkaxnso QkVs] vkSanqacj lkGqa[ks] foB~By lqrkj vkf.k laxsokMhP;k Jh laHkkth [kaMkxGs ;kauh vkiY;k loZ dk;ZdR;kZalg 'ksdkie/;s izos'k dsyk-[63]

;k loZ 'ks-dk- i{kkr izos'k dsysY;k dk;ZdR;kZaps vke- x.kirjko ns'keq[k ;kauh gkj ?kkywu Lokxr dsys- lnj dk;ZdzeklkBh xzkeiapk;r lnL; nxMw iokj] Hkhejko nsodrs] HkkÅlkgsc txrki] /kksaMhck txrki] efPNanz txrki R;kp cjkscj ,[kriwj xVkrhy dk;ZdrsZ eksB;k la[;sus mifLFkr gksrs-

1992 ph ftYgk ifj"kn o iapk;r lferh fuoM.kwd

Qscqzokjh 1992 e/;s lksykiwj ftYgk ifj"kn o ftYg;krhy iapk;r lferhP;k fuoM.kqdk >kY;k- ;k fuoM.kqdhr 'ks-dk-i- us lkaxksyk o ek<k ;sFkwu mesnokj mHks dsys gksrs-

lkaxksY;krwu 'ks-dk-i- ps 5 ftYgk ifj"kn lnL; fot;h >kys rs iq<hyizek.ks [64]

1-dksGs&fuykorh ljxj 2-uk>js&olarjko ikVhy 3-,[kriwj&'kgkthjko uykoMs 4- egqn&rkjkckbZ ckcj 5-dMykl&txUukFkjko fyxkMs] toGk xVkrwu dkW-QDr lq'khyk lkGqa[ks& ikVhy fot;h >kY;k-

LkkaxksY;kkrwu 'ks-dk-i-ps 10 iapk;r lferh lnL; o dk¡xzslps 2 lnL; fot;h >kys rs lnL; iq<hyize.ks

1-dksGk&egknso vkynj 2-grhn&'kkejko ikVhy 3-uk>js&lq'khyk dksdjs 4-okVacjs&lqeu iokj 5-,[kriwj≠arh 'ksaMxs 6-esMf'kaxh&ek:rh [kkaMsdj 7-egwn&fo'oaHkj ikVhy 8- vpdnk.kh&efPNanz [kjkr 9-dMykl&eaxy ok?keksMs 10-vkysxko&Jhjax tx/kus toGk o ikjs iapk;r lferh xVkrwu dk¡xzslps vuqØes f'kokth caMxj o fdlu xk;dokM ;kauh fot; laiknu dsyk-

;k fuoM.kqdk rCcy 12 o"kkZuarj >kY;k- ;k fuoM.kqdhus lkaxksyk rkyqdk 'ks-dk-i- pk ckysfdYyk vkgs- gs fl/n >kys- rkyqD;krhy ft- i- P;k 6 tkxkaiSdh 5 tkxsoj rj iapk;r lferhP;k 12 tkxkaiSdh 10 tkxsoj 'ksdkius fot; laiknu dsyk-[65] rj ftYgk ifj"knsph 1 o iapk;r lferhP;k 2 tkxsoj dk¡xzslus ;'k feGfoys vkgs- 'ks-dk-i-P;k ;k ;'kkekxs vke- x.kirjko ns'keq[k ;kaP;k ,deq[kh usr`Rokpk vkf.k R;kaP;k dk;kZpk flagkpk okVk vkgs- toGk xVkr dk¡xzslyk ts ;'k feGkys R;kps laiw.kZ Js; nhid vkck lkGqa[ks ikVhy ;kauk vkgs- rkyqD;kP;k jktdkj.kkr dk¡xzsle/;s HkkbZ] ckiw] HkkÅ] vk..kk o vkck ;kaph th xVckth vkgs rh gh dkgh izek.kr dk¡xzslP;k ijkHkokl dkj.khHkwr vkgs- dk¡xzsl o 'ksdki oxGrk cgqrsd loZ mesnokjkaP;k vuker jdek ;k fuoM.kqdhr tIr >kY;k- ;ko:u Hkk-t-ik- f'kolsuk] 'ksrdjh la?kVuk ;k i{kkaph rkdn fnlwu ;srs- turk nykus ,dgh mesnokj mHkk dsyk ukgh-

dksGs xV

dksGs ;k ftYgk ifj"knP;k efgyk jk[kho ernkj la?kke/;s 'ksdkiP;k fuykorh ljxj ;kauh dk¡xzslP;k fot;k ns'keq[k ;kapk frjaxh y<rhy 497 erkauh ijkHko dsyk- dksGs ;k rkyqdk iapk;r lferh ernkj la?kkr 'ksdkips egknso vkynj ;kauh ljG y<rhr dk¡xszllps lqHkk"k ljxj ;kapk 497 erkauh ijkHko dsyk- egknso vkynj o lqHkk"k ljxj gs ukR;kus tkobZ & lkljs gksrs- gkrhn iapk;r lferh ernkj la?kkrwu 'ksdkips 'kkejko ikVhy ;kauh dk¡xzslps f'kokth lkoar ;kapk ljG y<rhr 811 erkauh ijkHko d:u iapk;r lferhoj lrr rhu osGk ,dkp ernkj la?kkrwu fuoMwu ;s.kkpk foØe uksanfoyk-

uk>js xV

;k ftYgk ifj"kn ernkj la?kkr 'ksdkips olarjko ikVhy ;kauh dk¡xzslps dkf'kukFk dkVs ;kapk iapjaxh y<rhr 2010 erkf/kD;kus ijkHko dsyk- Hkk-t-i- ps mesnokj MkW- xa- Hkh- felkG ;kauk 636 ers feGkyh- felkG ;kauk Lor%P;k fp.kds xkokr nksu uacjph ers feGkyh- dkVs ;kaukgh R;kaP;k ;- eaxsokMhr nksu uacjph ers feGkyh- f'kolsusps rqdkjke ikVhy ;kauk 22 rj 'ksrdjh la?kVusps egknso ok?kekjs ;kauk 528 ers iMyh- uk>js ;k iapk;r lferhe/;s L=h jk[kho ernkj la?kkr 'ksdkiP;k lqf'kyk dksdjs ;kauh dk¡xzslP;k HkkxqckbZ ljxj ;kapk 1195 erkauh ijkHko dsyk- okVacjs ;k L=h jk[kho ernkj la?kkrwu 'ks-dk-i- P;k lqeu iokj ;kauh dk¡xzslP;k fla/kw iokj ;kapk 632 erkauh ijkHko dsyk- Hkk-t-i- P;k uanknsoh felkG ;kauk 456 rj 'ksrdjh la?kVusP;k fot;k felkG ;kauk 300 ers iMyh-

egwn xV

egwn ;k vuqlwfpr tkrh efgyk jk[kho ernkj la?kkr 'ks-dk-i- P;k rkjkckbZ ckcj ;kauh dk¡xzslP;k lkfof=ckbZ ckcj ;kapk 987 erkauh frjaxh y<rhr ijkHko

dsyk- lklw lquspk ;k y<rhr lqusus lklwpk ijkHko dsyk- f'kolsuk mesnokj 'kkarkckbZ xk;dokM] ;kauk 163 ers feGkyh- egqn iapk;r lferh ernkj la?kkr 'ks-dk-i- P;k fo'oaHkj ikVhy ;kauh dk¡xzslP;k y{e.k [kkaMsdj ;kaP;k 575 erkauh ijkHko dsyk- vpdnk.kh iapk;r lferh xVkr 'ks-dk-i- P;k efPNanz [kjkr ;kauh dk¡xzslps izHkkdj ;sMxs ;kapk 63 erkauh ijkHko dsyk-

,[kriwj xV

;k ftYgk ifj"kn xVkrwu 'ks-dk-i- ps 'kgkthjko uyoMs ;kauh dk¡xzslps lnkf'ko uoys ;kapk iapjaxh y<rhr 2113 erkauh ijkHko dsyk- gk xV ftYgk ifj"knslkBh uO;kusp fuekZ.k >kysyk gksrk- Hkk-t-i-ps /kekZ csgjs ;kauk 163] f'kolsusps v:.k ljxj ;kauk 303 rj vi{k jktjRu xMfgjs 999 ers feGkyh- esMf'kaxh ;k iapk;r lferh x.kkrwu 'ks-dk-i- ps ek:rh [kkaMsdj ;kauh dk¡xzslps ukenso ikVhy ;kapk 1282 erkauh ijkHko dsyk- v:.k :iuj ;kauk 603 ers feGkyh-

dMykl xV

;k ftYgk ifj"kn xVkrwu 'ks-dk-i- ps txUukFk fyxkMs ;kauh dk¡xzslps jkepanz [kVdkGs ;kaPkk 2274 erkauh ijkHko dsyk- lnkf'ko xsaM ;kauk 788] ckGklkgsc lkoar ;kauk 90 ers feGkyh] ekth lHkkirh fyxkMs ;kapk xsY;k 20 o"kkZrhy dkekpk vuqHko] vusd o"ksZ lHkkirh inkph ;'kLoh dkjfdnZ ;keqGs R;kauk lgt fot; izkIr djrk vkyk- dMykl ;k iapk;r lferhr efgyk jk[kho ernkj la?kkr 'ksdkiP;k eaxy ok?keksMs ;kauh dk¡xzslP;k 'kkyu [kVdkGs ;kapk 2039 erkauh ijkHk dsyk- vkysxko ;k jk[kho iapk;r lferh xVkrwu 'ksdkips Jhjax tx/kus ;kauh dk¡xzslP;k dsjkIik tx/kus

;kapk 1002 erkauh ijkHko dsyk- Hkktips t;flag xMfgjs ;kauk 187 ers feGkyh-

toGk xV

ftYgk ifj"knsP;k ;k L=h jk[kho xVkrwu dk¡xzslps mesnokj lqf’kykckbZ lkGqa[ks ikVhy ;kauh 'ksdkips v:.kk vkxykos ;kapk 1092 erkauh ijkHko dsyk- vkf.k rkyqD;kr dk¡xzsl ftoar Bso.;kps dk;Z dsys- toGk iapk;r lferh x.kkrwu dk¡xzslP;k f’kokth caMxj ;kauh 'ks-dk-i- ps lnkf’ko dkf’kn ;kapk 657 erkauh ijkHko dsyk- ikjs iapk;r lferh xVkrwu dk¡xzsslps fdlu xk;dokM ;kauh 'ks-dk-i- P;k rqdkjke ekus ;kapk 328 erkauh ijkHko dsyk-

er ekst.kh o fudky tkghj >kY;kuarj dk¡xzslP;k fot;h fejo.kqdhr usrk Eg.kwu dsoG nhid lkGqa[ks ;kaphp miflLFkrh tk.kor gksrh- ;k fot;h fejo.kqdhr rkyqdk o jkT; ikrGhojhy usrs Eg.kowu ?ks.kkjs dks.khgh miflLFkr uOgrs- ;ko:u rkyqD;krhy dk¡xzsl usR;kauh 'ks-dk-i- yk vkrwu enr dsY;kps Li"V gksrs-

'ks-dk-i- ftYgk esGkok

lkseokj fnukaad 6 ,fizy 1992 jksth lksykiwj ftYg;krhy 'ks-dk-i- P;k dk;ZdR;kZapk esGkok lkaxksyk ;sFks vk;ksftr dsyk gksrk- ;k esGkO;kP;k v/;{kLFkkuh izk- ,u~- Mh- ikVhy rj izeq[k ikgq.ks vke- x.kirjko ns’keq[k gksrs- ;kosGh vkenkj ns’keq[k ;kauh dk;ZdR;kZauk iq<hyizek.ks ekxZn’kZu dsys- efguk nhM efgU;krwu xkoikrGhoj cSBd ?ksÅu xkokrhy vMp.kh letkowu ?ksÅu lksMfo.;klkBh iz;Ru djk- ejxG >Vdwu dkekyk ykxk- Eg.kts vkiyh rkdn fuf’pr ok<sy- l|k nq"dkGh ifjfLFkrhoj ekr dj.kslkBh

dke djk] R;kauk fnyklk |k vU;Fkk rs rqEgkyk nks"k ns.kkj vkgsr- nq"dkGh Hkkxkrhy yksdkauk fnyklk ns.;klkBh rqEgkyk ts ts dkgh djrk ;sbZy rs rs rqEgh djk vls vkokgugh 'ksoVh R;kauh dsys-

;kp njE;ku vke- ns'keq[k dk¡xzsle/;s izos'k dj.kkj v'kh ppkZ rkyqD;kr lq: gksrh- R;kps [kaMu djrkuk R;kauh iq<hyizek.ks er O;Dr dsys- xksjxfjckaps jktdkj.k dj.kslkBh vkEgh 'ks-dk-i- ps rRoKku [kka|koj ?ksrys- rqeP;k lokZaP;k vk'khokZnkus 7 osGk vkenkj Eg.kwu ,dkp i{kkpk ,dkp fpUgkoj fuoMwu vkyks- egkjk"Vªkr vlk ,dgh iq<kjh nk[kok tks ,dkp fpUgkoj ,dkp i{kkrwu 7 osGk fuoMwu vkyk vkgs- ex eh rqEgkyk lksMwu tkbZyp dlk\ vkf.k vkrk rj ek>h lkBh myVyh vkgs-

egkxkbZ fojks/kh ekspkZ

ekxP;k yksdlHkk fuoM.kqdhr dk¡xzslus lRrsoj vkY;koj 100 fnolkr egkxkbZ deh dj.;kps vk'oklu fnys gksrs- ijarq R;kph dkghgh vaeyctko.kh dsysyh uOgrh- jks- g- ;ks- dkeklkBh 1990&91 e/;s 'kklukdMs 560 dksVh :i;s tek >kys gksrs- izR;{kkr ek= ;k ;kstuslkBh 235 dksVh :i;s [kpZ dj.;kr vkys gksrs- ekpZ 1992 P;k v[ksjP;k o"kkZr 600 dksVh :i;s tek >kys gksrs- R;kiSdh 308 dksVh :Ik;s fodkl dkeklkBh [kpZ >kys gksrs- yksdkaP;k djkrwu tek >kysyk loZ iSlk jks-g- ;kstuslkBh [kpZ djk] etwjkapk ixkj nj vkBoM;kyk djk] v'kh 'ksdkiph Hkqehdk gksrh- ek= 'kklu ;kpk xkaHkh;kZus fopkj djr uOgrs-

fnolsafnol egkxkbZ ok<rp gksrh- ekxP;k 45 o"kkZr tso<h egkxkbZ ok<yh uOgrh rso<h njok< jko

;kaP;k ljdkjP;k 1 o"kkZP;k dkjfdnhZr >kysyh gksrh- gh njok< lkekU; ek.klkyk vlkgk¸; gksÅ ykxyh gksrh- gh njok< deh >kyh ukgh rj lkekU; ek.klkps thou vlgk¸; gks.kkj gksrs- R;keqGs 'ks-dk-i- us rkyqD;kP;k fBdk.kh ekspkZps vk;kstu dj.;kpk fu.kZ; ?ksryk- R;kuqlkj lkaxksyk rglhy dk;kZy;koj 'ksrdjh 'ksretwj ;kapk izpaM ekspkZ vke- x.kirjko ns'keq[k ;kaP;k usr`Rok[kkyh vk;ksftr dsyk-

;k ekspkZr lkehy >kysY;k yksdkaP;k ekx.;k iq<hyizek.ks gksR;k-[67] fM>sy isVªksyps Hkko deh djk] [krkps Hkko deh djk] egkxkbZ deh djk] okM;k oLR;koj ohtspk iqjoBk o fi.;kP;k ik.;kph lks; djk] nj ekulh efgU;kyk 12 fdyks /kkU; |k- b-

29 lIVsacj 1992 jksth ;k ekspkZl nqikjh 1-00 oktrk f'kokth pkSdkrwu lqjokr >kyh- ekspkZ 'kgjkrhy fofo/k ekxkZus nqikjh 3-00 oktrk rglhy dk;kZy;kleksj iksgpyk- rgfly dk;kZy;kleksj lq:okrhl iapk;r lferh lHkkirh HkkbZ txUukFk fyxkMs ;kauh lokZaps Lokxr d:u izkLrkfod dsys- lkaxksyk uxjikfydk ik.khiqjoBk lferhps lHkkirh Jh- y- oh- Hkkdjs] lwrfxj.khr psvjeu olarjko ikVhy ;kauhgh ekspkZl ekxZn'kZu dsys-

fi.;kP;k ik.;klkBh iSlk deh iMw ns.kkj ukgh vls eq[;ea=h lq/kkdjjko ukbZd lkaxr gksrs- ek= lkaxksyk rkyqD;krhy dksGs] yksVsokMh bR;knh xkokauk V¡djus ik.kh iqjoBk lq: gksrk- rj dkgh xkokr ,d fnolkvkM ik.kh iqjoBk dsyk tkr gksrk- ;kpkp vFkZ ?kks"k.kk dsyh tkr gksrh ijarq vaeyctko.kh gksr uOgrh gs fl/n gksrs- R;keqGs 'kklukps /kksj.k vaeykr vk.k.;kr ,[kknk vf/kdkjh dqpjkbZ djhr vlsy rj v'kk vf/kdkÚ;kpk osGhp cankscLr dj.;kph ekx.kh vke- ns’keq[k ;kauh dsyh- nq"dkGh ifjfLFkrhoj ekr dj.;kP;k n``"Vhus 'ksdkiP;k dk;ZdR;kZauk ekxZn’kZu djrkuk R;kauh xkoksxkoh cSBdk ?ks.;kl lkafxrys o nq"dkGh Hkkxkrhy yksdkauk fnyklk ns.;klkBh ts ts dkgh djrk ;sbZy rs dj.;kps vkokgu R;kauh dsys-

cyoMh xzkeiapk;r fuoM.kwd

xsyh vusd o"ksZ cyoMh xko dk¡xzslpk HkDde ckysfdYyk letyk tkr gksrk- ek= 1989&90 iklwu cyoMhrhy 'ksdkiP;k r:.k dk;ZdR;kZuh dk¡xzslP;k ;k HkDde ckysfdYY;kl lq:ax yko.;kl lqjokr dsyh- vkWDVksacj 1989 e/;s cyoMhP;k lqekjs 100 ;qodkauh 'ksdkie/;s izos’k dsyk- R;kosGh dk¡xzslP;k vusd dk;ZdR;kZauh ;k ?kVusph fdjdksG xks"V Eg.kwu mis{kk dsyh gksrh- ;k ik’oZHkwehoj uksOgsacj 1992 e/;s >kysY;k xzkeiapk;r fuoM.kqdhus laiw.kZ lkaxksyk rkyqD;kps y{k os/kwu ?ksrys- gh fuoM.kwd vke- x.kirjko ns’keq[k lkaxksyk lwrfxj.khr psvjeu olarjko ikVhy] [kjsnh foØh la?kkps psvjeu ikaMqjax tk/ko ;kaP;k ekxZn’kZuk[kkyh y<foyh xsyh gksrh-

;k fuoM.kqdhr 'k-sdk-i- us 11 iSdh 7 tkxk ftadwu fuohZokn cgqer feGfoys- lnj fuoM.kqdhr lokZf/kd ers Jh- ckGklkgsc f’kans ;kauh feGfoyh- fot;h mesnjokjkae/;s iq<hy mesnokjkapk lekos’k gksrk-

okWMZ Ø-	'ksdkips mesnokj	dk¡xszlps mesnokj
1-	vuql;k ckcqjko f’kans	nRrk=; bZ’ojk f’kans

ckGklkgsc nRrk=; f'kans

2- &&& vejflag d`".kflag fyxkMs

mRre izYgkn f'kans

foey fnxacj f'kans

3- ikaMqjax tuknZu djMs &&&

v'kksd izYgkn [kqGis

xksnkckbZ jkepanz cnMs

4- ckcwjko ok?kk ikGlkaMs

ukFkk vkuank lkaxksydj

lnjph fuoM.kwd ;'kLoh gks.;klkBh vgksjk= ifjJe ?ksÅu fojks/kdkapk nk:.k ijkHko dj.;kr loZJh f'kokthjko f'kans] f'kokth cnMs] rqdkjke lkaxksydj] f'kokth /kk;xqMs] nRrk nsodj] nkew f'kans] nÚ;kIik lkaxksydj] ek:rh f'kans] egknso xk;dokM] dqaMyhd djMs] tkfyanj f'kans bR;knh dk;ZdR;kZapk lekos'k gksrks-

ia<jiwj ;sFks i{k dk;ZdR;kaps f'kchj

Hkkjrh; 'ksrdjh dkexkj i{kkP;k ftY;krhy dk;ZdR;kZaph cSBd uksOgsacj 1992 e/;s lksykiwj ;sFks ?ks.;kr vkyh-[69] cSBdhP;k v/;{kLFkkuh vke- x.kirjko ns'keq[k gksrs- cSSBdhr 'kklukps uohu vkfFkZd /kksj.k o R;kps Jethoh tursoj gks.kkjs ifj.kke nq"dkGh ifjfLFkrh o i{kla?kVuk ;koj fopkj fofue; >kyk vkf.k 25 rs 27 fMlsacj 1992 ;k dkyko/khr 'ks-dk-i- P;k dk;ZdR;kZauk ekxZn'kZu dj.;klkBh i{k dk;ZdR;kZaps ,d f'kchj vk;ksftr dj.;kps Bjys-

R;kuqlkj ia<jiwj ;sFkhy rhu fnolkP;k ;k f'kchjkl i{kkP;k fpV.khl eaMGkps lnL;] loZ vkenkj o loZ ftYg;krwu 5 rs 10 izfrfu/kh gtj gksrs- ;k f'kchjkr vkarjjk"Vªh; o jk"Vªh; jktdh; ifjfLFkrh] dsanz ljdkjps [kqys o [kktxhdj.kkps uohu vkfFkZd /kksj.k] vkFkZj Madsy izLrko o R;kps Hkkjrh; vFkZO;oLFksoj rlsp 'ksrh O;olk; o m|ksx /ka|koj gks.kkjk vfu"B ifj.kke] jkT;krhy nq"dkG] egkxkbZ] njok<] csdkjh ukxjhdj.k] o`/nkauk isU'ku ;k fo"k;h i{kkP;k Hkwfedk] LFkkfud LojkT; laLFkk] lgdkj pGoGhrhy i{kkpk lgHkkx bR;kfn fo"k;koj vuqØes izk- ,u~- Mh- ikVhy] tkuksck eqa<s] HkkbZ x.kirjko ns'keq[k] vftrjko lq;Zoa'kh] foB~Byjko gkaMs] fo".kqiar baxoys] fn- ck- ikVhy] nRrk ikVhy ;kauh vkiys fopkj O;Dr dsys- f'kchjkps v/;{kLFkkuh HkkbZ Hkxokujko lq;Zoa'kh gksrs-

f'ko.ks o [kokliwj xzkeiapk;rhP;k fuoM.kqdk

fMlsacj 1992 e/;s lkaxksyk rkyqD;krhy nqlÚ;k VII;kr ikj iMysY;k f'ko.ks o [kokliwj xzkeiapk;rhP;k fuoM.kqdhr 'ks-dk-i-us dk¡xzslP;k mesnojkapk nk:.k ijkHko d:u eksBk fot; laiknu dsyk- f'ko.ks xzkeiapk;rhP;k 'ksdkius loZP;k loZ Eg.kts 11 tkxk ftadwu dk¡xzslpk /kqOok mMfoyk-[70] fot;h mesnokjkae/;s fgjkckbZ 'kkejko lksls] Kkus'oj x.kirh ikVhy] ukenso gjhck ?kkMxs] /kksaMhjke ;'koar tkudj] egknso vkIik ?kkMxs] ds'kjckbZ x.kir tkudj] ckGklkgsc ckiw 'ksGds] izHkkdj dqaMyhd tk/ko] HkkekckbZ lafniku ljd] ccujko foB~By tkudj vkf.k v'kksd ds'ko dkacGs ;kapk lekos'k gksrk- f'ko.ks xzkeiapk;rhrhy 'ksdkiP;k fot;kr lksykiwj ftYgk e/;orhZ c¡dsps lapkyd Jh- jkeHkkÅ dkdk ok?keksMs ;kapk flagkpk okVk gksrk-

[kokliwj xzkeiap;rhP;k fuoM.kwdhr 'ksdkiyk 11 iSdh 7 tkxk feGkY;k- dk¡xzsl i{kkP;k dkgh usR;kauh gh xzkeiapk;r feGfo.;klkBh [kwi ifjJe ?ksrys- rjh ns[khy [kokliwj xzkeiapk;rhe/;s 'ksdkius cgqer feGfoys- fot;h mesnokj iq<hyizek.ks & jkepanz fHkdw pOgk.k] nq;kZs/ku Hkxoku tjs] olar x.kir tjs] lnkf'ko ltsZjko gkxok.ks] vkIiklks ukenso tjs] foB~By fuo`Rrh Qqys] fdlu ukjk;.k ,soGs] ckGw ckiw Hkkslys] lkS- eSukckbZ vkIiklkgs cksMjs] lkS- iqrGkckbZ 'kadj tjs] lkS- fgjkckbZ vkIiklks Hkkslys-

Ikqjksxkeh ;qod la?kVuk & egwn 'kk[kk

'ksdki varxZr ;qok 'kDrh la?kVhr dj.;klkBh o R;kaps iz'u ekxkZyk yko.;klkBh gh la?kVuk dk;Zjr vlrs- ftYgk;kpk ;k la?kVuspk 'kk[kk dk;Zjr vkgsr- ;k la?kVusP;k inkf/kdkÚ;kaph fuoM 5 o"kkZlkBh vlrs- ;k la?kVusP;k egwn 'kk[ksph fuoM.kqd 21 lIVsacj 1995 jksth >kyh-[71] egqn 'kk[kk v/;{kinh Jh- ckGklkgsc x.kir pOgk.k ;kaph ;kosGh ,derkus fuoM >kyh o iq<hyizek.ks uohu dk;Zdkj.kh fu;qDr dj.;kr vkyh-

Ekgsanzdqekj cktkjs & v/;{k

vftr laHkkth xoGh & mik/;{k

t;izdk'k ek:rh ckcj & lfpo

guqear olarjko ns'kikaMs & lglfpo

ckGklkgsc egknso <kGs & [kftunkj

jkolks dsnkjh Mksaxjs & lnL;

f'kokth nkew eksjs & lnL;

'kadj foBksck yoVs & lnL;

fnxacj /kkasMhjke ;sMxs & lnL;

Hkkxor j?kqukFk ljrkis & lnL;

Lkq[knso ckck dksGsdj & lnL;

ckGklks nkew esVdjh & lnL;

'ks-dk-i- ps jkT;O;kih vf/kos'ku

Hkkjrh; 'ksrdjh dkexkj i{kkps 14 os vf/kos'ku fn- 24] 25 vkf.k 26 uksOgsacj 1995 jksth dkVksy ft- ukxiwj ;sFks eksB;k mRlkgiw.kZ okrkoj.kkr ikj iMys-[72] ;k vf/kos'kukP;k v/;{kinh lkaxyhps i{kkps ts"B usrs HkkbZ Hkxokujko lw;Zoa'kh gksrs- i{kkps ljfpV.khl HkkbZ olarjko ikVhy ;kaP;k gLrs >saMkoanu >kys- Lokxrxhr >kY;kuarj Lokxr v/;{k vkf.k dkVksyps uxjk/;{k HkkbZ ohjsanz ns'keq[k ;kauh mifLFkrkaps Lokxr dsys- xksokjh gR;kdkaMkrhy e`rkauk o 'ks-dk-i- P;k fnoaxr usR;kauk J/nkatyh viZ.k dsY;kuarj vf/kos'kukP;k dkedktkl lqjokr >kyh- vf/kos'kukps mn~?kkVd HkkbZ foB~Byjko gkaMs ;kauh 'ks-dk-i-] ek-d-i-] o Hkk-d-i- ;kauh fdeku dk;ZØekoj ,d= ;sÅ vk?kkMh fuekZ.k dj.;kph xjt vlY;kps Li"V dsys- vf/kos'kukps [kkl fuea=d ek-d-i- ps dkW- izHkkdj lka>fxjh ;kauh ;kyk nqtksjk nsÅu ;k frUgh i{kkauh QDr fuoM.kqdhiqjrs ,d= u ;srk laiw.kZ dk;ZØeklkBh ,d= ;s.;kps izfriknu dsys- Hkk-d-i- usrs dkW- ek/kojko xk;dokM ;kauhgh ;kl nqtksjk fnyk- o ;klkBh vki.kkl dkgh R;kx djk;ph osG vkyh rj] vki.k R;kx dj.;kl r;kj vlY;kps Li"V dsys- v/;{kh; Hkk"k.kkr HkkbZ Hkxokujko lw;Zoa'kh ;kauh izLFkkfir lekt O;oLFkk eksMwu dk<.;klkBh MkO;k o yksd'kkghoknh 'kDrhyk cjkscj ?ksÅu y<;kps j.kf'kax Qqad.;kps izfriknu dsys-

vf/kos'kukP;k nqlÚ;k fno'kh ldkGh ifgY;k l=kr i{kkps ljfpV.khl HkkbZ olarjko ikVhy ;kauh e/;orhZ fpVf.kl eaMGkpk vgoky lknj dsyk- o i{kkph iq<hy fn'kk Li"V dsyh- ;k vgokykoj vusd ekU;ojkauh vkiys fopkj Li"V dsys- R;kr lksykiwj ftYg;krhy uandqekj QkVs ;knojko ukbZdoMh o jes'k dkacGs ;kauh vkiys fopkj ekaMys- ;k lkÚ;kpk lekjksi i{kkps ts"B usrs HkkbZ nRrk ikVhy ;kauh dsyk- nqikjP;k l=kr vke- x.kirjko ns'keq[k ;kauh jktdh; Bjkokapk elqnk lknj dsyk- ;ke/;s vkarjjk"Vªh; ifjfLFkrh] ns'kkrhy jktdh; ifjfLFkrh] dsanz ljdkjps uos vkfFkZd /kksj.k] uos 'kS{kf.kd /kksj.k] egkjk"Vªkrhy 'ksrh leL;k] i{k la?kVuk] i{kkpk dk;ZØe ;k eq|koj R;kauh lfoLrj foospu dsys- ;k Bjkokl HkkbZ ,u~- Mh- ikVhy ;kauh vuqeksnu fnys- ;osGh R;kauh txkP;k ikBhoj tksi;Zar HkkaMoy'kkgh vkgs- rksi;Zar ekDlZoknh rRoKku dkyckg; gks.kkj ulY;kps izfriknu dsys- ;k elqn;kP;k ppkZl=kr fofo/k ekU;ojkauh Hkkx ?ksryk-

vf/kos'kukP;k 'ksoVP;k fno'kh HkkbZ Hkxokujko lw;Zoa'kh ;kauh dk;ZØekph :ijs"kk lkafxryh- R;kuarj i{kkps [kftunkj HkkbZ x.kirjko ns'keq[k ;kauh i{kkP;k e/;orhZ dfeVhpk tek[kpZ fg'kksc lknj dsyk- VkG;kaP;k xtjkr ,derkus R;kl eatqjh ns.;kr vkyh- R;kuarj vke- ehuk{kh ikVhy ;kauh vkiys fopkj O;Dr dsys- R;kauh loZ vk?kkM;kaps dMsd:u i{k cGdV dj.;klkBh tksekus iz;Rukyk ykx.;kps vko'oklu fnys- ;kuarj lkS- lquank rjaxs] lkaxksyk] efPNanz [kjkr& lkaxksyk] vk..kkth <ksys & tkyuk] Jh ;soys&ukxiwj] ;kauh vkiys fopkj O;Dr dsys- ;kuarj fofo/k Bjko ekaMys xsys rs VkG;kaP;k xtjkr ,deq[kkus eatwj dj.;kr vkys- mnk & lhekiz'u] yksdy lsl QaM bR;knh- ;kuarj HkkbZ ,u~-Mh- ikVhy ;kaph ljfpV.khlinh rj nRrk ikVhy ;kaph [kftunkj Eg.kwu fuoM dj.;kr vkyh- ;kosGh uohu ljfpV.khl] [kftunkj ekoGrs ljfpV.khl ;kapk lRdkj dj.;kr vkyk o lekjksikps Hkk"k.k i{kkps uwru ljfpV.khl izk- HkkbZ ,u~- Mh- ikVhy ;kauh dsys vkHkkj izn'kZukuarj jk"Vªxhrkus vf/kos'kukph lkaxrk >kyh-

iqjksxkeh ;qod la?kVuspk ftYgk esGkok

fnukad 28 fMlsacj 1995 jksth lksykiwj ftYg;krhy iqjksxkeh ;qod la?kVuspk esGkok lkaxksyk ;sFks vk;ksftr dsyk gksrk- esGkO;kP;k v/;{kLFkkuh lkaxksyk rk- iqjksxkeh ;qod la?kVusps v/;{k efPNanz [kjkr gksrs- rj ekxZn'kZd vke- x.kirjko ns'keq[k gksrs- R;kauh rkyqD;kPkk fodkl o ifjorZu dj.;kr ;qodkauh iq<kdkj ?ks.;kps vkokgu dsys o 15 tkusokjh Ik;Zar rkyqD;krhy izR;sd xkokr iqjksxkeh ;qod la?kVuk LFkkiu dj.kkj vlY;kph ekfgrh fnyh-[73] efPnanz [kjkr ;kauh ekxhy 5&6 o"kkZrhy la?kVusP;k dk;ZØekpk vk<kok ?ksryk-

la?kVups jkT; ikrGhojhy usrs vWM- vftrjko lw;Zoa'kh ;kauh vkiY;k mn~?kkVuij Hkk"k.kkr xzkeh.k Hkkxkrhy f'k{k.kkyk vMlj fuekZ.k dj.kkjs ts fopkj vkgsr R;kaP;k'kh ;qodkauh leFkZi.ks eqdkcyk dj.;kps vkokgu dsys- ;kuarj olarjko ikVhy] olar ckbZyfHkaxs] ckGklks pkSxqys] izeksn ckcj] f'kokth gksuekus] olar dkacGs] jkts'k ykV.ks] caMw dk'khn] uxjlsod y-fo- Hkkdjs] lqHkk"k Mqjs&ikVhy] ckGklks ikVhy] txUukFk fyxkMs b- ekxZn'kZij Hkk"k.ks dsyh- esGkO;kl ;qod eksB;k la[;sus miflLFkr gksrs- esGkO;kr dj.;kr vkysys Bjko iq<hyizek.ks

1- lqf'kf{kr csdkjkauk uksdjh |k fdaok m|ksxklkBh dtZ iqjok fdaok 500 :Ik;s csdkj HkRrk |k-
2- VsaHkw EgSlkG ;kstukaps ik.kh yodjkr yodj |kos-
3- f'k{k.k lkoZf=d djkos-
4- bZ-ch-lh- Qh ok< jí djkoh-

MkO;k vk?kkMhP;k orhus ea=ky;koj izpaM ekspkZ

eaxGokj fnukad 9 tkusokjh 1996 jksth nqikjh eqacbZP;k vk>kn eSuknko:u 'ks-dk-i-] ek-d-i- o Hkk-d-i- ;kaP;k orhus izpaM ekspkZ dk<.;kr vkyk- lnjpk ekspkZ dkGk ?kksMk ;sFkss vMfoY;kuarj ekspkZps :ikarjk lHksr >kys- ekspsZokY;kaP;k ekx.;k iq<hyizek.ks gksR;k-[74]

'ksrh o fi.;kps ik.kh] 'ksretwjkauk isU'ku] vla?kVhr {ks=krhy dkexkjkauk fdeku osru ykxw djk] njegk ek.klh 12 fdyks /kkU; js'ku njkus iqjok] efgykaojhy vR;kpkjkauk ik;can ?kkyk] can dkj[kkus pkyw djk- Hkz"Vkpkjkps mPpkVu djk] lokZauk f'k{k.k bR;knh egkjk"V^akP;k fofo/k Hkkxkrwu yk[kks dkexkj&'ksrdjh vk>kn eSnkukoj vkys gksrsdkW- xksfoanjko ikuljs vkiY;k Hkk"k.kkr Eg.kkys ;qrhps ljdkj gs ftOgkG;kps iz'u u lksMfork fn[kkÅi.kkps iz'u lksMfor vkgs- ¼ckWEcs&eqacbZ½ HkkbZ x.kirjko ns'keq[k Eg.kys 'ksrdjh] 'ksretwj nfyr ;k lokZaP;k ekx.;k vkgsr R;k ekx.;k injkr ikMwu ?ks.ks gs mfn~n"V MksG;kleksj /k:u vki.kkl la?kVhr Ogk;ps vkgs rj izHkkdj lka>fxjh Eg.kkys dh ,UjkWuyk dks.kR;kgh ifjfLFkrhr egkjk"Vªkr ik; Bsow ns.kkj ukgh- vkfgY;k jkax.ksdj ekdips ikWfyVC;qjks lnL; dkW- lhrkjke ;sPpqjh ;kauh uohu o"kkZP;k izkjaHkh uohu la?k"kkZlkBh r;kj gks.;kps vkokgu dsys- tufgrkP;k fojks/kkr /kksj.ks ykn.kkjh dk¡xzsl vkf.k dk¡xzslP;k ikoykoj ikÅy Bsowu pky.kkjh lsuk Hkkti ;qrh ;kauk leFkZi.ks VDdj ns.;klkBh loZ /keZfujis{k o yksd'kkghoknh i{kkauh ,d= ;s.;kps vkokgu loZ usR;kauh dsys- v/;{kh; Hkk"k.kkr izk-,u~-Mh-ikVhy ;kauh er O;Dr dsys- fganq&eqLyhe ;kaP;kr rs< fuekZ.k dj.;kÚ;kauk e- Qqysaps uko ?ks.;kpk vf/kdkj ukgh- Jfedkaps iz'u lksMoko;kps vlrhy rj vki.kkl frlÚ;k ekxkZus xsY;kf'kok; Ik;kZ; ukgh-

tkxfrdhdj.k fojks/kh canyk mRre izfrlkn

dsanz ljdkjP;k tkxfrdhdj.k mnkjhdj.k] [kktxhdj.k vkf.k ,UjkWu izdYikP;k fojks/kkr o 'kklukP;k dkexkj fojks/kh /kksj.kkP;k fu"ks/kkFkZ MkO;k i{kkP;k orhus cq/kokj fnukad 25 ,fizy 2001 jksth lkaxksyk can iqdkj.;kr vkyk-[75] ;kl 100 VDds izfrlkn feGkyk- canus 'kgjkrhy tuthou foLdGhr >kys- lkaxksyk 'kgjkrhy loZ O;ogkj ldkGiklwup can gksrs- cane/;s gkWVsy O;kolkf;d] fdjk.kk nqdkunkj] dkiM O;kikjh] ikuiV~Vhokys] ;kaP;klg loZ ygku eksBs O;kikjh] fdjdksG foØsrs lkehy gksrs- ,l~- Vh- vkxkjkrhy dkexkjkauh ;k canyk ikBhack fnY;kus ,l~-Vh- LVW.Mojgh 'kqd'kqdkV tk.kor gksrk- la/;kdkGi;Zar lkaxksyk vkxkjkrwu ,dgh cl u lqVY;kus izok'kkaps gky >kys- cane/;s lkaxksyk uxjikfydsP;k deZpkÚ;kauh dkG;k fQrh ykowu dke dsys- rj lkaxksyk ;sFkhy 'ksrdjh lgdkjh lwrfxj.khr dkexkj ;k cane/;s lkehy >kY;keqGs lwrfxj.khr dkedkt iw.kZrk can gksrs- lkaxksyk d`"khmRiUu cktkj lferhP;k vkMr&Hkwlkj ekykP;k O;kikÚ;kauh canyk mLQqrZ ikBhack nsÅu ekykP;k [kjsnh foØhps O;ogkj can Bsoys gksrs-

tkxfrdhdj.k vkf.k ,UjkWu fojks/kh d`rh lferhP;k orhus ldkGh 11 oktrk 'ksdki rkyqdk fpV.khl HkkbZ txUukFkjko fyxkMs ;qok usrs panzdkar ns'keq[k ;kaP;k usr`Rok[kkyh e- Qqys pkSdkrwu gk ekspkZ dk<.;kr vkyk- rgflynkj panzdkar vklkns ;kauk uxjk/;{k xksfoan tk/ko vWM- tkfyanj <sjs] ek:rh cudj] jkepanz rksMdjh] ;kauh fuosnu fnys ;kosGh rgflynkjkleksj >kysY;k tkghj lHksr y- fo- Hkkdjs] fd'kksj culksMs ;kauh Hkk"k.ks dsyh- can ;'kLoh dj.;klkBh 'ksdkiP;k loZ ;qok dk;ZdR;kZuh ifjJe ?ksrY;kps tk.koys-

lkaxksyk rkyqD;krhy uk>js] dksGs] dMykl bR;knh xkokrgh canyk mRre izfrlkn feGkyk- ;kpcjksjc lksykiwj ftY;krhy ia<jiwj ck'khZ] ek<k] eksgksG ;sFksgh canyk dkgh va'kh izfrlkn feGky;kps Li"V gksrs-

ftYgkf/kdkjh dk;kZy;koj ekspkZ

2001 e/;s lksykiwj ftYg;kr Hkh"k.k nq"dkGh ifjfLFkrh fuekZ.k >kyh gksrh- [kjhi fidkph isj.kh >kysyh uOgrh- Ål MkfGac] dkiwl o brj ftjk;r fids tGwu xsysyh gksrh- vusd xkokrwu] okM;koLR;koj fi.;kP;k ik.;kph VapkbZ fuekZ.k >kyh gksrh- tukojkaP;k pkÚ;kpk Hkko 'ksdMk gtkj rs pkSnk'ks :i;s >kyk gksrk- nqHkrh tukojs eksB;k izek.kkr dRry[kkU;kdMs tkr gksrh- ;k ik'oZHkwehoj 'ksrdjh o 'ksretwjkaP;k fofo/k iz'ukadMs y{k os/k.;klkBh 'ksrdjh dkexkj i{k o ekDlZoknh dE;qfuLV i{k ;kapk b'kkjk ekpkZ ftYgkf/kdkjh dk;kZy;koj 30 tqyS 2001 jksth dk<.;kr vkyk- ;k ekspkZr 10]000 yksdkapk lekos'k gksrk-[76] nksUghgh i{kkP;k f'k"VeaMGkus ftYgkf/kdkjh os.kqxksikG jsM~Mh ;kaph HksV ?ksÅu R;kauk ekx.;kaps fuosnu fnys- ;k ekx.;kph iwrZrk >kyh ukgh rj tukojs lksMwu rgfly dk;kZy;kps dkedkt can ikMys tkbZy vlk b'kkjkgh ;kosGh ns.;kr vkyk-

;k f'k"VeaMGkr ekdips ekth vke- ujl,,kk vkMe] 'k-sdk-i- ps ekth vke- ,l~-,e~- ikVhy] ftYgk fpV.khl lqHkk"k Mqjs&ikVhy lkaxksyk rk- fpV.khl txUukFkjko fyxkMs ek<k rk- fpV.khl ikaMqjax ikVhy] ck'khZ rk- fpV.khl izdk'kjko xk;dokM] ekGf'kjl rk- fpV.khl d`".knso ikVhy] eksgksG rk- fpV.khl fo'okljko QkVs] djekGk rk- fpV.khl Hkkxor ikVhy ia<jiwj rk- fpV.khl eqjyh/kj Fkksjkr ft-i- fojks/kh i{k usrs g.kearjko caMxj] ;qokusrs panzdkar ns'keq[k i-l- lkaxksykps lHkkirh jkgwy dkVs] efPNanz [kjkr ekdips johanz eksdk'kh o vYykc{k iVsy vkfnapk lekos'k gksrk- ;k f'k"VeaMGkus iq<hy ekx.;kaoj Hkj

fnyk gksrk- lksykiwj ftY;krhy fi.;kP;k ik.;kpk iz'u lksMfo.;klkBh rkrMhus mik; ;kstuk djkoh] 'ksrdjh o 'ksretwjkauk jkstxkj gehph dkes feGkohr] Ik'kqikydkauk ,dk tukojkyk 500 :Ik;s ekfld [kkoVh feGkoh] ikolkvHkkoh tGwu xsysY;k fidkaps iapukes d:u uqdlkuHkjikbZ feGkoh] 'ksrdÚ;kauk lgk VDds njkus O;kt vkdk:u ihd dtZ feGkos] nq"dkGh ifjfLFkrheqGs 'ksrdÚ;kaph fo|qriaikph chys ekQ djkohr] ftYg;krhy 'ksrhyk ik.kh ns.;kP;k eatwj dsysY;k ;kstuk rkRdkG iw.kZ djkO;kr] LoLr /kkU; nqdkuke/kwu etwjkauk loyrhP;k njkus rkanwG o xgw feGkok] mtuhps ik.kh ftYg;krhy loZ 'ksrhyk feGkos] nw/k mRikndkauk izfr fyVj 11 :Ik;s nj 'kklukus |kok] fujk mtok dkyok QkVk Ø- 4 ps fpapksyh rykokr ik.kh Hk:u lkaxksyk ;sFkhy fi.;kP;k ik.;kph frozrk deh djkoh-

Ekkth vke- Hkxokujko lw;Zoa'kh ;kauh 'kkldh; xksnkekrhy dqtk;yk ykxysys /kkU; tukojkauk HkjM;klkBh eksQr ns.;kph ekx.kh dsyh- ekth vke- ujl,,kk vkMe ¼ekdi½ ;kauh 'ksrdjh o 'ksretwjkaP;k ekx.;kaph vkB fnolkr iwrZrk >kyh ukgh rj rgflynkj o ftYgkf/kdkjh ;kauk dk;kZy;kckgsj iMw fnys tk.kkj ukgh vls lkafxrys- txUukFkjko fyxkMs ;kauh 'kklukus 'ksretqjkauk dkes miyC/k d:u |kos vU;Fkk clwu ixkj ns.;kph ekx.kh dsyh- ;qok usrs panzdkar ns'keq[k ;kauh nq"dkGxzLr Hkkxkrhy fo|kF;kZauk 500 :Ik;s f'k";o`Rrh ns.;kph ekx.kh dsyh- g.kearjko caMxjus 'ksrdjh o 'ksretqjkaP;k ekx.;kapk 'kklukus fopkj dsyk ukgh rj y<k rh+oz djkok ykxsy vls lkafxrys- rj ekth

vke- ,l~- ,e~- ikVhy ;kauh iq<hy er O;Dr dsys- xsY;k 50 o"kkZr 'ksrdÚ;kadMs u ikfgY;keqGs 'ksrdjh dtZcktkjh >kyk- xaxk] dkosjh ;kstuk iw.kZ dsyh ukgh- izR;sd tukojkyk 500 :i;s [kkoVh |koh- tukojs mik'kh vlrkuk jkT;dR;kZauk vkEgh lq[kkus ?kkl [kkÅ ns.kkj ukgh- 'ksrdjh o 'ksretqjkaP;k ekx.;kaph iwrZrk dsyh ukgh rj rkyqdk ikrGhoj dpsjh can dsyh tkbZy- ;kuarj HkkbZ fo'okljko QkVs ;kauh o vWM- lqHkk"k ikVhy ¼lkaxyh½ ;kauhgh vkiys euksxr O;Dr dsys-

tquksuh 'ksdkipk esGkok

vkDVkscj 2001 e/;s 'ks-dk-i- us yksdkaP;k leL;k tk.kwu ?ks.;klkBh fofo/k Hkkxkr esGkO;kaps vk;kstu dsys gksrs- R;kpkp ,d Hkkx Eg.kwu 18 vkWDVkscj 2001 jksth dksGs xVkrhy dk;ZdR;kZapk esGkok tquksuh ;sFks ?ks.;kr vkyk-[77] lnj esGkO;kl vke- x.kirjko ns'keq[k ;kauh ekxZn'kZu dsys- ;k xVkrhy fofo/k xkoP;k xzkeLFkkaP;k leL;k tk.kwu ?ksrY;k o R;kauk 'kklukekQZr jkcfo.;kr ;s.kkÚ;k fofo/k ;kstukaph ekfgrh vke- ns'keq[k ;kauh fnyh- ;kosGh izrkijko ?kkMxs] laHkkth vkynj] xtsanz dksGsdj] f'kokth Oguekus] g.kearjko caMxj] txUukFkjko fyxkMs] jkeHkkÅ ok?keksMs ;kaph Hkk"k.ks >kyh-

;k esGkO;kl lHkkirh jkgqy dkVs] milHkkirh vWM- xOgk.ks] panzdkar ns'keq[k] olar Oguekus] fdlu dksGsdj] fofo/k xkops ljiap] inkf/kdkjh o dk;ZdrsZ eksB;k la[;sus mifLFkr gksrs- ftYgk e/;orhZ c¡dsps lapkyd jkeHkkÅ ok?keksMs gs c¡dkd] eysf'k;k] flaxkiwj ;k ns'kkapk vH;kliw.kZ nkSjk d:u vkY;kcn~ny tquksuh xzkeLFkkauh R;kapk lRdkj dsyk-

iqjksxkeh fo|kFkhZ la?kVusph cSBd

fnukad 2 uksOgsacj 2009 jksth lkaxksyk rkyqdk iqjksxkeh fo|kFkhZ la?kVusph cSBd egwn cqz- rk- lkaxksyk ;k fBdk.kh laiUu >kyh- lnj cSBdhl rkyqD;krhy ;qodkauh eksB;k izek.kkr gtsjh ykoyh- ;k cSBdhps v/;{kLFkku iqjksxkeh ;qod la?kVusps v/;{k Jh efPNanz [kjkr ;kauh Lohdkjys- ;k cSBdhl ekxZn'kZu djrkuk la?kVusP;k ek/;ekrwu ;qodkauh fopkj d`rhr vk.k.;kps vkokgu R;kauh dsys- [78]

lnj cSBdhl ia- l- lHkkirh jkgqy dkVs] ekth lHkkirh nknk ikVhy] ckGklkgsc ikVhy] ft-i- lnL; lqfuy ckcj] ckGklkgsc pOgk.k] egasnz cktkjs] ;qlwQ teknkj] lat; ;sMxs] fot; dksGsdj] fot; f'kans] larks"k ikVhy] nRrk=; yoVs] nsfonkl xksQ.ks bR;knh gtj gksrs-

fMlsacj 2001 ph lkaxksyk uxjikfydk fuoM.kwd

;k fuoM.kqdhlkBh ,dw.k 6 izHkkx gksrs- R;krhy 14 tkxslkBh 47 mesnokj fuoM.kqdhP;k fjax.kkr mHks gksrs- 'k-sdk-i-] jk"Vªoknh dk¡xzsl] vkf.k lkaxksyk 'kgjkrhy dk¡xzsl i{kkps ts"B dk;ZdrZs ekth uxjk/;{k izk- izcq/npanz >ids xV v'kk rhu xVke/;s uxjfodkl vk?kkMhph LFkkiuk >kyh gksrh- dk¡xzsl vkf.k Hkk-t-i- yk dkgh okMkZr mesnokj mHks djrk vkys ukghr- uxjfodkl vk?kkMhps lkS- fo|k u:Vs] lkS- eaxy [kkMs] jfQd unkQ] izk- lksiku fcys gs mesnokj] fcufojks/k fuoMwu vkys rj dk¡xzsl Hkkti f'kolsuk o vi{k ;kapk ,dgh mesnokj fuoM.kqdhr fot; laiknu d: 'kdyk ukgh- uxjfodkl vk?kkMhps pkj mesnokj fcufojks/k >kys vlys rjh R;krhy ,dgh mesnokj 'ks-dk-i- pk uOgrk-[79]

Okjhy pkj mesnokjkaf'kok; uxjfodkl vk?kkMhps iq<hy 15 mesnokjkauh fot; laiknu dsysyk vkgs- Nk;k v:.k ikVhy & 'ks-dk-i-] fl/ns'oj n'kjFk tk/ko & 'ks-dk-i-] 'kckuk lbZn 'ks[k & 'ks-dk-i-] izHkkdj ,dukFk ekGh & 'ks-dk-i-] jkepanz Kkuksck lkGh & jk- dk¡xzsl] lqHkk"k vkIik xkoMs & 'ks-dk-i-] cyohj nxMw culksMs & 'ks-dk-i- ¼vkjihvk;½] jkepanz txUukFk rksMdjh & 'ks-dk-i-] 'kqHkkaxh lairjko ikVhy& jk- dk¡xzsl] f'kokth Kkuksck cudj & 'ks-dk-i-] uoukFk Hkkuqnkl iokj & 'ks-dk-i-] :ikyh Hkqtaxjko dkacGs & 'ks-dk-i-] d`".kkr eUeFk yks[kaMs & jk- dk¡xzsl] :ikyh panzdkar fnoVs & 'ks-dk-i-] Jhdkar oklqnso Hkkslsdj & 'ks-dk-i-

Ik{k fugk; fuoMwu vkysY;k mesnokjkaph ers iq<hyizek.ks & uxjk/;{k inkP;k Nk;k v:.k ikVhy & 7346] ¼'ks-dk-i-½ vfeukch vcqcdj 'ks[k & 2291 ¼dk¡xzsl½] vi{k banwerh y{e.k Hkkdjs & 2593] Hkktips fot;k e/kqdj ns'kikaMs & 207 ;kaps fMikW>hV tIr >kys-

izHkkx & 1 v

fl/ns'oj n'kjFk tk/ko & 1787 ¼'ks-dk-i-½

v'kksd HkkxkIik ok?keksMs & 465 ¼dk¡xszl½

rqdkjke ekGh & 51 vi{k

;k izHkkxke/;s ,dw.k 163 ers ckn >kyh-

izHkkx & 1 c

'kckuk lbZn 'ks[k & 1961

Lakxhrk v:.k elds & 315 ¼dk¡xszl½ ckn ers & 189

izHkkx & 1 d

MkW- izHkkdj ekGh & 1634 ¼'ks-dk-i-½

uoukFk ckbZyfHkaxs & 675 ¼dk¡xszl½ ckn ers & 156

izHkkx & 2 v

jkepanz lkGs & 1106

egknso pkaxnso [kkMs & ¼dk¡xszl½ & 592

Hkkjr fnxacj xMfgjs ¼Hkkti½ & 118 ckn ers & 172

izHkkx & 2 c

lqHkk"k vkIik xkoMs & 869 ¼'ks-dk-i-½

y{e.k 'kadj xMns ¼vi{k½ & 719

rqdkjke ukenso 'kstkG ¼dk¡xszl½ & 230

izHkkx & 3 v

cyohj vkIik culksMs & 1411 ¼vkj-ih-vk;- & 'ks-dk-i- iqjLd`r ½

eatqGknkl T;ksrhjke [kankjs ¼dk¡xszl½ & 289

panw BksdGs ¼vi{k½ & 499

izHkkx & 3 c

jkepanz rksMdjh & 1385 ¼'ks-dk-i-½

y- fo- Hkkdjs & 696 vi{k

y{e.k ;'koar baxksys & 148 dk¡xszl

lkaxksyk ekdZsV ;kMkZr esGkok

lksykiwj ftY;krhy loZ 'ks-dk-i- lHkkln dk;ZdrsZ o fgrfpardkapk 25 tkusokjh 2002 jksth nqikjh 12-00 oktrk ekdsZV dfeVhP;k vkokjkr esGkok vk;ksftr dsyk gksrk- lnj dk;ZØekP;k v/;{kLFkkuh izk- ,u~- Mh-ikVhy gksrs- ukenkj x.kirjko ns'keq[k] HkkbZ ,l~- ,l~- ikVhy] fo'okljko QkVs] vWM- t;flaxjko tk/ko ;kauh izeq[k ikgq.ks Eg.kwu ekxZn'kZu dsys-

;k esGkO;kr iapk;r lferh o ftYgk ifj"kn fuoM.kqdkackcr ppkZ vkf.k ekxZn'kZu dj.;kr vkys-[80] ;k esGkO;klkBh txUukFk fyxkMs eqjyh/kj Fkksjkr] d`".kjko ikVhy] ikaMqjax ikVhy ftYgk fpV.khl HkkbZ lqHkk"k ikVhy mifLFkr gksrs-

lanHkZ

1- yksdlsok] fnukad 2 vkWxLV] 1948 i`"B Ø - 2

2- vkanqjdj O;a- xks-] p.ks [kkos yks[kaMkps] lksykiwj] 1985] i`"B Ø- 88

3- dYir: vkf.k vkuano`Rr] fnukad 12 lIVsacj 1984] i`"B Ø- 2

4- dYir: vkf.k vkuano`Rr] fnukad 26 lIVsacj 1984] i`"B Ø- 3

5- lkGqa[ks ,- ch-] rqG'khnkl tk/ko xkSjo xzaFk] iq.ks] 2002] i`"B Ø- 86] 87

6- dYir: vkf.k vkuano`Rr] fnukad 26 lIVsacj 1984] i`"B Ø- 3

7- vkanwjdj O;- xks-] iwoksZDr] i`"B Ø- 89

8- fdRrk] i`"B Ø- 88

9- dYir: vkf.k vkuano`Rr] fnukad 19 lIVsacj 1984] i`"B Ø- 1

10- Hkkjrh; 'ksrdjh dkexkj i{k vf/kos'ku 9 os] ia<jiwj 1965 Bjko Ø- 1 rs 26

11- Lakxzke] vkWDVkscj 1971] i`"B Ø- 7

12- eqacbZ fof/keaMG ppkZ] [kaM 33] 7 lIVsacj 1971] i`"B Ø- 113

13- Lakxzke] iwoksZDr] i`"B Ø- 8

14- eqacbZ fof/keaMG ppkZ] iwoksZDr] i`"B Ø- 114

15- df.kZd ih- th- ftYgk U;k;k/kh'k vkSjaxkckn ;kapk oSjkx iksyhl xksGhckjk laca/khpk vgoky] 'kldh; eqnz.kky;] eqacbZ] 1972] i`"B Ø- 142

16- nSfud lksykiwj lekpkj] fnukad 8 tkusokjh 1971] i`"B Ø- 3

17- eqacbZ fof/keaMG ppkZ] iwoksZDr] i`"B Ø- 115

18- fdRrk] i`"B Ø- 117

19- nSfud iq<kjh] fnukad 9 lIVsacj 1971] i`"B Ø- 1

20- nSfud lksykiwj lekpkj] fnukad 10 lIVsacj 1971] i`"B Ø- 2

21- nSfud iq<kjh] fnukad 16 lIVsacj 1971] i`"B Ø- 1

22- nSfud egkjk"Vª VkbZEl] fnukad 22 lIVsacj 1971] i`"B Ø- 2

23- nSfud lksykiwj lekpkj] fnukad 22 lIVsacj 1971] i`"B Ø- 2

24- fdRrk] fnukad 24 lIVsacj 1971] i`"B Ø- 2

25- fdRrk] fnukad 1 tkusokjh 1972] i`"B Ø- 3

26- fdRrk] fnukad 3 vkWDVkscj 1971] i`"B Ø- 2

27- nSfud egkjk"Vª VkbZEl] fnukad 19 ,fizy 1972] i`"B Ø- 3

28- nSfud lapkj] fnukad 25 ,fizy 1972] i`"B Ø- 3

29- fdRrk] fnukad 26 ,fizy 1972] i`"B Ø- 1

30- fdRrk] i`"B Ø- 2

31- fdRrk] fnukad 27 ,fizy 1972] i`"B Ø- 2

32- fdRrk] fnukad 29 ,fizy 1972] i`"B Ø- 2

33- fdRrk] fnukad 30 ,fizy 1972] i`"B Ø- 2

34- fdRrk] i`"B Ø- 1] 2

35- fdRrk] fnukad 8 twu 1972] i`"B Ø- 3

36- df.kZd ih- th- iwoksZDr] i`"B Ø- 99

37- baxoys d`".kk] ¼laiknd½] panu] HkkbZ txUukFkjko fyxkMs pWfjVscy VªLV] vdksyk] rk- lkaxksyk] 2008] i`"B Ø- 3

38- ek.kns'k lekpkj] fnukad 22 fMlsacj 1989] i`"B Ø- 1

39- fdRrk] fnukad 25 tkusokjh 1991] i`"B Ø- 1

40- fdRrk] fnukad 23 tkusokjh 1995] i`"B Ø- 1

41- fdRrk] fnukad 7 lIVsacj 2001] i`"B Ø- 1

42- HkkbZ txUukFk ukjk;.k fyxkMs ;kaph 9 lIVsacj 2001 la'kks/kd MkW- ,l~- ,u~- xk;dokM ;kauh ?ksrysyh eqyk[kr

43- ikVhy ,u~- Mh- laiknd] laxzke] tkusokjh 1984] i`"B Ø- 23

44- Tkujy bysD'ku Vw ysftLysVhOg vlsaCyh egkjk"Vª] iksy LVWVhfLVDl 1985] izhaVsM vWV n xOguZesaV iszl] ckWEcs] 1988] i`"B Ø- 277] 279] 281

45- ek.kns'k lekpkj] fnukad 10 twu 1988] i`"B Ø- 1

46- fdRrk] fnukad 29 tqyS 1988] i`"B Ø- 1

47- fdRrk] fnukad 5 vkWxLV 1988] i`"B Ø- 2] 4

48- fdRrk] fnukad 20 vkWDVkscj 1988] i`"B Ø- 1

49- fdRrk] fnukad 25 uksOgsacj 1988] i`"B Ø- 1

50- fdRrk] fnukad 24 Qscqzokjh 1989] i`"B Ø- 2

51- fdRrk] fnukad 25 vkWxLV 1989] i`"B Ø- 3

52- fdRrk] fnukad 1 lIVsacj 1989] i`"B Ø- 1

53- fdRrk] fnukad 29 lIVsacj 1989] i`"B Ø- 1

54- fdRrk] fnukad 10 uksOgsaacj 1989] i`"B Ø- 3

55- fdRrk] fnukad 8 tqyS 1990] i`"B Ø- 1

56- fdRrk] fnukad 22 tqyS 1990] i`"B Ø- 1

57- fdRrk] fnukad 30 tqyS 1990] i`"B Ø- 1

58- fdRrk] fnukad 16 fMlsacj 1990] i`"B Ø- 1

59- tujy bysD'kul Vw ysftLysVhOg vlsaCyh egkjk"Vª] iksy LVWVhfLVDl 1990] izhaVsM vWV n xOguZesaV izsl] ckWEcs] 1994] i`"B Ø- 279] 281] 283

60- ek.kns'k lekpkj] fnukad 8 Qscqzokjh 1991] i`"B Ø- 1

61- fdRrk] fnukad 8 ekpZ 1991] i`"B Ø- 1

62- fdRrk] fnukad 29 uksOgsacj 1991] i`"B Ø- 1

63- fdRrk] fnukad 10 tkusokjh 1992] i`"B Ø- 1

64- fdRrk] fnukad 28 Qscqzokjh 1992] i`"B Ø- 1

65- fdRrk] fnukad 6 ekpZ 1992] i`"B Ø- 3] 4

66- fdRrk] fnukad 10 ,fizy 1992] i`"B Ø- 1

67- fdRrk] fnukad 1 vkWDVkscj 1992] i`"B Ø- 1

68- fdRrk] fnukad 8 uksOgsacj 1992] i`"B Ø- 1

69- fdRrk] fnukad 4] 28 fMlsacj 1992] i`"B Ø- 1

70- fdRrk] fnukad 18 fMlsacj 1995] i`"B Ø- 1

71- fdRrk] fnukad 22 lIVsacj 1995] i`"B Ø- 1

72- fdRrk] fnukad 1 fMlsacj 1995] i`"B Ø- 1&3

73- fdRrk] fnukad 29 fMlsacj 1995] i`"B Ø- 1&3

74- fdRrk] fnukad 14 tkusokjh 1996] i`"B Ø- 3

75- fdRrk] fnukad 28 ,fizy 2001] i`"B Ø- 1

76- iq<kjh] fnukad 3 vkWxLV 2001] i`"B Ø- 1

77- fdRrk] fnukad 19 vkWDVkscj 2001] i`"B Ø- 1

78- fdRrk] fnukad 2 uksOgsacj] 2001] i`"B Ø- 3

79- fdRrk] fnukad 6 fMlsacj] 2001] i`"B Ø- 1

80- fdRrk] fnukad 25 tkusokjh] 2002] i`"B Ø- 1

izdj.k 3

'ksrdjh dkexkj i{k vkf.k egkjk"Va jkT; fo/kkulHkk

HkkjrkP;k Lokra«;kuarjph fo/kkulHkksph b-l- 1952 ph ifgyh lkoZtfud fuoM.kwd ekukoh ykxrs- fnukad 3 o 7 tkusokjh 1952 yk vuqØes fo/kkulHkk o yksdlHksP;k fuoM.kwdk >kY;k- vk.kh 11 tkusokjh iklwu erekst.khyk lqjokr >kyh- ;k ifgY;k lkoZtfud fuoM.kqdhr Hkkjrkr ygku&eksBs vls 120 i{k gksrs- lrjk dksVh] lgkl"V yk[k ernkjkadMwu yksdlHkk o fo/kkulHkkslkBh feGwu pkj gtkj pkj'ks ckjk yksdizfrfu/kh fuoMko;kps gksrs- ;k fuoM.kqdhr ngk dksVh NRrhl yk[k ernkjkauh ernku dsys- R;kiSdh pkj dksVh pkSrhl yk[k ers dk¡xzslyk feGkyh- lksykiwj ftYg;kr 'ks-dk-i-yk yksdlHkk vkf.k fo/kkulHkk feGwu lqekjs lkMspkj yk[kkP;koj ers feGkyh-[1]

;k fuoM.kqdhr 'ksdkips egkjk"Vakrwu 15 vkenkj fuoMwu vkys- iSdh 6 vkenkj lksykiwj ftYg;krhy gksrs- R;kr

1- f'ko'kadjIik /ku'ksV~Vh ¼lksykiwj 'kgj okWMZ 1&10½
2- Ckkcqjko vuxjdj&ikVhy ¼ek<k& eksgksG½

3- ujflax rkR;k ns'keq[k ¼ck'khZ 'kgj mRrj½

4- rqG'khnkl tk/ko ¼ ck'khZ & ek<k ½

5- 'kadjjko ekfgrs& ikVhy ¼ ekGf'kjl ½

6- ckGklkgsc eksjs ¼ ia<jiwj ½

;kapk lekos'k vkgs- egkjk"Vª fo/kkulHksr ifgyk fojks/kh i{kusrk Eg.kwu Jh rqG'khnkl tk/ko ;kaph fuoM >kyh gksrh- b-l- 1955 e/;s ftYg;krhy 'ks-dk-i- P;k ojP;k QGhrhy usrs dk¡xzsle/;s xsY;kus b-l- 1957 P;k fo/kkulHkk fuoM.kqdhr lksykiwj ftYg;kr 'ksdkiyk ,dgh tkxk feGkyh ukgh- rj b-l- 1962 e/;slkaxksY;krwu x.kirjko ns'keq[k izFkep 'ksdkiP;k frdhVkoj mHks jkfgys o fuoMwugh vkys- b-l- 1967 yk lkaxksY;krwu x.kirjko ns'keq[k o ek<;krwu HkkbZ ,l~- ,e~- ikVhy fot;h >kys- 1972 yk ftYg;krwu 'ksdkipk ,dgh mesnokj fot;h >kyk ukgh- ek= 1974 yk fo|eku vke- dkdklkgsc lkGqa[ks&ikVhy ;kaps fu/ku >kys o R;kuarj >ksY;k iksVfuoM.kqdhr iqUgk x.krijko ns'keq[k ;kauh fot; laiknu dsyk- R;kuarj b-l- 1978] b-l- 1980] b-l- 1985] b-l- 1990] b-l- 1999] b-l- 2004 o b-l- 2009 yk R;kauh lkaxksyk ernkj la?kkrwu fot; laiknu dsyk- vkf.k ns'kkr ,dkp i{kkrwu ,dkp ernkj la?kkrwu rCcy 10 osGk fot; feGowu foØe dsyk- 1980 o 1985 yk HkkbZ panzdkar fuackGdj eksgksG ernkj la?kkrwu fot;h >kys gksrs-

1975 rs 1978 ;k dky[kaMkr HkkbZ x.kirjko ns'keq[k fo/kkulHksr fojks/kh i{kusrs gksrs- rj 1978&1980 ;k dky[kaMkr R;kauh d`f"kea=h inkph /kqjk ;'kLohfjR;k lkaHkkGyh- R;kuarj b-l- 1999 rs 2002 ;k dkyko/khr R;kauk jkstxkj geh o i.ku ea=h inkph /kqjk lkaHkkGyh- fo/kkulHkk gaxkeh v/;{kingh R;kauh Hkw"kfoys vkgs-

'ks-dk-i-P;k lnL;kauh fo/kkulHkksr fojks/kh i{kkr vlrkuk vusd iz'ukafojks/kkr vkokt mBfoysyk fnlwu ;srks- rj lRrsr lgHkkxh >kY;kuarj vusd iz'u ekxhZ ykoys o tursP;k fo'oklkl ik= jkfgys- R;kauh fo/kkulHkksr dsysY;k dk;kZpk vk<kok iq<hyizek.ks ?ksrk ;sbZy-

'ksrdjh dkexkj i{kkps b-l- 1978 P;k fo/kkulHkksP;k fuoM.kqdhr 13 mesnokj fot;h >kys- 'kjn iokjkauh egkjk"VªkP;k fLFkR;arjkeqGs 17 tqyS 1978 jksth egkjk"Vª iqjksxkeh fof/keaMG dk¡xzsl i{kkph LFkkiuk dsyh-[3] R;kauh 18 tqyS 1978 jksth lqf'kydqekj f'kans] xksfoanjko vkfnd] lqanjjko lkGqa[ks bR;knhP;k lgdk;kZaus jkT;kr ifgys fcxj dk¡xzsl ljdkj LFkkiu dsys-[4] T;kyk iq-yks-n- vls lacks/kys tkr gksrs- 40 dyeh dk;ZØekph vaeyctko.kh dj.;klkBh 'ks-dk-i- lRrsr izFke lgHkkxh >kys gh 'ks-dk-i- P;k bfrgklkrhy egRokph ?kVuk gksrh- R;kr 'ks-dk-i- P;k rhu vkenkjkauk ea=hin feGkys- iSdh x.kirjko ns'keq[kkauk d`"kh o xzkeh.k fodkl gs dWfcusV eaf=in feGkys- 'ksrhlkj[ks egRokps in lksykiwjyk feGkys gk ,d eksBk cny 'ks-dk-i- P;k bfrgklkr vkf.k eq[;rº% lksykiwjP;k bfrgklkr >kyk- 'ksrdjh gk 'ks-dk-i- pk egRokpk ?kVd gksrk- 'ksrdÚ;kaP;k fofo/k ekx.;kapk iz'u fgjhjhus mHkk gksrk- i.k izFkep ekaMr vlysY;k iz'ukaph lksMo.kwd dj.;kph la/kh feGkyh- ,d 'ksrhea=h Eg.kwu R;kauh ts egRokps o /kksj.kkRed fu.kZ; ?ksrys- R;kr [kkyhy izdj.kkpk lekos'k gksow 'kdrks-

Ek`n la/kkj.k o Vsjsflax dtZ izdj.k

vR;ar dBh.k ifjfLFkrhr 'ksrh ea=h inkph tckcnkjh x.kirjko ns'keq[kkaojrh iMyh- R;kauh lÙksph lq=s gkrh ?ksryh rsOgk jkT;kr 87 rkyqD;ke/;s nq"dkGh ifjfLFkrh gksrh R;kosGh lqekjs 125 yk[k gsDVj tehu e`nla/kkj.kkph dkes dj.;kl ;ksX; gksrh- R;kiSdh uksOgsacj 1978 i;Zar 80&85 yk[k gsDVjoj dkes >kysyh gksrh- R;kiksVh lqekjs 210 dksVh dkUVªj o xzsaMasM cfMax vkf.k lqekjs 32 dksVh Vsjsflax vls ,dw.k 242 dksVh dtZ O;kt o eqíy /k:u olqyhl ik= gksrs- ijarq nq"dkGkeqGs 'ksrdÚ;kauk dtZ QsM.ks 'kD; uOgrs- R;krhy dkgh 'ksrdÚ;kauh dtZ QsM dsyh gksrh- rj dkgh dMwu lDrhus olwy dsyh gksrh- ;klanHkkZr vkanksyus gksÅu gh nkn ykxyh uOgrh- QDr 50 iSls lwV ns.;kpk fu.kZ; ?ksryk ijarq vaeyctko.kh >kyh uOgrh- ;klanHkkZr fopkj dj.;klkBh lq[kVudj lferh useyh- ;k iz'ukyk x.kirjko ns'keq[kkauh 29 uksOgsacj 1978 jksth gkr ?kkryk- dksjMokgw tfeuhpk 'ksrlkjk ,djh 50 iSlh vFkok R;kgwu deh vkgs v'kk tfeuhoj vlysY;k cafMax o Vsjsflaxpk dtkZpk ckstk lq[kVudj lferhus Li"V dsY;kizek.ks 87 nq"dkGh rkyqD;krhy dtZ iw.kZi.ks ekQ dsys- rlsp brj Hkkxkrhy ngk ,djkP;k vkrhy 'ksrdjh vlrhy o dWukWy fdaok bfjxs'kupk R;kauk Qk;nk feGr ulsy R;kapsgh dtZ ekQ dsys- ;keqGs lqekjs 127 dksVh olqyhph lwV jkT;krhy ftjk;r tehu ekydkauk feGkyh-[5]

egkjk"Vª ftYgk ifj"kn o iapk;r lferh vf/kfu;e

ftYgk ifj"kn o iapk;r lferhpk dkjHkkj lqjGhr pkykok Eg.kwu ftYgk ifj"kn o iapk;r lferh dk;nk dye

260 [kkyh 'kklukyk ftYgk ifj"kn folftZr dj.;kpk vf/kdkj gksrk- R;keqGs ftYgk ifj"knpk dkjHkkj lqfLFkrhr ulsy rj 'kklu ftYgk ifj"kn folftZr djhr gksrs- ifj.kkeh ftYgk ifj"kn vkf.k iapk;r lferh dk;|kr cny dsyk tkr gksrk- iwohZ ftYgk ifj"knph eqnr 5 o"ksZ gksrh rh 6 o"ksZ dsyh- 10 vkWxLV 1978 jksth dye 10 e/;s nq:Lrh d:u 'kklukus dkgh dkj.kklkBh gh eqnr 6 efgU;kai;Zar ok<fo.;kpk vf/kdkj feGfoyk ijarq R;kosGh nksUgh lHkkx`gkP;k cSBdk pkyw uOgR;k] rsOgk v/;kns'kkps dk;|kr :ikarfjr gks.;klkBh nksUgh lHkkx`gkph ekU;rk vko';d vlrs- R;klkBh x.kirjko ns'keq[kkauh 4 fMlsacj 1978 jksth ftYgk ifj"kn o iapk;r lferh vf/kfu;e 1961 e/;s dkgh lq/kkj.kk dj.;klkBh fo/ks;d fopkjkr ?ks.;kpk izLrko ekaMyk rks ikl >kyk-[6]

egkjk"Vª lgdkjh laLFkk lq/kkj.kk

xkoikrGhojhy izkFkfed lsok lkslk;V;kaP;k xV fodkl vf/kdkÚ;kpk ixkj ok<fo.;kpk iz'u cjsp fnol ykascdGr gksrk- R;k iz'ukaoj fopkj dj.;klkBh 'kklukus MkW- nkaMsdj ;kaP;k v/;{krs[kkyh lferh useyh gksrh- ;k lferhus xV lfpokapk ixkj ok<fo.;kph lwpuk dsyh] R;kph vaeyctko.kh dj.;kph tckcnkjh x.kirjko ns'keq[kkaoj vkyh- R;k lwpusph vaeyctko.kh dsyh vlrh rj ljdkjoj vkfFkZd Hkkj iMyk vlrk- R;krwu ekxZ dk<.;kP;k mís'kkus 69 v'kk varxZr ok<ho ixkjkpk va'krk Hkkx] ;k lfpokP;k lsospk Qk;nk izR;{k o vizR;{k ?ks.kkÚ;k [kktxh vkf.k lgdkjh lk[kj dkj[kkus] ekdsZV dfeVh bR;knh lgdkjh laLFkkoj Vkd.;kpk fu.kZ; ?ksryk- R;klkBh dk;nk 65 e/;s lq/kkj.kk dj.ks xjtsps gksrs- x.kirjko ns'keq[kkauh 8 fMlsacj 1978

jksth 'ksrh fo/ks;d ekaMwu rlk cny d:u ?ksryk- o lHkkx`gkph lgerh feGfoyh-[7]

ejkBokMk d`"kh fo|kihB eatqjkaps vkanksyu

ejkBokMk fo|kihB lsaVj QkWeZoj dkedjh gaxkeh etqjkaiSdh dkgh etqjkauk dk<wu Vkd.;kr vkys gksrs- rsaOgk R;k etwjkauh lokZauk dkekoj ?ks.;klkBh vkanksyu lq: dsys- ikolkvHkkoh cjhp dkes can vlY;keqGs R;kauk dkekoj ?ks.ks 'kD; uOgrs] vkanksydkauh lsaVªy milapkydkl ekjgk.k dsyh- ifj.kkeh iksfylkauk cksyokos ykxys- ;k izdj.kkl jktdh; Lo:Ik ;sÅu dkgh fo|kF;kZauh etwjkaP;k vkanksyukl ikfBack fnyk vkf.k R;krwu dqyxq: gVko ;k ekx.khus tksj /kjyk- R;kyk jktdh; Lo:Ik ;sÅu fo/kku lHkse/;s ;kfo:/n vkokt mBfo.;kr vkyk- fojks/kh i{krhy Jherh izfrHkk ikVhy] xq:ukFk dqMsZ] iafMrjko ns'keq[k] t;uan eBdj ;kauh gk iz'u mpyowu /kjyk vkf.k dqyxq:aP;k Hkz"VkpkjkP;k pkSd'khph ekx.kh dsyh- milapkyd lsaVªy QkWeZph cnyh] lsaVªy QkWeZoj >kysY;k izdkjkph naMkf/kdkÚ;k ekQZr pkSd'kh] MsI;qVh Mk;jsDVjph cnyh bR;knh ekx.;k dsY;k- ;k lanHkkZr x.kirjko ns'keq[kkauh 17 tqyS 1979 jksth dqyxq:aP;k cíy pkSd'kh dj.;kps vk'oklu fnys-[8] fo|kihBkps dqyxq: o lfpo ;kaP;k'kh laidZ lk/kwu fo|kihB pkyw dj.;kP;k n`"Vhus iz;Ru dsys-

dqykck ftY;krhy 'ksrdÚ;kauk fc;k.ks iqjoBk

b- l- 1979 e/;s egkjk"V[a]kr eq[kr% dksd.kkr vfu;ehr ikÅl iMyk- dqykC;kr xjtsis{kk vf/kd ikÅl iMY;kus ihds dqtwu xsyh- mj.k] ek.kxko] eq:M Hkkxkr Hkkrkph jksis lqdwu xsyh- viqÚ;k ikolkeqGs yko.kh [kksGacyh- dksd.kkr cgqrka'k Hkkxke/;s Hkkrkph yko.kh gksow 'kdyh uOgrh- x.kirjko ns'keq[kkaP;k 'ksrdjh [kkR;kus ftFks ekx.kh dsyh gksrh frFks 1744 fDoaVy fc;k.ks miyC/k d:u fnys-[9] ftFks Hkkrkps jksis yko.ks 'kD; uOgrs frFks rwj] eqx] mMhn lkj[kh fids ?ks.;kckcr ekxZn'kZu dsys- vf/kd ikolkeqGs T;k Hkkxkrhy 'ksrdÚ;kaph jksis dqtwu xsyh gksrh- R;kauk 4]000 Hkkrkph fc;k.ks QqdV okVyh-

d`"kh vkf.k xzkefodkl ea=h Eg.kwu R;kauh R;k varxZr [kkR;klkBh ts iqjd vuqnku izkIr d:u ?ksrys R;kps fooj.k [kkyhy rD;kae/;s ?ksrys vkgs-

v- Ø-	fnukad	foHkkx	ekx.kh Øekad	jDde
1-	06@12@1 978	vkjksX; LoPNrk o ik.khiqjoBk	147	4]76]80]00 0
2-	06@12@1 978	lkekftd lqj{kk o dY;k.k	149	1]84]000
3-	06@12@1 978	ladh.kZ dtsZ	270	28]68]98]0 00
4-	17@07@1 979	lkekftd lqj{kk o dY;k.k	57	5]00]000
5-	17@07@1 979	d`"kh	60	20]47]48]0 00
6-	17@07@1 979	ygku ikVca/kkjs	61	1]78]000
7-	17@07@1 979	e`n o tyla/kkj.k	62	21]64]72]0 00
8-	17@07@1	{ks= fodkl	63	2]63]20]00

	979			0
9-	17@07@1 979	d`"khojhy HkkaMoyh [kpZ	190	20]19]000
10-	17@07@1 979	ygku ikVca/kkjs] e`n la/kkj.k o {ks= fodkl ;kojhy HkkaMoyh [kpZ	191	41]37]000
11-	07@08@1 979	lgdkj	59	1]05]28]00 0
12-	07@08@1 979	d`"kh	60	5]25]010
13-	07@08@1 979	Lkgdkjkojhy HkkaMoyh [kpZ	189	35]9+2]000
14-	07@08@1 979	LkgdkjkalkBh dtsZ	233	12]07]62]4 50
15-	07@08@1 979	d`"khlkBh dtsZ	234	1]15]20]00 0
16-	07@08@1 979	ygku ikVca/kkjs] e`n la/kkj.k o {ks= fodkl ;klkBh dtsZ	235	1]24]26]00 0
17-	29@01@1 979	uSlfxZd vkiÙkh fuokj.k lgk,;	57&v	52]31]360

FkksMD;kr x.kirjko ns'keq[kkauh iq-yks-n- 'kklukr vlrkuk e`n la/kkj.k Vsjsflax dtsZ ekQ dsyh- egkjk"V^a ftYgk ifj"kn o iapk;r lferh vf/kfu;e 1961 e/;s o egkjk"V^a lgdkjh laLFkk vf/kfu;e 1960 e/;s lq/kkj.k dsY;k- ejkBokMk d`"kh fo|kihBkrhy etqjkauk] fo|kF;kZauk U;k; feGowu ns.;kpk iz;Ru dsyk- dqykck ftYg;krhy 'ksrdÚ;kauk fc;k.ks o jksis miyC/k d:u fnyh vkf.k vkjksX;] LoPNrk] ik.kh iqjoBk] lkekftd lqj{kk o dY;k.k] d`"kh] ikVca/kkjs] lgdkj uSlfxZd vkiRrh fuokj.;klkBh dkgh ekx.;k eatwj d:u ?ksrY;k-

'kjn iokjkaP;k iqyksn e/;s lRrspk Hkkx Eg.kwu vlysY;k x.kirjko ns'keq[kkauh R;kp 'kjn iokjkaP;k jk"Vªoknh i{kkP;k lqfuy rVdjs iz'uko:u vkf.k 'ks-dk-i- lÙksr lgHkkxh gksr vlrkuk fnysY;k opuiqrhZ cíy gksr vlysyh VkGkVkG ;keqGs lÙkk lksMyh gk dkGkpk efgek-

nq"dkG

1987 e/;s egkjk"Vªkr 5500 [ksM;kr ikÅl u iMY;kus nq"dkG iMysyk gksrk- fczVh'kkaP;k jktoVhr nq"dkGh ifjfLFkrhr tukojkaP;k Nko.;k m?kMY;k tkr gksR;k- ek= pkÚ;kph jDde d/khgh rxkbZ Eg.kwu 'ksrdÚ;kaP;k MksD;koj yknyh tkr uls- b-l- 1960 P;k ckWEcs LdsvjflVh eWU;qvy iku 138 baxzth izrhuqlkj izR;sd tukojkl 6 ikSaM xor vkf.k 2 ikSaM lqxzkl eksQr ns.;kph rjrwn vlY;kus- vke- ns'keq[k ;kauh izR;sd rkyqD;kr fdeku ,d Nko.kh m?kMwu tukojkauk eksQr pkjk ns.;kph ekx.kh 7 ,fizy 1987 jksth dsyh-

nq"dkGh Hkkxke/;s pkaxY;k tfeuhph vkf.k ik.;kph VapkbZ vlrs- FkksM;k'kk ik.;ke/;s cksj] MkfGac ;klkj[;k QGckxk gksÅ 'kdr vlY;kus vke- ns'keq[kkaP;k ers gs dke jks-g- ;kstusr ?ksÅu xjhc 'ksrdÚ;kauk fdeku ,d gsDVj tfeuhe/;s QGckxk yko.;kps dke fnys rj R;kyk jkstxkj feGw 'kdsy- nq"dkGh rkyqD;ke/;s nkfjnz; js"ks[kkyP;k yksdkalkBh nj rkyqD;kr njo"khZ 28 fofgjh [kksn.;kpk dk;ZØe 'kklu ?ksr vls- gh la[;k ok<owu 100 fofgjh [kksn.;kpk dk;ZØe ?ks.;kph ekx.kh R;kauh 7 ,fizy 1887 jksth dsyh- nq"dkGkeqGs izR;sd xkokr ,d fdaok nksu xkokr rGs ?ks.;kpk 'kklukpk vkns'k gksrk- ijarq lksykiwj

ftYg;kr ;a=.kk o vf/kdkjh ;kaP;k vdk;Z{kersewGs ;k vkns'kkph vaeyctko.kh gksr uOgrh- ;keqGs vkens'keq[k ;kauh ;kfojks/kkr vkokt mBowu 'kklukP;k vkns'kkph vaeyctko.kh dj.;kph ekx.kh dsyh-[10]

egkjk"Vªkr 'kk'ori.ks ikÅl iM.kkjs ftYgs Eg.kwu xMfpjksyh] panziwj] HkaMkjk] o/kkZ ;k ftYg;kauk vksG[kys tkrs- ;k pkj fTkYg;ke/;s lk/kkj.ki.ks 40 rs 60 bap ikÅl iMrks- ijarq b-l- 1987 e/;s 20 rs 30 bap ikÅl iMyk rksgh vfu;feri.ks] R;keqGs ;k Hkkxkr nq"dkGh ifjfLFkrh fuekZ.k >kyh gksrh- nq"dkG iMY;kuarj lk/kkj.ki.ks rsFkhy etwjkauk dke myC/k d:u ns.ks] fi.;kP;k ik.;kph lks; dj.ks o tukojkauk pkjk miyC/k d:u ns.;kph tckcnkjh 'kklukph vlrs- ijarq 'kklu ;k ifjfLFkrhdMs xkaHkh;kZus ikgkr uOgrs- lRrk/kkjh i{kkP;k v/;{kk vkf.k fo/kkulHksP;k lUekuuh; lnL;k Jherh izHkk jko ;kauk lq/nk lHkkx`gke/;s tkghji.ks dkgh lwpuk vkf.k Vhdk djkoh ykxyh gksrh- ;ko:u 'kklukps /kksj.k vkiY;k y{kkr ;srs- R;keqGs vkens'keq[k ;kauh 10 uksOgsacj 1987 jksth ;k fojks/kkr vkokt mBowu iq<hy ekx.;k dsY;k- 'kklukus vktP;k vkt nq"dkGh ifjfLFkrh tkghj djkoh] tukojkaP;k Nko.;k m?kMwu tukojs txfo.;kkBh pkjk miyC/k d:u |kok] njo"khZ dks.kR;k uk dks.kR;k Hkkxkr nq"dkG iMr vlY;kus ;k jkT;ke/;s nq"dkGkoj mik;;kstuk dj.kkjh Lora= ;a=.kk 'kklukus mHkh djkoh lqcze.;e lferhus dsysY;k f'kQkj'khckcr 'kklukus rkcMrksc fu.kZ; ?;kok-[11]

1991 e/;s jkT;kr ikÅl u iMY;kus 21545 xkoke/;s [kjhi ihd ok;k xsys gksrs- jkT;kr nq"dkGh ifjfLFkrh fuekZ.k >kY;kus jkT;kus dsanzkdMs 789 dksVh 41 yk[k :Ik;kaph ekx.kh dsyh gksrh- 'kklukus lIVsacj 1991 e/;s nq"dkGkph ?kks"k.kk dsyh gksrh- ijarq R;klanHkkZr d`rh dkghgh dsysyh uOgrh- myV fi.;kP;k ik.;koj o jkstxkj geh ;kstuslkBh th jDde vankti=dkr Bsoyh gksrh R;kr 20 VDds dikr dj.;kpk fu.kZ; vkWDVkscj 1992 e/;s ?ksryk gksrk- ;k fojks/kkr vke- ns'keq[k ;kauh vkokt mBowu 5 fMlsacj 1991 jksth ;kcníy froz ukilarh O;Dr dsyh-[12+]

1991&92 e/;s iMysY;k nq"dkGke/;s egkjk"Vªkr fi.;kP;k ik.;kpk Hk;kud iz'u fuekZ.k >kysyk gksrk- tukojkaP;k pkÚ;kpk iz'u dk;epkp fuekZ.k >kysyk gksrk- lksykiwj ftYg;ke/;s [kjhi vkf.k jCchP;k isj.;kp >kysY;k uOgR;k- R;keqGs ftYg;kr nq"dkGkps lkoV eksB;k izek.kkoj dkslGysys gksrs- R;keqGs vke- panzdkar fuackGdj ;kauh ftYg;kr nq"dkG tkghj dj.;kph o fi.;kP;k ik.;kdfjrk ykx.kkjs iSls yodjkr yodj ns.;kph ekx.kh 9 fMlascj 1991 jksth dsyh-[13]

1991 e/;s ikolkus nMh ekjY;keqGs jkT;krhy 40 gtkj [ksM;kiSdh 29 gtkj [ksM;ke/;s ljdkjus nq"dkG tkghj dsyk- nq"dkG fuokj.;kP;k dkeke/;s v{kE; xyFkkui.kk gksrk- nq"dkG fuokj.;kP;k dkekr 20 VDds dikr dsyh gksrh- 511 dksVh :i;s fu;kstukrwu dk<wu ?ksrys ek= rs nq"dkG fuokj.;koj [kpZ dsys ukghr- cSyxkMhus ik.khiqjoBk dj.;klkBh cSyxkMhpk vlysyk 39 :Ik;s nj 100 :Ik;s dsyk ek= jkstxkj geh ;kstusojhy etwjkaps ik.khiqjoBk dj.;klkBh vlysys nj ok<foys ukghr- ;keqGs 7 yk[k dkexkjkauk fi.;kP;k ik.;kiklwu oafpr jgkos ykxr gksrs- njo"khZ ;k jkT;ke/;s 4 gtkj

[ksM;ke/;s nq"dkG iMrks- dk;eLo:ih VapkbZ lafgrk r;kj dj.;kps dke 10 o"kkZiklwu lq: gksrs- ek= rs iw.kZ gksr uOgrs R;keqGs vke- ns'keq[k ;kauh gh VapkbZ lafgrk yodjkr yodj iw.kZ dj.;kph ekx.kh 23 twu 1992 jksth dsyh- ;kpcjkscj tso<s ik.kh HkwxHkkZrwu milrks rso<s ik.kh HkwxHkkZr iquZHkj.k djr ukgh- ;k iz'ukadMs xkaHkh;kZus ikg.;kph ekx.kh dsyh-[14]

1993 e/;s jkT;krhy 18 ftYg;ke/;s ljkljhis{kk deh ikÅl iMysyk gksrk- jkT;kr 888 VWadlZ vkf.k 221 cSyxkM;ka}kjs fi.;kP;k ik.;kpk iqjoBk dj.;kr ;sr gksrk- /kqGs] ukf'kd] lkrkjk] dksYgkiwj iq.ks] lksykiwj ;k ftY;kP;k iwoZ Hkkxke/;s ekxP;k ,d nhM o"kkZiklwu ikolkpk ,d Fksacgh iMysyk uOgrk- tukojkaPkk pkjk ,d gtkj :Ik;kyk 100 isaM;k ;k njkus fodY;k tkr gksR;k- 'kklukus ek= dMck o pkÚ;kP;k ckcrhr dkghgh O;oLFkk dsysyh uOgrh- xqjkaP;k Nko.;k m?kM.;kps vk'oklu fnys tkr gksrs- ek= vaeyctko.kh gksr uOgrh- R;keqGs 'kklukP;k ;k /kksj.kkfojks/kkr vke- ns'keq[k ;kauh 30 tqyS 1993 jksth vkokt mBfoyk-[15]

1994 e/;s egkjk"Vªkr 20 ftYg;ke/;s tkLr ikÅl >kyk- R;keqGs vusd tukojs nxkoyh- fidkaps vkf.k tfeuhps uqdlku eksB;k izek.kkr >kys- ek= 9&10 ftYg;ke/;s ikÅl ulY;keqGs nq"dkGh ifjfLFkrh'kh fuekZ.k >kysyh gksrh- lksykiwj ftYg;ke/;s ljkljh 134 eh-eh- ikÅl lca/k ikolkG;ke/;s iMysyk gksrk- R;keqGs [kfjikph isj.kh >kyh ukgh o jCchph fids iw.kZr% ok;k xsyh- lIVsacj efgU;kP;k 'ksoVh iqjxzLr Hkkxkyk HksV ns.;klkBh ek- iariz/kku ;k Hkkxkr vkys gksrs- R;kosGh ek- eq[;ea«;kauh 950 dksVh :Ik;s uqdlku

>kY;kps Li"V dsys gksrs- R;kosGh iariz/kkukauh lnjph enr 9 O;k foRr vk;ksxkps osGh tkghj dsysY;k /kksj.kkuqlkj feG.kkj vlY;kps lkafxrys ijarq uksOgsacjP;k 'ksoVP;k vkBoM;k i;Zar lnj Hkkxkl dks.kR;kgh Lo:ikph enr feGkyh ukgh- dsanz ljdkj o jkT; ljdkj ;kckcr fuf"Ø; jkfgY;kps fnlwu ;srs-

Lkksykiwj uxj] lkaxyh] lkrkjk ftYg;krhy iwoZ Hkkx ejkBokM;krhy dkgh Hkkxkrhy vusd xkokae/;s V¡dj Hkj.;klkBhlq/nk f'kokjke/;s ik.kh miyC/k uOgrs- 'kklukus ;krhy QDr 3000 xkos VapkbZxzLr Eg.kwu tkghj dsyh gksrh- lkaxksyk rkyqD;kr vusd fBdk.kh V¡djph ekx.kh vlwugh dsoG 3&4 V¡dj miyC/k >kysys gksrs- foa/ku fofgjhpk dk;ZØe ?ksrysyk uOgrk- gkriai nq:LrhlkBh ftYgk ifj"kn o iapk;r lferhdMs iSls uOgrs- 'kkldh; ;a=.kk fuoM.kqd vksG[ki=kP;k dkekr xqarysyh gksrh- R;keqGs ,[kk|k tckcnkj vf/kdkÚ;kdMs nq"dkG fuokj.k dj.;kph tckcnjh lksifo.;kph ekx.kh vke- ns'keq[k ;kauh 21 uksOgsacj 1994 jksth dsyh-[16]

oS|dh;

Bk.ks ftYgk :X.kky;kr iq:"k ifjpj Eg.kwu dke djhr vlysys Jh- ,l~- ds- xk;dokM ;kauk Nkrhr nq[k.;kpk =kl gksr vlY;keqGs fnukad 4 ,fizy 1988 jksth jk=h 8-45 oktrk nk[ky dsys gksrs- R;kosGh MkW- vkj- ch- fpapksGdj gs ;k :X.kky;kr vi?kkr oS|dh; vf/kdkjh Eg.kwu mifLFkr gksrs- R;kauk ;k :X.kkl rikl.;kdfjrk rkcMrksc ;s.;klkBh izFker% R;kp jk=h 11-20 oktrk vkf.k uarj 5 ,fizy 1988 jksth igkVs 5-28 oktrk cksyko.ks ikBowugh eh dkekoj ukgh vls mÙkj nsÅu ;k;ps VkGys- okLrfod ikgrk oS|dh; vf/kdkÚ;kauk xaHkhj Lo:ikP;k :X.kkl rkcMrksc enr djrk ;koh ;k mís'kkus :X.kky;krhy vkokjkrp ljdkjh fuoklLFkku fnysys gksrs- rjhgh MkW- fpapksGhdj ;kapk míke o csiokZ okx.kqdheqGs lnj :X.kkpk e`R;w >kyk gksrk- R;keqGs :X.kky;krhy deZpkjh] :X.k ;kaps ukrsokbZd o ukxfjdkae/;s rhoz vlarks"k fuekZ.k >kysyk gksrk- R;keqGs vke- ns'keq[k ;kauh 21 ,fizy 1988 jksth fo/kkulHksr y{kos/kh lwpuk ekaMyh-[17]

Xkzkeh.k :X.kky; /kkjih rk- esG?kkV ;sFks fn- 21 ekpZ 1988 jksth fcuVkD;kph dqVqacfu;kstu 'kL=fØ;sps f'kchj vk;ksftr dj.;kr vkys gksrs- ;k f'kchjkr ,dw.k 7 fL=;kaoj ulcanh 'kL=fØ;k dj.;kr vkY;k- 'kL=fØ;siwohZ lokZaukp cf/kjrk ;s.;klkBh batsD'ku 'kL=fØ;sP;k tkxh ns.;kr vkys- gsp batsD'ku lkS- xaxk n;kjke lkoydj ;kaukgh fnys gksrs- lkS- lkoydj ;kauk ;k vkS"k/kkpk foifjr ifj.kke >kyk- R;kr R;kaph 'kq/n gkjiyh o dkgh osGkuarj 'kL=fØ;siwohZ e`R;w >kyk- ifj.kkeh lnj fBdk.kh vlarks"k iljyk o okrkoj.k r.kkoiwoZd fuekZ.k >kys- lnj ?kVuslanHkkZr vke- ns'keq[k ;kauh fo/kkulHksr 21 ,fizy 1988 jksth y{kos/kh lwwpuk ekaMyh-[18]

eqacbZrhy ijG ;sFkhy VkVk eseksjh;y lsaVjP;k ddZjksx :X.kky;kr ,fizy 1988 P;k frlÚ;k vkBoM;kr VkVk eseksfj;y :X.kky;kdMwu ddZ jksxkP;k mipkjkFkZ MkWDVjkadMwu fnysY;k batsD'kueqGs rhu ckydkapk e`R;w >kyk gksrk- lnjps batsD'ku HkslG;qDr vlY;kewGs ;k eqykauk vkiyk tho xeokok ykxyk gksrk- R;keqGs vke- ns'keq[k ;kauh 1 tqyS

1988 jksth fo/kkulHksr ;k HkslG;qDr batsD'kucn~ny iz'u mifLFkr dsyk gksrk-

24 ekpZ 1988 jksth uxjikfydk nok[kkuk pkGhlxko ;sFks izkFkfed vkjksX; dsanz] rGsxko ;kaps ekQZr dqVqac dY;k.k fcuVkD;kps 'kL=fØ;k f'kchj vk;ksftr dj.;kr vkys gksrs- R;k f'kchjkr Jherh dykckbZ l[kkjke ejlkGs ;k L=hph fcuVkD;kph dqVqac fu;kstu 'kL=fØ;k dj.;kr vkyh gksrh- ;kuarj nqlÚ;kp fno'kh lnj efgyspk e`R;w >kyk- R;keqGs lnj ?kVusph pkSd'kh dj.;kph o dk;Zokgh dj.;kph ekx.kh vke- ns'keq[k ;kauh 1 tqyS 1988 jksth dsyh-[19]

eklG rk-fpewj ftYgk panziwj ;sFkhy izkFkfed vkjksX; dsanzkP;k MkWDVjkafo:/n xzkeLFkkuh m/nVi.ks okx.ks] vkjksX; dsanzkph vkS"k/ks oki:u ?kjh [kktxh izWDVhl dj.ks] vR;oLFk jksX;kdMwu ftYg;kP;k fBdk.kh us.;kadfjrk iSls ?ks.ks- rlsp izokl dk;kZy;hu dke nk[kowu vkWfQldMwu izoklHkRrk ?ks.ks bR;knh xaHkhj Lo:ikP;k rØkjh 28 ,fizy o 30 ,fizy 1991 jksth ftYgk LokLFk vf/kdkjh panziwj MsI;qVh Mk;jsDVj o vkjksX; foHkkx panziwj bR;knhadMs rsFkhy miljiap o xzkeLFkkuh dsysY;k gksR;k- rjhgh laca/khr MkWDVjkaP;k orZ.kqdhr dks.kR;kgh Lo:ikph lq/kkj.kk >kysyh uOgrh- R;keqGs vke- ns'keq[k ;kauh 5 fMlsacj 1991 jksth ;k fojks/kkr vkokt mBfoyk- R;keqGs lnj izkFkfed vkjksX; dsanzkps oS|dh; vf/kdkjh ;kauk lDr rkfdn ns.;kr vkyh-[20]

vk;qosZnkP;k izxr v/;;u] v/;kiuklkBh dsanz ljdkjP;k uW'kuy vWdWMeh vkf.k vk;qosZn ;k laLFksP;k /krhZoj jkT; 'kklukus ,d laLFkk fuekZ.k djkoh v'kh ekx.kh fo|kihB vk;qosZn fo|k'kk[ksps vf/k"Bkrkauh tkusokjh 1994 o rRiwohZ 2 o"kkZiklwu lkrR;kus ek- eq[;ea=h] ek- vkjksX;ea=h bR;knhadMs djhr gksrs- ijarq 'kklu R;kdMs xkaHkh;kZus ikgr uOgrs- R;keqGs vke- ns'keq[k ;kauh 16 ekpZ 1994 jksth fo/kkulHksr gk iz'u miflLFkr dsyk-[21]

fnukad 6 tqyS 1990 jksth nf{k.k ukxiwjkrhy 'kkldh; oS|dh; egkfo|ky;k toGhy [kktxh 'kqJw"kk x`gkr Jherh yrk ekudj ;k xjksnj efgysyk pqdhph vkS"k/ks fnyh- lacaf/kr oS|dh; vf/kdkÚ;kus gyxthZi.kk nk[koyk R;keqGs ;k efgyspk e`R;w >kyk gksrk- ;k izdj.kh e;r efgysP;k ukrsokbZdkauh iksfylkr rØkj d:ulq/nk dks.krhp dkjokbZ gksr uOgrh- R;kewGs ifjljkrhy tursr larkikps okrkoj.k fuekZ.k >kysys gksrs- ifj.kkeh e`r O;DrhP;k ukrsokbZdkauh 'kofoPNsnu dj.;kl udkj fnyk gksrk- R;keqGs lkoZtfud 'kkarrk /kksD;kr vkyh gksrh- lnjps okrkoj.k Qkjp xaHkhj vlY;kus vke- panzdkar fuackGdj ;kauh 11 vkWxLV 1990 jksth fo/kklHksr y{kos/kh lwpuk ekaMyh-[22]

es<k rk- tkoGh ft- lkrkjk ;sFkhy izkFkfed vkjksX; dsanzkr 1991 e/;s eksB;k izek.kkr xSjO;ogkj gksr gksrk- :X.kky;kr ;s.kkÚ;k :X.kkadMwu vkS"k/kklkBh iSls ?ksrys tkr gksrs- R;keqGs xksj&xjhc yksdkauk vkS"k/kksipkjk iklwu oafpr jgkos ykxr gksrs- izkFkfed vkjksX; dsanzkps oS|dh; vf/kdkjh vkjksX; dsanzkr jgkr uOgrs- rsFks iksLV ekVZeph lks;gh uOgrh- R;keqGs xzkeLFkkaph xSjlkss; gksr gksrh- tursus 22 Qscqzokjh 1991 jksth ek- lkoZtfud vkjksx; ea=h] ek- ikydea=h] lkrkjk ftYgk] lapkyd

vkjksX; lsok egkjk"Vª jkT;] eqacbZ] milapkyd vkjksX; lsok iq.ks bR;knhdMs rØkjh dsysY;k gksR;k- ijarq 'kklukus R;kph xkaHkh;kZus n[ky ?ksryh uOgrh- R;keqGs vke- panzdkar fuackGdj ;kauh 23 tqyS 1993 jksth ;k fojks/kkr vkokt mBfoyk-[23]

jkstxkj geh ;kstuk

1998 e/;s 'kklukus ;k ;kstusdMs nqyZ{k dsY;kps fnlwu ;srs- 7&8 efgU;kP;k dkGkr jks-g-;kstus[kkyh dke u feGkY;kus jkT;krhy xjhc 'ksrdjh o 'ksretwj ;kaph llsgksyiV >kysyh gksrh- R;keqGs vusd etqjkauk miklekjhps fnol daBkos ykxr gksrs- [kfjikP;k gaxkekr vfro`"Vh >kyh gksrh- rj jCchP;k isj.;k >kY;kuarj ikÅlp iMysyk uOgrk- ;keqGs ;k jkT;kr vusd Hkkxke/;s nq"dkGh ifjfLFkrh fuekZ.k >kysyh gksrh- R;keqGs vxksnjP;k o"kkZP;k rqyusr jks-g-;kstusph dkes tkLr fu?k.ks xjtsps gksrs- ijarq rls >kysys uOgrs- dsanz 'kklu iqjLd`r ;kstusojrh dke dj.kkÚ;k etqjkauk dsanz ljdkjrQsZ njjkst 2-13 iSls dkiwu nhM fdyks /kkU;kps dqiUl ns.;kr ;srs- ijarw 7&8 efgU;krwu ;k dwiUloj ljdkjus /kkU; fnysys uOgrs rs /kkU; 'kgjkdMs ikBfoysys gksrs- R;keqGs vke- ns'keq[k ;kauh gs /kkU; 'kgjkdMs ikBfo.kkÚ;k 'kklukl dk; vf/kdkj vkgsr- iSls dkiwu ?ksÅu /kkU; u ns.;kPkk dk; vf/kdkj vkgs- ;kpk [kqyklk dj.;kph ekx.kh 16 ekpZ 1989 jksth dsyh- ikp&lgk efgU;kP;k dkGkr jks-g-;kstusps ts f/kaMoMs fu?kkys ;kckcr lHkkx`gkph ,d lferh usewu pkSd'kh dj.;kps izfriknugh dsys-[24]

1990&91 e/;s ;k jkT;ke/;s jkstxkj gehP;k dkekP;k fufeRrkus 280 dksVh :Ik;s tek >kys gksrsrso<hp jDde jks- g- ;kstusP;k dk;n;kUo;s ljdkjus jks-g- ;ks- fu/khe/;s Vkd.ks vko’;d gksrs- ijarq rls >kys uOgrs- 1991&92 e/;s 560 dksVh :Ik;s tek >kys gksrs- [kpZ ek= 235 dksVh :i;s >kyk gksrk- 'kklu njo"khZ ;k ;kstuslkBh jDde deh deh djr gksrs- o rhgh loZP;k loZ jDde [kpZ djr uOgrs- ;keqGs R;kpk [kqyklk dj.;kph ekx.kh vke- ns’keq[k ;kauh 5 fMlsacj 1991 jksth dsyh-[25]

1994 e/;s jks-g-;kstuslkBh 750 dksVh :Ik;s fu/kh tek >kyk gksrk- ijarq R;krhy dsoG 400&450 dksVh [kpZ d:u brj fu/kh brj= [kpZ djko;kpk v’kh 'kklukph uhrh gksrh- etqjkauk nksu&nksu] rhu&rhu efgus ixkj feGr uOgrs- R;keqGs jks-g-;kstusrhy tek >kysyk loZ fu/kh ;k ;kstuslkBhp okijkok o etqjkaps ixkj 10 fnolkaP;k vkr ns.;kph ekx.kh vke- ns’keq[k ‘;kauh 21 uksOgscj 1994 jksth dsyh-[26]

vke- ns’keq[k ;kauh jkstxkj geh ;kstuslanHkkZr Bjko Ø- 166 uqlkj iq<hy ekx.kh dsyh gksrh- jkT;ke/;s jkstxkj geh ;kstusP;k dkeklkBh dk;n;kus fuekZ.k dsysyk- jkstxkj geh ;kstuspk fu/kh o R;ke/;s njo"khZ tek gks.kkjh jDde o jkstxkj geh ;kstusoj njo"khZ gks.kkjk [kpZ fopkjkr ?ksÅu jkstxkj geh ;kstusP;k dkekph Qsjjpuk dj.;kr ;koh-

egkjk"Vª fo/kkulHksus lnj Bjkokpk vknj d:u v’kh f’kQkjl 11 tqyS 1994 jksth o 15 ekpZ 1994 jksth 'klukl dsyh-[27]

egkjk"Vªkrhy jkstxkj geh ;kstusP;k dkekojhy etwj vflLVaVuh vki.kkl 'kkldh; lsosr lkekowu ?;kos] r`rh; oxZ osruJs.kh ykxw djkoh bR;knh ekx.;kalkBh 25 twu 1990 jksth gtkjks eLVj vflLVaVpk ekspkZ egkjk"Vª fo/kklHksoj vkyk gksrk- 'kklukus R;kph n[ky u ?ksrY;kus R;kauh vkej.k miks"k.k lq: dsys- 'kklukus R;kauk brj= lkekowu ?ks.;kps vusdnk vk'oklu fnysys gksrs- ijarq vaeyctko.kh >kysyh uOgrh- R;keqGs R;kaP;koj miklekjhph osG ;sÅu R;kaP;k dqVqackojgh izlaxh miklekjhph osG ;sr gksrh- ifj.kkeh lektkr vlarks"k iljr gksrk- R;keqGs ;kckcrph y{kos/kh lwpuk vke- panzdkar fuackGdj ;kauh 11 vkWxLV 1990 jksth ekaMyh-[28]

fi.;kps ik.kh

ekSts dMykl ¼rk- lkaxksyk ft- lksykiwj½ ;sFkhy fi.;kP;k ik.;kpk iz'u lksMfo.;klkBh 12 ehVj [kksy fofgj [kksnyh gksrh- ijarq lnj fofgjhr deh ik.kh ykxY;kus ,dk [kktxh fofgjhrwu nksu o"ksZ ik.kh ?ksrys tkr gksrs- ;k dky[kaMkr xzkeiapk;rP;korhus o 'kklukus gk iz'u lksMfo.;kkBh dks.krsgh iz;Ru dsys uOgrs- ;kpcjkscj T;k [kktxh fofgjhrwu ik.kh ?ksrys gksrs- R;k fofgjhP;k ekydkyk R;kps HkkMsgh fnysys uOgrs- R;keqGs vke- ns'keq[k ;kauh 5 ,fizy 1989 jksth ;kckcrhrpk iz'u fo/kkulHksr miflLFkr dsyk-[29]

1989 e/;s egkjk"Vªkr fi.;kP;k ik.;kph rhoz VapkbZ gksrh- vusd xkokrwu ek.kls ik.;klkBh nksu&nksu fd-eh- tkr gksrh- igkVs nksu&rhu

oktY;kiklwu ?kkxj ?ksÅu jkax ykowu ik.kh vk.kys tkr gksrs- ik.;kP;k ckcrhr egkjk"V^akpk ns'kkr [kkywu frljk Øekad gksrk- ;k jkT;kr 1985 P;k vkdMsokjhuqlkj 40750 xkos vlwu] 1989&90 e/;s 40092 okM;k gksR;k- R;kiSdh 23639 xkokae/;s o 26916 okM;kae/;s fi.;kP;k ik.;kph O;oLFkk uOgrh- 1987 iklwu lksykiwj ftYg;kr uohu ik.khiqjoBk ;kstuk eatqj dsY;k uOgR;k- T;k ;kstuk pkyw gksR;k R;k fofgjh dksjM;k iMY;k gksR;k- rj dkgh fBdk.kps iai uknq:Lr gksrs- ofj"Bkauk ;kph dYiuk nsÅu lgk efgus gksÅu xsys rjh dks.krhgh mik;;kstu dsysyh uOgrh- xzkeiapk;rhdMwu izR;sd gkriaikyk 300 :i;s ?ksrys tkr gksrs- fotsP;k eksVkjhlkBh iSls ?ksrys tkr gksrs- nq:LrhP;k ukokojrh QaM mHkk dsyk tkr gksrk- ijarq R;k QaMkrwu dks.kR;kgh izdkjph nq:Lrh dsyh tkr uOgrh- ;keqGs vke- ns'keq[k ;kauh 28 ,fizy 1989 jksth fo/kklHksr ;k /kksj.kkfo:/n vkokt mBfoyk-[30]

Ukkanxko rkyqd;kr ¼ftYgk ukf'kd½] csgsGxko] rGokMs] iGk'kh] eaxGk.ks ;sFkhy ik.khiqjoBk dj.kkjs fo|qr iai Qscqzokjh 1989 iklwu uknq:Lr vlY;keqGs rsFkhy xzkeLFkkauk nwjo:u ik.kh vk.kkos ykxr gksrs- rsFkhy fofgjhrhy vLoPN ik.kh okijY;keqGs dkfoGhph lkFk lq: >kysyh gksrh- R;keqGs rsFkhy ukxfjdkauh lnj fo|qriai rkRdkG nq:Lr djkosr v'kh ekx.kh 'kklukdMs dsysyh gksrh- ijarq 'kklukus ;k ?kVusdMs nqyZ{k dsysys gksrs- R;keqGs vke- ns'keq[k ;kauh 26 ,fizy 1989 jksth ;k ?kVuspk rhoz larki O;Dr d:u 'kklukl ;k ?kVuspk tkc fopkjyk-[31]

nsoGs rk- lkaxksyk ft- lksykiwj ;sFkhy uG ik.khiqjoBk ;kstuk 1987 e/;s 2]51]000 :i;s [kpZwu lq: dsysyh gksrh- ijarq lnj ;kstus}kjs gks.kkjk ik.khiqjoBk lIVsacj 1988 rs Qscqzokjh 1989 ;k dkyko/khr can gksrk- Eg.ktsp lnjph ;kstuk QDr 6 efgusp lq: gksrh- lgk efgU;kuarj unhyk ik.kh vkys gksrs- unhyk Bsdsnkjkus ikbZi gkydh VkdY;keqGs lnjps ikbZi okgwu xsys gksrs- ijarq 'kklu ;k uG ik.khiqjoBk ;kstusdMs xkaHkh;kZus ikgr uOgrs- R;keqGs ;k xkokP;k yksdkauk fi.;kps ik.kh miyC/k gksr uOgrs- yk[kks :Ik;s [kpwZu rsFkhy turk fi.;kP;k ik.;kiklwu oaphr jgkr gksrh- R;keqGs vke- ns'keq[k ;kauh 26 ,fizy 1989 jksth 'kklukP;k ;k /kksj.kkfojks/kkr vkokt mBfoyk o R;kpk tkc fopkjyk-[32]

uG ik.khiqjoB;kP;k ;kstukae/;s vusd rØkjh gksR;k- ,[kk|k xkoke/;s uG ik.kh iqjoBk ;kstuk eatwj dsY;kuarj laca/khr Bsdsnkj vkf.k vf/kdkjh ;kaP;klkBhp rh ;kstuk dsyh vkgs dh dk; vlk laHkze fuekZ.k gks.;kph fLFkrh >kysyh gksrh- ikbZi tj rhu QwV [kkyh xkMko;kph >kyh rj rh rhu QwV xkMyh tkr uOgrh- ts ikbZi tksMys tkr gksrs rs pkaxY;k i/nrhus tksMys tkr uOgrs- ikbZi pkaY;k ntkZps vk.kys tkr uOgrs- y{kko/kh] dksV;ko/kh :Ik;kapk [kpZ ek= gksr gksrk- o"kkZuqo"ksZ gk [kpZ gksr gksrk- R;keqGs 'kkldh; iS'kkpk nq:Ik;ksx gksr gksrk- o turkgh osBhl /kjyh tkr gksrh- R;keqGs vke- ns'keq[k ;kauh ik.kh iqjoBk ;kstukaiklwu Bsdsnkjkauk nwj Bso.;kph ekx.kh 27 ,fizy 1993 jksth dsyh-[33]

mtuh /kjukrwu lksykiwj 'kgjkyk ik.kh iqjoBk dj.;klkBh 74 dksVh 54 yk[k :i;kph ;kstuk 'kklukus gkrh ?ksryh gksrh- 1992&93 e/;s R;klkBh 60 yk[k :i;kaph rjrwngh dsyh gksrh- ek= 1993&94 e/;s dkghgh rjrwn dsysyh uOgrh- ;kfojks/kkr vke- ns'keq[k ;kauh vkokt mBfoyk o yodjkr yodj gh ;kstuk iw.kZ dj.;kph ekx.kh dsyh- lkaxksyk uxjikfydk iqjd ik.khiqjoBk ;kstuk j[kMysyh gksrh- lkMspkj dksVh :i;kaph gh ;kstuk gksrh- ik.kh Vkdhe/;s lksMys gksrs i.k forjhr O;oLFkk ulY;keqGs xko ik.;kiklwu oaphr jkfgys gksrs- R;keqGs forj.k O;oLFkslkBh 'kklukus rjrwn dj.;kph ekx.kh vke- ns'keq[k ;kauh 20 tqyS 1993 jksth dsyh-[34]

1991 e/;s jkT;kr 40000 [ksMh o 40000 okM;koLR;k gksR;k- ;k lokZar QDr 10000 foghjh gksR;k- Eg.ktsp ljkljh 8 xkokalkBh ,d foghj gksrh- ;keqGs vke- ns'keq[k ;kauh 50]000 foghjhapk dk;ZØe gkrh ?ks.;kph ekx.kh 5 fMlsacj 1991 jksth dsyh-[35]

1993 e/;s egkjk"Vªkr jCch o [kjhi gaxkeke/;s deh ikÅl iMY;keqGs toG toG 3000 xkoke/;s VapkbZph ifjfLFkrh fuekZ.k >kysyh gksrh- 'kklukus R;k xkoke/;s 50 is{kk deh iSlsokjh tkghj dsysyh gksrh- ;k Hkkxkr fi.;kP;k ik.;kph rhoz VapkbZ fuekZ.k >kysyh gksrh- vusd xkokae/;s njo"khZ mUgkG;ke/;s fi.;kP;k ik.;kph VapkbZ rhoz Lo:Ik /kkj.k djr vlrs- ;kckcr dk;e Lo:ike/;s mik;;kstu dsyh ukgh rj iq<P;k ikp & lkr o"kkZe/;s xzkeh.k Hkkxkr fi.;kP;k ik.;kpk iz'u xaHkhj gks.kkj gksrk- 1985 e/;s jkT;kr 40]000 xkos o 40]000 okM;k oLR;k gksR;k- R;krhy 23]000 xkokae/;s ik.;kph VapkbZ gksrh- 1 yk[k 30 gtkj foa/ku foghjh jkT;ke/;s

[kksnwugh R;k mUgkG;kr dksjM;kp vlr- ikp&ikp gtkj yksdla[;sP;k xkokyk ,dk V¡djus ik.kh iqjoBk dsyk tkr gksrk- rks V¡djgh nksu&rhu fnol canp vls- ljdkjh V¡dj deh iMY;kl [kktxh V¡dj lq: dj.;kps ljdkjh vkns'k gksrs- ek= vaeyctko.kh gksr uOgrh- ;kckcr vke- ns'keq[kkauh 27 ,fizy 1993 jksth rhoz ukjkth O;Dr dsyh- ;kckcr dk;eph mik;;kstuk dj.;klkBh ik.;kph ikrGh ok<fo.ks gk ,dp mik; vlY;kps izfriknu dsys- R;klkBh lHkkx`gkph fdaok vU; ,[kknh lferh fdaok vk;ksx rkcMrksc usewu lgk efgU;kP;k vkr vgoky lknj dj.;kph ekx.kh dsyh-[36]

f'k{k.k

1988 e/;s jkT;kr 2600 ejkBh ek/;ekP;k] 358 baxzth ek/;ekP;k] brj vYiHkkf"kd ek/;ekP;k 425 v'kk ,dwu 3183 fouk vuqnkfur ek/;fed 'kkGk gksR;k- rj 22 egkfo|ky;s fouk vuqnkfur gksrh- dkgh izkFkfed 'kkGkgh gksR;k- R;kauk ekU;rk nsowu 5 o"kkZis{kk tkLr dkyko/kh yksVysyk gksrk- ijarq v|ki vuqnku u feGkY;kus 'kkGk o dkWyst rlsp f'k{kd o eqykaps eksB;k izek.kkr uqdlku >kysys gksrs- ;keqGs 'kS{kf.kd {ks=kr fparsps okrkoj.k fuekZ.k >kysys gksrs- rjhgh 'kklu ;k {ks=kdMs xkaHkh;kZus igkr uOgrs- R;keqGs vke- ns'keq[k ;kauh ;kckcrph y{kos/kh lwpuk 21 ,fizy 1988 jksth fo/kkulHksr ekaMyh-[37]

1992&93 iklwu 'kklukus ek/;fed 'kkGkauk ijokuxh ns.;klkBh ekLVj IyWu r;kj dsyk gksrk- R;kuqlkj dkgh fud"kgh fnys gksrs- ijarq R;kph vaeyctko.kh gksr uOgrh- ekLVj IyWue/;s lekos'k ulysY;k 'kkGkauk Qscqzokjh vkf.k ekpZ efgU;ke/;s 'kS{kf.kd dk;Z lair vlrkukgh 80&90 'kkGkauk ijokuxh fnysY;k gksR;k- ekLVj IyWu r;kj dsY;kuarj rks ea=h fdaok O;Drh cnyyh dh rks IyWu okjaokj cnyyk tkr gksrk- ;keqGs jkT;kP;k 'kS{kf.kd /kksj.kkph o f'k{k.kkph voLFkk okbZV gks.kkj gksrh- 'kklukP;k ;k /kksj.kkl vke- ns'keq[k ;kauh dMkMwu fojks/k djr 26 tqyS 1993 jksth iq<hy ekx.kh dsyh- ekLVj IyWu r;kj dj.;klkBh dkgh vkenkjkauk cksykowu ek/;fed 'kkGkauk o dkWystuk ijokuxh nsrkuk fud"k rsFkhr fo|kFkhZ la[;k gkp Bsokok-[38]

ekpZ 1993 e/;s eydkiwj o ukanqjk rkyqD;kr] oknGh ikÅl >kysyk gksrk- R;kr 'ksrdÚ;kaps eksB;k izek.kkr uqdlku >kysys gksrs- R;kpcjkscj vusd 'kkGkaps i=s o NIij mMwu xsys gksrs- R;keqGs vusd fo|kFkhZ >kMk[kkyh clwu f'k{k.k ?ksr gksrs- dsanz ljdkjus jkT; ljdkjyk uSlfxZd vkiRrhlkBh fu/kh miyC/k d:u fnysyk gksrk- ijarq ;k fu/khe/kwu izkFkfed 'kkGk oxGysY;k gksR;k R;keqGs vke- ns'keq[k ;kauh 28 tqyS 1993 jksth ;k fojks/kkr vkokt mBowu lnj fu/khrwu 'kkGk nq:Lrh dj.;kph ekx.kh dsyh-[39]

'ksrh

1990&91 e/;s egkjk"Vªkps lk/kkj.ki.ks nksu dksVh gsDVj fidk[kkyhy {ks= gksrs- R;kiSdh 26 y{k gsDVj ckxk;rh gksrh- R;krhy 55 VDds fofgjh [kkyhy ckxk;rh gksrs- egkjk"Vªke/;s QDr Ålkpk viokn lksMyk rj izR;sd fidkP;k ckcrhr nj gsDVjh mRiknuke/;s ;k jkT;kPkk Øekad ns'kke/;s 'ksoVpk gksrk- jkT;krhy ,d r`rh;ka'k Hkkx vo"kZ.k izo.k gksrk- ;k Hkkxkpk fodkl dj.;klkBh ik.kyksV {ks= fodkl dk;ZØe QDr nksu o"kZ jkcowu uarj can dsysyk gksrk- y{kko/kh :Ik;s [kpZ d:u v/kZoV dkes r’khp lksMwu fnysyh gksrh- ;k fojks/kkr vke- ns’keq[k ;kauh 19 tqyS 1990 jksth vkokt mBowu gh dkes lq: dj.;kckcr vlysY;k vMp.khapk [kqyklk dj.;kph ekx.kh dsyh- ik.kyksV fodklkpk dk;ZØe jkcor vlrkuk ukyk cafMaxps dke] ik>j ryko dke o okWVj 'ksMps dke ?ksÅu izR;sd vks<k o ukyk ;kaps fu;kstu d:u ngk o"kkZP;k dkGkr jks-g- ;kstuslh lkaxM ?kkywu gk dk;ZØe jkco.ks 'kD; vlY;kps izfriknu dsys-[40]

1987&88 e/;s lksykiwj ftYg;kr vosGh o vfr ikÅl iMY;keqGs djekGk] nf{k.k lksykiwj] mRrj lksykiwj o ek<k rkyqD;krhy jCch Tokjhoj fpdVk o rkacsjk iMyk gksrk rj dkgh fBdk.kh Tokjhpk Qqyksjk ikolkeqGs /kqowu xsyk gksrk- R;keqGs 'ksrdÚ;kaps vrksukr uqdlku >kys gksrs- rkyqD;krhy cgqrsd Hkkxkr 70&80 iSls iSlsokjh ykoysyh gksrh- R;keqGs tkusokjh 1988 e/;s ftYgk ifj"kn lksykiwj ;kauh ,derkus Bjko d:u tkLr ykoysyh iSlsokjh deh dj.;kph ekx.kh 'kklukdMs dsysyh gksrh- ijarq 'kklukus ;k ?kVusdMs xkaHkh;kZus ikfgys uOgrs- R;keqGs vke- ns’keq[k ;kauh 21 ,fizy 1988 jksth ;kckcrph y{kos/kh lwpuk fo/kkulHksr ekaMyh-[41]

1990 e/;s egkjk"V\u00aakr Ålkps tknk mRiknu >kysys gksrs- xGhr gaxke lair vkyk rjh jkT;ke/;s toG&toG 90 yk[k Vu Ål f'kYyd gksrk- ;k Ålkph fdaer 250 dksVhP;k vklikl gksrh- jkT;kr 96 dkj[kkus pkyw fLFkrhr gksrs- R;kaph xkGi {kerk y{kkr ?ksrk efgukHkjke/;s f'kYyd jkfgysyk lxGk Ål xkGyk tk.kkj uOgrk- R;keqGs vke- ns’keq[k ;kauh ;k ckcrhr dsanz 'kklukus o jkT; 'kklukus rkrMhus mik;;kstuk dj.;kph ekx.kh 6 ,fizy 1990 jksth dsyh- ;kpcjksscj izR;sd ftYg;ke/;s lk[kj lapkyuky;kpk vf/kdkjh usewu ftYg;krhy lxGk Ål xkGyk tkbZy ;kph tckcnkjh R;k vf/kdkÚ;koj lksifo.;kps izfriknu dsys-[42]

1990 e/;s jkT;kr rhu yk[k 'ksretwj dkj[kkU;kr dke djr gksrs- R;keqGs ipsZl VWDl 1 ,fizyiklwu ekQ d:u 'ksretwjkl nj VukP;k ikBhekxs 5 :i;s ok<owu n;kosr o dkj[kkus fcuijrhph jDde Eg.kwu izR;sd Vukyk 10 :i;s dkiwu ?ksr gh jDde dkiwu u ?ks.;kph ?kks"k.kk dj.;kph ekx.kh R;kauh 6 ,fizy 1990 jksth dsyh-

'kklukus vke- ns'keq[k ;kapk Bjko Ø- 332 pk vknj d:u jkT;krhy loZ 'ksrdÚ;kauk 'ksrh /ka|klkBh ykx.kkjh dtsZ lgkVDds njkP;k O;ktkus iqjfo.;kr ;kohr v'kh f'kQkjl egkjk"Vª fo/kkulHksus 15 ekpZ 1994 jksth 'kklukl dsyh-[43]

'ksrhlkBh ik.kh

vke- x.kirjko ns'keq[k ;kauh Bjko Ø- 164 uqlkj 'ksrhP;k ik.;kckcr iq<hy ekx.kh dsysyh gksrh- jkT;kr dkgh ikVca/kkjs ;kstuk o /kj.ks xsY;k 12&15 o"kkZgwu vf/kd dkG v/kZoV fLFkrhr iMwu vkgsr- dkgh fBdk.kh /kj.kkaps cka/kdke iw.kZ >kys vkgs] rj dkgh dkyO;kaph dkes viw.kZ vkgsr- rj dkgh ;kstuk fu/kh vHkkoh iMwu vkgsr- ifj.kker% 'ksrhP;k fodklkaP;k dkekauk [khG clyh vkgs- lcc] ;k viw.kkZoLFksr vlysY;k /kj.kkaP;k dkekapk o ikVca/kkjs ;kstukapk jkT; Lrjkoj vk<kok ?ksÅu mik; lqpfo.;klkBh fo/kkueaMGkP;k nksUgh lHkkx`gkrhy lnL;kaph ,d mPpkf/kdkj lferh fu;qDr dj.;kr ;koh-' egkjk"Vª fo/kkulHksus lnj Bjkokpk vknj d:u fo/kkueaMGkP;k nksUgh lHkkx`gkrhy lnL;kaph ,d

mPpkf/kdkj lferh fuf;qDr dj.;kph f'kQkjl 11 tqyS 1994 jksth o 15 ekpZ 1994 jksth 'kklukl dsyh-[44]

R;kauh Bjko Ø- 165 uqlkj iq<hy ekx.kh dsyh- d`".kk [kksÚ;krhy jkT;kP;k okV;kl vkysys 594 Vh-,e~- lh- ik.kh 2000 lkyki;Zar vMfo.;kP;k n`"Vhus 'kklukus dkyc/n dk;ZØe r;kj d:u R;kph ;q/n ikrGhoj vaeyctk.kh djkoh-' egkjk"Vª fo/kkulHksus lnj Bjkokpk vknj jk[kwu v'kh f'kQkjl 11 tqyS 1994 o 15 ekpZ 1994 jksth 'kklukl dsyh-[45]

vke- ns'keq[k ;kaP;k vusd o"kkZP;k ekx.kheqGs 'kklukus flukdksGs xko izdYi gkrh ?ksryk gksrk- 70 dksVhpk gksrk- ;k izdYikeqGs 10200 gsDVj tehu ik.;k[kkyh ;s.kkj gksrh- R;kpk Qk;nk lksykiwj o mLekukcknyk feG.kkj gksrk- lkaxksyk rkyqD;krhy ek.k unhoj cka/k.;kr ;s.kkjk dksYgkiwj i/nrhP;k ca/kkÚ;kps vkjk[kMs vk.kh bLVhesV vusd o"kkZiwohZ ea=ky;kr ;sÅu iMysys gksrs- ijarq R;kyk iz'kkldh; ekU;rk feGr uOgrh- rsOgk R;kyk rkrMhus ekU;rk ns.;kph ekx.kh vke- ns'keq[k ;kauh dsyh- d`".kk&dks;uk fy¶V bfjxs'ku ;kstuslkBh 1992 e/;s 'kklukus tknk dke dj.;klkBh 4 dksVh 50 yk[k :i;kaph rjrwn dsyh gksrh- d`".kk&dks;.kk ik.kh raVk yoknkus egkjk"Vªkyk fnysys ik.kh b-l- 2000 lkykP;k vkr mpy.;kckcr ;k lHkkx`gkr vusd osGk ppkZ >kyh o ?kks"k.kkgh >kysY;k gksR;k- ek= vaeyctko.kh >kysyh uOgrh- ;kpcjkscj Hkhek [kksjs ;kstuk o fujk [kksjs ;kstukgh jsaxkGysY;k gksR;k- R;keqGs vke- ns'keq[k ;kauh ;k loZ ;kstukauk pky.kk ns.;kph ekx.kh 20 tqyS 1993 jksth dsyh-[46]

d`".kk [kksÚ;ke/;s egkjk"Vªrhy 26-5 VDds tehu gksrh- gk loZ nq"dkGh Hkkx vkgs- yoknkus fnysY;k fu.kZ;kuqlkj 2000 lkyki;Zar 594 Vh-,e~-lh- ik.kh okijys xsys ikfgts R;klkBh d`".kk [kksÚ;ke/;s 650 Vh-,e-lh- ik.kh vkMfo.ks vko';d gksrs- yoknkPkk fu.kZ; gksÅu 16 o"ksZ myVyh rjh R;kph vaeyctko.kh >kyh uOgrh- myV 22 VDds jdeso:u rh 17 VDds oj vk.kyh- 'kklukP;k ;k /kksj.kkoj vke- ns'keq[k ;kauh dMkMwu gYyk djr 14 tqyS 1992 jksth iq<hy ekx.kh dsyh- lgkO;k ;kstuse/;s ikVca/kkÚ;klkBh 22 VDds jDde Bsoy gksrh- rh 30 VDds djkoh- 300 dksVhph okf"kZd rjrwn djkoh- d`".kk [kksÚ;krhy ik.;kps leku okVi djkos- d`".kk [kksÚ;kizek.ksp xksnkojh vkf.k rkih unhpsgh ik.kh vkMfo.;kpk fopkj djkok- ;kckcrhr 'kklukus ;ksX; fu.kZ; ?ksÅu iSls yodjkr yodj miyC/k d:u n;kosr-[47]

ik>j ryko

mLekukckn ftYg;krhy 'ksyxko fnok.ks ;sFkhy ik>j rykokpk lOgsZ 1973 e/;s >kysyk gksrk- R;kl 'kklukphgh ekU;rk feGkyh gksrh- ;k rykokps dke yodjkr yodj lq: djkos Eg.kwu rsFkhy xzkeLFkauh ekx.kh vusd o"kkZiklwu lkrR;kus ikVca/kkjs ea=h] ftYgkf/kdkjh mLekukckn] dk;Zdkjh vfHk;ark] y?kq ikVca/kkjs foHkkx mLekuckn ;kapsdMs dsysyh gksrh- rjhgh 'kklu ;kdMs xkaHkh;kZus igkr uOgrs- ;keqGs vke- ns'keq[k ;kauh 8 ,fizy 1987 jksth ;k fojks/kkr fo/kkulHksr vkokt mBfoyk-[48]

lksykiwj ftYg;krhy xkSMokMh rkyqdk lkaxksyk ;sFkhy ik>j rykokps dke 'kklukus jkstxkj geh

;kstus[kkyh lu 1979 e/;s gkrh ?ksrys gksrs- ijarq R;k dkekP;k lkaMO;kl cka/k u cka/kY;keqGs 1983 e/;s lkaMO;kP;k fBdk.kh [kksy [kM~Mk iMyk R;keqGs lnj ik>j rykokr ik.kh lkBr uOgrs- ijarq 'kklukus 1990 i;Zar ;k ?kVusdMs Qkj'ks xkaHkh;kZus ikfgysys uOgrs- ;keqGs vke- ns'keq[k ;kauh 16 tqyS 1990 jksth ;k fojks/kkr fo/kkulHksr vkokt mBowu ;k iz'ukyk okpk QksM.;kpk iz;Ru dsyk-[49]

lksykiwj ftY;kgrhy ujkGs ¼rk- lkaxksyk½ ;sFks 1986 e/;s lksykiwj ftYgk ifj"kns ekQZr ik>j rykokps dke iw.kZ dsys gksrs- ijarq 1993 i;Zar lnjps dkekr tfeuh xsysY;k laca/khr yksdkauk R;kaP;k tfeuhpk ekscnyk feGkysyk uOgrk- R;keqGs vke- ns'keq[k ;kauh 22 tqyS 1993 jksth fo/kkulHksr gk iz'u mifLFkr dsyk-[50]

jLrs

vkGanh vkf.k nsgw ;sFkwu ia<jiwjyk tk.kkÚ;k] jLR;kalkBh 'kklukus 12 dksVh :i;kaph rjrwn 1990 e/;s dsysyh gksrh- ia<jiwj 'kgjke/khy jLR;kaph voLFkkgh okbZVp gksrh- 'kgjkr loZ= fp[kykps lkezkT; gksrs- vls vlwugh 'kklukus ia<jiwj 'kgjkrhy jLR;kaP;k nqjkoLFksph n[ky ?ksrysyh uOgrh- R;keqGs vke- ns'keq[k ;kauh ;kcn~ny rhoz [kar O;Dr djr ia<jiwjkrhy jLR;kaph nq:LrhlkBh 'kklukus nksu dksVh :i;kaph rjrwn dj.;kph ekx.kh 22 twu 1990 jksth dsyh- ;kpcjksscj 'kkSpky; O;oLFkkgh fud`"B i/nrhph gksrh- ;krgh lq/kkj.kk dj.;kps izfriknu dsys-[51]

vke- ns'keq[k ;kauh jLR;kalanHkkZr Bjko Ø- 167 uqlkj iq<hy ekx.kh dsyh gksrh- jkT;krhy 200 is{kk vf/kd yksdla[;k vlysY;k okM;k oLR;k o rkaM;klkBh

vkBO;k iapokf"kZd ;kstuk dkGkr ,d rjh jLrk ns.;kpk dk;ZØe r;kj d:u R;kph vaeyctko.kh dj.;kr ;koh-' egkjk"Vª fo/kkulHksus lnj BjkokPkk vknj d:u v'kh f'kQkjl 11 ekpZ 1994 o 15 ekpZ 1994 jksth 'kklukl dsyh-[52]

oht

eGksyh rkanqGokMh o 'ksaMs fpap ;k lksykiwj ftYg;krhy xkokauk vkWxLV 1991 iklwu lrr vfu;fer o deh nkckus ohtiqjoBk gksr vlY;keqGs xkokrhy eksVkjh tGwu tkÅu fidkaps uqdlku eksB;k izek.kkr >kys gksrs- ;kpcjkscj tukojkauk fidkps ik.kh miyC/k gksr uOgrs- ;kckcrPkh rØkj rsFkhy xzkeLFkkauh 16 lIVsacj 1991 jksth ek- mtkZ ea=h] jkT;ea=h] vf/k{kd vfHk;ark] e-jk-fo- eaMG lksykiwj bR;kanhdMs dsysyh gksrh- rjhgh ohtiqjoB;kr lq/kkj.kk >kysyh uOgrh- ;keqGs vke- ns'keq[k ;kauh 12 fMlascj 1991 jksth ;kckcrpk iz'u fo/kkulHksr mifLFkr dsyk o ;k fojks/kkr vkokt mBfoyk-[53]

1992 e/;s oht eaMGkus lkMs vBjk VDds njok< dsyh gksrh- rj eqacbZ csLVus 61 dksVh :i;kaph njok< dsyh- VkVk oht daiuh 50 VDds njok< dj.;kP;k fopkjkr gksrh- R;keqGs ?kjxqrh oht okij.kkjs xzkgd] ygku m|ksx/kans] ;a=ekx o lwrfxj.;k ;koj eksBk ifj.kke gks.kkj gksrk- jkT;krhy rhu yk[k 'ksrdÚ;kauh d`"kh iaikyk oht feG.;klkBh vtZ dys gksrs- R;kiSdh ,d yk[k rhl gtkj 'ksrdÚ;kauh iSls Hkjys gksrs- lksykiwj ftYg;krhy 40 gtkj 'ksrdÚ;kauh d`f"k iaikauk oht feG.;klkBh iSls Hk:u nksu o"ksZ >kyh rjh R;kauk oht feGkysyh uOgrh- lkaxksyk rgfly ifjljke/;s nksu o"kkZiwohZ okM;k oLR;kauk oht iqjoBk dj.;klkBh 700 & 800 fotsps [kkac jksoys gksrs- ijarq rkjk o brj lkfgR; ulY;keqGs R;kfBdk.kh oht feGr uOgrh- R;keqGs 'kklukus rkrMhus dk;Zokgh dj.;kph ekx.kh vke- ns'keq[k ;kauh 30 twu 1992 jksth dsyh-[54]

;kpcjkscj oht pksÚ;k o Hkz"Vkpkj deh djkok- jkT;kpk vkS|ksfxd fodkl gks.;klkBh ohtnj ok<hpk Qsjfopkj dj.;kph ekx.kh dsyh-

1994 e/;s lksykiwj ftYg;krhy vusd fofgjh ukys o un;k dksjM;k gksR;k- ik>j ryko dksjMs gksrs- e/;e ikVca/kkjs dksjMs gksrs- v'kk ifjfLFkrh 20 vkWDVkscj 1994 jksth 6 efgU;kP;k dkGkrhy oht fcys vkysyh gksrh- lnjph fcys ;sR;k 30 rkj[ksi;Zar Hkjko;kph eqnr gksrh- gh fcys 100 VDds vkdkjyh gksrh- nq"dkGh o VapkbZ ifjfLFkrhP;k Hkkxkrhy fotfcyke/;s 50 VDds lwV ns.;kpk 'kklukus vkns'k dk<ysyk gksrk- ek= 'kklukus lksykiwj ftYg;krhy 'ksrdÚ;kaoj 100 VDds fcy vkd:u vU;k; dsyk gksrk- gh ifjfLFkrh lq/kkj.;kph ekx.kh vke- ns'keq[k ;kauh 21 uksOgsacj 1994 jksth dsyh-[55]

nq/k O;olk;

'ksrdÚ;kauk pkaxY;k izdkjs nq,;e mRiUu ns.kkjk nq/k O;olk; 1990 e/;s eksB;k izek.kkr ok<ysyk gksrk- egkjk"Vªke/;s 23]14]000 fyVj nw/k ladfyr gksr gksrs- lqekjs 8]500 lgdkjh laLFkk nw/k ladyukps dke djr gksR;k- rj 1]20]000 fyVj nw/k ijjkT;kr ikBfoys tkr gksrs- ;k O;olk;k}kjs 500 dksVhaph myk<ky gksr gksrh- ijarq R;kps Hkko cka/kwu nsowu 3&4 o"ksZ >kysyh vlY;kus gk O;olk; fdQk;r'khj gksr uOgrkf'kok; 'kklukyk ;k ;kstusrwu njo"khZ 40 rs 50 dksVh :i;s rksVk ;sr gksrk- R;keqGs vke- ns'keq[k ;kauh ;k O;olkps lgdkjhdj.k dj.;kph ekx.kh o nq/kkps Hkko cka/kwu ns.;klkBh lferh use.;kph ekx.kh 19 tqyS 1990 jksth dsyh- lkaxksyk rkyqD;kr ,dp fpyhax lsaVj gksrs- R;kph 10 rs 12 gtkj fyVj nw/k lkBo.;kph {kerk gksrh- ijarq rsFks 20 rs 25 gtkj fyVj nw/k miyC/k gksr gksrs- lkaxksyk ;sFks lgdkj {ks= ulY;keqGs gs nw/k QsMjs'kuekQZr fod.;kl ijokuxh feGr uOgrh- R;kl 'kklukphgh ijokuxh feGr uOgrh- R;keqGs gh vMp.k nwj dj.;kphgh ekx.kh R;kauh dsyh-[56]

QG izfØ;k m|ksx

1991 e/;s jkT;kr vMhp yk[k gsDVj tehu QGckxk[kkyh gksrh- jkstxkj geh ;kstusrwu iq<P;k ikp o"kkZP;k dkGke/;s 10 yk[k gsDVj tfeuhr QGckxkapk dk;ZØe ?ks.;kph ;kstuk 'kklukus tkghj dsyh gksrh- Hkqlkj fidkaP;k ,soth QGckxkapk dk;ZØe ?ksryk rj R;kp tfeuhoj R;kp ik.;koj 16 rs 18 iV mRiknu ok<rs- eqacbZP;k cktkjisBsr QGkaph foØh fyyko in~/krhus gksr uOgrh- Hkk;[kG;kP;k cktkjkr Hkkth foØh gkrkoj dkiM ?ksÅu dsyh tkrs- O;kikjh nj gk cksyhus Bjor ulY;kus rks 'ksrdÚ;kauk dGr uls R;keqGs 'ksrdÚ;kaph izpaM rwV gksr vls ;kfojks/kkr vke- ns'keq[kkauh 20 fMlsacj 1991 jksth vkokt mBfoyk o foØhP;k ckcrhr dkyc/n dk;ZØe r;kj dj.;kph ekx.kh dsyh- eksB;k 'kgjkaps losZ{k.k d:u ekdsZVhaxph O;oLFkk djkoh- okgrqdhP;k O;oLFkslkBh lgdkjh laLFkk fuekZ.k d:u R;kauk vuqnkukph O;oLFkk djkoh- vkarjjk"Vªh; cktkjisBk miyC/k d:u n;kO;kr- vkiY;k ns'kkr dsoG ,d

VDdk QGkaps izkslsflax dsys tkr gksrs- rj fodflr ns'kkr 70 VDds QGkaps izkslsflax dsys tkrs- R;keqGs dsGh] la=h] vkacs] MkGhac v'kk loZ QGkaps izkslsflax dj.;kph ekx.kh dsyh-[57]

Lkekftd ouhdj.k Hkz"Vkpkj

1987&88] 19988&89 o 1989&90 ;k o"kkZr ukf'kd lkekftd ouhdj.k o`Rr o dksYgkiwj ouhdj.k o`Rr ;ke/;s HkkaMkj [kjsnhr eksB;k izek.kkr Hkz"Vkpkj >kysyk gksrk- T;s"B lektlsod v..kk gtkjs ;kauh osGksosGh ;klaca/khP;k rØkjh 'kklukdMs nk[ky dsysY;k gksR;k- ijarq R;kph nkn ykxr uOgrh- R;keqGs vke- ns'keq[k ;kauh 3 fMlsacj 1991 jksth 38938 gk rkjkafdr iz'u ;klanHkkZr mifLFkr dsyk gksrk- rjhgh 22 twu 1992 i;Zar Qkj'kh gkypky u >kY;kus iqUgk R;kauh 23 twu 1992 jksth ;k iz'ukyk gkr ?kkryk vlrk lnj izdj.kkr nks"kh vlysyk 17 vf/kdkÚ;kaoj la;qDr foHkkxh; pkSd'khps vk'oklu 'kklukus fnys-[58]

tGxkao % efgykaph foVacuk

tGxko ;sFks dkgh lektdaVdkauh egkfo|ky;krhy eqyh vkf.k ?kjankt Hkfxuh ;kapk xSjQk;nk ?ksÅu ;krwu iSlk mHkk dj.ks] vkiyh okluk vkf.k brjkaP;k oklukaph iwrZrk dj.ks ;kpk dkj[kkuk 1989&90 iklwu lq: gksrk- ,dk egkfo|ky;krhy eqyhyk fnolk<oG;k iGowu usÅu frP;koj vR;kpkj dsys gksrs- R;k izdj.kkph uhV pkSd'kh >kyh ukgh- 1992 e/;s Jherh js[kk [kMls ;k eqyhoj cykRdkj >kyk gksrk- R;kph ys[kh fQ;kZn fnyh gksrh- ekpZ efgU;kr R;k eqyhpk [kwu >kyk- R;keqGs ;k 'kgjkr vls okrkoj.k fuekZ.k >kys dh xqaMk fo:/n tj vki.k rØkj dsyh rj vkiY;k izdj.kkph pkSd'kh gksrp ukgh- i.k vki.k thoar jkgw dh ukgh v'kh fHkrh efgykae/;s fuekZ.k >kyh gksrh- gs izdj.k m?kMdh; vk.k.kkÚ;k] tksx ukokP;k iksyhl vf/k{kdkph cnyh dj.;kr vkyh- tGxkoe/khy yksdkauh tksx ;kaph cnyh gksow u;s Eg.kwu ekspsZ dk<ys gksrs- tksx ;kauh rsFkhy turspk fo'okl laiknu dsysyk gksrk- rs riklgh jkLr fn'ksus djr gksrs- ijarq 'kklukus R;kaph cnyh d:u R;k fBdk.kh nqljk vf/kdkjh ikBowu fnyk- fo/kklHksP;k v/;{kkauh izR;{k ;k 'kgjkr tkÅu ikg.kh d:u lnjpk rikl lh-vk;-Mh- dMs lksifo.;kph ekx.kh dsyh gksrh- ;ko:u ;k izdj.kkps xkaHkh;Z y{kkr ;srs- ijarq rRdkyhu iksyhl vf/k{kd Jh- tk/ko ;kauh ;k 'kgjkyk izR;{k HksV nsowu ;k izdj.kkr 47 efgyk xqarysY;k vlY;kps Li"V dsys- iksfylkauh ;k izdj.kkpk loZ rikl dsysyk vkgs- rks laiysyk vkgs] vf/kd rikl dj.;kph xjt ukgh v'kk vk'k;kph eqyk[kr fnyh- R;keqGs loZlkekU; turspk fo'okl 'kklukoj jkg.kkj uOgrk- R;keqGs vke- ns'keq[k ;kauh ;k izdj.kkph pkSd'kh dj.;klkBh Lis'ky dksVZ usewu Bjkfod dkGkr fudky yko.;kph ekx.kh 12 tqyS 1994 jksth dsyh-[59]

dkexkjkaoj xksGhckj

ukxiwj iklwu 10 fd-eh- varjkoj fgax.kk vkS|ksfxd olkgrhr ¼fuyMksg½ vWykW; dkLVhax daiuh 1982&1983 iklwu lq: gksrh- ;k dkj[kkU;kr toG toG 90 VDds dkexkj fcgkj o vklkeps gksrs rj QDr 10 VDds dkexkj LFkkfud gksrs- ;k dkj[kkU;krhy ,dgh dkexkj dk;e uOgrk- R;keqGs gs dkexkj 17 tqyS 1990 iklwu fofo/k ekx.;kalkBh laikoj gksrs- R;k ekx.;kar uksdjhr dk;e djkos] osru ok<owu feGkos]

izkWOghMaM QaMkP;k vQjkrQjhph ekfgrh n;koh bR;knhpk lekos'k gksrk- ijarq laikP;k dkyko/khr ;k dkexkjkauh ,dgh ekspkZ dk<ysyk uOgrk- dkj[kkU;kP;k xkMhrwup etwjkauk us.;kr ;sr gksrs-

2 vkWxLV 1990 jksth e/;jk=h 42 yksdkauk tcjnLrhus iksyhl OgWue/;s clfo.;kpk iz;Ru dsyk- R;kl dkexkjkauh fojks/k dsyk- rsOgk iksfylkauh dsysY;k xksGhckjkr 2 O;Drh e`r o 14 t[keh >kys- ;ko:u ukxiwjP;k iksfylkaoj ljdkjpk opd ulY;kps okVrs- vkens'keq[k ;kauh ;k fojks/kkr 8 vkWxLV 1990 jksth vkokt mBowu dkexkjkaP;k dk;n;kaph vaeyctko.kh djkoh- ;k izdj.kkph T;qfMf'kvy pkSd'kh dj.;kph ekx.kh dsyh-[60]

Xkksokjh lekt ekspkZ

fnukad 23 uksOgsacj 1994 jksth fonHkkZrhy xksokjh lektkus 60&70 gtkjkaP;k tuleqnk;kus vkiY;k fofo/k ekx.;kalkBh ,l~- Vh- e/khy vdkSaUVaVP;k ntkZP;k vf/kdkÚ;kP;k usr`Rok[kkyh ukxiwj fo/kkulHksoj ekspkZ dk<ysyk gksrk- lnj ekspkZph dYiuk 'kklukl vxksnj fnysyh gksrh- R;keqGs ;k ekspkZe/;s gtkjks fL=;k vkiY;k ygku ckydkauk dMsoj ?ksÅu vkysY;k gksR;k- ekspkZ tqU;k ekWfj'k dkWyst toGwu fu?kkyk gksrk- R;kyk Vh ikWbZUV Eg.krkr- ;kpk vFkZ R;k fBdk.kh frUgh cktwyk jLrs vkgsr- rs frUgh cktwps jLrs iksyhlkauh dMs d:u vMfoys gksrs- R;keqGs yksdkauk dksBsgh tkrk ;sr uOgrs- R;keqGs

ekspkZ nqikjh 1-30 rs lk;adkGh 5-00 okts;iZar 'kkari.ks clysyk gksrk- ea«;kauh ekspkZP;k leksj ;kos o fuosnu djkos ,o<sp R;kaps Eg.k.ks gksrs- ijarq

dks.krkgh ea=h ekspZsokY;kadMs fQjdyk ulY;kus yksdkae/;s py fcpy lq: >kyh- R;keqGs ekspkZP;k dk;ZdR;kZauh 20&25 izfrfu/khalg ea«;kauk fo/kkueaMGkr HksV.;kph ijokuxh iksfylkauk ekfxryh ijarq iksfylkauh QDr 5 yksdkauk HksV.;kph ijokuxh fnyh R;kaurj pasxjkpsaxjh >kyh- R;keqGs iksfylkauh fo/kkulHksP;k cktwus ykBhgYyk dsyk- ;k ?kVusr L=h&iq:"k o ckyds feGwu 123 t.k e`R;weq[kh iMys-gh ?kVuk vfr'k; fuanuh; v'kk Lo:ikph vlY;kus ns'kkr yksd'kkgh ftoar jkg.;klkBh ;k ?kVusph tckcnkjh 'kklukus ?ksÅu jkthukek ns.;kph ekx.kh vke- x.kirjko ns'keq[k ;kauh 24 uksOgsacj 1994 jksth dsyh-[61]

fi.;kps ik.kh

eaaqcbZ egkuxjikfydsus Bk.ks ftYg;krhy fHkoaMh o 'kgkiwj rkyqD;krhy 82 xkokauk ikbZi ykbZue/kwu ik.kh ns.;kps es 1986 e/;s ekU; dsysys gksrs- R;kl fu;kstu eaMGkphgh eatqjh feGkysyh gksrh- ijarq iz'kkldh; eatqjh feG.;kl vusd vMp.kh ;sr gksR;k- R;klanHkkZr LFkkfud ukxfjdkauh o yksdizfrfu/kh ;kauh osGksosGh fuosnu 'kklukl fnysys gksrs- ijarq 'kklu ;klanHkkZr dqpjkbZ djr gksrs- R;keqGs vke- panzdkar fuackGdj ;kauh ;kfojks/kkr vkokt mBowu gk iz'u 26 tqyS 1990 jksth fo/kkulHksr mifLFkr dsyk-[62]

ejkBokMk fo|kihB ukekarj

ejkBokMk fo|kihBkps uko cnywu rs MkW- ckcklkgsc vkacsMdj ejkBkokMk fo|kihB vls Bso.;kr ;kos ;kckcrpk Bjko jkT; fo/kkueaMGkP;k nksUgh lHkkx`gkauh fnukad 27 tqyS 1978 jksth eatwj dsyk ;k

?kVusl 12 o"ksZ >kyh rjhgh ukekarjkpk iz'u lqVysyk uOgrk- R;keqGs jkT;krhy tursP;k eukr r.kko vkf.k rhoz v'kkarrk fuekZ.k >kysyh gksrh- dk;nk o lqO;oLFkspk iz'u ;krwup fuekZ.k gksr gksrk- tursP;k Hkkouk y{kkr ?ksrk gk iz'u lkoZtfud egRokpk vlY;keqGs MkW- ckcklkgsc vkacsMdjkaP;k tUe'krkCnh dkGkr ukekarjkP;k iz'ukckcr jkT; 'kklukus vkiyh Hkwfedk Li"V dj.ks] vko';d gksrs R;keqGs fnukad 30 tqyS 1990 jksth vke- x.krjko ns'keq[k o vke- panzdkar fuackGdj ;kauh fo/kkulHksr LFkxu izLrkokph lwpuk ekaMyh-[63]

tokgj ;kstuk Hkz"Vkpkj

ekSts rkanqGokMh ¼rk- dGac ftYgk mLekukckn½ ;sFkhy xzkeiapk;rhps ljiap o xzkelsod ;kauh tokgj jkstxkj ;kstusvarxZr fodklkP;k dkeklkBh ,dw.k 77366 brD;k jDdesph mpy dsyh gksrh- ek= ;k dkekps ewY;kadu :i;s- 41113 ,o<s >kys vlwu :i;s 36223 ,o<;k jdespk xSjO;ogkj >kysyk gksrk- iSdh :i;s 27100 ,o<;k jdesP;k vijk/kkyk lacaf/kr ljiap tckcnkj gksrs- o moZfjr jdesyk ljiap o xzkelsod la;qDrhdfjR;k tckcnkj gksrs-

cjkp dkyko/kh myVwu xsyk rjhgh ljiap o xzkelsod ;kaP;k fo:/n dkjokbZ gksr uOgrh- ;keqGs ;sFkhy tursr la'k;kps okrkoj.k fuekZ.k >kysys gksrs R;kpk ifj.kke xzkeiapk;rhP;k dkedktkoj o xkoP;k fodklkoj gksr gksrk- R;keqGs vke- panzdkar fuackGdj ;kauh 28 ,fizy 1993 jksth fo/kklHksr ;klanHkkZrhy y{kos/kh lwpuk ekaMyh-[64]

vkJe'kkGkrhy Hkz"Vkpkj

Mgk.kw ;sFkhy vkfnoklh fodkl vf/kdkÚ;kaP;k dk;Z{ks=krhy Mgk.kw& rykljh] iky?kj rkyqD;krhy lqekjs 35 vkJe'kkGkkaP;k lji.k [kjsnhr yk[kks :i;kapk xSjO;ogkj >kysyk gksrk- ;klacaf/kps i= lacaf/kr xkokrhy ukxfjdkauh 10 lIVsacj 1991 jksth 'kklukl ikBfoysys gksrs- rjhgh 3 fMlsacj 1991 i;Zar 'kklukus ;kckcr dks.krsgh Bksl ikÅy mpyys uOgrs- R;keqGs vke- panzdkar fuackGdj] vke- x.kirjko ns'keq[k ;kauh 3 fMlsacj 1991 jksth ;k fojks/kkr fo/kkulHksr iz'u mifLFkr d:u ;k iz'ukl okpk QksM.;kpk iz;Ru dsyk-[65]

Tokjh [kjsnh Hkz"Vkpkj

ekpZ 1993 P;k nqlÚ;k lIrkgkr da/kkj rkyqD;krhy ikuHkksljh Tokjh [kjsnhP;k dsanzkps uko lkaxwu 5 Vªde/khy 592 iksrh Tokjh ¼okgrwd iklkuqlkj 532 fDoaVy 80 fdyks½ ukansMP;k Tokjh [kjsnhP;k xksnkekr usr vlrkuk ukansM ftYgk iqjoBk vf/kdkjh ;kauh xksnkekr ;s.kkjs Vªd vMfoys vlrk lnjph Tokjh ftYg;krhy ikuHkksljh [kjsnh dsanzkoj [kjsnh dsysyh ulwu izR;{kkr 5 VªdkaiSdh 4 Vªd fgaxksyh ;sFkwu o ,d Vªd Hkksdj ;sFkwu vkY;kps Li"V >kys- ;keqGs ftYgk iqjoBk vf/kdkjh ;kauh gh Tokjh idMwu tIr d:u dk;Z{kerk nk[kfoyh- lnj ?kVuso:u Tokjh [kjsnh O;ogkjkr eksB;k izek.kkr Hkz"Vkpkj gksr gksrk vls okVrs- R;keqGs vke- panzdkar fuackGdj ;kauh 28 ,fizy 1993 jksth ;kckcr fo/kkulHksr y{kos/kh lwpuk ekaMyh-[66]

lanHkZ

1- vanwjdj O;a- xks-] p.ks [kkos yks[kaMkps] yksdlsok lgdkjh eqnz.kky;] lksykiwj] 1985 i`"B Ø- 106

2- fdRrk] i`"B Ø- 105

3- QM.khl txu] lRrsps eksgjs % egkjk"Vªkrhy dk¡xzslps jktdkj.k] eqacbZ] 1977] i`"B Ø- 194

4- nSfud egkjk"Vª VkbZEl] nSfud 18 tqyS 1978] i`"B Ø- 2

5- eqacbZ fof/keaMG ppkZ] [kaM 29 uksOgsacj 1978] i`"B Ø- 58

6- fdRrk] [kaM VII] 4 fMlsacj 1978] i`"B Ø- 72

7- fdRrk] [kaM X] 8 fMlsacj 1978] i`"B Ø- 78

8- fdRrk] [kaM VI] 17 tqyS 1979] i`"B Ø- 51

9- fdRrk] [kaM VII] 19 fMlsacj 1979] i`"B Ø- 39

10- eqacbZ fo/kkulHkk dk;Zokgh [kaM & 79] 12 fnukad 7 ,fizy 1987] i`"B Ø- 12@76

11- eqacbZ fo/kkulHkk dk;Zokgh [kaM& 81] 2 fnukad 10 uksOgsacj 1987] i`"B Ø- 2@44

12- eqacbZ fo/kkulHkk dk;Zokgh [kaM& 90] 4 fnukad 5 fMlsacj 1991] i`"B Ø 4@96

13- eqacbZ fo/kkulHkk dk;Zokgh [kaM& 94] 5 fnukad 09 fMlacj 1991] i`"B Ø 5@107

14- eqacbZ fo/kkulHkk dk;Zokgh [kaM& 96] 1 fnukad 23 twu 1992] i`"B Ø- 1@195

15- eqacbZ fo/kkulHkk dk;Zokgh [kaM& 99] 15 fnukad 30 tqyS 1993] i`"B Ø-5@113

16- eqacbZ fo/kkulHkk dk;Zokgh [kaM& 103] 1 fnukad 21 uksOgsacj 1994] i`"B Ø- 1@79&80

17- eqacbZ fo/kkulHkk dk;Zokgh [kaM& 82] 26 fnukad 21 ,fizy 1988] i`"B Ø- 26@138

18- e

qacbZ fo/kkulHkk dk;Zokgh [kaM& 82] 26 fnukad 21 ,fizy 1988] i`"B Ø- 26@133

19- eqacbZ fo/kkulHkk dk;Zokgh [kaM& 83] 2 fnukad 1 ,fizy 1988] i`"B Ø- 2@23

20- eqacbZ fo/kkulHkk dk;Zokgh [kaM& 90] 4 fnukad 5 fMlsacj 1991] i`"B Ø- 4@59

21- eqacbZ fo/kkulHkk dk;Zokgh [kaM& 101] 1 fnukad 16 ekpZ 1994] i`"B Ø- 2@15

22- eqacbZ fo/kkulHkk dk;Zokgh [kaM& 90] 27 fnukad 30 tqyS 1990] i`"B Ø- 27@31

23- eqacbZ fo/kkulHkk dk;Zokgh [kaM&90] 33 fnukad 11 vkWxLV 1990] i`"B Ø- 33@204

24- eqacbZ fo/kkulHkk dk;Zokgh [kaM& 85] 7 fnukad 16 ekpZ 1989] i`"B Ø- 7@53

25- eqacbZ fo/kkulHkk dk;Zokgh [kaM& 90] 4 fnukad 5 fMlsacj 1991] i`"B Ø- 4@97

26- eqacbZ fo/kkulHkk dk;Zokgh [kaM& 103] 1 fnukad 21 uksOgsacj 1994] i`"B Ø- 1@8

27- eqacbZ fo/kkulHkk dk;Zokgh [kaM& 102] 1 fnukad 11 tqyS 1994] i`"B Ø- 1@89

28- eqacbZ fo/kkulHkk dk;Zokgh [kaM&90] 33 fnukad 11 vkWxLV 1990] i`"B Ø- 33@215

29- eqacbZ fo/kkulHkk dk;Zokgh [kaM& 85] 18 fnukad 5 ,fizy 1989] i`"B Ø- 18@7

30- eqacbZ fo/kkulHkk dk;Zokgh [kaM&85] 30 fnukad 28 ,fizy 1989] i`"B Ø- 30@150

31- eqacbZ fo/kklHkk dk;Zokgh [kaM& 85] 28 fnukad 26 ,fizy 1989] i`"B Ø- 28@12

32- eqacbZ fo/kkulHkk dk;Zokgh [kaM& 85] 28 fnukad 26 ,fizy 1989] i`"B Ø- 28@10

33- eqacbZ fo/kklHkk dk;Zokgh [kaM& 98] 28 fnukad 27 ,fizy 1993] i`"B Ø- 28@75

34- eqacbZ fo/kkulHkk dk;Zokgh [kaM& 99] 7 fnukad 20 tqyS 1993] i`"B Ø- 8@80

35- eqacbZ fo/kkulHkk dk;Zokgh [kaM& 90] 4 fnukad 5 fMlsacj 1991] i`"B Ø- 4@98

36- eqacbZ fo/kkulHkk dk;Zokgh [kaM& 98] 28 fnukad 27 ,fizy 1993] i`"B Ø- 28@75

37- eqacbZ fo/kkulHkk dk;Zokgh [kaM&82] 26 fnukad 21 ,fizy 1988] i`"B Ø 26@125

38- eqacbZ fo/kkulHkk dk;Zokgh [kaM&99] 11 fnukad 26 tqyS 1993] i`"B Ø- 11@68

39- eqacbZ fo/kkulHkk dk;Zokgh [kaM&99] 13 fnukad 28 tqyS 1993] i`"B Ø- 13@18

40- eqacbZ fo/kkulHkk dk;Zokgh [kaM&90] 20 fnukad 19 tqyS 1990] i`"B Ø- 20@50

41- eqacbZ fo/kkulHkk dk;Zokgh [kaM&82] 26 fnukad 21 ,fizy 1988] i`"B Ø- 26@109

42- eqacbZ fo/kkulHkk dk;Zokgh [kaM&89] 13 fnukad 6 ,fizy 1990] i`"B Ø- 13@68

43- eqacbZ fo/kkulHkk dk;Zokgh [kaM& 101] 1 fnukad 15 ekpZ 1994] i`"B Ø- 1@113

44- eqacbZ fo/kkulHkk dk;Zokgh [kaM& 101] 1 fnukad 11 tqyS 1994] i`"B Ø- 1@89

45- eqacbZ fo/kkulHkk dk;Zokgh [kaM& 101] 1 fnukad 15 ekpZ 1994] i`"B Ø- 1@113

46- eqacbZ fo/kkulHkk dk;Zokgh [kaM& 99] 7 fnukad 20 tqyS 1993] i`"B Ø- 7@80

47- eqacbZ fo/kkulHkk dk;Zokgh [kaM& 96] 15 fnukad 14 tqyS 1992] i`"B Ø- 15@139

48- eqacbZ fo/kkulHkk dk;Zokgh [kaM&79] 13 fnukad 8 ,fizy 1987] i`"B Ø- 13@62

49- eqacbZ fo/kkulHkk dk;Zokgh [kaM& 90] 17 fnukad 16 tqyS 1990] i`"B Ø- 17@27

50- eqacbZ fo/kkulHkk dk;Zokgh [kaM& 99] 9 fnukad 22 tqyS 1993] i`"B Ø- 9@45

51- eqacbZ fo/kkulHkk dk;Zokgh [kaM& 90] 3 fnukad 20 twu 1990] i`"B Ø- 3@67

52- eqacbZ fo/kkulHkk dk;Zokgh [kaM& 101] 1 fnukad 11 ekpZ 1994] i`"B Ø- 1@89

53- eqacbZ fo/kkulHkk dk;Zokgh [kaM& 94] 8 fnukad 12 fMlsacj 1994] i`"B Ø- 8@37

54- eqacbZ fo/kkulHkk dk;Zokgh [kaM& 94] 6 fnukad 30 twu 1992] i`"B Ø- 6@2

55- eqacbZ fo/kkulHkk dk;Zokgh [kaM& 103] 1 fnukad 21 uksOgsacj 1994] i`"B Ø- 1@8

56- eqacbZ fo/kkulHkk dk;Zokgh [kaM& 90] 20 fnukad 19 tqyS 1990] i`"B Ø- 20@51

57- eqacbZ fo/kkulHkk dk;Zokgh [kaM& 94] 13 fnukad 20 fMlsacj 1991] i`"B Ø- 13@91

58- eqacbZ fo/kkulHkk dk;Zokgh [kaM& 96] 1 fnukad 23 twu 1992] i`"B Ø- 1@139

59- eqacbZ fo/kkulHkk dk;Zokgh [kaM& 102] 2 fnukad 12 ekpZ 1994] i`"B Ø- 2@60

60- eqacbZ fo/kkulHkk dk;Zokgh [kaM& 90] 30 fnukad 8 vkWxLV 1990] i`"B Ø- 30@10

61- eqacbZ fo/kkulHkk dk;Zokgh [kaM& 103] 4 fnukad 24 uksOgsacj 1994] i`"B Ø- 4@7

62- eqacbZ fo/kkulHkk dk;Zokgh [kaM& 90] 1 fnukad 27 tqyS 1990] i`"B Ø- 26@22

63- eqacbZ fo/kkulHkk dk;Zokgh [kaM& 99] 10 fnukad 23 tqyS 1993] i`"B Ø- 17@23

64- eqacbZ fo/kklHkk dk;Zokgh [kaM&98] 29 fnukad 28 ,fizy 1993] i`"B Ø- -29@156

65- eqacbZ fo/kkulHkk dk;Zokgh [kaM&94] 2 fnukad 3 fMlsacj 1991] i`"B Ø- 2@33

66- eqacbZ fo/kkulHkk dk;Zokgh [kaM&98] 29 fnukad 28 ,fizy 1993]   i`"B Ø- 29@159

izdj.k 4

'ksrdjh dkexkj i{k vkf.k LFkkfud LojkT; laLFkk

dks.kR;kgh jktdh; i{kkP;k dkjfdnhZpk fopkj dsY;kl R;k i{kkph dk;Z{kerk egkuxjikfydk] uxjikfydk] ftYgk ifj"kn] iapk;r lferh vkf.k xzkeiapk;r ikrGhoj ikg.ks vko’;d Bjrs- izR;sd jktdh; i{kklkBh lÙkk gk eqyHkwr ?kVd vlrks- jktdh; lÙksps ikBcG vlY;kf’kok; dks.krsgh fodklkps dk;Z vaeykr ;sÅ 'kdr ukgh- R;keqGs izR;sd jktdh; i{k lÙkk izklr dj.;klkBh >Vr vlrks- ;k ik’oZHkwehj lksykiwj ftYg;krhy 'ks-dk-i- pk vH;kl dsyk vlrk ;k i{kkus 1948 rs 1980 ;k dky[kaMkr lksykiwj] ck’khZ] ek<k] eksgksG] ekGf’kjl o lkaxksyk ;sFks dkgh izek.kkr ;’k izklr dsysys fnlrs- ek= 1980 uarj QDr lkaxksyk rkyqdkp ;k i{kkpk ckysfdYyk jkfgysyk fnlrks-

lkaxksyk uxjifj"kn vkf.k lkaxksyk iapk;r lferh e/khy ,danjhr izHkko rhu&pkj n’kd fVdwu vkgs- ek= ftYg;kP;k brj rkyqD;kr rks fnlwu ;sr ukgh-

'kgjkr ukxjh lq[klks;h iqjfo.;kps dke dj.kkÚ;k LFkkfud LojkT; laLFksyk uxj ikfydk@uxjifj"kn Eg.krkr- Hkkjrkr uxjikfydk LFkkiu dj.;kpk vf/kdkj

1850 P;k dk;|kus dsanz ljdkjyk feGkyk vkf.k 10 tkusokjh 1856 jksth egkjk"Vªkrhy ifgyh xzkeh.k uxjifj"kn lkaxksyk ;sFks LFkkiu >kyh-[1] R;kosGh lkaxksY;kph yksdla[;k 4134 brdh gksrh-[2] lksykiwj ftYg;kr ,dw.k 10 uxjikfydk vkgsr- R;kaph ekfgrh iq<hyizek.ks

v-u-	**uxjifj"kn @ uxjikfydk ukao**	**LFkkiuk o"kZ**
1-	lksykiwj	1852 ¼egkuxjikfydk LFkkiuk 1964½
2-	ck'khZ	1865
3-	ia<jiwj	1856
4-	djekGk	1867
5-	lkaxksyk	1855
6-	vDdydksV	1904
7-	eaxGos<k	1874
8-	eSanxhZ	1889
9-	nq/kuh	1910
10-	dqMqZokMh	1954

lksykiwj uxjifj"knspk fopkj djrk lqjokrhP;k dkGkr 'ks-dk-i- yk dkghls ;'k feGkys gksrs- 1949 P;k fuoM.kqdhr ,dw.k 16 okMZ gksrs- R;ke/;s 51 mesnokj fjax.kkr gksrs- ;krhy QDr 15 ØekadkP;k okMZe/;s 'ks-dk- i- ps ch- ,e~- tk/ko] th- ,- ?kkVxs ekyrhckbZ Egls vkf.k th-jCcktHkkbZ gs mesnokj fuoMwu vkys-[4] R;kuarj ek= rsFks 'ks-dk-i- yk dks.kR;kgh fuoM.kqdhr ;'k feGkys ukgh- ;k vuq"kaxkus 'ks-dk-i- ph ,danjhr dkjfdnZ o laiknu dsysys ;'k ;kpk ;sFks fopkj dj.;kr vkysyk vkgs- 1980 iwohZ lksykiwj ftYg;krhy 10 uxjifj"knkaiSdh QDr ck'khZ] ia<jiwj o lkaxksyk ;k uxjifj"knse/;sp 'ks-dk-i- ps mesnokj fuoMwu vkys- ijarq 'ks-dk-i- us lRrk/kkjh i{k Eg.kwu lkaxksyk uxjifj"kns e/;s 1957 rs 1972] 1974 rs 1980] 1985 & 1986] 1987 & 1989] 1991 rs 1996 vkf.k 1998 rs 2006 ;k dkyko/khr dke ikfgys vkgs- ia<jiwj uxjifj"knsrwu QDr 1974 e/;s HkkbZ eqjyh/kj Fkksjkr gs ,deso mesnokj fuoMwu vkys- rj ck'khZ uxjifj"knsrwu 1951] 1955] 1960 o 1963 yk vuqØes 1] 3] 1 o 1 mesnokj fuoMwu vkys- 1963 uarj lnj uxjifj"knsr 'ks-dk-i- pk ,dgh mesnokj fuoMwu vkyk ukgh- 1980 uarj lkaxksyk uxjifj"knsr fuoMwu vkysY;k lnL;kaph la[;k iq<hyizek.ks

1985		1991		1999		2001		2004	
'ks dki	**br j**	**'ks dki**	**br j**	**'ks dki**	**br j**	**'ks dki**	**br j**	**'ks dki**	**br j**
9	11	18	7	12	7	11	8	19	00

'ks-dk-i- us uxjifj"kn ftYgk ifj"kn o iapk;r lferhe/;s fuoMwu xsysY;k lnL;kaps jsdkWMZ Bsoysys ukgh- ojhy loZ ekfgrh gh rRdkyhu orZekui=s 'ks-dk-i- usR;kaP;k eqyk[krh bR;knhP;k vk/kkjs fnysyh vkgs- lkaxksyk uxjifj"knse/;s fuoMwu vkysY;k iq<hy lnL;kaph fuoM vH;klklkBh dsysyh vkgs-

Ikh- ,- ekGh ¼1985&1990] 1991&1996] 2001&2006½] ch- ds- culksMs ¼1985&1990½] Ogh- Mh- iqtkjh ¼1985&1990½] vkj- th- Qqys ¼1985&1990½] th- ts- tk/ko ¼1985&1990] 1999&2001½] ,e-Vh- cudj ¼1985&1990]1991&1996½] ,u~- ,u~- xstxs ¼1985&1990½] ih-Mh- tk/ko ¼1991&1996½] th- ,e~- ekus ¼1991&1996½] Ogh- ch- Egs=s ¼1991&1996½] ,y- Ogh- Hkkdjs ¼1991&1996] 1999&2001½] ,l~- Ogh- Hkkslsdj ¼1991&1996] 1999&2001] 2001&2004½] ch- Ogh- fcys ¼1985&1990½]

Jh izHkkdj ,dukFk ekGh

izHkkdj ,dukFk ekGh gs O;olk;kus MkWDVj vkgsr- rs lkaxksyk uxjikfydsr 'ks-dk-i- e/kwu 1985] 1991] 2001 e/;s fuoMwu vkys- 1985 e/;s mik/;{k rj 1991 rs 1992 ;k dkyko/khr v/;{k Eg.kwu dk;Zjr gksrs- R;kauh vkiY;k dkjfdnhZr vusd yksdksi;ksxh dkes dsyh- loZlk/kkj.ki.ks jLrs] cgqmísf'k; lHkkx`g] iq:"kkalkBh laMkl]gkrxkMh] yk;lUl Qh bR;knh cíy mYys[kuh; dk;Z dsys-

cÚ;kp fnolkiklwu lkaxksyk uxjikfydsus gkrxkMhokY;kaP;k yk;luph Qh ok<oysyh uOgrh- R;keqGs 1987 e/;s Qh ok<fo.;klanHkkZr [kktxhr ppkZ gksr gksrh- uxjikfydk mRiUu ok<fo.;klkBh gs vko';dgh gksrs- R;keqGs Jh- ekGh ;kauh 5 tkusokhj 1987 jksth ;kckcrpk Bjko ekaMyk- R;kl lksiku fcys ;k dk¡xzslP;k lnL;kus vuqeksnu fnys- ;k lanHkkZr lokZuqers iq<hyizek.ks fu.kZ; ?ks.;kr vkyk-[5] fQjR;k gkrxkMhlkBh okf"kZd yk;lu Qh :- 30@& fLFkj

gkrxkMhlkBh okf"kZd yk;lu Qh :- 40@&] fQjR;k vkf.k fLFkj gkrxkMhlkBh okf"kZd yk;lu Qh :- 50@&

eqLyhe xYyh /keZ'kkGk rs vjCkGh ?kj jLrk cjkplk [kjkc >kysyk gksrk- ukxfjdkadMwu ;kckcrP;k rØkjh ;sr gksR;k- R;keqGs gk jLrk Mkacjhdj.k dj.ks xjtsps gksrs- ;kl 11744 :i;s [kpZ ;s.kkj gksrk- ;kckcrpk Bjko Jh- ekGh ;kau 26 ,fizy 1994 jksth ekaMyk- R;kl xksj[k ekus ;kus vuqeksnu fnys- R;kl lokZuqers eatqjh feGkyh-[6]

1994 e/;s uxjikfydk nok[kkuk daikÅaMtoG 5 lhVps fL=;kalkBh lkoZtfud laMkl cka/kys gksrs- ek= iq:"kkalkBh lkoZtfud laMkl lnj tkxh uOgrs- rs vl.ks vko';d gksrs- R;klkBh tkxkgh miyC/k gksrh- ek= R;kl ftYgkf/kdkjh ;kaph ijokuxh ?ks.ks fu;ekuqlkj ca/kudkjd gksrs- R;keqGs R;kaP;kdMs tkxk ekx.kh izLrkoj lknj dj.;kpk Bjko Jh- ekGh ;kauh 28 Qscqzokjh 1994 jksth ekaMyk- R;kl v-u- dkGs ;kauh vuqeksnu fnys- R;kl lokZuqers eatqjh feGkyh-[7]

dqaHkkj xYyh ;sFks lekt eafnj cka/k.;kps fnukad 11 ekpZ 1993 P;k fefVaxe/;s Bjys gksrs- ek= rsFkhr tursP;k ekx.khuqlkj lnj lekteafnj cka/k.ksps vankti=dke/;s cny d:u dqaHkkj xYyh ;sFks cgqmís'kh; lHkkx`g cka/k.khps uohu vankti=d o vkjk[kMs r;kj dsys gksrs- lnj dkekps jDde :Ik;s 1]32]981@& ps vankti=d 28 Qscqzokjh 1994 P;k lHksiq<s lknj dsys- R;kl vkfFkZd o iz'kkldh; eatqjh ns.;kr vkyh- lnj vankti=dkl ek- dk;Zdkjh vfHk;ark] lkoZtfud cka/kdke foHkkx ia<jiwj ;kaph rkaf=d eatqjh feGkysyh gksrh- R;keqGs lnj dkekP;k fjrlj fufonk ekxfoysY;k gksR;k-

R;kl eatqjh ns.;kpk Bjko ekGh ;kauh ekaMyk- rks lokZuqers eatwj >kyk-[8]

Jh- ckGw dksafMck culksMs

Jh- culksMs ckGw dkasfMck gs 1985 P;k uxjikfydk fuoM.kqdhr lkaxksyk u-ik- uxjlsod Eg.kwu fuoMwu vkys- R;kauh 1987 e/;s lkaxksyk uxjikfydsps miuxjk/;{k Eg.kwu uxjikfydsph /kqjk ;'kLohi.ks lkaHkkGyh- R;kauh vkiY;k dkjfdnhZr vusd yksdksmi;ksxh dkes dsyh vkgsr-

LkaxksY;ke/;s uxjokpu eafnjkph bekjr nksu etyh vlkoh gh vusd fnolkaph lkaxksykoklh;kaph ekx.kh gksrh- R;keqGs gk iz'u Jh- ckGw culksMs ;kauh 3 ekpZ 1987 jksth gkrh ?ksryk- o ;kckcrpk Bjko ekaMyk- R;kl HkkÅlks fcys ;kauh vuqeksnu fnys- vkj{k.k] 10e/;s okpuky;kph nqetyh bekjr cka/k.kslkBh ftYgk fu;kstu 2 dksVh dksV;krwu eatwj >kysys 1 yk[k :i;s vuqnku o uxjikfydsps 1-25 yk[k :i;s [kpZwu cka/kdke dj.;kpk fu.kZ; ?ksryk- ;kckcrP;k fufonkgh ekxfo.;kr vkY;k- R;ke/;s psvjeu fl/ns'oj etwj lgdkjh laLFkk dMykl ;kaph fufonk lokZr deh njkph Eg.kts 5 VDds tknk njkus vlysyh o dkekph fudM y{kkr ?ksÅu lnjps dke ;k laLFksl ns.;kr vkys- 14 fo:/n 3 erkauh gk Bjko eatwj dj.;kr vkyk-[9]

tukojkapk nok[kkuk rs ckS/nokMk tk.;klkBh jLrkp uOgrk- R;keqGs gk jLrk r;kj Ogkok Eg.kwu vusd ukxfjdkauh ekx.kh dsyh gksrh- R;keqGs Jh- culksMs ;kauh gk iz'u 3 ekpZ 1987 jksth gkrh ?ksryk o ;kckcrpk Bjko R;kauh ekaMyk- R;kl dk¡xzslP;k y{e.k enus ;kauh vuqeksnu fnys- ;kckcrP;k fufonkgh vkysY;k gksR;k- R;keqGs vkysY;k fufonkapk fopkj djrk rqGtkHkokuh etwj lgdkjh laLFkk ;kaph fufonk deh njkph Eg.kts vankthr jdesis{kk 15 VDds deh njkph vlY;kus lnjps dke ;k laLFksl ns.;kpk fu.kZ; ?ks.;kr vkyk-[10]

Jh olar fnxacj iqtkjh

Jh- iqtkjh gs 1985 e/;s lkaxksyk uxjikfydsr uxjlsod Eg.kwu fuoMwu xsys gksrs- R;kauh vkiY;k dkjfdnhZr vusd iz'ukauk gkr ?kkryk gksrk- lkaxksY;ke/;s xVkj O;oLFksdMs uxjikfydk Qkj'kh xkaHkh;kZua igkr uls- R;keqGs vusd ukxfjd osGksosGh ;kckcrph ekx.kh djr vlr- nok[kkuk rs iksfyl pkSdh i;Zar xVkj cka/k.;kph ekx.kh gh cÚ;kp osGk >kysyh gksrh- R;keqGs Jh- fnxacj iqtkjh ;kauh ;kckcrpk Bjko 3 Qscqzokjh 1987 jksth ekaMyk- R;kl 'ks-dk-i- P;k pkaMksys ;kauh vuqeksnu fnys- xVkj cka/kdkekckcr ftYgk fu;kstu 2 dksVh dksV;krwu 50]000 :Ik;s eatqj >kys gksrs- vankts 30]000 :i;s u- ik- QaMkrwu [kpZ d:u lnjps dke iw.kZ dj.kslkBh vkysY;k fuohnk lHkkx`gkleksj nk[kfo.;kr vkY;k- R;kiSdh Jh- caMw jkew tkudj ;kaph fufonk lokZr deh [kpkZph Eg.kts vankftr jDdesis{kk 30 VDds deh njkph vlysus lnjps dke Jh- caMw tkudj ;kauk fnys-[11]

Jh jkepanz x.kirh Qqys

1985 P;k lkaxksyk uxjikfydk fuoM.kqdhuarj Jh- Qqys ;kauk uxjikfydse/;s 'ks-dk-i- P;k dksV;krwu Lohd`r lnL; Eg.kwu fu;qDr dsys- R;kauh vusd lektmi;ksxh dkes dsY;kps fnlwu ;srs- 1987 e/;s lkaxksY;kr Vh-Ogh- izksxzWe VsfydkLV dj.kslkBh vusdtu bPNqd gksrs- ;kckcrph ppkZ uxjikfydsP;k cÚ;kp tujy desVhP;k feVhax/;s >kysyh gksrh- ijarq fu.kZ; ?ksryk uOgrk- R;keqGs Jh-Qqys ;kauh 27 Qscqzokjh 1987 P;k feVhaxe/;s ;kckcrpk Bjko ekaMyk- R;kl Jh-fcys ;kauh vuqeksu fnys-

lkaxksyk uxjikfydk loZlk/kkj.k lHkk fnukad 5 tkusokjh 1987 Bjko Ø- 20 uqlkj LFkkfud vtZnkj Jh- egaen 'ks[k o Jh- v'kksd KkueksBs ;kauk fnukad 7 tkusokjh 1987 jksth dk;kZy;kr cksykowu R;kaP;k'kh ppkZ d:u ekLVj v¡Vhuk clowu Vh-Ogh- izksxzWe VsfydkLV dj.ksckcr lkaxksyk 'kgjkPkk Hkkx foHkkxkrwu ns.;kl nks?kkaukgh ekU;rk fnyh-[12]

Jh- xksfoan t;jke tk/ko

xksfoan tk/ko gs 1980 uarj lkaxksyk uxjikfydsr 1985 o 1999 e/;s fuoMwu vkys gksrs- R;kauh vkiY;k dkjfdnhZr [kktxh uG dusD'ku] xVkj O;oLFkk] ik.kh iqjoBk bR;knh vusd yksdksi;ksxh dkes dsysyh fnlwu ;srkr-

uxjikfydk nok[kkuk rs iksyhl pkSdhi;Zar if'pesdMhy cktwus xVkj cka/k.ksckcr uxjikfydk baftfuvj ;kauh 93]955 :i;s ps vankti=d r;kj dsys gksrs- R;kl eatqjh ns.ks xjtsps gksrs- R;keqGs ;k ckcrpk Bjko Jh- tk/ko ;kauh 5 tkusokjh 1987 jksth ekaMyk- R;kl Jh- yks[kaMs ;kauh vuqeksnu fnys- lnjpk Bjko lokZuqers eatwj dj.;kr vkyk- o ;k vankt i=dkl ifjlj vfHk;kaR;akph [kkR;kdMwu rkaf=d eatwjh ?ks.;kps Bjys-[13]

1986&87 e/;s [kktxh uG dusD'ku feG.kslkBh cÚ;kp Hkkxkrwu ekx.kh gksrh- ik.kh iqjoBk lferhus ;kckcr 2 ekpZ 1987 P;k feVhax e/;s ppkZgh dsyh gksrh- R;keqGs ;kckcrpk Bjko Jh- xksfoan tk/ko ;kauh 27 es 1987 jksth ekaMyk- R;kl izHkkdj ekGh ;kauh vuqeksnu fnys- okWMZ ua- 19 e/;s [kktxh uG dusD'ku ns.kslkBh lHkkx`gkr ppkZ dj.;kr vkyh- R;kuqlkj ckbZyfHkxs eGk] jkÅr eGk o ekGokMh ;k frUgh fBdk.kh izR;sdh ,d ;kizek.ks lkoZtfud LV¡M iksLV ns.;kpk fu.kZ; ?ks.;kr vkyk- rlsp lnj Hkkxkrhy ?kjkauk ?kj uacj feGkysuarj oS;fDrd uG dusD'ku ns.;kckcr fopkj dj.;kpkgh fu.kZ; ?ksryk-[14]

Jh ek:rh rqG'khnkl cudj

Jh- cudj gs lkaxksyk uxjikfydse/;s 1985 o 1991 e/;s u- ik- lnL; Eg.kwu fuoMwu xsys gksrs- iSdh 15 es 1985 iklwu rs 18 vkWxLV 1986 i;Zar uxjk/;{k ;k inkoj rs fojkteku gksrs- uxjk/;{k o uxjlsod Eg.kwu R;kauh ts dk;Z dsys R;kpk FkksMD;kr vk<kok iq<hyizek.ks ?ksrk ;sbZy-

1986&87 e/;s vafcdk nsohP;k eafnjktoGhy Vkdhrwu ik.kh lkaxksyk 'kgjkl feGr gksrs- lnj Vkdhps ik.kh mapkojhy Hkkxkl feGr uOgrs- rlsp 'kgjkP;k dkgh Hkkxkyk deh izek.kkr iqjoBk gksr vls- R;keqGs 'kgjkrhy ukxfjd fi.;kP;k ik.;kph O;oLFkk pkaxyh djkoh ;klkBh okjaokj cksyr gksrs- R;keqGs ;kckcrpk Bjko Jh- cudj ;kauh 10 twu 1987 jksth ekaMyk- R;kl xksfoan tk/ko ;kauh vuqeksnu fnys- R;kuqlkj fpapksyh ik.kh iqjoBk ;kstusP;k fofgjhps ik.kh uohu ikbZiykbZu Vkdwu pkaMksyokMh ;sFkhy ik.kh iqjoBk Vkdhe/;s lksMwu Hkj.ksph lks; djkoh- ;klkBh fpapksyh ik.khiqjoBk foghj rs pkaMksyokMh ik.khiqjoBk Vkdh v'kh uohu ikbZiykbZu Vkdwu rh Vkdh Hkj.ksph lks;

dj.;kpk fu.kZ; ?ksryk- ;keqGs rhu prqFkkZa'k Hkkxkyk o mapkojhy Hkkxkyk ik.kh feGw 'kd.kkj gksrs-[15]

1993 e/;s lkaxksyk 'ksrdjh lgdkjh lwr fxj.khl ik.kh deh iMr gksrs- lnj lwrfxj.khl u- ik-dMwu ik.kh feGkos Eg.kwu okjaokj fopkj.kk gksr gksrh- R;keqGs ;kckcrpk Bjko Jh- cudj ;kauh 7 vkWDVkscj 1993 jksth ekaMyk- R;kl d`".kkr yks[kaMs ;kauh vuqeksnu fnys- R;kuqlkj lHkkx`gkr loZ ppkZ dj.;kr ;sÅu lkaxksyk 'kgjkl ik.khiqjoBk gksÅu f'kYyd jkg.kkÚ;k ik.;ke/kwu 'ksrdjh lgdkjh lwrfxj.khl ik.khiqjoBk dj.ksl u- ik- vf/kfu;e 1965 dye 97 uqlkj ekU;rk ns.;kr vkyh-[16]

Lkkaxksyk u- ik- gíhrhy Hkkth eaMbP;kZ iwosZl o if'pesl xsV uOgrs- R;keqGs Hkkth foØsR;kaph xSjlks; gksr gksrh- Hkkth foØsrs o ukxfjdkauh vusdosGk xsV clfo.;kph ekx.kh dsyh gksrh- R;keqGs Jh- cudj ;kauh ;kckcrpk Bjko 12 lIVsacj 1994 jksth ekaMyk- R;kl Jh- dsnkj ;kauh vuqeksnu fnys- R;kuqlkj lnj fBdk.kh xsV clowu eaMbZ cafnLr dj.;kP;k dkekps u- ik- baftfuvj ;kauh r;kj dsyY;ks 49565 :Ik;kaP;k vankti=dkl vkfFkZd o iz'kkldh; eatqjh lokZuqers fnyh-[17]

Bksacjs ?kj rs pkSxqys Hkkkstuky;k Ik;Zarpk jLrk fud`"V >kysyk gksrk- R;keqGs Mkacjhdj.k dj.ks xjtsps gksrs- R;klkBh vankts 4000 :i;s [kpZ ;s.kkj gksrk- ;kckcrps vankti=d Jh- cudj ;kauh 26 ,fizy 1994 P;k lHksiq<s Bsoys- R;kl Jh- rksMdjh ;kauh vuqeksnu fnys- R;kl lokZuqers eatqjh ns.;kr vkyh-[18]

Jh- ukenso ukuk xstxs

Jh- xstxs gs 1985 P;k u-ik- fuoM.kqdhr lkaxksyk u-ik-fuoMwu xsys- R;kauh vkiY;k dkjfdnhZr vusd ckchoj y{k dsanzhr dsysys fnlrs-

lkaxksY;kr vusd osGk 'kgjkrhy vkfFkZd n`"V;k nqcZy ?kVdkrhy ukxfjdkaP;k euksjatuklkBh uxj ikfydsus nwjn'kZu lap [kjsnh djkok v'kh ekx.kh >kysyh gksrh- R;keqGs 19 tqyS 1988 jksth Jh-xstxs ;kauh ;kckcrpk Bjko ekaMyk- R;kl Jh-olar iqtkjh ;kauh vuqeksnu fnys- lnj dkeh fjrlj nji=ds ekxowu ?ksÅu 20** ØkÅu daiuhPkk d`".k/koy nwjn'kZu lap [kjsnh dj.;kpk fu.kZ; ?ks.;kr vkyk- ;klkBh gks.kkjk [kpZ 5 VDds jk[kwu BsoysY;k jdesrwu [kphZ Vkd.;kl lokZuqers Bjfo.;kr vkys-[19]

Jh- izdk'k n'kjFk tk/ko

Jh- tk/ko 1991 P;k lkaxksyk uxjikfydk fuoM.kqdhr fuoMwu vkys gksrs- R;kauh loZlk/kkj.ki.ks vf/kdkÚ;kaP;k o inkf/kdkjh ;kaP;k vMhvMp.kh lksMfo.;kpk iz;Ru dsY;kps Li"V gksrs- uxjikfydsps vf/kdkjh o inkf/kdkjh gs uxjikfydsP;k dkeklkBh eqacbZ ;sFks osGksosGh tkrkr- ijarq rsFks xsY;kuarj R;kaP;k jkg.;kph lks; gksr uOgrh- [kktxh vfrFkhx`gke/;s HkjelkB pktsZl nsÅu ,su osGh jkg.;kph lks; djkoh ykxrs- dkgh osGsl v'khgh lks; gksÅ 'kdr uls- R;keqGs uxjikfydsP;k vf/kdkÚ;kaph o inkf/kdkÚ;kaph vR;ar xSjlks; gksr gksrh- R;keqGs gk iz'u lksMfo.;klkBh Jh- tk/ko ;kauh ;kckcrpk Bjko 7 ekpZ 1993 jksth ekaMyk- R;kl y- fo- Hkkdjs ;kauh vuqeksnu fnys- R;kuqlkj iq<hy fu.kZ; lokZuqers ?ks.;kr vkyk- egkjk"Vª 'kklukus 'kkldh; foJkex`gkr fdaok vU; 'kkldh;

vfrFkhx`gke/;s uxjikfydsP;k vf/kdkÚ;kalkBh o inkf/kdkÚ;kalkBh O;oLFkk djkoh-[20]

Jh Xkksj[k egknso ekus

Jh ekus gs 1991 P;k lkaxksyk u- ik- fuoM.kqdhr fot;h >kys gksrs- uxjikfydsr vkY;kuarj R;kauh ba/ku fogjh o ?kk.kdke HkRrk gs iz'u mpywu /kjys-

1993 P;k mUgkG;kr Lkkaxksys 'kgjkr vusd foa/ku foghjh [kksnkbZ dsYkh gksrh- ijarq gkriai clfoys uOgrs- R;keqGs ukxfjdkarwu ;kckcrph fopkj.kk gksr gksrh- ifj.kkeh Jh ekus ;kauh ;kckcrps uxjikfydk baftfuvj ;kauh r;kj dsysys jDde :i;s 2]77]529 ps Qk;uy fcy eatwj dj.;kpk Bjko fnukad 28 Qscqzokjh 1994 jksth ekaMyk R;kl Jh- rkacksGh ;kauh vuqeksnu fnys- R;kuqlkj lnjps fcy lokZuqers eatwj dsys-[21]

fnolsafnol egkxkbZ ok<r gksrh- ek= lkaxksyk u- ik- lQkbZ dkexkjkauk ?kk.kdke HkRrk o /kqykbZ HkRrk ok<fo.;kr vkysyk uOgrk- ;k dkexkjkauh ;kckcrph ekx.kh vusd osGk dsysyh gksrh- R;keqGs lQkbZ dkexkjkauk ?kk.kdke HkRrk o /kqykbZ HkRrk ok<fo.;klkBhpk Bjko Jh- ekus ;kauh 12 lIVsacj 1994 P;k lHksr ekaMyk- R;kl Jh likVs ;kauh vuqeksnu fnys- R;kuqlkj lQkbZ dkexkjkapk /kqykbZ HkRrk 8 :i;s o:u 15 :i;s o ?kk.kdke HkRrkgh 8 :i;s o:u 15 :i;s ns.;kpk lokZauqers fu.kZ; ?ksryk-[22]

Jh fot; ckcqjko Egs=s

Jh fot; Egs=s gs 1991 P;k u- ik- fuoM.kqdhr fot;h >kysys gksrs- uxjikfydsr R;kauh jLrk Mkacjhdj.k o gkr iai gs iz'u gkrkGysys fnlrkrdhrhZ DykWFk LVksvlZ rs eaqxh fijki;Zar jLrk Mkacjhdj.kkps dke 1994 e/;s iw.kZ >kysys vlY;kus R;k dkekps fcy dk<.ks xjtsps gksrs- R;keqGs Jh- Egs=s ;kauh ;kckcrpk Bjko 28 Qscqzokjh 1994 jksth ekaMyk- R;kl Jh tkaxGs ;kauh vuqeksnu fnys- R;kuqlkj uxjikfydk baftfuvjkauh r;kj dsysys :- 48735 ps fcy lokZauqers eatqj dsys-[23]

rkdHkkrs ?kjkleksjhy vkMkoj gkriai clfo.;kph ekx.kh okjaokj gksr gksrh- R;keqGs ;kckcrpk Bjko 26 ,fizy 1994 jksth ekaMyk R;kuqlkj baftfuvjkauh r;kj dsysys 8712 :i;kps vankti=d lokZaueqers eatqj dj.;kr vkys-[24]

Jh- y- fo- Hkkdjs

Jh- y{e.k Hkkdjs gs lkaxksyk uxjikfydsr 1991 o 1999 ;k o"khZ fuoMwu xsys gksrs- R;kauh 11 tkusokjh 1996 rs 16 fMlsacj 1996 i;Zar uxjk/;{k o 2001 e/;s mik/;{k Eg.kwu dke ikfgys vkgs- ;k dkyko/khr R;kauh dsysys dk;Z mYys[kuh; vkgs- R;kauh jksM] ykbZV fcy] nqdku xkGs fod.ks o ijhV ?kkV cka/k.ks ;k iz'ukadMs y{k dsanzhr dsY;kps fnlrs-

1998&99 e/;s lkaxksyk u-ik- us ,dkfRed 'kgj fodkl ;kstusvarxZr vkj{k.k Ø- 21 e/;s nqdku xkGs cka/kys gksrs- ek= lnj xkGs HkkM;kus fnysys uOgrs- R;keqGs ;kckcrpk Bjko Jh- Hkkdjs ;kauh 24 ekpZ 1999 jksth ekaMyk R;kl Jh- Hkkslsdj ;kauh vuqeksnu fnys- R;kuqlkj lHkkx`gkr ppkZ gksÅu lnj xkGs fyyko i/nrhus 3 o"ksZ eqnrhus HkkM;kus ns.;kpk fu.kZ; ?ksryk- if'pesdMhy izR;sd XkkG;klkBh fMikW>hV cksyh jDde :i;s 50000] iwosZdMhy izR;sd xkG;klkBh cksyh jDde :i;s :- 40000] ftU;k [kkyhy xkG;kl :- 25000 fMikWf>V Bsoys- ekxkloxhZ;kalkBh xkGk Ø- 4 jk[kho Bso.;kr vkyk R;kl fMikW>hV :- 20000 Bso.;kr vkys- lnjpk fu.kZ; 9 fo:/n 6 erkauh ?ksryk xsyk-[25]

Lkkaxksyk 'kgjkr 1999 i;Zar ijhV ?kkV uOgrk- R;keqGs ijhV lektkP;k yksdkauh vusd osGk ijhV ?kkV cka/k.ksph ekx.kh dsysyh gksrh- R;keqGs Jh- Hkkdjs ;kauh ;kckcrpk Bjko 25 es 1999 jksth ekaMyk- R;kl Jh- Hkkslsdj ;kauh vuqeksnu fnys- R;kuqlkj lkaxksyk 'kgjkP;k e/;krwu okg.kkÚ;k vks<;kr ijhV ?kkV cka/k.;kpk fu.kZ; ?ks.;kr vkyk- o R;klaca/kh ;s.kkÚ;k [kpkZlgh eatqjh lokZuqers ns.;kr vkyh-[26]

Jh Jhdkar oklqnso Hkkslsdj

Jhdkar Hkkslsdj gs lkaxksyk uxjikfydsr 1991] 1999] 2001 e/;s fuoMwu xsys gksrs- iSdh 24 es 1994 rs 11 tkusokjh 1996 ;k dkyko/khr v/;{k rj 2004 e/;s R;kauh mik/;{k Eg.kwugh dke ikfgys gksrs- ;k dkyko/khr R;kauh cxhpk dqai.k] ik.kh iqjoBk bR;knh ckchadMs y{k fnysys fnlrs-

Lkkaxksyk 'kgjkr vkj{k.k Ø- 28 e/;s cxhpk gksrk ijarq R;kl dqai.k uOgrs- R;keqGs lnj cxhpk lqjf{kr jgkr uls- R;keqGs ;k cxhP;kl dqai.k cka/k.ksckcrpk Bjko Jh- Hkkslsdj ;kauh 24 ekpZ 1999 jksth ekaMyk- R;kl Jh- tk/ko ;kauh vuqeksnu fnys- R;kuqlkj u- ik- vfHk;ark ;kauh r;kj dsysys :i;s 2]45]382 ps fcykl eatqjh ns.;kr vkyh- ;k dkeklkBh nfyr oLrh lq/kkj.kk ;kstusvarxZr jDde :i;s 1]50]000 eatwj gksrs- moZfjr jDde gh 5 VDds ekxkloxhZ; nqcZy jk[kho fu/khrwu [kpZ dj.;kpk fu.kZ; ?ks.;kr vkyk-[27]

rkrMhP;k ik.khiqjoBk ;kstus varxZr lkaxksyk egkfo|ky;] fils] Mkaxs oLrh ;sFkhy cksvjosye/;s mUgkG;kr ik.kh miyC/k gksr ulysus lnj fBdk.kps cksvj ,soth HkksbZVs oLrh ;sFkhy cksvjoj eksVj clowu ;sFkwu egkfo|ky;ki;Zar ikbZiykbZu Vkd.ksl o HkksbZVs oLrh ;sFks gkSn cka/k.;kph ppkZ cjsp fnol lq: gksrh- R;keqGs Jh- Hkkslsdj ;kauh ;kckcrpk Bjko 4 uksOgsacj 1999 jksth ekaMyk- R;kl Jh- Hkkdjs ;kauh vuqeksnu fnys- R;kuqlkj ;k ckchl lokZuqers ekU;rk ns.;kr vkyh-[28]

Jh HkkÅlks foBksck fcys

Jh- HkkÅlks foBksck fcys gs 1985 P;k uxikfydk fuoM.kqdhr fot;h >kys gksrs- R;kauh 18 fMlsacj 1987 rs 18 ekpZ 1989 i;Zar lkaxksyk] uxj ikfydsps uxjk/;{k Eg.kwu ;'kLohi.ks dk;Z dsys- vkiY;k dkjfdnhZr R;kauh vusd iz'u gkrkGys- eq[;Rosd:u 'kgjkrhy LoPNrspk iz'u o fi.;kP;k ik.;kP;k iz'ukdMs y{k dsanzhr dsysys fnlrs-

1987 e/;s 'kgjkr fofo/k fBdk.kh LoPNrkx`gs cka/k.ksckcr turspk ekx.kh gksrh- R;keqGs 5 tkusokjh 1987 P;k uxjikfydk tujy desVh feVhaxe/;s Jh- fcys ;kauh ;kckcrpk Bjko ekaMyk- R;kl izHkkdj ekGh ;kauh vuqeksnu fnys- R;kuqlkj 'kgjkr osxosxG;k fBdk.kh nksu lhVP;k LoPNrkx`gs cka/k.kslkBh izR;sdh 5375 :i;s eatwj dsys- gs dke ekpZ 1987 v[ksj iw.kZ dj.;kps Bjys- R;kpcjkscj fL=;kalkBh nksu lhVph

LoPNrkx`gs cka/k.;kps vankti=dgh uxjikfydk baftfuvj ;kauk r;kj dj.;kl lkaxhrys-[29]

lkaxksyk 'kgjkpk HkkSxksfyd n`"Vhus fopkj dsyk rj 'kgjkP;k e/;krwu vks<k okgrks- xkokP;k iwoZ o nf{k.k fn'ksyk ek.k unh rj ok;O; fn'ksyk fpapksyh ryko vkgs- 1969 Ik;Zar ;k xkokr fi.;kP;k ik.;klkBh fBdfBdk.kh vkM gksrs- xkokrhy cgqrka'k yksd xkokP;k iwosZyk vlysyk 'kkMwph foghj ukokP;k fofgjho:u ik.kh Hkjr- ijarq rsFks iqjsls ik.kh ulysus fi.;kP;k ik.;kpk iz'u lksMfo.;klkBh 1969 e/;s pkaMksyhrhy vks<;kP;k dkBh foghj [kksn.;kr vkyh-[30] ;k foghjhrhy ik.kh deh iMw ykxY;keqGs 1978 e/;s vdksyk ;sFks ek.k unhdkBh ,d foghj [kksn.;kr vkyh- ok<R;k yksdla[;syk gsgh ik.kh deh iMw ykxys- R;keqGs Jh- fcys ;kauh fpapksyh rykokP;k ikBhekxs lkaMO;kr foghj ?ksÅu fi.;kP;k ik.;kph xjt iw.kZ dj.;kpk iz;Ru dsyk- rjhgh fi.;kP;k ik.;kph xjt iw.kZ gksÅ 'kdyh ukgh- R;keqGs ek- uxjk/;{k HkkÅlks fcys] vke- x.kirjko ns'keq[k ;kauh lq/kkjhr lkaxksyk ik.khiqjoBk ;kstuk ¼Hkhekunh mxeLFkku½ ;k ukokph ;kstuk egkjk"V[a] ik.kh iqjoBk o tyful%j.k eaMG ;kaP;kdMs ikBfoyh- ;k ;kstuspk ikBiqjkok dsY;kus 6 ekpZ 1987 jksth ;k ;kstusl 'kklukph eatqjh feGkyh- ;k ;kstusph vankti=dh; fdaer :- pkj dksVh rhu yk[k ckoUu gtkj gksrh-

;k ;kstuse/;s lkaxksyk 'kgjkph visf{kr ok<ho yksdla[;k 30000 /k:u izfrfnuh izR;sd ek.klkyk 140 fyVj ik.kh feGsy ;kph rjrwn dsyh- vkS|ksfxd olkgrhlkBh rhu yk[k fyVlZ ik.kh miyC/k d:u fnys- ;k ;kstusP;k

[kpkZiSdh 90 VDds egkjk"Vª 'kklu o 10 VDds uxj ikfydsus yksdoxZ.khrwu tek dsyh- R;klkBh uxj ikfydsus djkoh Fkdckdh iw.kZi.ks olwy dj.ks] uohu dj clfo.ks] vkLFkkiukojhy [kpkZr dikr dj.ks bR;knh ekxkZpk voyac dsyk-[31]

ftYgk ifj"kn

1961 iwohZ yksdy cksMZ] Ldwy cksMZ] fodkl eaMG bR;knh LFkkfud Lo:ikP;k laLFkk ftYgk ikrGhoj dke djhr gksR;k- ftYg;kP;k fodklklkBh ftYgk ikrGhoj gh laLFkk vko';d rh lk/ku lkexzh 'kkldh; o rkaf=d oxZ iqjors- vkfFkZd o LFkkfud dkjHkkjkpk ,d mRd`"B ?kVd Eg.kwu dke djrs- ;keqGs fodsanzhdj.kkps eq[; mfí"V xfreku] tksenkj vkf.k lqlq= vlk LFkkfud fodkl gks.;kl enr gksrs- ;k foLr`r dk;Z{kerseqGs usr`Rokpk dksaMekjk o ladksp u gksrk LFkkfud usr`RokP;k ok<hl iqjslk oko feGrks- Eg.kwup egkjk"Vªkus ftYgk ikrGhph eGysyh okV pks[kkGyh vkf.k 'kklukpk ewyHkwr xfreku] cGdV o dk;Z{ke Lok;Ùk ?kVd Eg.kwu ftYgk ikrGhoj ftYgk ifj"kn LFkkiu dsyh-[32] egkjk"Vªkrhy ftYgk ifj"knk vkf.k iapk;r lfeR;kaP;k jpusps oSf'k"B; Eg.kts xVkrwu vkf.k ftYg;krwu fuoMysys fof/keaMGkps o yksdlHksps lnL; ;kauk ;k laLFkkae/;s dksBsgh LFkku ukgh- brj loZ jkT;kr R;kauk ftYgk ifj"knsoj infl/n lnL;Ro vkgs- ;k rjrqnheqGs egkjk"Vªkr ftYgk ikrGhoj usr`Rokl Lora=i.ks o Lor%P;k tckcnkjhoj dk;Z dj.;kl la/kh feGrs- vkf.k xzkeh.k usr`Ro Lo vuqHkokrwu fodlhr gksrs-[33] egkjk"Vª ftYgk ifj"kn o iapk;r lfeR;k vf/kfu;e 1961' ;k dk;n;kuqlkj ftYgk ifj"kn lnL;kaP;k fuoM.kqdk

gksrkr- fuoM.kqdkaP;k lks;hlkBh izR;sd ftYg;kps ernkj foHkkx ikM.;kr ;srkr- ernkj foHkkx ikMrkuk fodkl xV rlsp xzkeiapk;rh QqV.kkj ukghr ;kph n{krk ?ksryh tkrs- 35000 yksdla[;sis{kk vf/kd ulsy brD;k yksdla[;sP;k izR;sd ernkj foHkkxkrwu ,dp mesnokj fuoMyk tkrks- vkf.k izR;sd foHkkxkph fuoM.kqd Lora=i.ks gksrs- ftYg;krhy vuqlqfpr tkrh tekrhph yksdla[;k y{kkr ?ksÅu jkT; ljdkj v'kk yksdkalkBh dkgh jk[kho tkxk Bsors vkf.k R;k tkxk dks.kR;k i/nrhus Hkjko;kP;k ;kfo"k;h lwpuk nsrs-

1 es 1962 iklwu egkjk"Vªkr iapk;r jkT; lq: >kys- izR;sd ftYg;kr vfLrRokr vlysY;k iwohZP;k loZ LFkkfud laLFkk cj[kkLr d:u egkjk"Vª ftYgk ifj"kn o iapk;r lfeR;k vf/kfu;e 1961 uqlkj R;kP;ktkxh v/;{k vkf.k lHkkln feGwu cuysY;k ftYgk ifj"knsph LFkkiuk dj.;kr vkyh- ftYgk ifj"kn izfrfu/kh xzkeh.k tursus fuoMwu |k;ps vlwu uxjikfydk gíhrhy dks.kR;kgh izfrfu/khl ftYgk ifj"knsr LFkku ulrs- ftYgk ifj"knsph jpuk iq<hy izek.ks vlrs-[34]

1- tkLrhr tkLr 35000 yksdla[;syk ,d ;k izek.kkr ftYg;krhy ernkj izR;{k fuoM.kqdh}kjs lnL;kaph fuoM djrkr- ftYgk ifj"knsr fdeku 40 o deky 60 izfrfu/kh FksV fuoM.kqdh}kjs fuoMys tkrkr-

2- fuoMwu vkysY;k lHkklnkr L=hpk lekos'k ulsy rj ojhy lHkklnkauh fuoMwu ?ksrysyh ,d L=h Lohd`r lHkkln vlrs-

3- ftYg;krhy loZ iapk;r lfeR;kaps lHkkirh gs ftYgk ifj"knsps infl/n lHkkln vlrkr-

4- jkT; ljdkjus fufnZ"B dsysY;k ikp lgdkjh laLFkkaps v/;{k gs lg;ksxh lHkkln vlrkr-

5- ftYg;kPkk mieq[; dk;Zdkjh vf/kdkjh gk ftYgk ifj"knspk infl/n fpV.khl vlrks-

ftYgk ifj"knsP;k LFkkiusuarj 1962 e/;s >kysY;k ifgY;k fuoM.kqdhr 54 lnL;kae/;s 'ks-dk-i- ps QDr 3 lnL; fuoMwu vkys- R;ke/;s ,l~- ,e~- ikVhy] vkj- ,e~- ok?keksMs o lh- Mh- fuackGdj ;kapk lekos'k gksrk- 1967 P;k fuoM.kqdhr ,dw.k lnL; la[;k 64 >kyh- R;kr 'ks-dk-i- ps 9 lnL; fuoMwu vkys- R;ke/;s txUukFk dksGsdj] Jhear Mksaxjs] txUukFk fyxkMs] vk..kklkgsc ?kkMxs] ekf.kd ikVhy] okeujko dkacGs] f'kokthjko {khjlkxj] Hkhejko eqa<s o jkepanz ok?keksMs ;kapk lekos'k gksrk- 1972 P;k ftYgk ifj"kn fuoM.kqdhr 'ks-dk-i- lnL; la[;sr ?kV >kyh- ;kosGh QDr 5 lnL; fuoMwu vkys- R;ke/;s olarjko ikVhy] txUukFk fyxkMs] ckcklkgsc ns'keq[k] txUukFk dksGsdj o ,l~- ,e~- ikVhy ;kapk lekos'k gksrk- 1979 P;k fuoM.kqdhr 'ks-dk-i- P;k bfrgklkr lokZ/khd 10 lnL; fuoMwu vkys-[35] R;ke/;s ,l~- ,e~- ikVhy] lh-Mh- fuackGdj] dkacGs okeu] eqaMs Hkhejko] vkj-,e~- ok?keksMs] txUukFk dksGsdj] txUukFk fyxkMs] vk..kklkgsc ?kkMxs] ekf.kd ikVhy bR;knhapk lekso'k gksrk-

iapk;r lferh

1962 e/;s ftYgk ifj"kn o xzkeiapk;re/khy e/; lka/k.kkjh 'kkldh; o ns[kjs[k dj.;kps vf/kdkj vlysyh i.k ftYgk ifj"knsph dk;ns'khj lferh Eg.kwu rkyqdkikrGhoj iapk;r lferh' fuekZ.k dj.;kr vkyh- lksykiwj ftYg;ke/;s 11 iapk;r lfeR;k vkgsr- vH;kl dky[kaMkr ek<k o lkaxksyk iapk;r lferhe/;s 'ks-dk-i- dk;Zjr vlwu iSdh QDr lkaxksyk iapk;r lferhe/;s 1980&2005 ;k dkyko/khr 'ks-dk-i- us lRrk/kkjh i{k Eg.kwu dke ikfgys vkgs-

vH;kl dky[kaMkP;k vxksnj lkaxksY;k f'kok; ck'khZ] ek<k o ekGf'kjl iapk;r lferhr 'ks-dk-i- us izos'k dsysyk gksrk- ijarq lnL; la[;k rqyusus Qkjp deh tk.kors- ;k myV lkaxksyk iapk;r lferhr i{kkph mifLFkrh tk.ko.;ktksxh jkghyh- lRrk/kkjh i{k vkf.k izcG fojks/kh i{k Eg.kwu i{kkyk Nki ikMrk vkyh- iapk;r lferhr i{kfugk; lnL; la[;k iq<hyizek.ks &

ia-l-uko	1979		1992		1997		2001	
	'ks-dk-i-	brj	'ks-dk-i-	brj	'ks-dk-i-	brj	'ks-dk-i-	brj
lkaxksyk ek<k ck'khZ	14	01	14	04	11	01	11	01

lkaxksyk iapk;r lferhe/;s fuoMwu vkysY;k iq<hy lnL;kaph fuoM vH;klklkBh dsysyh vkgs- txUukFk ukjk;.k fyxkMs ¼1979 o 1992½] txUukFk ek:rh dksGsdj ¼1979½] olarjko vkIikjko ikVhy ¼1979 o 1992½] jkepanz Egkdw ok?keksMs ¼1979½] 'kgkth vxrjko uyoMs ¼1992½] efPNanz ;'koar [kjkr ¼1992½] jkepanz ikaMqjax dkf'kn ¼1997 o 2001½] v'kksd ckGklks xOgk.ks ¼1997 o 2001½] jkgqydqekj dkVs ¼1997½] d`".kk ckiw dksGsdj ¼1997 o 2001½

Jh txUukFk ukjk;.k fyxkMs

Jh txUukFk fyxkMs gs lkaxksyk iapk;r lferhr 1979 o 1992 e/;s fuoMwu xsys gksrs- R;kauh ;k dky[kaMkr lHkkirh inkph tckcnkjh ;'kLohfjR;k lkaHkkGysyh fnlwu ;srs- ;k dkjfdnhZr R;kauh iwj] oknG uqdlku] dqVqac dY;k.k] VapkbZxzLr leL;k ;k ckchadMs y{k os/kys-

Eks 1981 e/;s lkaxksyk rkyqD;kr vpkud eksBk ikÅl >kyk- R;keqGs dksjMk o viqzdk ;k un;kdkBps xkokrhy o eksB;k vks<;kdkBps xkokrhy yksdkaps vrksukr gky >kys- vkfFkZd gkuhgh eksB;k izek.kkr >kysyh gksrh- R;keqGs 'kklukdMwu dkgh rjh enr feG.ks xjtsps gksrs- Eg.kwu fyxkMs ;kauh ;k ckcrpk Bjko 9 twu 1981 jksth ekaMyk- R;kuqlkj rkyqD;kr T;kaP;k foghjhps] tfeuhps o cka/kkps uqdlku >kys vkgs R;k foghjhpk xkG dk<.ks] tfeuhps ysoyhax dj.ks o cka/k nq:Lrh dj.ks gh dkes jkstxkj geh ;kstus[kkyh ?;kohr o 'ksrdÚ;kauk gs dke vuqnku Eg.kwu d:u n;kos-rlsp T;kauk tukojs 'kklukP;k fofo/k ;kstusrwu fnyh gksrh o rh okgwu xsyh vkgsr fdaok e`r >kysyh vkgsr R;kaps dtZ ekQ d:u R;kp ;kstus[kkyh R;kauk tukojs ?ksÅu n;kohr- o brj [kktxh ekydhph T;kaph tukojs esyh R;kaukgh vuqnku :ikus 'ksrh dkeklkBh tukojs ?ksÅu n;kohr o ?kjkaps uqdlku >kys vlY;kl rsgh n;kos v'kh ekx.kh lokZaueqrs ek- ftYgkf/kdkjh] lksykiwj o egkjk"Va 'kklukl dsyh-[36]

1984&85 e/;s lkaxksyk ia- l- us vYicpr bulsafVOg jdesrwu dqVqac dY;k.k Hkou bekjr cka/k.;kps dke gkrh ?ksrys gksrs- ijarq ;kp dky[kaMkr dqVqac dY;k.k 'kL=fØ;sl pky.kk ns.ksgh vko';d gksrs-

R;keqGs R;kl vuqnku ns.;kckcr lkaxksyk i- l- lHkkirh Jh- txUukFk fyxkMs ;kauh 22 tkusokjh 1985 jksth ek- ftYgkf/kdkjh] ek- vkenkjlks] xVfodkl vf/kdkjh o rglhynkj ;kaps leosr ;kckcr ppkZ dsyh- ;k ppsZP;kosGh vkenkj x.kirjko ns'keq[k ;kauh nksu dksVh jdesrwu iSls ns.;kps ekU; dsys- R;kuqlkj dqVqac dY;k.k 'kL=fØ;sdjhrk izR;sdh ¼iq:"k o L=h½ 50 :Ik;s o izo`Rrdkl 50 :Ik;s izek.ks ns.kspk fu.kZ; ?ks.;kr vkyk- ;kckcrpk Bjko Jh- fyxkMs ;kauh 5 Qscqzokjh 1985 jksth ekaMyk- R;kl lokZuqers eatqjh ns.;kr vkyh-[37]

1991&92 e/;s lkaxksyk rkyqD;kr ik.kh VapkbZ rhoz gksrh- 1992&93 e/;sgh rkyqD;kr Qkjp deh ikÅl iMysyk gksrk- rkyqD;krwu okg.kkÚ;k un;kauk ,dnkgh ik.kh vkysys uOgrs- R;keqGs rkyqD;krhy foghjh vkVysY;k gksR;k- V¡djus ik.kh iqjoBk dj.ksdfjrk] V¡dj ik.;kus Hkj.ks lkBh ns[khy dkgh Hkkxkr ik.kh miyC/k uOgrs- tukojkaP;k pkÚ;kph ifjfLFkrh fcdV gksrh- v'kk fLFkrhr 'ksrdÚ;kauk tukojs lkaHkkG.ks] osxosxG;k dtkZps gIrs QsM.ks] oht chy Hkj.ks] QGckx txo.ks vR;ar dBh.k >kysys gksrs- R;keqGs Jh- fyxkMs ;kauh rkyqdk VapkbZxzLr tkghj dj.;kckcrpk Bjko 11 fMlsacj 1992 jksth ekaMyk- R;kuqlkj ;koj ppkZ gksowu ek- ftYgkf/kdkjh] lksykiwj ;kauh ojhy ckchaph rhozrk y{kkr ?ksÅulkaxksyk rkyqdk gk paVkbZxzLr Eg.kwu tkghj dj.ks dfjrk 'kklukl ;k iapk;r lferhph fouarh dGowu rkyqdk VapkbZxzLr Eg.kwu tkghj dj.ksl f'kQkjl dj.kspk fu.kZ; lokZuqers ?ks.ksr vkyk-[38]

Jh txUukFk ek:rh dksGsdj

Jh- txUukFk dksGsdj gs lkaxksyk i- l- 1979 P;k ia- l- fuoM.kqdhr fuoMwu xsys gksrs- rsFks R;kauh oknG] uqdlku HkjikbZ] jkstxkj geh ;kstuk] ikÅl xkjihV uqdlku HkjikbZ] fi.;kps ik.kh bR;knh iz'ukauk okpk QksM.;kpk iz;Ru dsysyk fnlwu ;srks-

30 es 1981 jksth lkaxksyk rkyqD;krhy toGs o dksGs Hkkxkr pØh oknG eksB;k izek.kkr >kys- R;keqGs 'kkGkx`gkaps vrksukr uqdlku >kys- ifj.kkeh fo|kF;kZaph cl.;kph eksB;k izek.kkr xSjlks; >kyh gksrh- ;kckcrph izR;{k ikg.kh Jh- txUukFk dksGsdj ;kauh dsyh vlrk lnj 'kkGkx`gkaph rkrMhus nq:Lrh dj.ks vko';d vlY;kps tk.koys- R;keqGs R;kauh ;kckcrpk Bjko 9 twu 1981 jksth ekaMyk- R;kl v..kklkgsc ?kqys ;kauh vuqeksnu fnys- twu efgU;kr fu;fer ikÅl lq: gksr vlY;keqGs o fo|kF;kZaph dqpacuk gksÅ u;s Eg.kwu rkrMhus 'kkGkaph nq:Lrh dj.ks vko';d vlY;keqGs ;k ckcr ftYgk ifj"knsdMs ftYgk ifj"kn QaMkrwu 'kkGk nq:LrhlkBh 65]500 :i;s vuqnku ekx.kh dj.;kpk fu.kZ; lokZuqers ?ksryk-[39]

10 tkusokjh 1985 jksth uk>js] dksGs] pksiMh] cq/nsgkG] ikpsxko] fdMfcljh] frIisgGh] xkSaMokMh] mnuokMh] f'ko.ks] ,[kriwj bR;knh xkoh tksjkpk okjk lqVwu vpkud oGokpk ikÅl >kyk o xkjihV >kyh- R;keqGs ;k ifjljkrhy jCch fidkaps 50 rs 75 VDds o QGckxkaps 90 VDds uqdlku >kys- R;keqGs 'ksrdjh gokynhy >kyk- ;kckcrpk Bjko Jh- dksGsdj ;kauh 5 Qscqzokjh 1985 jksth ekaMyk- R;kl Jh- jkepanz ok?keksMs ;kauh vuqeksnu fnys- R;kuqlkj lokZuqers iq<hy fu.kZ; ?ks.;kr vkyk- uqdlku >ksY;k xkokapk

'kklukus lOgZs djkok o yksdkauk dkgh izek.kkr uqdlku HkjikbZ feGkoh- ljdkjh o lgdkjh dtsZ ekQ djkohr- t.kkojkaP;k pkÚ;kph lks; djkoh o nq"dkGh dkes lq: djkohr- ;k BjkokP;k izrh ek- eq[;ea=h] egkjk"Vª jkT;] ek- ftYgkf/kdkjh] lksykiwj] ek- vk;qDr] iq.ks foHkkx vkf.k ek- rgflynkj lkaxksyk ;kauk ikBfoY;k-[40]

fnukad 25 o 29 lIVsacj 1989 jksth lkaxksyk rkyqD;kr eksB;k izek.kkr ikÅl iMyk gksrk- R;keqGs toG toG 50 yksdkaph ?kjs o dkgh ?kjkaP;k fHkarh iMY;k gksR;k] futkeiwj] vdksyk bR;knh xkokrhy 'ksrhps cka/k QqVys gksrs- vks<;kdkBP;k tfeuh okgwu xsY;k gksR;k] vks<;kdkBP;k ?kjkae/;s ik.kh f'kjys gksr- R;keqGs 15 rs 20 ?kjs iMyh gksrh] ?kjkrhy brj lkfgR;gh okgwu xsys gksrs- xkokrhy rØkjhuqlkj xkodkexkj rykBh ;kauh iapukesgh dsys gksrs- R;keqGs >kysY;k uqdlkuhph HkjikbZ iapukes d:u Rojhr ns.ks xjtsps gksrs- rlsp QwVysY;k ukykcaMhax ckcr e`nla/kkj.k [kkR;kl dGo.ksgh vko';d gksrs- Eg.kwu ;kckcrpk Bjko Jh- dksGsdj ;kauh 30 lIVsacj 1998 jksth ekaMyk- R;kuqlkj ek- rgflynkj ;kauk vkysY;k rØkjhckcr rkrMhus dGfo.;kpk fu.kZ; ?ks.;kr vkyk-[41]

1985&86 e/;s lkaxksyk rkyqD;kr fi.;kP;k ik.;kph ifjfLFkrh fcdV gksrh- R;keqGs ;kckcrpk Bjko Jh- dksGsdj ;kauh 8 ,fizy 1986 jksth ekaMyk- R;kuqlkj lokZuqers iq<hy fu.kZ; ?ksryk- nsoGs] esFkoMs] f'kjHkkoh] /kk;Vh bR;knh fBdk.kh cksvj ?;kosr] tquksuh /kqekGokMh] ikpsxkao] dMykl bR;knh fBdk.kh [kkl ckc Eg.kwu fi.;kP;k ik.;kpk iz'u

lksMokok- rlsp rkyqD;krhy can cksvfjax nq:Lrh djkoh- egqnyk fujk mtok dkyO;kps ik.kh fofgjhr lksMkos-[42]

Lkkaxksyk i- l- tujy dfeVhph feVhax 28 vkWxLV 1986 jksth Hkjyh- ijarq lnj feVhaxyk laca/khr loZ mi vfHk;ark vuqifLFkr gksrs- R;keqGs Jh- dksGsdj ;kauh ukjkth O;Dr dsyh o gh ckc mi vfHk;aR;kaP;k ojh"BkaP;k utjsl v.k.;kpk fu.kZ; ?ksryk- rlsp loZ ekfld lHkkauk jkstxkj geh uk;c rglhynkj vuqifLFkr jgkr vlY;kus ;kckcr rgflynkjkauk dGfo.;kpk fu.kZ; ?ksryk xsyk-[43]

Jh olarjko vklikjko ikVhy

Jh olarjko ikVhy] lkaxksyk ia- l- 1979 o 1992 e/;s fuoMwu xsysys gksrs- rsFks R;kauh fM>sy] jkWdsy VapkbZ] nq"dkG] oht] dqVqacdY;k.k] ok<R;k pksÚ;k bR;knh iz'u lksMfo.;kpk iz;Ru dsyk-

lIVsacj 1980 iklwu lkaxksyk rkyqD;kr jkWdsy o fM>sy okVi O;ofLFkr gksr uOgrs- R;keqGs tursps vrksukr gky gksr gksrs- vusd xkokr fnO;klkBhgh jkWdsy feGr uOgrs- T;k fBdk.kh jkWdsy feGr gksrs R;kapk nj 3 :i;s fyVj gksrk- xksjxfjckl egkx u ijoM.kkÚ;k v'kk xksM;k rsykps fnos tkGkos ykxr gksrs- ljdkjh vf/kdkÚ;kauk gh xks"V ekfgr vlwugh R;kph xaHkhj n[ky ?ksryh tkr uOgrh- ;k o"khZ ikÅl deh iMY;kus tukojkaP;k pkÚ;kpk iz'u xaHkhj cuyk gksrk- iaiklkBh fM>sy feGr uOgrs- jkWdsy o fM>sy VapkbZeqGs rkyqD;krhy 'ksrdjh iqjk ukxoyk xsyk gksrk- R;keqGs Jh- olarjko ikVhy ;kauh ;kckcrpk Bjko 21 uksOgsacj 1980 jksth ekaMyk- R;kl uyoMs ;kauh vuqeksnu fnys- R;kuqlkj lnj iz'ukadMs 'kklukus xkaHkh;kZus igkos R;klkBh gh ifjfLFkrh rglhynkj lkaxksyk] ek- ftYgkf/kdkjh] lksykiwj] foHkkxh; vk;qDr iq.ks o eq[;ea=h egkjk"Va 'kklu ;kauk dGfo.;kpk fu.kZ; ?ksryk-[44]

Jh- olarjko ikVhy fnukad 28 Qsczqokjh 1981 jksth lkaxksyk [kokliwj jLR;kps dke ikg.;klkBh xsys gksrs- R;kosGh rsFks 7&8 etwj o 4&5 cSyxkM;k dke djhr gksR;k- ek= rsFks eLVj uOgrs gs R;kauk tk.koys- iwohZ jkstxkj geh desVhP;k HksVhP;k osGhgh ghp ifjfLFkrh desVhl fnlwu vkyh gksrh- mivfHk;ark ;kaP;k fu"dkGthi.kkeqGs efgukHkj jksyj o V¡dj can gksrs- ftYgk o rkyqD;kr [kMh QksMwu r;kj vlrkuk jksyj can vlY;kus ekpZ v[ksjph dkes iw.kZ djrk ;s.kkj uOgrh- R;keqGs Jh- ikVhy ;kauh 17 ekpZP;k lHksr ;kcíy ukjkth O;Dr dsyh- o lnjph ekfgrh ftYgk ifj"kn cka/kdke foHkkx o eq[; dk;Zdkjh vf/kdkjh] lksykiwj ;kauk dGfo.;kpk fu.kZ; ?ksryk-[45]

1985 e/;s lkaxksyk rkyqD;kr 1972 P;k nq"dkGkis{kkgh xaHkhj ifjfLFkrh fuekZ.k >kyh gksrh- laiw.kZ rkyqD;krhy [kfjikps ihd ok;k xsys gksrs- jCchl iqjslk ikÅl iMyk uOgrk- R;keqGs pkÚ;kph VapkbZ fuekZ.k >kyh gksrh- fi.;kP;k ik.;kph ifjfLFkrhgh okbZV gksrh- ;keqGs turk gSjk.k >kyh gksrh- gs yksd yksdizfrfu/khauk ;kph ikoyksikoyh tk.kho d:u nsr gksrs- R;keqGs ;kckcrpk Bjko Jh-ikVhy ;kauh 1 vkWDVksacj 1985 jksth ekaMyk R;kl uyoMs ;kauh ikfBack fnyk- R;kuqlkj iq<hy fu.kZ; lokZuqers ?ksryk- rkyqD;krhy 50&60 gtkj yksdkauk dke feGkos ;klkBh caMhax] jLrs] dWuy] lkeqnkbZd foghjh

bR;knh dkes gkrh ?;kohr- pkÚ;klkBh dWVy dWEi dk<kosr o tukojkauk lqxzklph lks; djkoh- f'k{k.kkoj ifj.kke gksÅ u;s Eg.kwu nq"dkGihMhr loZ xkokarhy fo|kF;kZauk 2 osGP;k eksQr tso.kkph O;oLFkk djkoh- R;k BjkokP;k izrh ek- eq[; dk;Zdkjh vf/kdkjh ft-i- lksykiwj] ek- v/;{k ft-Ik- lksykiwj] ek- ftYgkf/kdkjh] lksykiwj] ek- eq[;ea=h egkjk"Vª jkT;] eqacbZ ;kauk ikBfoY;k-[46]

Qscqzokjh 1995 iklwu lkaxksyk rkyqD;kr pksjV;kauh /kqekdwG ?kkrysyk gksrk- xzkeh.k Hkkxkr o 'kgjkrlq/nk pksÚ;k ?kj QksM;kaps izdkj okjaokj ?kMr gksrs- ijarq R;k pksÚ;kapk rikl gksr uOgrk- ;keqGs yksd fQ;kZn ns.;kl lq/nk iq<s ;sr uOgrs- pksjV;kauh yksdkauk csne ekjgk.k d:u dkghauk t[keh dsys gksrs- dkgh efgykaps dku rksMys gksrs- yksdkauk ejsi;Zar ekjY;keqGs xzkeh.k Hkkxkr fHkrhps okrkoj.k fuekZ.k >kys gksrs- iksyhl [kkR;kP;k lSy okx.;kus pksjVs o voS| /kansokys ;kauk gq:Ik vkyk gksrk- ek= iksyhl lkaxksyk lksMwu ckgsj tk.;kl r;kj uOgrs- ;keqGs loZ lkekU; yksdkapk iksyhl ;a=.ksojhy fo'okl mMkyk gksrk- ;keqGs Jh-ikVhy ;kauh gh ekfgrh iksyhl [kkR;kP;k ofj"B vf/kdkÚ;kauk dGfo.;kpk Bjko 25 es 1995 jksth ekaMyk- R;kl Jh- [kjkr ;kauh ikBhack fnyk vlrk rks lokZuqers eatwj >kyk-[47]

Jh- jkepanz Egkdw ok?keksMs

Jh- jkepanz Egkdw ok?keksMs gs 1979 e/;s lkaxksyk iapk;r lferh lnL; Eg.kwu fuoMwu vkys- ;k vkiY;k dkjfdnhZr fi.;kps ik.kh] dqVqacdY;k.k] viqjk oht iqjoBk] vk;qosZfnd nok[kkuk bR;knh iz'ukauk okpk QksM.;kpk iz;Ru dsyk-

cÚ;kp fnolkiklwu lkaxksyk rkyqD;krhy fi.;kP;k ik.;kP;k vkMkapk xkG dk<ysyk uOgrk- R;keqGs vkMkl ik.kh deh ;sr gksrs- Eg.kwu lHkkx`gkr ;kckcrph ppkZ osGksosGh gksr gksrh- Jh- ok?keksMs ;kauh gk iz'u 14 ,fizy 1981 jksthP;k feVhaxe/;s mpywu /kjyk- R;kl Jh- olarjko ikVhy ;kauh vuqeksnu fnys- 1981 e/;s lksykiwj ft- i- dMwu fi.;kP;k ik.;kP;k vkMkaph [kksyh ok<fo.ks o xkG dk<.;klkBh 6000 :i;s vkys gksrs- lnjph loZ jDde f'ko.ks] dVQG] bVdh] tquksuh] ikjs] lksuan bR;knh 31 xkoP;k vkMkapk xkG dk<.;klkBh okij.;kpk fu.kZ; lokZuqers ?ks.;kr vkyk-[48]

bulsaVho xz¡V e/kwu vkysyh jDde 31 ekpZ 1985 i;Zar dqVqac fu;kstu 'kL=fØ;sP;k dkeh [kpZ gksÅu jkfgysyh jDde 'kklukl ijr djkoh ykx.kkj gksrh- R;keqGs ;kckcrpk Bjko Jh- ok?keksMs ;kauh 2 ekpZ 1985 jksth ekaMyk- R;kl ?kqys ;kauh vuqeksnu fnys- ;keqGs lHksr lokZapk fopkj fouhe; gksowu iq<hy fu.kZ; lokZuqers ?ks.;kr vkyk- lnj iS'kkrwu dqVqac dY;k.k Hkou bekjrhps cka/kdke iw.kZ djkos o lnj bekjrhps QfuZpj] lrjaT;k] ia[ks] dikVs fi.;kP;k ik.;kdfjrk ykx.kkjh HkkaMh o oLrw ljdkjekU; o ft- i- ekU; foØsR;kdMwu ?;kO;kr-[49]

lkaxksyk rkyqD;kr 1988 e/;s uksOgsacjP;k lqjokrh iklwup 'ksrh iaikauk iqjslk ohtiqjoBk gksr uOgrk- ;kpcjkscj fotspk nkc dehtkLr gksr vlY;kus vusd 'ksrdÚ;kaps oht iai tGkys gksrs- R;keqGs fofgjhr ik.kh vlwugh 'ksrdÚ;kaph ihds tGwu tkr gksrh- R;keqGs rkyqD;krhy loZ 'ksrdÚ;kauh vkiyh xkÚgk.kh lHkkirh] milHkkirh] ia-l- lnL;] ft- i- lnL; ;kaP;kiq<s ekaMyh gksrh- gh xkÚgk.kh lHkkirh o 'ksrh foLrkj vf/kdkÚ;kauh ;k foHkkxkP;k dk;Zdkjh vf/kdkÚ;kyk le{k HksVwu lkafxryh gksrh- ijarq R;kpk dkghgh mi;ksx >kysyk uOgrk- R;keqGs ;kckcrpk Bjko Jh- ok?keksMs ;kauh 25 uksOgsacj 1988 jksth ekaMyk- R;kl Jh- ns'keq[k ;kauh ikfBack fnyk- R;kuqlkj 'ksrdÚ;kaP;k oht iaikauk fu;fer oht iqjoBk dj.kslkBh iz;Ru dj.;kpk fu.kZ; lokZuqers ?ksryk-[50]

vk;qosZnkps egRo fnolsa fnol ok<rp gksrs- ek= lkaxksyk rkyqD;kr cgqrka'k xkoh vk;qosZfnd nok[kkuk uOgrk- R;keqGs Jh- ok?keksMs ;kauh ;kckcrpk Bjko 28 fMlsacj 1990 jksth ekaMyk- R;kuqlkj iapk; lferhus vtukGs] f'kjHkkoh] [kokliwj] fdMfcljh o ok.kh fppkGs ;sFks vk;qosZfnd nok[kkuk lq: dj.;kpk fu.kZ; lokZuqers ?ksryk-[51]

Jh 'kgkth vxrjko uyoMs

Jh- uyoMs gs 1992 P;k ftYgk ifj"kn fuoM.kqdhr ,driwj foHkkxkrwu 'ks-dk-i- e/kwu fot;h >kys- R;kauh lkaxksyk iapk;r lferhr ik.kh o QGckx ;kstuk lanHkkZr iz'ukauk okpk QksM.;kpk iz;Ru dsysyk fnlwu ;srks- 1992&93 e/;s rkyqD;kr nq"dkG ln`'; ifjfLFkrh fuekZ.k >kysyh gksrh- R;keqGs pkÚ;kpk iz'u xaHkhj cuysyk gksrk- ifj.kkeh tukojs lkaHkkG.ks dBh.k >kys gksrs- Eg.kwu R;kauh ;k iz'ukyk okpk QksM.;klkBh 3 ekpZ 1993 jksth ;kckcrpk Bjko ekaMyk- R;kl Jherh eaxyk ok?keksMs ;kauh vuqeksnu fnys- ;klanHkkZr lk/kd ck/kd ppkZ d:u lokZuqers iq<hyizek.ks fu.kZ; ?ks.;kr

vkyk- tukojkalkBh pkjk mRiknu dj.ksdfjrk dMoG o edk isj.;klkBh lkaxksyk rkyqd;krhy fujk mtok dkyO;kP;k loZ QkV;kaps ik.kh 15 ekpZ i;Zar lksM.;kr ;kos ;kckcr dk;Zdkjh vfHk;ark] uhjk mtok dkyok foHkkx QyV.k ;kauk dGokos-[52]

1993&94 e/;s ftYgk QyksRiknu foHkkx lkaxksyk rkyqD;krhy /kk;VhP;k Jh- fHkdk eksjs] vjfoan uyoMs o lk/kw eksjs ;k 'ksrdÚ;kauk 100 VDds vuqnkukoj QGckx ykxoM dj.kslkBh ulZjhekQZr jksis iqjfoyh gksrh- ek= lnjph jksis fud`"V izrhph vlY;keqGs 'ksrdÚ;kaps vkfFkZd uqdlku eksB;k izek.kkr >kysys gksrs- v'kk izdkjps vusd 'ksrdÚ;kaps uqdlku >kysys gksrs- brj lnL;kauhgh gh xaHkhj ckc lHkkx`gkP;k fun'kZukl vk.kyh gksrh- R;keqGs Jh- uyoMs ;kauh 17 vkWxLV 1995 jksth ;klanHkkZr y{k os/kys R;kl Jh- [kjkrkauh vuqeksnu fnys- R;koj iq<hyizek.ks fu.kZ; ?ks.;kr vkyk- lkekU; 'ksrdÚ;kaph Qlo.kwd o vkfFkZd uqdlku gksow u;s Eg.kwu ulZjh /kkjdkauk jksis fod.;kph yk;lUl nsrkuk milapkyd QyksRiknu] lksykiwj dk;kZy;kus jksikaph laiw.kZ ikg.kh d:u jksis fod.;kps yk;lUl n;kos- v'kh dkGth ?ksrY;kuarjgh ,[kk|k 'ksrdÚ;kph Qlo.kwd dsY;kps fl/n >kysuarj lacaf/kr ulZjh/kkjd ekydkpk ijouk jí djkok- ekSts /kk;Vh o rkyqD;krhy brj rØkj dj.kkÚ;k 'ksrdÚ;kauh dks.k dks.kR;k ulZjhrwu jksis [kjsnh dsyh gksrh- ;kph ekfgrh ftYgk milapkyd QyksRiknu foHkkx] lksykiwj ;kauk |koh- R;kauh rikl.kh d:u ia-l- lkaxksyk dk;kZy;kl dGokos o R;kaps fo:/n ;ksX; rh dk;Zokgh djkoh vlk fu.kZ; ?ks.;kr vkyk-[53]

'kS{kf.kd o"kZ 1994&95 e/;s lkaxksyk rkyqD;kr 293 'kkGk gksR;k- R;kiSdh 92 'kkGkae/;s 'kkys; iks"k.k vkgkj dk;ZØekvarxZr nw/k Msvjh ekQZr o 64 'kkGkae/;s fi'kO;karwu nw/k okVi dj.;kr ;sr gksrs- ckdhP;k fBdk.kh nq/k Msvjh ulY;kus 'kkGkae/;s nw/k okVi dsys tkr uOgrs- ;kfojks/kkr Jh- uyoMs ;kauh 30 tqyS 1994 jksth vkokt mBfoyk- R;keqGs lokZuqers 'kkys; iks"k.k vkgkj dk;ZØekvarxZr jkfgysY;k loZ 'kkGkauk fi'kO;ke/kwu nw/k okVi dj.;kpk fu.kZ; ?ksryk-[54]

Jh- efPNanz ;'koar [kjkr

1992 e/;s lkaxksyk rkyqD;kr 106 gkriai cksvlZ >kMkP;keqG;k] ik.kh vHkkoh] [kkÚ;k ik.;keqGs o brj dkj.kkus fudkeh >kysys gksrs- R;keqGs ;kckcrph ukxfjdkaph rØkj iapk;r lferhdMs osGksosGh ;sr vlY;kus gk iz'u Jh- [kjkr ;kauh 20 twu 1992 jksth lHkkx`gkr miflLFkr dsyk- R;kl Jh- [kkaMsdj ;kauh vuqeksnu fnys- lacaf/kr 106 fBdk.kps gkriai cksvj fudkeh >kY;kus rkyqD;kP;k ;knhrwu oxGwu R;k fBdk.kh uohu cksvlZ ?ks.ksckcr ek- eq[; dk;Zdkjh vf/kdkjh o ofj"B Hkw oSKkfud Hkwty losZ{k.k fodkl [kkR;kl dGfo.;kpk fu.kZ; lokZuqers ?ksryk-[55]

xzkeiapk;r okdh ¼f'ko.ks½ [kkyhy ujGsokMh xzkeLFkkauh ujGsokMh ik.kh iqjoBk ;kstusps foLrkjhdj.k d:u vkVikMdj oLrhl ik.kh iqjoBk dj.kslkBh R;kl vko';d vlysys lkfgR; ?ks.kslkBh vkfFkZd enr iapk;r lferhdMs ekfxryh gksrh- lnj xzkeiapk;rhph vkfFkZd ifjfLFkrh ulY;keqGs Jh- [kjkr ;kauh gk iz'u iapk;r lferh lHkkx`gkr 20 twu 1992 jksth miflLFkr dsyk- R;keqGs lHksr ppkZ gksowu iapk;r lferhP;k yksdy lsl QaMkrwu 2000 :i;s ns.ksl lokZuqers eatwjh fnyh-[56]

1995 P;k es efgU;kr lkaxksyk rkyqD;kr xko o okM;koLR;koj 37 V¡dj o 2 cSyxkM;kauh ik.kh iqjoBk lq: gksrk- ek= ik.kh VapkbZ tk.korp gksrh- rkyqD;krhy vusd xkokaph rØkj lq:p gksrh- R;keqGs Jh- [kjkr ;kauh gk iz'u lHkkx`gkr 21 twu 1995 jksth miflLFkr dsyk- R;kl 'kk- d`- ikVhy ;kauh vuqeksnu fnys- ;koj iq<hyizek.ks lokZuqers fu.kZ; ?ks.;kr vkyk-

Ikk.kh iqjoBk dj.kkjk V¡dj uknq:Lr >kY;kuarj i;kZ;h 2&3 V¡dj jk[kho Bsokosr- ,dk V¡djus ,d xko o R;k xkok[kkyhy okM;k oLR;kaukp ik.kh iqjoBk djkok- cksvj clfo.kslkBh eatqj >kysY;k uohu bysDVªhd eksVkjh clfo.ksph dk;Zokgh rkRdkG djkoh- uohu lqpfoysYk foa/ku fofgjhr yodjkr yodj eatqjh nsowu foa/ku foghjh [kksnkbZps dke rkRdkG gkrh ?;kos-[57]

Jh- jkepanz ikaMqjax dkf'kn

Jh- dkf'kn gs lkaxksyk iapk;r lferhr 1997 o 2001 yk fuoMwu vkys- lkaxksyk rkyqD;kr QGckx ykxoM ;kstus varxZr QGckx ykxoM dj.ksph eqnr 20 lIVsacj 1998 jksth lair gksrh- ijarq ykxoM dj.ksP;k tkxsr ikolkps ik.kh lkpY;kus 'ksrdÚ;kauk [kM~Ms ?ks.ks o ykxoM dj.ks 'kD; ulY;kus jksis ykx.k djrk ;sr uOgrh- R;keqGs Jh- dkf'kn ;kauh ;kckcrpk Bjko 14 lIVsacj 1998 jksth ekaMyk- R;kuqlkj lnjph eqnr 31 vkWDVkscj 1998 Ik;Zar ok<owu ns.;kpk fu.kZ; lokZuqers ?ks.;kr vkyk- rkyqD;krhy cgqrka'k jLrs o xfrjks/kd [kjki gksrs- R;kckcr iq<hy fu.kZ; ?ks.;kr

vkyk- ia<jiwj&lkaxksyk jLR;koj esroMs QkVk o laxsokMh ;sFks xfrjks/kd dj.;kr ;kok- okVacjs ;sFks iqykps nksUgh cktwl xfrjks/kd n'kZfo.kkjs cksMZ yko.;kr ;kosr- xfrjks/kd T;k fBdk.kh [kjkc >kysys vkgsr- R;kph nq:Lrh Rojhr djkoh- okgrqdhl vMp.k Bj.kkjh ok<ysyh ckHkGhph >kMs rksMkohr- 1996&97 e/;s ,dw.k 63 fofgjhiSdh 9 fofgjhps dke can gksrs- R;keqGs lnj ykHk/kkjdkauk i= ikBowu dke pkyw dj.;kph lwpuk ns.;kpk fu.kZ; ?ks.;kr vkyk-[58] rlsp rkyqD;krhy oht eaMGkps baftfuvj & ok;jeu ;kauk eq[;ky;kr gtj jkg.;kP;k lwpuk ns.;kr vkY;k-[59]

oht eaMGkps izeq[k vxj izfrfu/kh lHksl gtj jgkr ulr- okjaokj lwpuk nsowu laca/khr vf/kdkjh R;kph uksan ?ksr ulr- R;keqGs 'ksrdÚ;kaP;k vMhvMp.kh lqV.;k,soth ok<rp gksr;k- tuekulkrwu ;kckcr rhoz ukjkth osGksosGh O;Dr gksr gksrh- R;keqGs Jh- dkf'kn ;kauh ;kckcrpk Bjko 22 Qscqzokjh 1999 jksth ekaMyk- R;kuqlkj lHksl gtj jkg.ksckcr ohteaMGkP;k vf/kdkÚ;kauk lwpuk ns.;kpk fu.kZ; ?ksryk o lnjph ekfgrh ek- v/;{k] egkjk"Va jkT; fo|qr eaMG eqacbZ] vf/k{kd vfHk;ark] egkjk"Va jkT; fo|qr eaMG] lksykiwj] dk;Zdkjh vfHk;ark] ia<jiwj o eq[; dk;Zdkjh vf/kdkjh ft-i- lksykiwj ;kauk dGfo.;kpk fu.kZ; ?ksryk-[60]

Jh xOgk.ks v'kksd ckGklks

Jh- xOgk.ks gs lkaxksyk- ia- l- e/;s 1997 o 2001 yk fuoMwu vkys- lksuan] dsnkjokMh o y{ehuxj ;sFkhy VakUlQkeZj cjsp fnol can gksrs- tGkysyk VakUlQkeZj cny.;klkBh 15&20 fnol ykxr vlY;kus 'ksrdÚ;kaph ihds tGwu tkr gksrh- lsD'ku vkWfQlj eq[;ky;kr jgkr uOgrs- dkgh ok;jeu xzkeiapk;rhdMs Fkdckdh vkgs- Eg.kwu cYc clfor uOgrs- rØkj uksanoghr uksan d:u lq/nk ok;jeu nq:LrhlkBh ;sr uOgrs- R;keqGs 'ksrdjh oxZ ukjkt gksrk- ;keqGs Jh- xOgk.ks ;kauh 20 uksOgssacj 1998 jksth ;kckcrpk Bjko ekaMyk- R;kuqlkj VªkUlQkeZj Rojhr pkyw djkosr] lsD'ku vkWfQljyk eq[;ky;kr jkg.;kP;k lwpuk n;kO;kr ok;jeuP;k rØkjhckcrgh Rojhr dk;Zokgh dj.;kpk fu.kZ; lokZuwers ?ks.;kr vkyk-[61]

Jh vtqZu f[kykjs jk- f[kykjokMh o Jh- ijes'oj /kksaMhck pOgk.k jk- fpdegwn ;kauh fMlsacj 1996 e/;s oht dusD'ku feG.kslkBh dksVs'kups iSls Hkjys gksrs- ek= tkusokjh 1999 i;Zar R;kauk dusD'ku fnys uOgrs- f'kokth Jherh caMxj ;kauh dksVs'ku Hkjysyh dkxni=s dk;kZy;kr lkiMr uOgrh- lsD'ku vkWfQlj usewu fnysY;k fno'kh dk;kZy;kr gtj jgkr uOgrs- ?kjxqrh chys ehVj riklwu fnyh tkr uOgrh- laca/khr fcys izlaxh chy Hkj.;kph eqnr laiysuarj xzkgdkl feGr- ;keqGs rkyqD;krhy turk gSjk.k >kysyh gksrh- R;keqGs ;kckcrpk Bjko Jh- xOgk.ks ;kauh 27 tkusokjh 1999 jksth ekaMyk- R;kuqlkj Jh- f[kykjs Jh-pOgk.k o Jh-caMxj ;kauk rkcMrksc dusD'ku n;kos- lsD'ku vkWfQljuk usewu fnysY;k fno'kh dk;kZy;kr gtj jkg.;kP;k lwpuk fnY;k- ?kjxqrh chys ehVj riklwu fcy Hkj.ksph eqnr lai.ksiwohZ fdeku 7 fnol vxksnj ns.;kpk fu.kZ; ?ks.;kr vkyk-[62]

1998 e/;s lkaxksyk rkyqD;kr tokgj jkstxkj foghj dk;ZØe varxZr 35 ykHkkF;kZauk ykHk fnyk- i.k R;kauk :i;s 5000 pk ifgyk gIrk fMlsacj 1998 i;Zar feGkyk uOgrk- ckWUM djko;kl ;s.kkÚ;k ykHkkFkhZauk foukdkj.k =kl fnyk tkr gksrk- 1998 e/;s rkyqD;kr eksB;k izek.kkr ikÅl iMwugh dk;kZy;hu izfrfu/khauk rkyqD;krhy ca/kkjs dksBs vkgsr ;kph ekfgrh ulysus lnj ca/kkjs ikolkGk laiyk rjh dksjMsp gksrs- vusd ca/kkÚ;krwu ik.;kph xGrh gksr gksrh- ;klanHkkZr vusd rØkjh iapk;r lferh lnL;kadMs vkysY;k gksR;k- R;keqGs Jh- xOgk.ks ;kauh ;kckcrpk Bjko 28 fMlsacj 1998 jksth ekaMyk- R;kuqlkj iq<hy fu.kZ; ?ks.;kr vkyk- tokgj jkstxkj fofgj dk;ZØekP;k ykHkkFkhZZauk ifgyk gIrk Rojhr n;kok- ckWUM djko;kl ;s.kkÚ;k ykHkkFkhZuk foukdkj.k =kl nsow u;s- xGrh gksr vlysY;k ca/kkÚ;kaph nq:Lrh djkoh-[63]

Lkkaxksyk rkyqD;krhy ek.k unhoj ekatjh] ok<sxko] oklwn] deykiwj ;sFks dksYgkiwj i/nrhps ca/kkjs gksrs- izR;sd ca/kkÚ;keqGs lqekjs 300 rs 400 gsDVj tehuhl Qk;nk feGrk gksrk- 1998 e/;s iqjs'kk ikolkeqGs 3&4 efgus lrr ek.k unh okgr gksrh- vkWDVkscj] uksOgsacj o fMlsacjP;k ifgY;k vkBoM;ki;Zar unhP;k ik=kr 3 rs 4 QwV ik.kh ogkr gksrs- ojhy ca/kkÚ;ke/;s ik.kh vkMokos v'kh ekx.kh 'ksrdjh o iapk;r lferh lkaxksyk vkf.k lHkkirh laca/khr [kkR;kdMs lkrR;kus djhr gksrs- ijarq lnj [kkR;kus R;kph n[ky ?ksryh uOgrh- izR;sd ca/kkÚ;koj lqekjs ,d dksVh [kpZ gksÅugh ik.kh u vMfoY;keqGs 'ksdrdÚ;kaps yk[kks :i;kps uqdlku >kys gksrs- ca/kkjs iw.kZ {kersus osGsr u Hkj.;kl laca/khr mifoHkkxkps vf/kdkjh o laca/khr deZpkjh tckcnkj gksrs- laca/khr vf/kdkjh ia- l- lHksl usgeh xSjgtj vlr- fnukad 28 fMlsacj 1998 P;k lHksl laca/khr foHkkxkrhy dks.khgh gtj uOgrs- dksjMk unhoj xGosokMh ¼ lksuan ½ rk- lkaxksyk ft-i- lksykiwjpk ca/kkj 1998 P;k ikolkG;ke/;s iw.kZ okgwu xsyk gksrk- ikBhekxP;k 2&3 o"kkZiklwu R;krwu eksB;k izek.kkr ik.kh okgwu tkr gksrs- R;kph nq:Lrh dj.;kph ekx.kh xzkeLr njo"khZ djr gksrs- ijarq R;kpk dkgh mi;ksx >kyk ukgh- Eg.kwu ;kckcrpk Bjko Jh- xOgk.ks ;kauh 28 fMlsacj 1998 jksth ekaMyk R;kuqlkj ;k laiw.kZ izdj.kkph pkSd'kh d:u laca/khrkoj dkjokbZ dj.;kpk fu.kZ; ?ks.;kr vkyk-[64]

Eks 1999 e/;s lkaxksyk rkyqD;kr vusd okM;k&oLR;koj o xkoke/;s fi.;kP;k ik.;kph rhoz VapkbZ fuekZ.k >kysyh gksrh- rkyqD;krhy okM;k oLR;koj cÚ;kp fBdk.kh V¡dj}kjs fi.;kP;k ik.;kpkiqjoBk dj.ksckcr ia- l- dMs ekx.kh ;sr gksrh- foa/ku foghjh ?ksrY;kl ik.kh VapkbZ nwj gksbZy o ukxfjdkauk fi.;kP;k ik.;kph dk;eLo:ikph lks; gksbZy- Eg.kwu Jh- xOgk.ks ;kauh ;kckcrpk Bjko 18 es 1999 jksth ekaMyk- R;kuqlkj iq<hy fBdk.kh foa/k.k foghjh lokZuqers eatwj dsY;k-[65]

1½ ekusxko 2½ Mksaxjxko 3½ dksGs 4½ ekMxqGs jLrk 5½ xGosokMh 6½tquksuh 7½ cyoMh 8½ mnuokMh&f'kaxkMs eGk 9½ grhn&txUukFk dne oLrh 10½ vkysxko 11½ esMf'kaxh 12½ dMykl&ekus oLrh 13½ ok.kh fpapkGs 14½ efge&egknso >qjGs oLrh 15½ bVdh&dVps oLrh 16½ ckxyokMh&rkacsoLrh 17½ ,[kriwj&vkorkMs oLrh 18½ ,[kriwj&xkokr 19½ dksGk&panw dksGsdj oLrh 20½ /kk;Vh&dksGsdj oLrh 21½ >kikph okMh

Lkkaxksyk rkyqdk gk dk;e nq"dkGh rkyqdk Eg.kwu vksG[kyk tkrks- 2001 e/;s rj njo"khZP;k ljkljhis{kk deh ikÅl iMyk gksrk- R;keqGs fi.;kP;k ik.;kph rhoz VapkbZ Hkklr gksrh- rkyqD;kph vk.ksokjh 50 iS'kkis{kk deh gksrh- 'ksrdÚ;kaps nksUghgh gaxke ok;k xsys gksrs- 1972 P;k nq"dkGkis{kkgh okbZV fLFkrh fuekZ.k >kysyh gksrh- R;keqGs ;k ifjfLFkrhpk fopkj dj.;kpk Bjko Jh- xOgk.ks ;kauh 25 tqyS 2001 jksth ekaMyk- R;kuqlkj iq<hy fu.kZ; ?ks.;kr vkyk- ik.kh chys o oht chys ekQ djkohr- tukojkalkBh pkjk miyC/k ulY;kus dWVy dWEi lq: djkosr- lkaxksyk rkyqdk nq"dkGh rkyqdk Eg.kwu tkghj djkok- ;k lanHkkZr egkjk"Va 'kklu o ftYgkf/kdkjh lksykiwj ;kauk dGfoys-[66]

Jh- jkgqydqekj foB~Byjko dkVs

Jh- dkVs gs lkaxksyk ia-l- 1997 yk fuoMwu vkys- 1999 e/;s mi vfHk;ark ft-i- cka/kdke mi foHkkx lkaxksyk lHksl usgeh xSjgtj jgkr- mivfHk;ark y?kq ikVca/kkjs ¼LFkk-Lrj½ ia<jiwj ;k dk;kZy;kps rkC;kr vlysys 3000 iksrh flesaV rRdkyhu mivfHk;ark ;kauh osGsr u okijysus fudkeh >kys gksrs- vusd Bsdsnkj okjaokj flesaV ekx.kh djhr vlrkuk ns[khy mivfHk;ark o Bsdsnkj ;kaP;kr leUo; ulysus flesaV ok;k xsys gksrs- R;keqGs Jh- dkVs ;kauh 4 uksOgsacj 1999 jksth lnj iz'u mifLFkr dsys R;kuqlkj iq<hy fu.kZ; lokZeqers ?ks.;kr vkyk- mivfHk;ark ;kauh ;ksX; ekfgrhlg lHksr gtj jgkos- 3000 iksrh ok;k xsyY;k flesaVph l[kksy pkSd'kh d:u rkRdkG vgoky lknj dj.;kpk vkns'k ns.;kr vkyk-[67]

fi.;kps ik.kh iqjoBk dj.kkÚ;k fofgjhoj oht dusD'ku ns.;kl foyac ykoyk tkr gksrk- iokjokMh] nsodrsokMh] fpapksyh xk;xOgk.k] caMxjokMh ;sFkhy foghjhoj xzkeiapk;r iqjoBk foHkkxkus dusD'kuph okjaokj ekx.kh d:ugh dusD'ku ns.;kl VkGkVkG dsyh tkr gksrh- R;keqGs Jh- dkVs ;kauh 4 uksOgsa 1999 P;k feVhaxe/;s gk iz'u mifLFkr dsyk- R;kuqlkj dusD'ku rkRdkG ns.;kpk vkns'k lokZuqers fnyk-[68]

1999&2000 ;k o"kkZph lkaxksyk rkyqD;kph jks- g- ;kstuk varxZr QGckx ykxoMhph eqnr 30 vkWDVkscj 1999 jksth lai.kkj gksrh- ;k o"khZ ;k rkyqD;kr Qkjp m'khjk ikÅl iMysyk gksrk- R;keqGs dkgh fBdk.kh 'ksrdÚ;kauh ?ksrysY;k [kM~M;kr ik.kh lkpys gksrs- dkgh fBdk.kh [kM~Ms ?ksrk ;sr uOgrs- v'kh 30 vkWDVkscj 1999 v[ksjph fLFkrh gksrh- R;keqGs 'ksrdÚ;kauk ykHk ?ksrk ;s.kkj uOgrk- ;keqGs Jh- dkVs ;kauh 4 uksOgsacj 1999 jksthP;k feVhaxe/;s gk iz'u mifLFkr dsyk- R;kuqlkj lnj ;kstusph eqnr ok< 31 fMlsacj 1999 v[ksj ns.;kpk fu.kZ; lokZuqers ?ks.;kr vkyk- rls ek- vf/k{kd d`"kh vf/kdkjh lksykiwj ;kauk dGfoys-[69]

Jh d`".kk ckiw dksGsdj

Jh- dksGsdj] lkaxksyk ia-l- 1997 o 2001 yk fuoMwu vkys- 1997&98 e/;s eksgksG rkyqD;kr QÚ;k jksxkauh vusd tukojs nxkoyh- ;keqGs 'ksrdÚ;kaps vrksukr uqdlku >kys- ;kckcrP;k ckrE;k rRdkyhu LFkkfud orZekui=kr vkysY;k gksR;k- ;ko:u ;k ?kVusph rhozrk y{kkr ;srs- eksgksG rkyqdk lkaxksyk rkyqD;k 'kstkjpk rkyqdk vlY;keqGs eksgksG rkyqD;klkj[kh ifjfLFkrh lkaxksyk rkyqD;kr mn~Hkow u;s Eg.kwu Jh- dksGsdj ;kauh 14 lIVsacj 1998 jksth ;kckcrpk Bjko ekaMyk- R;kuqlkj i'kqlao/kZu foHkkxkus rkyqD;krhy loZ xkokae/;s QÚ;k jksx izfrca/kd jksx Rojhr Vkspkoh- v'kh lwpuk lokZuqers ns.;kr vkyh-[70]

Lkkaxksyk rkyqD;krhy dks.kR;kgh izkFkfed vkjksX; dsanzkr iksLVekVZeph lks; miyC/k ulY;keqGs xzkeh.k Hkkxkrhy gks.kkÚ;k vi?kkrh fu/kukP;k osGh ukxfjdkaph xSjlks; gksr gksrh- R;keqGs iksLVekVZe :e lqfLFkrhr] vR;ko';d lkfgR; o deZpkjh oxZ miyC/k vl.ks xjtsps gksrs- ;kckcr ukxfjdkadMwu vusd osGk lwpukgh vkysY;k gksR;k- R;keqGs Jh- dksGsdj ;kauh ;kckcrpk Bjko fnukad 20 es 2000 jksth ekaMyk- R;kuqlkj vYicpr vuqnkukrwu ojhy lks;h izkFkfed vkjksX; dsanzkauk miyC/k d:u ns.ks ckcr lHkkx`gkus ekU;rk fnyh- ;k lanHkkZph ekfgrh ek- ftYgkf/kdkjh] lksykiwj] eq[; dk;Zdkjh vf/kdkjh] lksykiwj o vkjksX; vf/kdkjh ft- i- lksykiwj ;kauk dGfo.;kpk fu.kZ; ?ks.;kr vkyk-[71]

lanHkZ

1- doBsdj fo-xks- ¼laiknd½ lkaxksys uxjifj"kn] lkaxksys Lejf.kdk] ia<jiwj] 1979] n-l- tk/ko ;kapk ys[k-

2- lkaxksys uxjifj"kn [krko.kh] 1856

3- xOguZesaV vkWQ egkjk"V^a] egkjk"V^a LVsV xW>sV] lksykiwj ftYgk xOguZesaV fizaVhax iszl ckWEcs] 1977] i`"B Ø- 3

4- dYir: vkf.k vkuano`Ùk fn- 4 tqyS 1949] i`"B Ø- 1

5- tujy desVh izksflMhax lkaxksyk uxjikfydk fnukad 5 tkusokjh 1987] vuq- 14 i`"B Ø- 45

6- fdÙkk] fnukad 26 ,fizy 1994] vuq- 6] i`"B Ø- 53

7- fdÙkk] fnukad 28 Qscqzokjh 1994] vuq- 20] i`"B Ø- 35

8- fdÙkk] fnukad 28 Qscqzokjh 1994] vuq- 22] i`"B Ø- 36

9- fdÙkk] fnukad 3 Qscqzokjh 1987] vuq- 3] i`"B Ø- 55

10- fdÙkk] fnukad 3 Qscqzokjh 1987] vuq- 6] i`"B Ø- 59

11- fdÙkk] fnukad 03 Qscqzokjh 1987] vuq- 4] i`"B Ø- 57

12- fdÙkk] fnukad 27 Qscqzokjh 1987] vuq- 9

13- fdÙkk] fnukad 27 es 1987] vuq- 18] i`"B Ø- 113

14- fdÙkk] fnukad 5 tkusokjh 1987] vuq- 27 ¼4½] i`"B Ø- 53

15- fdÙkk] fnukad 10 twu 1987] vuq- 16] i`"B Ø- 112

16- fdÙkk] fnukad 7 vkWDVkscj 1993] vuq- 4] i`"B Ø- 67

17- fdÙkk] fnukad 12 lIVsacj 1994] vuq- 24] i`"B Ø- 110

18- fdÙkk] fnukad 26 ,fizy 1994] vuq- 4] i`"B Ø- 52

19- fdÙkk] fnukad 19 tqyS 1988] vuq- 14 ¼45½] i`"B Ø-
64

20- fdÙkk] fnukad 7 ekpZ 1993] vuq- 29] i`"B Ø- 81

21- fdÙkk] fnukad 28 Qscqzokjh 1994] vuq- 19] i`"B
Ø- 35

22- fdÙkk] fnukad 12 lIVsacj 1994] vuq- 46] i`"B Ø-
120

23- fdÙkk] fnukad 28 Qscqzokjh 1994] vuq- 10] i`"B
Ø- 31

24- fdÙkk] fnukad 26 ,fizy 1994] vuq- 5] i`"B Ø- 52

25- fdÙkk] fnukad 24 ekpZ 1999] vuq- 6] i`"B Ø- 36

26- fdÙkk] fnukad 25 es 1999] vuq- 12] i`"B Ø- 79

27- fdÙkk] fnukad 24 ekpZ 1999] vuq- 11] i`"B Ø- 39

28- fdÙkk] fnukad 4 uksOgsacj 1999] vuq- 37] i`"B Ø-
106

29- fdÙkk] fnukad 5 tkusokjh 1987] vuq- 17] i`"B Ø-
47

30- ek.kns'k lekpkj] fnukad 18 ekpZ 1989] i`"B Ø- 2

31- fdÙkk] fnukad 5 es 1987] vuq- 25] i`"B Ø- 51

32- dkiMf.kl n- xks-] iapk;r jkt Hkkx & 1 i`"B Ø- 40]
41

33- fdÙkk] i`"B Ø- 186

34- fdÙkk] i`"B Ø- 42

35- nSfud egkjk"Vª VkbEl] fnukad 8 twu 1979] i`"B Ø-
1

36- lkaxksyk iapk;r lferh] tujy dfeVh izksflMhax]
fnukad 9 twu 1981] Bjko uacj 12] i`"B Ø- 181

37- fdÙkk] fnukad 5 Qscqzokjh 1985] Bjko ua- 30] i`"B Ø- 87

38- fdÙkk] fnukad 11 uksOgsacj 1992] Bjko ua- 110] i`"B Ø- 149

39- fdÙkk] fnukad 9 twu 1981] Bjko ua- 11] i`"B Ø- 177

40- fdÙkk] fnukad 5 Qscqzokjh 1985] Bjko ua- 36] i`"B Ø- 93

41- fdÙkk] fnukad 30 lIVsacj 1988] Bjko ua- 307] i`"B Ø- 201

42- fdÙkk] fnukad 8 ,fizy 1986] Bjko ua- 62] i`"B Ø- 291

43- fdÙkk] fnukad 28 vkWxLV 1986] Bjko ua- 96] i`"B Ø- 57

44- fdÙkk] fnukad 21 uksOgsacj 1980] Bjko ua- 14] i`"B Ø- 70

45- fdÙkk] fnukad 17 ekpZ 1981] Bjko ua- 4] i`"B Ø- 143

46- fdÙkk] fnukad 1 vkWDVkscj 1985] Bjko ua- 129] i`"B Ø- 199

47- fdÙkk] fnukad 25 es 1995] Bjko ua- 18] i`"B Ø- 124

48- fdÙkk] fnukad 14 ,fizy 1981] Bjko ua- 14] i`"B Ø- 158

49- fdÙkk] fnukad 2 ekpZ] ,fizy 1985] Bjko ua- 57] i`"B Ø- 115

50- fdÙkk] fnukad 25 uksOgsacj 1988] Bjko ua- 148] i`"B Ø- 29

51- fdÙkk] fnukad 28 fMlsacj 1990] vk;rsosGpk Bjko] i`"B Ø- 256

52- fdÙkk] fnukad 3 ekpZ 1993] Bjko ua- 133] i`"B Ø- 181

53- fdÙkk] fnukad 17 vkWxLV 1995] Bjko ua- 43] i`"B Ø- 154

54- fdÙkk] fnukad 30 tqyS 1994] Bjko ua- 51] i`"B Ø- 25

55- fdÙkk] fnukad 20 twu 1992] Bjko ua- 26] i`"B Ø- 48

56- fdÙkk] fnukad 20 twu 1992] Bjko ua- 27] i`"B Ø- 49

57- fdÙkk] fnukad 21 twu 1995] Bjko ua- 25] i`"B Ø- 131

58- fdÙkk] fnukad 14 lIVsacj 1998] Bjko ua- 169] i`"B Ø- 14

59- fdÙkk] fnukad 14 lIVsacj 1998] Bjko ua- 170] i`"B Ø- 16

60- fdÙkk] fnukad 22 Qscqzokjh 1999] Bjko ua- 223] i`"B Ø- 79

61- fdÙkk] fnukad 20 uksOgsacj 1998] Bjko ua- 190] i`"B Ø- 38

62- fdÙkk] fnukad 27 tkusokjh 1999] Bjko ua- 214] i`"B Ø- 63

63- fdÙkk] fnukad 28 fMlsacj 1998] Bjko ua- 200] i`"B Ø- 48

64- fdÙkk] fnukad 28 fMlsacj 1998] Bjko ua- 205] i`"B Ø- 53

65- fdÙkk] fnukad 18 es 1999] Bjko ua- 256] i`"B Ø- 105

66- fdÙkk] fnukad 25 tqyS 2001] Bjko ua- 562] i`"B Ø- 18

67- fdÙkk] fnukad 4 uksOgsacj 1999] Bjko ua- 300] i`"B Ø- 45

68- fdÙkk] fnukad 4 uksOgsacj 1999] Bjko ua- 301] i`"B Ø- 45

69- fdÙkk] fnukad 4 uksOgsacj 1999] Bjko ua- 307] i`"B Ø- 49

70- fdÙkk] fnukad 14 lIVsacj 1998] Bjko ua- 171] i`"B Ø- 17

71- fdÙkk] fnukad 20 es 2000] Bjko ua- 391] i`"B Ø- 32

izdj.k 5

'ksrdjh dkexkj i{k vkf.k LFkkfud usr`Ro

lksykiwj ftYg;krhy 'ksrdjh dkexkj i{kkP;k usr`Rokpk fopkj dsY;kl i{k LFkkiusiklwu ftYg;krhy usR;kauh egRokph Hkwfedk ctkoysyh fnlwu ;srs- ts/ks] eksjsP;k cjkscj lksykiqjkrhy fo'okljko QkVs] ujflax rkR;k ns'keq[k] 'kadjklik /ku'ksV~Vh] jkolkgsc iraxs] ckcwjko ikVhy&vuxjdj] ;kaps dk;Z mYys[kuh; vkgs- ijarq lIVsacj 1955 e/;s rqG'khnkl tk/kokauh i{kkarj dsY;kuarj ftYg;krhy cgqrka'k usR;kauh o dk;ZdR;kZauh i{kkarj dsys-

1955 uarj HkkbZ ,l~- ,e~- ikVhy] fo'okljko QkVs] jkolkgsc iraxs] HkkbZ x.kirjko ns'keq[k] jkepanz ok?keksMs] olarjko ikVhy] txUukFk fyxkMs] txUukFk dksGsdj] ekf.kdjko ckcj] panzdkar dqeBsdj] panzdkar fuackGdj] lqHkk"kjko Mqjs&ikVhy] Kkus'oj ikVhy] i`Fohjkt pOgk.k] xksfoanjko tk/ko] f'kokthjko {khjlkxj] ltsZjko lxj] eqjyh/kj Fkksjkr bR;knhuh i{kkyk usr`Ro fnys-

1952 e/;s fo/kkulHksrhy ifgyk fojks/kh i{kusrk Eg.kwu lksykiwj ftYg;krhy rqG'khnkl tk/kokaph fuoM >kyh gksrh- rj 1978 e/;s ;k i{kkrhy ifgyk dWfcusV ea=h' inkpk eku ;kp ftYg;krhy lkaxksyk ernkj la?kkrhy HkkbZ x.kirjko ns'keq[k ;kauk feGkyk- ;ko:u 'ksrdjh dkexkj i{kkpk vfoHkkT; ?kVd Eg.kwu lksykiwj ftYg;kpk mYys[k djrk ;sbZy- tkxfrd lwrfxj.;kapk fopkj dsY;kl vusd lwrfxj.;k dkGkP;k vks?kkr can iMysY;k vkgsr- ijarq lkaxksyk rkyqD;krhy 'ksdkips usr`Ro HkkbZ ukuklkgsc fyxkMs pkyfor vlysyh lkaxksyk rkyqdk 'ksrdjh lgdkjh lwrfxj.kh vkf'k;k [kaMkr ekukps LFkku fVdowu vkgs-

1- HkkbZ olarjko vIikjko ikVhy

Lkkaxksyk rkyqD;kus vusd pkaxyh ek.kls lektkyk fnyh vkgsr- pkaxyh ek.kls v'kk vFkkZus dh ts lektkps usr`Ro d: 'kdrhy] vkiY;k dr`ZRokP;k tksjkoj lektkps dkghrjh Hkys d: 'kdrhy] xksjxjhc tursP;k iz'ukr jl ?ksÅ 'kdrhy] fodkl dkekr Hkkx ?ksÅ 'kdrhy] Jh x.kirjko ns'keq[k ;kaP;k rkyehr r;kj >kysys olarjko ikVhy gs ;kiSdhp ,d vkgsr- 'ksrdÚ;kaP;k iz'ukckcr iksVfrMdhus cksy.kkjk ,d vH;klw oDrk Eg.kwu rs lksykiwj ftYg;krhy fofo/k i{kkrhy yksdkauk ifjfpr gksrs- vkS|ksfxd] 'kS{kf.kd] lkekftd] jktdh;] vkfFkZd] lgdkj] ftYgk ifj"kn] iapk;r lferh] c¡dk v'kk fofo/k {ks=kr olarjko ikVykauh vkiyk Lor%P;k osxGk vlk Blk meVfoyk- fodkl dkekr vkf.k jktdkj.kkr R;kaps brjka'kh erHksn >kys vlrhy ijarq ,d vH;klw xksjxjhc 'ksrdÚ;kaP;k iz'ukoj iksVfrMdhus cksy.kkjk oDrk dk;ZdrkZ Eg.kwu R;kaph [;krh osxGhp gksrh-

Lkkaxksyk rkyqD;krhy uk>js xkoh 10 Qscqzokjh 1940 jksth ,dk lkekU; dqVqackr olarjkokapk tUe >kyk- fofo/k fBdk.kh R;kauh vkiys f'k{k.k iw.kZ dsys- ,y~-,y~-ch- ps f'k{k.k laiY;kuarj R;kauh dkgh dkG ofdyhpk O;olk; dsyk-lkaxksyk ;sFks ofdyh djrkuk lkaxksyk ckj vlksf'k,'kups v/;{k Eg.kwu dke ikfgys-[1] x.kirjko ns'keq[k ;kaP;k usr`Rok[kkyh dke dj.;kl lqjokr dsY;kuarj R;kauh loZp {ks=kr x:M>si ?ksryh- lkaxksyk rkyqD;kpk lokZaxh.k fodkl >kyk ikfgts ;klkBh Jh- x.kirjko ns'keq[k ;kaP;k cjkscjhus

R;kauh loZrksijh iz;Ru dj.;kl izkjaHk dsyk- 'ksrdjh dqVqackrhy xksjxjhc eqyk eqyhauk f'k{k.k feGkos Eg.kwu R;kauh 'kS{kf.kd {ks=krsgh mYys[kuh; dk;Z dsys- 1989 e/;s 'ksrdjh f'k{k.k eaMGkph LFkkiuk d:u 1992 e/;s foKku egkfo|ky;] Jh/kj dU;k iz'kkyk pkyw d:u R;kauh f'k{k.k {ks=kr Hkjho dkefxjh dsyh- ftYgk ifj"knsps lHkkx`g vlks] c¡dsph cSBd vlks fdaok dkj[kkU;kph lHkk vlks v'kk vusd fBdk.kh olarjko ikVykauh xksjxjhc nhunfyr 'ksrdÚ;kaP;k iz'ukoj vH;kliw.kZ vkf.k iksVfrMdhus cktw ekaMwu iz'u lksMfo.;kps lkrR;kus iz;Ru dsys- fofo/k fo"k;kaoj cktw ekaMrkuk rs vkdMsokMhuqlkj vH;kliw.kZ cksyr-rsaOgk leksjhy vf/kdkjh inkf/kdkjh lnL;kaukgh R;kaP;kiq<s ek?kkj ?;koh ykxr gksrh- R;kaP;k lwpukapk vknj dj.;kpsgh R;kaP;k jktdh; fojks/kd fe=kauh d/khgh VkGys ukgh-[2] ;ko:u R;kaP;k dk;Zi)rhoj izdk'k iMrks-

1972 e/;s lkaxksyk iapk;r lferhps lHkkirh Eg.kwu dke dj.;kph R;kauk la/kh feGkyh- ftYgk e/;orhZ c¡dsps lapkyd Eg.kwu r;kauh 15 o"ksZ dke ikfgys- ;kp njE;ku lkaxksY;klkj[;k vkS|ksfxd o HkkSxksfyd n`"V;k ekxkl Hkkxkpk fodkl dj.;klkBh x.kirjko ns'keq[k ;kaP;k ekxZn'kZuk[kkyh 1980 e/;s 'ksrdjh lgdkjh lwr fxj.kh e;kZ- lkaxksysph LFkkiuk dsyh o 1997 i;Zar lyx 17 o"ksZ R;kauh psvjeu Eg.kwu inHkkj lkaHkkGyk-[3] iz'kklukP;k ckcr R;kauh lwrfxj.khps ukao ns'kHkjkr vkf.k txHkjkr dsys- lwrfxj.khP;k ek/;ekrwu lkekftd ckaf/kydh Eg.kwu vusd lkekftd miØe lq: dsys- Jh- ikVhy ;kauh lwr mRiknu o 'ksrh {ks=krhy l[kksy v|k;kor Kku feGo.;klkBh teZuh] tiku] bL=kbZy ;k ns'kkapk vH;kl nkSjkgh dsyk-[4]

lwr fxj.kh gh vfydMP;k dkGkr dsoG dkexkjkalkBh jkfgyh uOgrh- rj ;k lwr fxj.khP;k ekQZr olarjko ikVykauh fofo/k lkekftd miØe lq: dsys- nq"dkGh Hkkxkrhy tursykgh lwrfxj.kh fnyklk vkgs- ekxZn'kZd vkgs- R;kaps iz'kklu gk lwrfxj.khP;k ;'kkrhy egRokpk okVk vkgs- xzkeh.k Hkkxkrhy turspk 'ksrh gk dsanzfcanw vkgs- R;kpcjkscj R;kaP;k tksMhyk lgdkj vlyk Eg.kts loZlkekU;kaps loZlkekU; iz'u lqV.;kl uDdhp gkrHkkj ykxrks- gk mís'k Bsowup olarjko ikVykauh fxj.khP;k ek/;ekrwu xkaMwG 'ksrh] js'khe izdYi] 'ksGhikyu] fofo/k QGckxkalkBh ykxoM] 'ksrhfo'k;d vH;kl f'kchj vls fofo/k miØe lq: dsys-[5] dsoG js'kekps dks"k O;kikÚ;kauk fod.;kis{kk R;kps js'khe lwr r;kj d:u rs fodY;kl vf/kd Qk;n;kps Bjrs- rs vksG[kwu R;klkBh ;a=lkeqxzh mHkh dsyh- xkaMwG 'ksrhps uos ra=Kku 'ksrdÚ;kai;Zar iksgpfo.;klkBh lwrfxj.khP;k ifjljkr rs miyC/k dsys- lkaxksY;kP;k xjhc esa<ikGkP;k thoukr vkfFkZd lq/kkj.kk ?kMowu vk.k.;kkBh ladfjr esa<;k miyC/k d:u R;kps okVi dsys-

egkjk"Vªkr lwr fxj.;k izpaM uqdlkuhr tkr vlrkuk vR;ar usVdsi.kkus dkVdljhps o rkaf=d foHkkxkph l[kksy ekfgrh ?ksÅu lkaxksY;kph 'ksrdjh lgdkjh lwr fxj.kh u¶;kr rj pkyfoyhp i.k Hkkx/kkjd 'ksrdÚ;kauk fofo/k m|ksx O;olk;kps ra=Kku fu lgk,; miyC/k d:u fnys- ;k lwrfxj.khph HkkO; vkd"kZd bekjr Eg.kts lkaxksyk&lkaxyh jLR;kojhy izs{k.kh; LFkG vkgs- lwrkpk /kkxk rqVw u;s] rqVyk rj R;kyk xkB u nsrk lka/kko;kps lk/ku] lwrkpk mRd`"V ntkZ lkaHkkG.;kP;k v|k;kor ra=kph ekfgrh ;kpk R;kapk pkSjl vH;kl Eg.kts ,dk vH;klw O;oLFkkiukps Kku vlysys olarjko ikVhy gs O;fDreRop ;k lwrfxj.khps vlkekU; oSf'k"V; gksrs- lqrkP;k vk;kr&fu;kZrh laca/khps dsanzkps /kksj.k fdrh pqdhps fu dkj[kkÚ;kauk vMp.khr vk.k.kkjs vkgs gs rs vkdMsokjhus /kksj.kkrhy folaxrh nk[kowu R;koj vkokt mBfor vlr- R;kauh ;k izdj.kh lkIrkfgd ek.kns'k' lekpkjP;k laikndkl fnysyh eqykr cksydh fu R;kaP;k vH;klw o`Ùkhps n'kZu ?kMfo.kkjh gksrh-[6] R;kauh ijjk"Vªkr dsysY;k izoklke/;s rsFkhy lwrfxj.;kP;k rsFkhy 'kklukP;k R;k laca/khP;k /kksj.kkapk pkaxyk vH;kl dsyk gksrk- gs R;kaP;k eqyk[krho:u fnlwu ;srs-

ns'kkrhy lwr vkf.k dkiM /kank lq/kkj.;klkBh R;kauh iq<hy mik; lwpfoys- dkilkP;k fdaerh o dkiwl fu;kZrhps /kksj.k dk;e Bsokos ykxsy-nh?kZdkyhu lwr fu;kZr /kksj.k ljdkjus vk[kys ikfgts- tqU;k fxj.;kaps uwruhdj.k dj.;klkBh loyrhP;k njkus dtZiqjoBk Ogkok- fotspk [kpZ gk lwr foØhP;k fdaerhP;k tkLrhr tkLr lkr gIR;kai;Zar vlkok- ijns'kkdMwu lgk efgU;kr pkaxyh ;a= lkeqxzh feGw 'kdrs- ek= vkiY;k ns'kkdMwu pkj rs ikp o"ksZ ;a=lkexzh feGw 'kdr ukgh- rsaOgk lgk efgU;kP;k vkr ;a=lkexzh feGsy v'kh O;oLFkk vlyh ikfgts- Jh x.kirjko ns'keq[k ;kaps vH;klw o fopkjoar lgdkjh Eg.kwu rs vksG[kys tkr- dk;e nq"dkGkus gksjiG.kkÚ;k lkaxksY;kyk QGckx le`/n lkaxksyk vls eksBs jE; Lo:Ik Jh x.kirjko ns'keq[k o olarjko ikVhy ;kauh fnys- cksj fu MkfGac lkaxksY;kps oSf'k"B;

Eg.kwu vksG[kys tkÅ ykxys- R;kauk olarjko ikVykauh rkaf=d Kku miyC/k d:u fnys- lkaxksY;krwu vkB dksVh :i;kaph MkfGacs ijjk"Vªr fu ns'kkrhy izeq[k cktkjisBsr iksgprkr- cksjkaukgh v'khp ekx.kh vkgs- i{kkps ljfpV.khl Eg.kwugh R;kauh dke dsys- vlk gk vH;klw lkekU; xjhc 'ksrdjh 'ksretwj R;kaP;kcíy d.ko vlysyk fu R;kaP;klkBh jk=afnol /kMiM.kkÚ;k usR;kaps dWUljP;k jksxkus fnukad 28 fMlsacj 1998 jksth lksykiwjgwu lkaxksyk ;sFks vk.krkuk nqikjh 3 oktrk csxeiwj ;sFks fu/ku >kys-

2- HkkbZ eqjyh/kj Fkksjkr

HkkbZ eqjyh/kj Fkksjkr ;kapk tUe ia<jiwj ;sFks 1936 e/;s >kyk- vkenkj HkkbZ jkÅG ;kapk e`R;w 14 ,fizy 1958 jksth >kyk- HkkbZ jkÅGkaP;k e`R;wuarj dkexkj la?kVuk lkFkh ,y~- ,l~- tks'khuh mÙke izdkjs lkaHkkGY;k i.k R;kauh gkrh ?ksrysyk lkaxksyk rkyqD;krhy cq/nsgkG rykoklkj[;k brj dkekaps dk;\ gk iz'u mHkk jkfgyk- ;klkBh HkkbZ ltsZjko lxj ;kauh vkiyk ljdkjh uksdjhpk jkthukek fnyk- HkkbZ lxj x.kirjko ns'keq[k o HkkbZ eqjyh/kj Fkksjkr ;kauh cq/nsgkG rykokrhy tfeuh xsysY;kapk iz'u gkrh ?ksryk- HkkbZ Fkksjkr ;kauh lksuds rykokrhy 'ksrdÚ;kapk iz'u lksMfoyk- R;klkBh rs lksuds ;sFks o"kZHkj jkst ,dk 'ksrdÚ;kadMs tso.k djr- HkkbZ eqjyh/kj Fkksjkr rsOgkiklwu 'ks-dk-i- P;k >saM;k[kkyh lkoZtfud dk;Z djhr vkgsr- rs ,dnkp 1974 e/;s ia<jiwj uxjikfydk fuoM.kqdhyk mHks jkfgys o fuoMwugh vkys-[7]

ia<jiwj 'kgj vkf.k rkyqD;kr 'kgjktoGph ikp eSykrhy [ksMh blckoh] ok[kjh] VkdGh] dksVhZ]

vuoyh] xksikGiwj] 'ksxko nqeyk] dklsxko vkfn xkokrhy 'ksrdÚ;kauk eksdkV tukojkapk Hk;adj =kl gksr gksrk- lnj tukojs ia<jiwjkrhy vlwu R;kaph la[;k 200&300 gksrh- gh tukojs jk=h vijk=h tkowu 'ksrdÚ;kaP;k fidkps uqdlku djr- gk =kl 20&25 o"ksZ gksr gksrk- ;kckcr eksdkV tukojkaPkk cankscLr dj.;klkBh HkkbZ Fkksjkr ;kauh gk iz'u /klkl ykowu 1984 iklwu lacaf/kr vf/kdkÚ;kauk HksVwu ;k iz'ukl okpk QksM.;kpk iz;Ru dsyk- ifj.kkeh 10 vkWDVks 1984 jksth ia<jiwj Mkd caxY;koj ftYgkf/kdkÚ;kus feVhax ?ksÅu eksdkV tukojkapk cankscLr dj.;kpk Bjko d:u 'kklukdMs ikBowu fnyk- ;kuqlkj laiw.kZ ia<jiwj rkyqD;kr tks dks.kh vkiyh tukojs eksdkV lksMsy R;kyk ifgY;k osGP;k vijk/kkcíy 6 efgus f'k{kk gks.kkj v'kk vk'k;kps uksfVfQds'ku 15 twu 1986 jksthP;k egkjk"Vª 'kklukP;k xW>sVe/;s x`g[kkR;kus izfl/n dsyk-[8]

HkkbZ lxj ;kaP;k usr`Rok[kkyh turk i{k o ukxfjd ;kauh iq.ks foHkkxkps foHkkxh; vk;qDr panzfd'kksj eksnh ;kaP;kdMs ia<jiwj u-ik- Hkz"Vkpkjkckcr 12 dyeh ys[kh fuosnu 4 ekpZ 1987 jksth fnys- ;k Hkz"Vkpkjke/;s lnj uxjikfydsps uxjk/;{k ukjk;.k /kks=s ;kaP;k tko;kauk fnysys lqekjs 12 yk[k :i;s fderhps VsaMj izdj.k] lqekjs 2 dksVh :i;s fdaerhP;k vkjf{kr tkxk ewG ekydkauk ijr ns.;kps izdj.k] 'kkWfiax lsaVjP;k tkxsps fMikW>hV o HkkMs olwyh izdj.k bR;knh ckchpk ri'khyokj mYys[k foHkkxh; vk;qDrkauk fnysY;k fuosnuke/;s dj.;kr vkyk gksrk-[9] ;kph n[ky ?ksÅu miftYgkf/kdkjh Jh- izdk'k ns'keq[k

;kaph pkSd'kh vf/kdkjh Eg.kwu use.kwd >kyh- fg'kksc rikl.khuarj 28 izdj.kkr lqekjs 30&40 yk[kkis{kk tkLr Hkz"Vkpkj >kY;kps vk<Gwu vkys- ;k Hkz"Vkpkjkfo:/n HkkbZ Fkksjkr ;kauh izFke vkokt mBfoyk- ;k Hkz"Vkpkjklaca/kh 20 tqyS 1987 jksth fo/kkulHksrgh loZJh x.kirjko ns'keq[k] ,u~-Mh- ikVhy] lkoar] nRrk ikVhy b- vkenkjkauh vkokt mBfoyk- rFkkfi ;k izdj.kkpk rikl pkyw vly;kps lkax.;kr vkys- uarj 11 uksOgsacj 1987 jksth gh gk iz'u miflFkr dsyk vlrk ea=h egksn;kauh nksu efgU;kph eqnr ekfxryh-[11] ,fizy 1989 e/;s 20 yk[k lkeqnkf;d Hkz"Vkpkj izdj.kh lacaf/krkdMwu laca/khr jDde olwy dj.;kr ;koh- vlk 'kklukus vkns'k fnyk-[12] uxjikfydk dkjHkkjkph iw.kZ pkSd'kh gksÅu foHkkxh; vk;qDr iq.ks ;kauh ;sFkhy 18 uxj lsodkadMwu ;k izdjh 39 gtkj 48 :i;s olwy dj.;kP;k uksVhlk dk<Y;k- gh jDde ,d efgU;kP;k eqnrhr Hkjko;kpk vkns'k fnyk- rls u >kY;kl fu;ekrhy rjrqnhuqlkj gh jDde tehu eglwy Fkdckdh Eg.kwu olwy dj.;kpk vkns'k iq.;kP;k foHkkxh; vk;qDrkauh vkWDVkscj 1990 e/;s fnyk-[13] egkjk"Vªkrhy 225 uxjikfydkiSdh izpaM izek.kkr rØkjh o uxjlsodkdMwu fjdOgjh olwy djkoh Eg.kwu vkWMZj fjiksVZ gks.kkjh ia<jiwj uxjikfydk gh ,deso uxjikfydk vkgs-[14] ia<jiwj uxjikfydsrhy Hkz"Vkpkj ckgsj dk<.;kps cjspls Js; eqjyh/kj Fkksjkr ;kauk tkrs-

1989 e/;s ia<iwj uxjikfydk vf/kdkjkrhy ty fu%Llkj.k eaMGkP;k dk;kZy;kxr vlysyh vankts ikÅ.k yk[k :i;s fderhph eksBh >kMs rksMwu uxjikfydk lnL; o deZpkÚ;kauh laxuerkus ijLij fodyh- ;kaP;koj dkjokbZ djkoh v'kh ys[kh ekx.kh eqjyh/kj Fkksjkr] nÙkk Hkkos o dkW- 'kgj v/;{k ;kauh izkar izdk'k ikVhy ;kauk 30 vkWDVkscj 1989 jksth dsyh-[15] ia<jiwj ;sFkhy e`nla/kkj.k dk;kZy; dksjMokgw 'ksrdÚ;kaP;k n`"Vhus vR;ar egRokps vlwu 'ksrdÚ;kaP;k mi;ksxh ukyk cafMax] dksjMokgw tehu likVhdj.k] ouhdj.k] ukyk likVhdj.k] fpcM tehu lq/kkj.kk gh dkes ;k dk;kZy;kekQZr dsyh tkrs-loZlk/kkj.ki.ks ljdkjh deZpkÚ;kaph cnyh es fdaok twu e/;s dsyh tkrs- rlsp dk;kZy;kps LFkykarjgh ;kp dkGkr dsys tkrs- ijarq ia<jiwj e`n la/kkj.k dk;kZy;kps LFkykarj ekpZ 1989 e/;s vpkudi.ks dsY;keqGs R;k deZpkÚ;kP;k eqykaps 'kS{kf.kd uqdlku gks.;kph 'kD;rk gksrh- eqykaP;k ijh{kk laisi;Zar v'kk izdkjps LFkykarj dsys tkÅ u;s vls R;k [kkR;krhy deZpkÚ;kaps Eg.k.ks gksrs- f'kok; 'ksrdÚ;kapsgh uqdlku gks.kkj gksrs- ijarq lnj dk;kZy;kps LFkykarj dj.;kpk fu.kZ; d`f"k lapkydkauh fnyk gksrk- rks veykr vk.kyk rj 'ks-dk-i- vkanksyu dj.kkj vlY;kps HkkbZ Fkksjkr ;kauh 17 ekpZ 1989 jksth lkafxrys o lnj dk;kZy; LFkykarj d: u;s vls fuosnu fnys-[16] lnj dk;kZy;kP;k dk;Z{ks=kr 6 xkos ;sr vlwu izfro"khZ lqekjs 70 yk[k :Ik;kaph dkes dsyh tkr vlrkuk dsoG jktdh; LokFkkZiksVh gk fu.kZ; ?ksryk gksrk- ;keqGs lnj dk;kZy;kps LFkykarj d: u;s vlk vkns'k d`f"kea=h foykljko ns'keq[k ;kauh ,fizy 1989 e/;s fnyk-[17]

vkSnqacj ikVhy pWfjVscy V^aLVus foB~By lgdkjh lk[kj dkj[kkuk lHklnkadMwu iSls xksGk d:u ia<jiwj ;sFkhy deZohj HkkÅjko ikVhy egkfo|ky;kleksj

foB~By :X.kky;kph eksBh bekjr uxjikfydsph ijokuxh u ?ksrk o vkS|ksfxd >ksu gs vkj{k.k vlrkuk 1997&98 yk cka/kyh- ;k :X.kky;kps cka/kdke pkyw vlrkukp rsFks eqjyh/kj Fkksjkr ;kauh ;k lanHkkZr rlsp mek egkfo|ky;kP;k cka/kdkeklanHkkZr rØkj dsyh o cka/kdke Rojhr Fkkacfo.;kcíy uxjikfydsyk dGowu lacaf/krkoj dkjokbZ dj.;kph ekx.kh mPp U;k;ky;kr dsyh- mPp U;k;ky;kus :X.kky;kP;k cka/kdkeklkBh tso<k [kpZ dsyk- rso<kp naM dj.;kps vkns'k ,fizy 1998 e/;s fnys-[18] lnj gkWfLiVy yodj lq: Ogkos vls Fkksjkr ;kaps er gksrs- ijarq dk;ns'khj ckchph iwrZrk d:u turspk iSlk lqjf{kr Bsokok v'kh R;kauh ,fizy 1999 e/;s ekx.kh dsyh-[19] Jh lqHkk"k Hkkslys gs 29 es 1990 rs 17 tkusokjh 1991 ;k dkyko/khr ia<jiwj uxjikfydsps v/;{k gksrs- R;kauh vkiY;k fojaxqGk ;k ijfeV :ee/;s vlysY;k nk:P;k ckVY;kaph tdkr eksB;k izek.kkr pqdfoY;kps ukxjh lsok eaMGkps ok- uk- mRikr o brj uxjlsod rlsp 'ks-dk-i- ps eqjyh/kj Fkksjkr ;kauh fun'kZukl vk.kys- ;kckcr lksykiwjP;k ftYgkf/kdkÚ;kauh nk:canh vkf.k mRiknu 'kqYd [kkR;kdMs lfoLrj pkSd'kh dsY;kus Hkkslys ;kauh 17 yk[k 55 gtkj :i;kaph nk: [kjsnh dsyh o R;kiSdh QDr 64 gtkj 975 :i;s fdaerhP;k ekykph tdkr Hkjysyh fnlwu vkyh-[20]

FkksMD;kr Jh- eqjyh/kj Fkksjkr ;kauh cq/nsgkG o lksuds rykok[kkyh tfeuh xsysY;k yksdkapk iz'u ia<jiwj uxjikfydsrhy Hkz"Vkpkj] ia<jiwjkrhy eksdkV tukojkapk iz'u e`n la/kkj.k dk;kZy; iz'u] vukf/kd`r cka/kdkekP;k iz'ukauk okpk QksM.;kpk iz;Ru dsyk-

3- Jh xksfoan t;jke tk/ko

;kapk tUe 1 twu 1940 jksth lkaxksyk ;sFks >kyk- 7 oh i;Zarps f'k{k.k ft- i- ejkBh 'kkGk lkaxksyk ;sFks >kys- iq<hy f'k{k.k ?kjP;k ifjfLFkrheqGs ?ksrk vkys ukgh- ;k dkyko/khr lqjokrhyk R;kauh xqjs jk[kyh o uarj e.ksjhP;k nqdkukr dkekyk tkow ykxys- ;k nqdkukr efgU;kyk 16 :i;s jkstxkj feGs- ;kuarj 'ksrdjh la?kkr dke dsys- rsFks R;kauk lqjokrhyk 40 :Ik;s o uarj 75 :Ik;s jkstxkj feGs- ;k dkGkr pkan.ks ;kaP;keqGs rqG'khnkl tk/koka'kh ifjp; >kyk- 1952 o 1957 P;k lkaxksyk fo/kkulHksP;k fuoM.kqdhr R;kauh 'ks-dk-i- P;k mesnojkapk ¼jkolkgsc iraxs o t;flaxjko iokj odhy½ izpkj dsyk- 1958 yk d`".kk vkck uuojs ;kaph f}rh; dU;k jRukckbZ fgP;k'kh fookg >kyk-

x.kirjko ns'keq[kkauh 1959 yk ,l~-,e~- ikVykaP;k v/;{krs[kkyh Økarhflag ukuk ikVykauk cksykowu lkaxksY;kr ik.kh ifj"kn ?ksryh o ukuk ikVykaph 101 xkM;krwu fejo.kwd dk<yh ;k dk;ZØekr R;kauh fgjhjhus Hkkx ?ksryk- 1962 P;k fo/kkulHksP;k fuoM.kqdhr lkaxksyk ernkj la?kkrwu 'ks-dk-i- rQsZ x.kirjko ns'keq[k mHks jkfgys gksrs- ;k fuoM.kqdhr 'kjQíhu eqyk.kh] fo-uh-dkacGs] ia-uk- ns'kikaMs] gqlsuHkkbZ jetku rkacksGh] MkW- dsGdj] panzdkar dqeBsdj ;kaP;kcjkscj xksfoanjko tk/kokauh fuoM.kqdhpk izpkj dsyk-

1967 P;k lkaxksyk u- ik- fuoM.kqdhr xksfoanjko tk/ko 'ksdkirQsZ ifgY;kank mesnokj Eg.kwu okMZ ua- 1 e/kwu dkW- P;k j?kqukFk fcuoMs fojks/kkr mHks jkfgys o fcuoMspk 200 erkauh ijkHko d:u rs fot;h

>kys-[21] ;k fuoM.kqdhr 9 'ks-dk-i- o 6 dkW- ps mesnokj fuoMwu vkys- 'ks-dk-i- ps 9 mesnokj iq<hyizek.ks & 1-xksfoanjko tk/ko 2-olar xqGfejs 3-Jh/kj nkSaMs 4-nxMw [kksMcqGs 5-/kuat; pkaMksys 6-Kkuq n'kjFk uk;dqMs 7-fttkckbZ j.kfnos 8-MkW-xksikG ds'ko Mchj 9-Hkkuqnkl ujgj dkacGs ;kosGsh ifgys ,do"ksZ olarjko xqGfejs v/;{k vlrkuk xksfoan tk/ko mik/;{k gksrs- frlÚ;k o"khZ xksfoan tk/ko v/;{k o 'kksHkurkjk >ids mik/;{k gksR;k-

Xkksfoanjko tk/ko 1985 P;k fuoM.kqdhr 1 uacj okMkZrwu dkW- P;k efYydktqZu ?kksaxMsP;k fojks/kkr mHks jkfgys o 400 erkauh fot;h >kys- ;kosGh 20 iSdh 10 'ks-dk-i- mesnokj fot;h >kys- rs iq<hy izek.ks 1-xksfoanjko tk/ko 2-Jh/kj nkSaMs 3-cyfHke pkaMksys 4-izHkkdj ekGh 5-Nk;k rsyh 6-ckiw culksMs 7- olarjko iqtkjh 8-HkkÅlkgsc fcys 9-ek:rh cudj 10-ukenso xstxs

1996 P;k uxjikfydk fuoM.kqdhr okMZ uacj 17 e/kwu dkW P;k /kksaMhjke t;jke tk/kokaP;k fojks/k xksfoanjko tk/ko ;kauh 'ks-dk-i- rQsZ fuoM.kwd y<foyh- R;kr rs 265 erkauh fot;h >kys- ;k osGh 'ks-dk-i- ps 9 o dk¡xzslps 8 mesnokj fot;h >kys- ;k VeZe/khy 'ksoVph nksu o"ksZ rs uxjk/;{k gksrs- R;kaP;k dkjfdnhZr iq<hy dkes iw.kZ >kyh-[22]

okM Z uacj	**v- ua-**	**dkekps uko**	**jDde**
1	**1**	lkaxksyk vdywt jLrk lhMh odZ	**9]920**
	2	fpapksyh jLrk lhMh odZ	**9]111**

	3	ik.khiqjoBk ;kstuk	1]74]000]
2	1	ekdsZV ;kMZ jLrk lhMh odZ	8]784
	2	fo|kuxj olkgr jLrs [kMhdj.k	65]226
	3	ekraxokMk lekteafnj dqai.k	1]60]472
	4	ekraxokMk lkos jLrk	1]18]784
3	1	fcysokMh izkFkfed 'kkGk cka/k.ks	2]11]880
	2	dksiVsoLrh ik.kh iqjoBk	95]000
	3	fejt ia<jiwj jLrk eyek Vkd.ks	9]933
4	1	Hkheuxj LoPNrkx`g cka/k.ks	1]38]444
	2	fejt ia<jiwj gk;os rs Le'kkuHkweh xVkj cka/k.ks	16]94]298
5	1	yasMos iwyktoGhy xVkj nq:Lrh	8]255
	2	vks<;krhy iksfyl pkSdh rs HkheuxjdMs tk.kkÚ;k jLR;kojhy [kM~Ms cwtfo.ks	11]111
	3	feyhVªhjsLV gkÅlps] fejt ia<jiwj jLrk [kM~Ms cwtfo.ks	10]489
6	1	HkaMkjh ?kj & l,;n ?kj rs rkacksGh ?kj xVkj nq:Lrh	5]156
	2	mek cq:MÚlÙkkj rkacksGh ?kj xVkj nq:Lrh	6]443
	3	Uksg: pkSd & iksfyl pkSdh jLr;kojhy [kM~Ms cwtfo.ks	13]356
	4	l,;n ?kj & iSyoku ?kj jLrk dk¡ØhVhdj.k	2]14]582
	5	dSdkMh xYyh lekteafnjkoj vH;kfldk cka/k.ks	1]47]981
7	1	Hkkth eaMbZ toGhy xVkj cka/k.ks	13]254
	2	e.ksjh pkSd jLR;kojhy [kM~Ms cwtfo.ks	10]624
	3	fejt xsV rs e- Qqys pkSd & usg: pkSd [kM~Ms cwtfo.ks	10]013
	4	dksVkZiklwu Eglksck nsoky;ki;Zar	5]739

		jLrk [kMhdj.k	
8	**1**	dqaHkkj xYyh rs caxyksdj ?kj jLrk dk¡ØhVhdj.k	**10]280**
	2	jkenklh ?kj rs xk;dokM ?kj jLrk dk¡ØhVhdj.k	**10]280**
	3	;'kksnk gkWLihVytoG xVkjhoj iwy cka/k.ks	**42]228**
9	**1**	Lokeh eafnj rs ia<jiwj c¡d [kM~Ms cwtfo.ks	**8]617**
	2	ia<jiwj vcZu cWadsP;k if'pesl xVkj cka/k.ks	**14]990**
	3	Iak<jiwj vcZu cWadsP;k leksj xVkj cka/k.ks	**14]990**
10	**1**	fl/nukFk gkWLihVyleksj jLR;koj eq:e Vkd.ks	**7]272**
	2	dks"Vh xYyh L=h;kalkBh 10 flVl~ LoPNrkx`gs cka/k.ks	**1]95]560**
11	**1**	[kMrjs xYyh efgyk lHkkx`gkl dqai.k fHkar	**90]169**
	2	eqLyhe xYyh lekteafnjke/;s ikVhZ'ku fHkar	**7]880**
	3	[kMrjs xYyh eqrkjh cka/k.ks	**9]920**
12	**1**	>ids eGk lh Mh odZ cka/k.ks	**15]210**
	2	lkaxksyk eaxGos<k jksM flMh odZ dj.ks	**9]971**
	3	dMykl jksM flMh odZ dj.ks	**9]811**
13	**1**	[kMrjs xYyh rs csysoLrh >qMis dk<.ks	**20]629**
	2	baxksys oLrh izkFkfed 'kkGk cka/k.ks	**1]75]000**
	3	[kkjoVokMh 'kkGk dwai.k	**28]509**
14	**1**	v'kksd KkueksBs ?kjktoG flMh odZ	**8]424**

		cka/k.ks	
	2	U;w bafXy'k Ldwy toG lkoZtfud LoPNrkx`g	**14]992**
	3	fejt ia<jiwj jLrk rs tdkr ?kj [kMhdj.k	**87]381**
	4	l[kkjke xksMls ?kjktoG flMh odZ cka/k.ks	**8]424**
15	1	cudj oLrh izkFkfed 'kkGk Ø- 1 LyWc nq:Lrh	**7]830**
	2	cudj oLrh izkFkfed 'kkGk Ø- 2 LyWc nq:Lrh	**7]830**
	3	'ksaMxs oLrh baxksys oLrh 'kkGk nq:Lrh	**14]990**
16	1	ekGokMh izkFkfed 'kkGk nq:Lrh dj.ks	**23]108**
	2	ckbZyfHkaxs eGk jLrk eq:e Vkd.ks	**10]160**
	3	fl/nksck nsÅG rs ekGokMh jLrk [kMhdj.k	**1]02]267**
	4	pkaMksysokMh jLrk lh- Mh- odZ	**14]842**
17	1	nxMw fyaxs ?kjktoG lh-Mh- odZ	**13]345**
	2	Ekxu vkgsjdj rs yks[kaMs ?kjki;Zar xVkj cka/k.ks	**14]825**
	3	uohu olkgr e/khy jLrk dj.ks	**9]063**

FkksMD;kr xksfoan tk/ko ;kauh 'ks-dk-i- P;k LFkkiusiklwu v|kii;Zar i{kdk;kZr lgHkkx ?ksryk fo/kkulHkk mesnokjkapk izpkj dsyk- Lor% u-ik- fuoM.kqdk y<foY;k dkghdkG uxjk/;{k >kys- R;k dkyko/khr R;kauh fofo/k jLrs izkFkfed 'kkGk lekt eafnjs cka/kyh o nq:Lr dsyh-

4- HkkbZ txUukFk ukjk;.k fyxkMs

txUukFk ukjk;.k fyxkMs ;kapk tUe udkrsokMh rk- lkaxksyk ;sFks 25 ,fizy 1934 jksth >kyk- pkSFkh Ik;Zarps f'k{k.k rsFksp >kys- iq<hy f'k{k.k vdksyk

;sFks 7&8 efgus >kys- ?kjkr drsZ ek.kwl ulY;keqGs 1950 e/;s R;kauk 'kkGk lksMwu 'ksrh djkoh ykxyh- ;kp osGh oklwnP;k Hkhejko dsnkj ;kaph izFke dU;k lqHknzk fgP;k'kh fookg >kyk- 1965 i;Zar R;kauh 'ksrh O;olk; dsyk- 1966 e/;s vke- x.kirjko ns'keq[kkaP;k usr`Rok[kkyh la;qDr egkjk"Vª lferhpk ekspkZ eqacbZyk xsyk- R;kr 200&300 yksdkapk lekos'k gksrk- ;k ekspkZr txUukFk fyxkMs ;kaP;k xkokrwu ¼vdksyk½ nkeksnj rqdkjke f'kans] vkuank gachjjko lqjo'ks] fl/ns'ko lq[knso lqjo'ks] vkuanjko f'kans] ukenso panuf'kos] txUukFk ukFkk fyxkMs] vHkaxk rqG'khnkl udkrs x.kir jkepanz baxksys ;kaP;k cjksj txUukFk ukjk;.k fyxkMs gs gksrs- loZlk/kkj.ki.ks] fyxkMs ;kaP;k jktdh; thoukyk ;sFkwup lqjokr gksrs- 1967 P;k fo/kkulHksP;k fuoM.kqdhr R;kauh pksiMh] okdh] ?ksjMh ok.kh fpapkGs bR;knh 30&40 xkokr izpkj dsyk- ;k fuoM.kqdhuarj ftYgk ifj"knsph fuoM.kwd ykxyh ;k fuoM.kqdhr dk¡xzslP;k laHkkthjko 'ksaMs fo:/n 'ks-dk-i- rQsZ ekatjhps d`".knso txrki esMf'kaxh&dMykl xVkrwu mHks jkfgys- ;k fuoM.kqdhr txUukFk fyxkMs ;kauh Hkkodhpk jks"k iRd:u 'ks-dk-i- pk izpkj dsyk- ifj.kkeh ljiapkuh nenkVh dsyh- R;kosGh R;kauh gh fuoM.kwd O;Drhph ulwu ftYgk ifj"kn v/;{k ukensojko txrkikauh ftYgk yksdy] lsl 20 iS'kko:u 50 iSls o uarj 1 :Ik;k dsyk- rks deh dj.;klkBh 'ks-dk-i- yk er n;ko;kps vlY;kps lkafxrys- 'ksoVh R;kauk okGhr Vkdys o yXudk;Z fdaok brj dks.kR;kgh dk;kZyk fyxkMs dqVqafc;kauk cksykfoys ukgh- R;kaP;k dqVqafc;kauk vusd osGk ekugkuh iRdjkoh ykxyh-

1968 yk izFkep vdksY;kr 'ks-dk-i- rQsZ xzkeiapk;rhph fuoM.kwd y<foyh xsyh- R;kr 'ks-dk-i- ps **1**½ ek:rh [kVdkGs **2**½ fnxacj panuf'kos **3**½ ek:rh ukjk;.k f'kans **4**½ raxwckbZ lqjo'ks **5**½ Hkkuqnkl [kVdkGs **6**½ dksaMhck f'kans ;kaph iRuh **7**½ vkuank f'kans **8**½ nkeq rqdkjke f'kans fot;h >kys- rj dk¡xzslps QDr 2 mesnokj fot;h >kys- xkokrhy ifgys 'ks-dk-i- ps ljiap gks.;kpk eku Hkkuqnkl lqnke [kVdkGs ;kauk rj miljiap gks.;kpk eku txUukFk ukjk;.k fyxkMs ;kauk feGkyk- R;kosGh R;kauh xkokr xzkeiapk;r vkWfQl cka/kys] fi.;kP;k ik.;kph O;oLFkk dsyh- f'k{k.kkph lks; gks.;klkBh xstxsokMh] udkrsokMh ;sFks 'kkGk cka/kY;k o vdksY;krhy 'kkGsP;k tqU;k bekjrh nq:Lrh dsY;k- 1972 P;k iapk;r lferh fuoM.kqdhr xkorhy dk;ZdR;kZauh txUukFk fyxkMs ;kauk 'ks-dk-i- rQsZ mHks dsy- R;kosGh R;kauh vMhp ,dj tehu rkj.k Bsowu ,d gtkj :i;s feGfoys- xkodÚ;kauh yksdoxZ.kh dk<wu 250 :Ik;s tek dsys-[23] i{kdk;ZdrsZ fdlu ikVhy ;kauh 1500 :i;s fnys gh fuoM.kwd vVhrVhph gksÅu txUukFk fyxkMs 4 erkauh fot;h >kys- 1972 P;k nq"dkGkr lkaxksyk ekeysnkj dpsjhoj dk<ysY;k ekspkZr fgjhjhus Hkkx ?ksryk- nq"dkGh dkekojhy etwjkaP;k vMp.kh lksMfo.;kpk iz;Ru dsyk- R;kaP;k izkekf.kd dk;kZph iksp Eg.kwu i{kkus R;kauk 1973&74 e/;s lkaxksyk rkyqdk 'ks-dk-i- fpV.khl in cgky dsys- rs 20 fMlsacj 2005 Ik;Zar Eg.kts R;kaP;k e`R;wi;Zar R;kaP;kdMsp gksrs-

1979 P;k ftYgk ifj"kn fuoM.kqdhr esMf’kaxh xVkrwu dk¡xzslP;k laHkkthjko 'ksaMs fojks/kh txUukFk fyxkMs ;kauh fuoM.kwd y<foyh- ;k fuoM.kqdhr txUukFk fyxkMs 1100 erkauh fot;h >kys- ;kosGh R;kaph lkaxksyk iapk;r lferhP;k lHkkirhinh fuoM >kyh- ;kposGh R;kauh lkaxksyk rkyqdk 'ksrdjh lgdkjh lwrfxj.khr egRoiw.kZ Hkwfedk ctkfoyh- ek.kxaxk lgdkjh lk[kj dkj[kkuk vkVikMhps ikp o"ksZ lapkyd in Hkksxys- 1995&96 e/;s i{kkP;k e/;orhZ lferhoj R;kaph fuoM >kyh- 1998 iklwu 20 fMlsacj 2005 Ik;Zar rs lkaxksyk rkyqdk 'ksrdjh lwrfxj.khr psvjeu gksrs-

5- HkkbZ ,l~- ,e~- ikVhy

,l~- ,e~- ikVhy ;kapk tUe 20 Qscqzokjh 1929 jksth ojoMs rk- ek<k ;sFks >kyk- izkFkfed ikpoh Ik;Zarps f’k{k.k rsFksp >kys o iq<hy baxzth f’k{k.k mek egkfo|ky;kr ¼eksMfuac rk- ek<k½ >kys- lqjokrhiklwup R;kapk jktdkj.kkpk fiaM gksrk- fo|kFkhZ n’ksr R;kauh jk"Vªlsoknykpk dk;ZdrkZ Eg.kwu dk;Z dsys- ck’khZyk etwj la?kVuk dk<yh- iq<hy gk;Ldwyps f’k{k.k lqyk[ks gk;Ldwy ck’khZ ;sFks iw.kZ dsys- ¼1947&1950½ ;k dkGkr R;kapk rqG’khnkl tk/koka’kh laca/k vkyk o 'ks-sdk-i- P;k LFkkiusiklwu 'ks-dk-i- ps lnL; >kys- 1950 yk n;kuan vWXyks oSfnd dkWyst] lksykiwj e/;s ,Q-ok;- dfjrk vWMfe’ku ?ksrys- R;kosGh ck’khZP;k ysOgh y<;kr Hkkx ?ksryk- ;kp osGh iq.;kr fo|kFkhZ la?kVusr Hkkx ?ksryk- o lksykiwjyk fo|kFkhZ la?kVuk LFkkiuk d:u fo|kFkhZ lHksrQsZ 10 ohps eksQr Dykl ijh{ksP;k osGh 2&3 efgus pkyfoys- R;kl fo|kF;kZadMwu pkaxyk izfrlkn feGkyk- fo|kFkhZ lHksrQsZ fofo/k oDR;kaph O;k[;kus vk;ksftr dsyh tkr gksrh- ijarq i{kkdMwu lgdk;Z u feGkY;kus iq<s gs dk;Z FkaMkoys- uarj lksykiwj ftYgk 'ks-dk-i- eq[ki= ¼yksdlsok½ fod.;kps dke R;kauh dkgh fnol dsys-

1952 P;k fo/kkulHkk fuoM.kqdhr ek<k eksgG Hkkxkrwu 'ks-dk-i- rQsZ rkoth mQZ ckcwjko ikVhy mHks jkfgys rj yksdy cksMkZP;k fuoM.kqdhl ek<k rkyqD;krwu ekf.kdjko ikVhy mHks gksrs- ;k nks?kkaP;kgh izpkjkr ,l~- ,e- ikVhy ;kauh fgjhjhus Hkkx ?ksryk- ;kp o"khZ lksykiwj ftYg;kr eksBk nq"dkG iMyk- ;k nq"dkGkr lksykiwj ftYg;kr tutkx`rhps dk;Z R;kauh dsys- la;qDr egkjk"VªkP;k pGoGhrgh R;kauh Hkkx ?ksryk- 1956 e/;s rqG'khnkl tk/kokauh i{kkarj dsY;kuarj ftYg;kr 'ks-dk-i- thoar Bso.;kr T;kauh T;kauh iq<kdkj ?ksryk R;kr ojpk Øekad ,l~- ,e~- ikVhy ;kapk ykxrks-[24]

1957 P;k fo/kkulHkk fuoM.kqdhr ek<k] djekGk ernkj la?kkrwu la;qDr egkjk"Vª lferhpk ?kVd vlysyk 'ksdkiP;k orhus ,l~- ,e~- ikVhy mHks jkfgys- ijarq R;kr R;kauk vi;'k vkys- ;kp o"khZ ck'khZ rkyqD;krhy Jhear fiaijh ;sFkhy Hkhejko baxksys ;kaph izFke dU;k eSuk fgP;k'kh fookg >kyk- ;kp o"khZ R;kaph ftYgk Ldwy cksMZ esacj Eg.kwu fuoM >kyh- rsaOgk R;kauh xzkeh.k Hkkxkrwu vusd fBdk.kh uO;k 'kkGk lq: dsY;k- o xzkeh.k Hkkxkrhy f'k{kdkaph Hkjrh dsyh- 200 OgkWyaVjh f'k{kdkauk Ldwy cksMkZr lkekowu ?ksrys- nq"dkGh Hkkxkrhy ik.;kP;k iz'uklanHkkZr 7 ,fizy 1959 jksth VsaHkw.khZ ;sFks m/nojko ikVykaP;k v/;{krs[kkyh O;kid 'ksrdÚ;kaph ifj"kn Hkjfoyh- ;k ifj"knsr Hkxokujko lw;Zoa'kh [kklnkj ckGklkgsc eksjs gtj gksrs- nq"dkGh Hkkxkl ik.kh feGkos Eg.kwu dk;e iz;Ru dsys- xkokxkokrwu uohu dk;ZdR;kZaph QGh fuekZ.k dsyh- x.kirjko ns'keq[kkauh 1960 e/;s ohj /kj.kkps ik.kh lkaxksY;kl fEkGkos Eg.kwu [kklnkj Økarhflag ukuk ikVykaP;k lgdk;kZus ik.kh ifj"kn vk;ksftr dsyh gksrh- frps v/;{kin ,l~- ,e~- ikVhy ;kauh Hkw"kfoys gksrs-

1962 ph fo/kkulHksph fuoM.kwd R;kauh djekGk ernkj la?kkrwu 'ks-dk-i- rQsZ y<foyh- ;kosGh R;kauk vi;'k vkys- ijarq ;kp o"khZ ftYgk ifj"knsP;k fuoM.kqdhr VsaHkw.khZ xVkrwu dk¡xzslP;k egkMhd odhykP;k fojks/kkr fot;h >kys- 1967&72 pk viokn oxGrk 1990 Ik;Zar rs ft- i- o ia- lferh lnL; gksrs- R;kauh vUu/kkU; pGoG] 'ksrhl ik.kh feGkos Eg.kwu vusd pGoGh dsY;k- 1965 e/;s egkxkbZ fojks/kkr vkanksyukr Hkkx ?ksryk Eg.kwu ;sjoMk tsye/;s LFkkuc/n dj.;kr vkys- ;kp njE;ku lksykiwj ftYgk e/;orhZ c¡dsr fuoM.kqdhr 'kadjjko eksfgrs ikVykauh xzkeh.k Hkkxkrhy vk?kkMh fuekZ.k dsyh- R;k vk?kkMhrQsZ ,l~- ,e~- ikVhy fuoMwu vkys- 1972&74 o 1979&85 gk dky[kaM lksMyk rj v|kii;Zar rs c¡dsps lapkyd vkgsr- 2006 iklwu rs 2010 i;Zar c¡dsps mik/;{kgh gksrs-

1967 P;k fo/kkulHkk fuoM.kqdhr rs ek<k ernkj la?kkrwu 'ks-dk-i- rQsZ fot;h >kys- 1974&78 e/;s R;kaph ,l~- Vh- egkeaMGkoj fuoM >kyh- ;k dkjdhnhZr R;kauh ,l~-Vh- egkeaMGkrhy vusd leL;k lksMfoY;k- R;kr ,l~-Vh- cl LV¡M fid vi ;kapk lekos'k gksrk- xzkeh.k foHkkxkrhy r:.kkauk egkeaMGkr uksdÚ;k miyC/k d:u fnY;k- lqijok;>jinh lksykiwj ftYg;karhy ;qodkaph eksB;k izek.kkr Hkjrh dsyh- R;keqGs vktgh egkjk"Vªkrhy izR;sd ftYg;kr lksykiwj ftYg;kpk vf/kdkjh dk;Z djhr vlY;kps fnlwu ;srs-

1978&83 e/;s R;kauh LVsV yscj vdk¡ÅV dfeVhoj dke dsys- 1979 e/;s jk"Vªirh fuoM.kqdhr 'ks-dk-i- us Ogh- Ogh- fxjhauk ikBhack fnyk- R;kosGh ,l~- ,e~- ikVhy ;kauh vkenkj fe=kP;k lgdk;kZus egRoiw.kZ izpkj dsyk- 1985&86 e/;s egkjk"Vª nq"dkG fuokj.k lferhP;k orhus VsaHkw.khZ ;sFks ftjk;r tfeuhyk ik.kh feG.kslkBh loZ i{kh; ik.kh ifj"kn vk;ksftr dsyh- ifj.kkeh mtuh /kj.k vkBekgh dsys- o ftjkbZr tfeuhl ik.kh feG.;kl enr >kyh- 1986 e/;s R;kaph jkT; c¡dsoj fuoM >kyh- rsFks R;kauh 1992 i;Zar dk;Z dsys- ,fizy 2002 e/;s R;kaph j;r f'k{k.k laLFksP;k ¼lkrkjk½ e/;orhZ lferhP;k psvjeuinh o tujy cksMkZP;k v/;{kinh fuoM >kyh-[25]

i{kh; n`f"Vdksukrwu dkgh egRokP;k ?kVuk iq<hyizek.ks

ftYgk dk;Zdkjh eaMGkoj & 1950

fo|kFkhZ lHksPks v/;{k & 1950

ftYgk 'ks-dk-i- fpV.khl & 1956&69

e/;orhZ lferhe/;s & 1956 iklwu

fpV.khl eaMGkr & 1962 iklwu

'ks-dk-i- P;k loZ vf/kos'kukauk gtj vl.kkÚ;k ftYg;krhy ekstD;k O;Drhr lekos'k-

6- HkkbZ jkepanz Egkdw ok?keksMs

jkepanz Egkdw ok?keksMs ;kapk tUe 6 tkusokhj 1928 jksth f'ko.ks ;sFks >kyk- oMhy nqlÚ;kaph essa<js jk[k.;kl tkr rj vkbZ jkstankjhus 'ksrkoj dkekyk tkbZ- R;kaps nqljhi;Zarps f'k{k.k xkokrp >kys- iq<hy f'k{k.k fogkG] foV rk- djekGk o ck'khZ ;sFks >kys- ck'khZ ;sFks f'k{k.k ?ksr vlrkuk R;kauh lsoknykrgh dk;Z dsys-

twu 1950 e/;s ,[kriwj ¼rk- lkaxksyk½ ;sFkhy losZ{k.k dsanzkr lks'ky odZj Eg.kwu dkekl lqjokr dsyh- R;kosGh R;kauk efgU;kyk 75 :Ik;s eku/ku feGs- 1952&53 e/;s ukuklkgsc vkIik tkudj] jk- f'ko.ks ;kaph ts"B dU;k eqDrkckbZ fgP;k'kh fookg >kyk- ;kpo"khZ jkepanz ok?keksMs o x.kirjko ns'keq[k ;kauh lkaxksyk rkyqD;krhy /kuxj eqykaP;k f'k{k.kkph lks; Ogkoh Eg.kwu ia<jiwj ;sFks turk cksMhZax lq: dsys- lk/kkj.ki.ks ;k cksMhZax e/;s 16&17 eqykaP;k jkg.;kph lks; dsyh gksrh- R;kauk tso.k eksQr fnys tkbZ- ?kjkpk O;ki ok<Y;keqGs 1956 e/;s gs olfrx`g pkyfo.;kl ia<jiwjP;k yoVs ca/kwauk fnys-

es 1962 e/;s >kysY;k ftYgk ifj"kn fuoM.kqdhr jkepanz ok?keksMs ;kauh egwn xVkrwu dk¡xzslP;k ukjk;.k jketh ikVhy ;kaP;k fojks/kkr fuoM.kwd y<foyh-ijarq vankts 500 erkauh ijkHko iRdjkok ykxyk- ;k fuoM.kqdhr vke- x.kirjko ns'keq[k] ekatjhps d`".kjko txrki] uk>Ú;kps rqdkjke Ekgkfyax ikVhy] xkSMokMhps ;'koarjko ns'keq[k ;kauh rkyqdkHkj i{k izpkj dyk- ijarq i{kkyk lkaxksyk rkyqD;krwu visf{kr ;'k feGw 'kdys ukgh- ;kosGh iw.kZ ftYg;krwu 'ks-dk-i- ps QDr 3 mesnokj fot;h >kys- R;ke/;s ,l~- ,e~- ikVhy] panzdkar fuackGdj ;kapk lekos'k gksrk-[26]

1967 P;k ftYgk ifj"kn fuoM.kqdhr egwn xVkrwu jkepanz x.kir yoVsP;k fojks/kkr R;kauh fuoM.kqd y<foyh o 400 erkauh fot;h >kys- R;kosGh lkaxksY;krwu txUukFk dksGsdj o Jhear Mksaxjs gh fot;h >kys- ;kosGh lksykiwj ftYg;krwu ftYgk ifj"knsP;k 64 mesnokjkaiSdh lferhps 22 mesnokj fot;h >kys- R;keqGs dk¡xzslP;k ukensojko txrki fojks/kh v/;{kinkph fuoM.kwd jkepanz ok?keksMsauh y<foyh- ek= R;kr rs v;'kLoh >kys- ;k dkyko/khr R;kauh lferhps i{kusrk Eg.kwu dk;Z ikfgys- R;kauh 1968yk ukensojko txrkikojrh vfo'oklkpk Bjko ekaMyk- ijarq rks Bjko ikl gks.;kiwohZp R;kauh jkthukek fnyk- 1969 e/;s 'kgkthjko ikVhy v/;{k >kys- lgk efgus dks.krhgh dfeVh fu;qDr dsyh uOgrh- 6 vkWDVkscj 1969 jksth fu;qDr dsysY;k dfeVhe/;s jkepanz ok?keksMs ;kaph cka/kdke o lgdkj lferhP;k psvjeuinh fuoM dsyh- vkWxLV 1972 i;Zar R;kauh ;k lferhps dk;Z ikfgys- ;k dkyko/khr ok?keksMs ;kauh ;k lferhps dke izkekf.kdi.ks dsY;keqGs egkjk"Vª 'kklukus 1974 e/;s R;kauk lqo.kZ ind cgky dsys- 1974 e/;s lkaxksY;kps fo|eku vkenkj dkdklkgsc lkGqa[ks ;kaps fu/ku >kys- R;keqGs >ksY;k iksV fuoM.kqdhr 'ks-dk-i- fuoM.kwd izpkj izeq[k Eg.kwu jkepanz ok?keksMs ;kauk dke igkos ykxys- R;keqGs lqo.kZind Lohdkj.;kl rs tkow 'kdys ukghr- ifj.kkeh rs ind R;kauk iksLVkus feGkys- rs

R;kauh Lohdkjys- ;ko:u Jh ok?keksMs Lor%P;k eku lUekukis{kk i{k dk;kZyk fdrh egRo nsr gksrs rs fnlwu ;srs-

1972 P;k ftYgk ifj"kn fuoM.kqdhr dk¡xzslps fot;flag ukjk;.k ikVhy ;kaP;k fojks/kkr jkepanz ok?keksMs ;kauh fuoM.kwd y<foyh- ijarq R;kauk vYi erkr ijkHko iRdjkok ykxyk- rjhgh R;kauh i{kdk;Z dj.;kr dqpjkbZ dsyh ukgh- 1978 e/;s egkjk"Vª EgSl fodkl egkeaMG LFkkiu >kys- R;kps ifgys v/;{k Eg.kwu egkjk"Vª 'kklukus jkepanz ok?keksMs ;kaph fuoM dsyh- ;kosGh egkjk"Vªkr 11&12 fBdk.kh i'kqlao/kZu [kkR;kps esa<h fodkl dsanz pkyw gksrs- ok?keksMs ;kauh gs dsanz EgSl fodkl egkeaMGkdMs pkyfo.;kkBh gLrkarjhr dsys o R;kapk fodkl ?kMowu vk.k.;kpk iz;Ru dsyk-

1978 e/;s ftYgk ifj"knsP;k fuoM.kqdk >kY;k- R;kr egwn xVkrwu dk¡xzslP;k rkukth jktkjke ikVhy ;kaP;k fojks/kkr R;kauh fuoM.kwd y<foyh- 350 erkauh fot;h >kys- ;kosGh rkyqD;krhy ckcklkgsc ns'keq[k] vk..kklkgsc ?kqys] txUukFk fyxkMs o olarjko ikVhy ftYgk ifj"knsoj fuoMwu xsys- 1978 yk ek.kxaxk lgdkjh lk[kj dkj[kkuk vkVikMh mHkkjyk xsyk- R;krhy ifgY;k lapkyd eaMGkr txUukFk fyxkMs] olarjko ikVhy] ckcklkgsc ns'keq[k ;kaP;kcjkscj jkepanz ok?keksMsgh gksrs- rks dkj[kkuk dtZeqDr dj.;kr Jh- ok?keksMs ;kapk flagkpk okVk gksrk-

1985 e/;s Jh jkepanz Egkdw ok?keksMs ;kaph ftYgk e/;orhZ c¡dsoj lnL; Eg.kwu fuoM >kyh- rs 2010 i;Zar lnL; gksrs- egkjk"Vª cWad vlksf'k,'kuoj lksykiwj ftYgk e/;orhZ c¡dsps lnL; Eg.kwu dke djhr vlrkuk ijns'kkrhy 'ksrh O;olk; o c¡d O;olk;kyk d'kk izdkjs izksRlkgu feGrs ;kpk vH;kl dj.;klkBh flaxkiwj] Fkk;yaM] eysf'k;k ;k ns'kke/;s 15 fnolkapk vH;kl nkSjk R;kauh vkWDVkscj 2001 e/;s iw.kZ dsyk- [kjsnh foØh la?kkrhy R;kaps dk;Z mYys[kuh; vkgs-

7- HkkbZ lqHkk"k vkIiklkgsc Mqjs & ikVhy

Jh lqHkk"k ikVhy ;kapk tUe mLekukckn ;sFks 23 tkusokjh 1943 jksth 'ksrdjh dqqVqackr >kyk- R;kaps izkFkfed f'k{k.k oSjkx o mLekukckn ;sFks >kys- fo|kFkhZ n'ksrp rs 'ks-dk-i- P;k dk;ZØekdMs vkdf"kZr >kys o fo|kFkhZ lHksps lnL; >kys- 1959 lkyh R;kauh dk¡xzslP;k 'kadjjko jktkjke MqjsP;k fojks/kkr bjys xzkeiapk;rhph fuoM.kqd y<foyh- R;kosGh R;kauk 325 iSdh 311 ers feGkyh vkf.k izpaM erkuh fuoMwu vkys- 1963 e/;s R;kapk fookg bankiwjP;k gfj'panz Kkunso nsodj ;kaph dU;k ukxjckbZ'kh fookg >kyk- R;kauh i{kkP;k orhus vusd ekspsZ vkanksyukr lfØ; Hkkx ?ksÅu loZlkekU;kaP;k iz'ukyk U;k; feGowu ns.;kpk iz;Ru dsyk- R;keqGs R;kaph 1974 e/;s 'ksdkips ck'khZ rkyqdk fpV.khlinh fuoM >kyh- 1979 e/;s rs ck'khZ iapk;r lehrhl jkGsjkl xVkrwu dk¡xzslP;k xksfoanjko ia[kh ;kaP;k fojks/kkr mHks jkfgys o 1700 erkuh fot;h >kys-[27] R;kosGh R;kauh vkiY;k izHkkoh usr`Rokus iapk;r lferh dkedktkoj Nki ikMyh- ;kosGh ck'khZ iapk;r lferhrhy deZpkjh o vf/kdkjh oxZ ejxGysyk gksrk- loZlk/kkj.k lHksr gtj jkg.;klgh rks dqpjkbZ djhr gksrk- 23 uksOgsacj 1979 P;k lHksl mi vfHk;ark egkjk"Vª jkT;

fo|qr eaMG ck'khZ] dk;Zdkjh lapkyd Mh-ih-,- lksykiwj] mi vfHk;ark bfjxs'ku mifoHkkx ck'khZ] lgk,;d lapkyd Ik'kq :X.kky; ck'khZ] bR;knh [kkrs izeq[k xSjgtj gksrs- R;k fo:/n R;kauh vkokt mBfoyk- R;keqGs lHkkirhuh laca/khr [kkrs izeq[kkauk lHksl gtj jkg.;kl i=s ikBfo.;kps vkns'k fnys- 1979&1980 e/;s ckoh ;sFks 'kkWVZldhZVeqGs dkgh ?kjs tGkyh gksrh- lacaf/krkauk 'kkldh; enr feGkoh Eg.kwu lqHkk"k ikVhy ;kauh ;'kLoh iz;Ru dsys- 1980 e/;s jkT;krhy cjsp izkFkfed f'k{kd eq[;ky;kr xSjgtj jkgkr- R;kyk ck'khZ rkyqdkgh viokn uOgrk- ;kpk foijhr ifj.kke f'k{k.kkoj gksr gksrk- ;k fo:/n R;kauh ,fizy 1980 e/;s vkokt mBfoyk- R;keqGs f'k{k.k vf/kdkÚ;kus v'kk f'k{kdkaoj dk;Zokgh dj.;kps vkns'k fnys- uksOgsacj 1980 i;Zar ck'khZ rkyqD;krhy ekyoaMh] lqMhZ] dksjsxko b-xkokauk tk.;klkBh ,l~-Vh-ph lks; ulY;keqGs rFkhy yksdkaph xSjlks; gksr gksrh- lnj xkokr ,l~-Vh- lq: dj.;klkBh R;kauh ;'kLoh iz;Ru dsys- R;kauh fofo/k 'kS{kf.kd laLFkk LFkkiu dsY;k- 1992 e/;s lqHkk"k ikVhy ftYgk ifj"knsP;k lqMhZ xVkrwu dk¡xzslP;k lqjs'k ds'ko ikVhy fojks/kkr 525 erkuh fot;h >kys- ;kp o"khZ rs lksykiwj ftYgk nq/k la?kkP;k lapkydinh fuoMwu xsys- rs vkt i;Zar lapkyd vkgsr- 1995 iklwu rs vkti;Zar i{kkps ftYgk fpV.khl vkgsr-

8- Jh g.kearjko /kksaMhck caMxj

1 twu 1951 jksth vud<kG rk- lkaxksyk ;sFks g.kearjko caMxj ;kapk tUe >kyk- R;kaps 11 oh i;Zarps f'k{k.k vud<kG o uk>jk ;sFks >kys- 1986 yk

oMhykaps fu/ku >kys- 'ksrh tserse vlY;kus vkbZ us eksyetqjh d:u eqykaps f'k{k.k iw.kZ dsys- R;kaP;k oMhykauk 4 viR;s gksrh- g.kearjkokaPkk R;kr frljk Øekad gksrk- R;kauh vkiys egkfo|ky;krhy f'k{k.k ia<jiwj egkfo|ky; ia<jiwj ;sFks o inohuarjps f'k{k.k dLrqjckbZ okypan dkWyst] lkaxyh ;sFks iw.kZ dsys rj 1977 e/;s ch-,M-ph inoh dLrqjck dkWyst vkWQ ,T;qds'ku] lksykiwj ;sFkwu ?ksryh- R;kp o"khZ U;w baXyh'k Ldwy lkaxksyk ;sFks lgk,;d f'k{kd Eg.kwu lsosr nk[ky >kys-

HkkbZ x.kirjko ns'keq[k jktdkj.kkr vkY;kiklwu vud<kG R;kaP;k ikBh'kh ,deq[kkus mHkk jkfgyk vkgs- g.kearjkokauk jktdkj.kkpk okjlk uOgrk- 1972 pk nq"dkG jkT;krhy cÚ;kp ftYg;kr xktyk gksrk- lksykiwj ftYg;kr rj ;k nq"dkGkus dgj ektoys gksrs- tukojkauk oSj.k uOgrh] ek.kls vUu vUu Eg.kwu rMQMr gksrh- vud<kGkr f'kdysys Qkjls dks.kh uOgrsp FkksMl f'kdysy iksj Eg.kwu g.kearjkokadMs yksd vk'ksu igkr gksrs- R;keqGs dkghrjh dke feGsy Eg.kwu g.kearjko xkokrhy yksdkauk vke- x.kirjko ns'keq[kkadMs ?ksÅu tkr- ;krwup vkenkj lkgscka'kh ifjp; >kyk- rks vktrkxk;r fVdwu vkgs- g.kearjkokapk fookg bZ'oj okBkjP;k Hkxokujko ns'keq[kkaph r`rh; dU;k js[kk fgP;k'kh 18 fMlsacj 1977 jksth >kyk- vud<kGe/;s 1977 iwohZ fuoM.kqdk gksr vlr- ijarq 1977 iklwu vktrkxk;r 6 ljiap fcufojks/k dj.;kr g.kearjkokapk flagkpk okVk vkgs-

vkiY;k ifjljkrhy yksdkauk enr dj.;klkBh R;kauh 1990 e/;s uk>jk ;sFks T;ksfrZyhax irlaLFkk LFkkiu d:u yksdkaP;k vkfFkZd vMp.kh lksMfo.;kpk iz;Ru dsykg.kearjkokaP;k dk;kZph n[ky ?ksÅu vke- x.kirjko ns'keq[k ;kauh 1995 e/;s lgdkjh lk[kj dkj[kkuk lkaxksY;kP;k lapkydinkph mesnokjh R;kauk fnyh- ;k la/khps R;kauh lksus dsys- vkiys iWuy rCcy 250 erkauh fot;h dsys- lk[kj dkj[kkU;ke/;s nksu o"ksZ pkaxys dke dsY;keqGs i{kkus R;kph n[ky ?ksÅu 1997 e/;s ft-i- P;k fuoM.kqdhr pksiMh xVkrwu R;kauk mesnokjh fnyh- R;kaP;k fojks/kkr dkW- foB~By flnk vkynj ;k rxM;k mesnokjkl mesnokjh fnyh- rjhgh g.kearjkokaP;k tulaidkZeqGs o fgjhjhus dk;Z dj.;kP;k gkrksVheqGs R;kauh dk¡xzslP;k mesnokjkPkk rCcy 2500 erkauh ijkHko dsyk-[28] ;k fuoM.kqdhr ftYg;krys 'ks-dk-i-ps 8 lnL; fuoMwu vkys R;kr lkaxksY;kps 5 mesnokj gksrs- ;kosGh xVusrs Eg.kwu HkkbZ olarjko ikVhy o vke- x.kirjko ns'keq[k ;kauh g.kearjkokaph fuoM dsyh- R;keqGs ft-i-e/;s R;kaph fojks/kh i{kusrsinh fuoM >kyh- ft-i-e/;s R;kauh Hkjho dk;Z d:u vkiY;k dk;kZpk Blk meVfoyk-

rkyqD;krhy vla[; f'k{kd rkyqdkckgsj gksrs- g.kearjkokauh R;kaP;k ekx.khuqlkj R;kauk rkyqD;kr vk.kys- QGckxkalkBh ykx.kkjs ,l~- Vh- ih- iaikpk tknk dksBk eatwj d:u rkyqD;klkBh vk.kyk- xfjckalkBh 10 i=s o 5 okls ns.;kph ;kstuk gksrh rhgh rkyqD;klkBh tkLr vk.kyh- vud<kG ;sFkhy ok;jeu oLrh ;sFks fi.;kP;k ik.;klkBh 350 QwV foa/ku fofgj eatwj dsyh- xjtwauk 'ksrh votkjs okVyh- dSdkMh lektkrhy 'kkejko egkfyax tk/ko ;kauk ?kjdqy feGowu fnys rj ekrax lektkrhy vkIik fl/kw QkGds ;k xjhc x`gLFkkyk R;kauh tokgj ;kstusrwu fofgj eatwj d:u fnyh- jLR;kaP;k ckcrhrgh

R;kauh Hkjho dkefxjh dsyh vkgs- mnk- jkstxkj geh ;kstusrwu vud<kG&okVacjs 2 fd-eh- [kMhdj.kkpk uohu jLrk] jktwjh vud<kG ft-i- 'kkGk] ¼ifgyh½ uohu jLrk] mnuokMh dkGk eGk 3 fd-eh- uohu jLrk r;kj d:u ?ksryk- gs loZ jLrs vankts 3 dksVh :Ik;kps gksrs-

ygku eqykaP;k f'k{k.kkph xkokr xSjlks; gksr gksrh- R;keqGs g.kearjkokauh vud<kG o ekGsokMh ;sFks izR;sdh ,d ckyokMh lq: dsyh- 2003&2004 e/;s rkyqD;kr nq"dkG iMyk gksrk- R;keqGs lwrfxj.khus vud<kG ;sFks Nko.kh lq: dsyh gksrh- R;kl g.kearjkokauh enr dsyh gksrh- vankts 13]000 tukojkauk ;kpk ykHk feGkyk- R;kauh dsysY;k dk;kZph n[ky ?ksÅu i{kusr`Rokus R;kaph 2004 e/;s lwrfxj.khP;k lapkydinh fuoM dsyh-

2006 e/;s U;w bafXy'k Ldwy o T;qfu- dkWyst] lkaxksyk ;sFks eq[;k/;kid Eg.kwu dk;ZHkkj Lohdkjyk- ;k dkyko/khr R;kauh 11 oh foKku 'kk[ksP;k rhu rqdM;k ok<foY;k- fo|kF;kZae/;s f'kLr fuekZ.k gks.;klkBh fo|kFkhZ o f'k{kd nks?kkaukgh ;qfuQkWeZ ca/kudkjd dsyk- uk uQk uk rksVk ;k rRokoj fo|kF;kZauk x.kos'kkps diMs iqjfoys tkrkr-

9- HkkbZ foB~Byjko f'kans

HkkbZ foB~Byjko f'kans ;kapk tUe 8 ekpZ 1946 jksth vdksyk rk- lkaxksyk ;sFks dks.krhgh jktdh; ik'oZHkweh ulysY;k xjhc 'ksrdjh dqVqackr >kyk- R;kauh vkiys f'k{k.k udkrsokMh] ljnkj 'kkejko fyxkMs fo|ky;] vdksyk] ia<jiwj egkfo|ky;] ia<jiwj] N-f'kokth dkWyst] lkrkjk ;sFkwu inohi;Zarps f'k{k.k iw.kZ dsys- 1969 e/;s vke- x.kirjko ns'keq[k ;kauh 'ksrdjh f'k{k.k

izlkjd eaMGkph LFkkiuk dsyh- R;kosGh foB~Byjko R;kaP;klkscr gksrs- ;k laLFksrp rs uksdjhl ykxys o uksdjhr vlrkukp 1970&71 e/;s n;kuan dkWyst] lksykiwj ;sFkwu ch-,M~- ph inoh laiknu dsyh- R;kaP;k oMhykauk ,dw.k lkr vkiR;s gksrh- R;krhy foB~Byjko gs 'ksoVps vkiR; vkgs- R;kapk fookg 1971 e/;s okVacÚ;kps ikaMqjax lafniku ikVhy ;kaph f}rh; dU;k yrk'kh >kyk-

Lkkrkjyk egkfo|ky;hu f'k{k.k ?ksr vlrkuk R;kauh rsFks vkiY;k fe=kaP;k lgk,;kus lksykiwj ftYgk la?kVuk LFkkiu dsyh-[29] ;sFkhy vkiys f'k{k.k R;kauh deok f'kdk ;kstusrwu iw.kZ dsys- uksdjhr vkY;kuarj ek- txUukFk fyxkMs ;kaP;k lgoklkr vlY;keqGs R;kaph jktdkj.kph ukG tksMyh xsyh- R;krwu lektkrhy xksjxjhc ?kVdkauk enr dj.ks] lgdk;Z dj.ks] vMhvMp.khrwu v'kk ?kVdkaph lwVdk dj.;kph lo; ykxwu xsyh- 1971 e/;s dMykl gk;Ldwy dMykl LFkkiu dj.;kr R;kauh iq<kdkj ?ksryk o lapkydinh fojkteku >kys- rkyqD;krhy brj fBdfBdk.kh 'kS{kf.kd laLFkk lq: dj.;kl R;kauh izkekf.kdi.ks lgdk;Z dsys- 1995 e/;s vdksyk xzkeiapk;rhP;k fuoM.kqdk >kY;k- ;k fuoM.kqdhr 'ks-dk-i- us xzkefodkl vk?kkMh r;kj dsyh gksrh- foB~Byjkokauk izHkkx Ø- 1 e/kwu 'ks-dk-i- us mesnokjh fnyh- R;kaP;k fo:/n dk¡xzslus nRrk=; foB~By udkrs ;k rxM;k mesnokjkl mesnokjh fnyh- rjhgh foB~Byjko Hkkj?kksl erkauh fot;h >kys- R;kauk 240 ers iMyh rj udkrs ;kauk QDr 130 ers iMyh- ;k fuoM.kqdhr 'ks-dk-i- iqjLd`r 10 mesnokj fot;h >kys rj dk¡xzslps QDr 3 mesnokj fot;h >kys-

2004 e/;s foB~Byjko vkiY;k iznh?kZ lsosuarj lsokfuo`Rr >kys- RkkR;kacjkscj usgeh laidZ vlY;keqGs R;kauh rkR;kalkscr rkyqD;krhy yksdlaidZ ok<foyk gksrk- R;kpk Qk;nk R;kauh lsokfuo`Rrhuarj d:u ?ksryk- xksjxjhc tursph lsok dj.;kP;k n`"Vhus 'kkldh; ;kstuk letkowu lkaxwu R;kpk xksjxjhc tursyk ykHk feGowu ns.;kP;k n`"Vhus iz;Ru dsys- HkkbZ txUukFk fyxkMs ;kaps 29 fMlsacj 2005 jksth nq%[kn fu/ku >kys- R;keqGs rkyqdk 'ks-dk-i- fpV.khlkph tckcnkjh i{kkus R;kaP;koj lksifoyh-

Lkkaxksyk rkyqdk nq"dkGh vlY;keqGs rkyqD;kr ikjaifjd i/nrhus 'ksrh dj.;kis{kk rkaf=d i/nrhus 'ksrh d:u rkfRod n`"V;k 'ksrdÚ;kauk ekxZn'kZu d:u R;kaP;k 'ksrhrhy fid.kkÚ;k fidkP;k ek/;ekrwu dehr deh ik.;kr tkLrhr tkLr mRiknu feGowu ns.;kP;k n`"Vhus 'ksrdÚ;kauk ;ksX; fn'ksus lYyk ns.ks] R;kaps thou lq[ke; o vkuane; djrk ;sbZy ;k mn~ns'kkus lkaxksYkklkj[;k nq"dkGh rkyqD;kr ekrh ik.kh ijh{k.k d:u 'ksrdÚ;kauk 'kkldh; ;kstukapk ykHk feGowu ns.;kP;k mn~ns'kkus 2006 e/;s e`nqyk' ukokph ekrh ijh{k.k yWc lkaxksyk ;sFks lq: dsyh- R;keqGs gtkjks 'ksrdÚ;kaps iz'u vMhvMp.kh lqV.;kl enr >kyh- rkyqD;krhy 'ks-dk-i- P;k dk;ZdR;kZa'kh laidZ Bsowu lektkph tM.k?kM.k ?kMfo.;kps dke moZjhr vk;q";ke/;s dj.;kps R;kauh os/k ?ksrys vkgsr-

10- Jh laHkkthjko vkynj

Lkkaxksyk rkyqdk gk lqjokrhiklwup nq"dkGh rkyqdk Eg.kwu izfl/n vkgs- laHkkthjkokaP;k ofMykauk r'kh 14&15 ,dj tehu gksrh- ijarq rh loZ ftjk;r gksrh- ckxk;r QDr 10&15 xqaBsp gksrh- R;keqGs R;kaps oMhy tx.;klkBh lkaxyh ;sFks 1940 ;k o"khZ xsys- rsFksp rs vkiyk pfjrkFkZ Hkkthikyk o QGs fodwu pkyow ykxys- ;k dkyko/khr R;kauh 4 eqys o 4 eqyh ;kauk tUe fnyk-R;kiSdh laHkkthjkokapk 7 ok Øekad gksrk- R;kaps izkFkfed o ek/;fed f'k{k.k vuqØes dksGs ftYgk ifj"kn 'kkGk o fo|keafnj gk;Ldwy dksGs ;sFks >kys- 1979 e/;s R;kauh 6 ohyk lkaxyhP;k uxjikfydk 'kkGsr izos'k ?ksryk- ijarq ?kjxqrh vMp.kheqGs R;kauk 'kkGk lksMkoh ykxyh vkf.k lkaxyh QGekdsZVe/;s nksu o"ksZ gekyh dsyh- fdjdksG QGkapk O;kikjgh nksu o"ksZ dsyk- 1982&83 e/;s eksB;k Hkkokus lkaxyhP;k QG ekdsZVe/;s vMr nqdku lq: dsys- R;k nqdkukr laHkkthjkokauh Hkkokyk ikp o"ksZ enr dsyh-

HkkbZ x.kirjko ns'keq[k d`"kh ea=h vlrkuk R;kauh QGckx ykxoMhyk eksB;k izek.kkr izksRlkgu fnys- R;kpkp ifj.kke lkaxksyk rkyqD;kr MkfGac o cksj ykxoM eksB;k izek.kkr >kyh- R;keqGs laHkkthjkokauh 1988&89 e/;s rkyqD;krhy MkfGackP;k ckxk mdR;k ?ksÅu R;kps ekdsZV eaqcbZ] fnYyh] dydRrk] gSnzkckn bR;knh fBdk.kh dj.;kl lqjokr dsyh- vktv[ksj QGkapk gk O;kikj lq:p vkgs- 1967&72 ;k dkyko/khr laHkkthjkokaps pqyrs Jh- Hkhejko Kkuw vkynj gs dksGs xkops ljiap gksrs- R;kaP;k pqyR;kpk LoHkko gk caM[kksj o`Rrhpk gksrk- 1977&1978 ;k dkyko/khr rs dksGs xzkeiapk;rhps lnL; gksrs- R;keqGs rs xkokrhy raVs c[ksMs lksMfo.;kl tkr vlr- i{kkP;k lHkk feVhaxykgh gtj jgkr- laHkkthjkogh R;kaP;klkscr tkr- lkaxyhr nknk dksaMds o Nxu HkqtcG ;kauh izpkj lHkk ?ksrY;k gksR;k- R;klgh laHkkthjkokauh gtsjh ykoyh gksrh- 1984&85 P;k fo/kkulHksP;k fuoM.kqdhr laHkkth iokjkauh lkaxyh ernkj la?kkrwu turk i{kkP;k orhus fuoM.kwd y<foyh gksrh- R;kaP;k izpkjkr gh laHkkthjko vkynjkauh lgHkkx ?ksryk gksrk-

1987 e/;s dksG;kP;k lkoGk vkck dksGsdj ;kaph ts"B dU;k f'kjekckbZ fgP;k'kh laHkkthjkokapk fookg >kyk- 1991 P;k xzkeiapk;r fuoM.kqdhr dksG;krwu R;kauh vi{k Eg.kwu vtZ Hkjyk- ijarq dk¡xzsl iq<kjh xqykc iVsy o vtqZu ekus ;kauk dk¡xzslpk mesnokj ;k oxkZr mHkk dj.;klkBh feGkyk ulY;kus R;kauh laHkkthjkokauk frdhV fnys R;kaP;k fo:/n 'ks-dk-i- ps ekth ljiap o R;kosGps ljiap inkps nkosnkj foBksck ukjk;.k vkynj gk fnXxt mesnokj mHkk gksrk- R;keqGs laHkkthjkokauk QDr 381 ers iMyh o foBksck vynjkauk 500 ers iMyh- ;k fuoM.kqdhr laHkkthjkokapk ijkHko >kyk- laHkkthjkokaP;k n`"Vhus xkokr fojks/kdkaph lRrk vkyh- 1992 e/;s xkokr VapkbZph ifjfLFkrh fuekZ.k >kyh gksrh- ik.;kph rhozrk tk.kor gksrh- v'kk fLFkrhrp y{eh nsohP;k ;k=sps fnol toG ;sr gksrs- lRrk/kkjh i{kkrhy dks.khgh lnL; ;k=k dfeVhps v/;{k gks.;kl r;kj uOgrs- R;keqGs laHkkthjkokauh rs vkOgku Lohdkjys o rs ;'kLohfjR;k ikj ikMys- fuoM.kwd dkyko/khrp i{k xV rV gksrs- fuoM.kqdh uarj ek= loZ dkes rRdkyhu ljiap foBksck ukjk;.k vkynj vkf.k laHkkthjko ;kauh ,desdkaps lgdk;kZus iw.kZ dsyh-

1995 P;k dksGs xzkeiapk;r fuoM.kqdhr 'ks-dk-i- us laHkkthjkokauk okMZ ua- 5 e/;s mHks jkg.;kph la/kh fnyh- ;kosGh laHkkthjko foØeh erkauh fuoMwu vkys- R;kp i{kkps loZ mesnokjgh fuoMwu vk.kys- Eg.ktsp ;k fuoM.kqdhr 'ks-dk-i- ps 17 iSdh 17 mesnokj fot;h >kys- xzkeiapk;r fuoM.kwd >kY;koj nksu o"kkZuarj yxsp ftYg;kr ft- i- fuoM.kqdk tkghj >kY;k- R;kosGh laHkkthjkokauh ft- i- ps frdhV ekfxrys gksrs- ek- i{kkus Fkkacko;kl lkafxrY;keqGs laHkkthjkokauh ek?kkj ?ksryh o txUukFk dksGsdjkauk 4200 erkauh fuoMwu vk.kys- 1997 e/;s txUukFk dksGsdjkaps nq%[kn fu/ku >kys- iksVfuoM.kqdhr i{kkus txUukFk dksGsdjkaP;k eqykyk ¼xtsanz dksGsdjyk½ frdhV fnys- R;kauk fuoMwu vk.k.;krgh laHkkthjkokauh lØh; lgHkkx ?ksryk- o fuoMwu vk.kys- 2000 P;k fo/kkulHkk fuoM.kqd izpkjkrgh lØh; lgHkkx ?ksryk- ;kpo"khZ dksGk xzkeiapk;rhP;k fuoM.kwdk >kY;k- ;k fuoM.kqdhr laHkkthjko 785 erkauh fot;h >kys- R;kpcjkscj 'ks-dk-i- ps loZ mesnokj fuoMwu vk.kys- ;kosGhgh 'ks-dk-i- ps 17 iSdh 17 mesnokj fot;h >kys- rjhgh laHkkthjkokauh dks.kR;kgh inkph ekx.kh dsyh ukgh-

2002 e/;s ftYgk ifj"knsP;k fuoM.kqdk tkghj >kY;k- ;k fuoM.kqdhP;kosGh laHkkthjkokauh i{kkdMs frdhVkph ekx.kh dsyh ;kosGh ek= i{k usr`Rokus laHkkthjkokauh i{kklkBh dsysY;k dkekph n[ky ?ksÅu ft-i- ps frdhV fnys- R;kaP;k fo:/n dk¡xzslps f'kokth ?ksjMs gs mesnokj mHks gksrs- laHkkthjkokauh dk¡xzslps mesnokjkpk rCcy 3986 erkauh ijkHko dsyk- ;k fuoM.kqdhr fot; laiknu dsY;kuarj R;kauk ft-i- tyla/kkj.k lferhoj ?ks.;kr vkys-[30] ;kosGh R;kauh vkiY;k dk;kZpk Blk ft-i- e/;s meVfoyk vkgs- ;kpcjkscj nq"dkG fuokj.k dkekrgh lØh; lgHkkx ?ksryk-

2003&2004 e/;s ftYg;kr cgqrka'k rkyqD;kr nq"dkG iMyk gksrk- R;kl lkaxksyk rkyqdkgh viokn uOgrk- R;kosGh 'ksrdjh lgdkjh lwrfxj.khus lkaxksyk] tquksuh] vdksyk] Mksaxjxko] bR;knh fBdk.kh tukojkaP;k pkjk Nko.;k lq: dsY;k- egkjk"Vªkrhy lokZr eksBh pkjk Nko.kh Eg.kwu tquksuh Nko.khus vkiyk Blk meVfoyk- ;k Nko.khr toG toG 14000 tukojs vklkiklP;k xkokrhy nk[ky >kysyh gksrh- gh Nko.kh ;'kLoh pkyfo.;kr laHkkthjkokauh dBksj ifjJe ?ksrys- 2005 e/;s >kysY;k fo/kkulHkk fuoM.kqdhrgh laHkkthjkokauh izpkjkoj vkiyk osxGk Blk meVfoyk- ;kuarj nksu o"kkZuh >kysY;k ft- i- o ia- l- fuoM.kqdhr laHkkthjkokauh ft- i- ps frdhV ekfxrys- ijarq i{kkus iapk;r lferhps frdhV fnys- ;kosGh R;kaP;k fojks/kkr dk¡xzslps lat; ljxj mHks gksrs- ;kosGh dk¡xzsl mesnokjkpk 823 erkauh R;kauh ijkHko dsyk- vkf.k laHkkthjkokauh dsysY;k fuLokFkhZ dk;kZph n[ky ?ksÅu i{k usr`Rokus R;kaph 14 ekpZ 2007 jksth lkaxksyk ia- l- P;k lHkkirhinh fcufojks/k fuoM dsyh-

vke- x.kirjko ns'keq[k ;kaP;k usr`Rok[kkyh 'ks-dk-i- us ts- ts- ekspZs dk<ys R;k loZ ekspkZr laHkkthjkokauh lØh; lgHkkx ?ksryk vkgs- R;ke/;s 2005&06 ps VsaHkw EgSlkG ;kstusps iSls feG.;klkBh iq.ks /kj.ks vkanksyu] fejt jkLrk jksdks] bR;kknhapk

lekos'k gksrks- ;kpcjkscj ,l~- ,e~- ikVhy o txUukFkjko fyxkMsaP;k usr`Rok[kkyhy 2001 P;k lksykiwj ekspkZrgh R;kauh lØh; lgHkkx ?ksryk gksrk-

11- vWM- v'kksdjko xOgk.ks

v'kksdjkokaps oMhy xkoP;k jktdkj.kkr lfØ; gksrs- R;keqGs v'kksdjkokauk ofMykadMwup jktdh; okjlk feGkyk gksrk- v'kksdjkokapk tUe dMykl rk- lkaxksyk ;sFks 1 twu 1958 jksth >kyk- R;kaP;k ofMykauk ,dw.k lkr vkiR;s gksrh- iSdh v'kksdjko gs ikpos vkiR; vkgs- R;kauh vkiys f'k{k.k lkoarokMh] dMykl] ia<jiwj o lksykiwj bR;knh fBdk.kh iw.kZ dsys- 1969 e/;s v'kksdjkokaps ca/kw lq[knso ;kauh N- f'kokth f'k{k.k izlkjd eaMGkph LFkkiuk dsyh o dMykl gk;Ldwy dMykl lq: dsys- ;kp 'kkGsr v'kksdjkokauh 8 rs 11 i;Zar f'k{k.k ?ksrys- lqjokrhl gh 'kkGk foukvuqnkfur vlY;keqGs nksup f'k{kd 'kkGsr dkedkt igkr vlr- R;keqGs osGizlaxh f'k{k.k ?ksr vlrkukp v'kksdjkokauk f'kik;kph dkes djkoh ykxyh- R;ke/;s csy ns.ks] >kMyksV bR;knhpk lekos'k gksrk- vkiY;k egkfo|ky;hu thoukr R;kauh ,u~- lh- lh- e/;s Best Fire Certificate fEkGfoys gksrs- n;kuan fo/kh egkfo|ky;] lksykiwj ;sFkwu dk;n;kps f'k{k.k ?ksrY;kuarj R;kauh 1984&85 e/;s lqizfl/n ofdy /kuat; ekus ;kaP;kdMs T;qfuvjf'ki dsyh o 1 fMlsacj 1985 jksth lkaxksY;kr ofdyh O;olk;kl lqjokr dsyh-

egkfo|ky;hu thoukiklwup v'kksdjkokauh 'ks-dk-i- P;k iqjksxkeh ;qod la?kVusr dk;kZl lqjokr dsyh gksrh-[31] ofdyhpk O;olk; djhr vlrkuk 1985 e/;s 'ks-dk-i-ps ts"B usrs HkkbZ txUukFk fyxkMs o vke- x.kirjko ns'keq[k ;kaP;k'kh laidZ ok<yk o gGwgGw jktdkj.kkr vks<ys xsys- 1989 e/;s iqGqt rk- ia<jiwj ;sFkhy egknso lksiku ckcj ;kaph ts"B dU;k laxhrk fgP;k'kh R;kapk fookg >kyk- 1997 e/;s izFkep R;kauh iapk;r lferh fuoM.kwd dMykl x.kkrwu y<foyh- R;kaP;k fojks/kkr dk¡xzslus lw;Zdkar ikaMqjax lkoar ;k rxM;k mesnokjkl mesnokjh fnyh- ijarq loZlekos'kd o eu feGkow v'kksdjkokauh ;k mesnokjkpk 1499 erkauh ijkHko dsyk vkf.k jktdkjk.kkrys ifgys ikÅy ;'kLoh d:u nk[kfoys- 14 ekpZ 1999 rs 13 ekpZ 2002 ;k dkyko/khr R;kauh lkaxksyk iapk;r lferhph /kqjk ;'kLohfjR;k okfgyh- ;k dky[kaMkr R;kauh vkiY;k ofdyhpk O;olk; can d:u iw.kZosG i{kdk;kZl okgwu ?ksrys-

;k dky[kaMkr R;kauh dsysY;k izkekf.kd tulsosph n[ky ?ksÅu i{k Js"Bhauh 2002 P;k iapk;r lferh fuoM.kqdhr R;kauk iqUgk la/kh fnyh- ;k fuoM.kqdhr 'ks-dk-i- ps iwohZP;k ,dkgh fo|eku lnL;kyk ijr fuoM.kwd y<fo.;kl la/kh fnyh ukgh- ;kl v'kksdjko QDr viokn gksrs- ;ko:u v'kksdjkokaoj i{kkP;k o i{k usr`Rokpk fo'okl fdrh n`< gksrk gs y{kkr ;srs- 2002 P;k fuoM.kqdhr 'ks-dk-i- o jk"Vªoknhph ;qrh gksrh- ijarq iapk;r lferhps lHkkirhin [kqY;k izoxkZlkBh vlY;kus jk"VªoknhP;k ts"B usR;kus ;kosGh dMykl xkokrwu caM[kksjh dsyh- jk"Vªoknhps izeq[k usrs Jh- ckcwjko jkepanz xk;dokM gs ekrCcj mesnokj v'kksdjkokaP;k fo:/n mHks jkfgys- laiw.kZ rkyqD;kps y{k ;k y<rhus [kspwu ?ksrys gksrs- 'ksoVh vVhrVhP;k ;k y<rhr 66 erkauh v'kksdjkokapk fulVrk ijkHko >kyk-

2000 e/;s iuoysyyk 'ks-dk-i-ps fparu f'kchj vk;ksftr dsys gksrs- ;k f'kchjkl v'kksdjkokauh ekxZn'kZu dsys- i{kkekQZr ?ksrysY;k ik.kh ifj"knk] fparu f'kchjs] izf'k{k.k f'kchjs] ekspkZ] esGkos o cSBdkae/;s R;kauh lØh; lgHkkx ?ksryk- ikVca/kkjs lkaxksyk 'kk[kk QkVk Ø- 5 ps dke cjsp jasxkGys gksrs- rs Rojhr Ogkos] VsaHkw] EgSlkGph dkes lq: Ogkohr- oht Hkkjfu;eu deh Ogkos] jkstxkj geh dkes lq: djkohr bR;knh ekx.;kalkBh 2003 e/;s 'ks-dk-i- ps lkaxksyk fejt jLR;koj 500 yksdkaleosr jkLrk jksdks dsys gksrs- ;kr v'kksdjkogh lgHkkxh gksrs- ;k lokZaojp 'kklukus dsl Ø- ,l-Vh-lh- 116@03 nk[ky dsyh- R;kauk dksVkZleksj mHks d:u tkehukoj eqDrrk dsyh- lnjph dsl egkjk"V" 'kklukus ekxs ?;koh Eg.kwu vke- x.kirjko ns'keq[k ;kauh 'kklu njckjh iz;Ru dsys- R;keqGs 'kklukus lnjph dsl ekxs ?ksryh- 2002 P;k iapk;r lferh fuoM.kqdhrhy vi;'kkus [kpwu u tkrk rs lkekftd o jktdh; dk;kZr lØh; jkfgys- o iqu'p ofdyh O;olk;kl lqjokr dsyh-

2005&06 e/;s rkyqD;kr nq"dkG vlY;kus ekdsZV dfeVhus rkyqD;krhy cÚ;kp fBdk.kh pkjk Msiks pkyfo.;kl fnys gksrs- R;keqGs v'kksdjkokauh xOgk.ks eGk] lkoarokMh ;sFks pkjk Msiks ekdsZV dfeVhP;k ek/;ekrwu lq: dsyk- ;kpk vankts 3000 tukojkauk ykHk >kyk o Ik'kq/ku okp.;kl enr >kyh-

12- Jh efPNanz ;'koar [kjkr

HkkbZ efPNanz [kjkr ;kapk tUe 5 tkusokhj 1953 jksth dVQG ;sFks >kyk- R;kaps f'k{k.k dVQG] ekMxqGs] ysaxjsokMh] vkVikMh] doBsdj iz'kkyk ia<jiwj] ia<jiwj egkfo|ky;] laxes’oj egkfo|ky;] lksykiwj bR;knh fBdk.kh >kys- R;kapk fiaMp jktdkj.kkpk gksrk- ia<jiwj egkfo|ky;kr f’kdr vlrkuk R;kauh cyoMhP;k ¼rk-[kkukiwj½ HkkbZ lairjko iokj ;kaP;kcjkscj iqjksxkeh fo|kFkhZ la?kVusr dke dsy gksrs- 19 vkWDVks 1972 jksth ,u~- Mh- ikVhy ;kaP;k usr`Rok[kkyh 'ks-dk-i- us bLykeijw ;sFks 'ksrd&;kaP;k dkexkjkaP;k o 'ksretwjkaP;k ekx.;kauk U;k; feGowu ns.;klkBh HkO; ekspkZ dk<yk gksrk- ;kosGh efPNanz [kjkr ia<jiwj egkfo|ky;kr ih-Mh- P;k oxkZr f’kdr gksrs-rsaOgk R;kauh o vkiys fe= egknso ujds] ukenso iMGdj] lnkf’ko izYgkn Hkkslys] lairjko iokj bR;knhauh ;k ekspkZr lØh; lgHkkx ?ksryk- ;kuarj 15 fnolkarp lairjko iokjkaP;k usr`Rok[kkyh 175 eqykapk ekspkZ] nq"dkGh dkekoj vkbZÚoMhy dke djr vlrhy v’kkaP;k eqykalkBh 'kklukus tso.kkph O;oLFkk djkoh o [kksyh HkkMs n;kos- ;k ekx.;kalkBh dk<yk gksrk-[32] R;keqGs 'kklukus 500 eqykaP;k nksu osGP;k tso.kkph O;oLFkk cadV Lokeh eBkr dsyh- gs ;k ekspkZps ;’kp Eg.kkos ykxsy-

HkkbZ efPNanz [kjkr lksykiwjyk f’k{k.kklkBh xsys rsOgk rsFks Hkktiph vf[ky Hkkjrh; fo|kFkhZ ifj"kn dk¡xzslph ,u~-,l~-;q- vk; ;k fo|kFkhZ la?kVuk dk;Zjr gksR;k- R;keqGs R;kauh n;kuan o laxes’oj egkfo|ky;kr iqjksxkeh fo|kFkhZ la?kVusph LFkkiuk dsyh- 1978 yk egkfo|ky;kr f’k{k.k iw.kZ dsys- laxes’oj egkfo|ky;kr R;kauh okf.kT; 'kk[ksph inoh feGohyh- R;kuarj yxspp R;kauh jktdkj.kkr lØh; Hkkx ?ksrY;kps fnlwu ;srs-

1979 e/;s dVQGe/;s xzkeiapk;rhP;k fuoM.kqdk >kY;k- ;k fuoM.kqdhr 'ks-dk-i- us loZP;k loZ tkxk Eg.kts uÅ tkxk y<foY;k gksR;k- ijarq R;kiSdh iq<hy lgk mesnokj fot;h >kys- **1**-efPNanz ;'koar [kjkr **2**-Jhear ikaMqjax nq/kkG **3**-HkkxwckbZ laHkk caMxj **4**-ikaMqjax ukjk;.k [kjkr **5**-fcjk laHkk iokj **6**-'ksoarkckbZ Kkuw ekus 'ks-dk- i{kkykp cgqer feGkY;kus efPNanz [kjkr ljiap rj ikaMqjax [kjkr MsI;qVh ljiap >kys- iq<s 1984 o 1989 P;k fuoM.kqdhr efPNanz [kjkr ;kauh 'ks-dk-i- ps loZ mesnokj ¼uÅ½ fuoMwu vk.kys- 1979 rs 1992 i;Zar rs ljiap Eg.kwu dk;Zjr gksrs- ;k dky[kaMkr R;kauh iq<hy fodkl dkes dsyh-

fi.;kP;k ik.;klkBh xkokrhy yksdkauk o.ko.k HkVdkos ykxs- R;keqGs efPNanz [kjkr ;kauh lqjokrhl fi.;kP;k ik.;kpk iz'u lksMfo.;kpk fu.kZ; ?ksryk- ;klkBh R;kauh vke- x.kirjko ns'keq[k ;kaps ekxZn'kZu ?ksÅu xzkeiapk;r lnL;kapk fo'okl laiknu d:u dk;Zl lqjokr dsyh- ;kosGh dks.kR;kgh xkokyk uGk}kjs ik.khiqjoBk djko;kpk vlsy rj R;klkBh R;k xkoph yksdla[;k 2000 vl.ks vko';d gksrs- ;k fud"kkuqlkj dVQGph yksdla[;k 1900 gksrh- R;keqGs uGk}kjs xkokl ik.kh iqjoBk dj.;kl rkaf=d vMp.k gksrh- ijarq vkenkj lkgsckaP;k iz;Rukrwu [kkl ckc Eg.kwu 29 yk[k :i;s [kpZwu xkokiklwu 2 fd-eh- varjkoj vlysY;k 'ksjhokMh ;sFks fofgj [kksnwu rsFkwu ikbZi ykbZu d:u xkokr fi.;kps ik.kh vk.kys o fi.;kP;k ik.;kpk iz'u fudkykr dk<yk-

1984 i;Zar dVQGe/;s 7 oh Ik;ZarP;k f'k{k.kkph lks; gksrh- R;keqGs iq<hy f'k{k.k ?ks.;klkBh xkokrhy

eqykauk egwn] fn?kaph ;k 10 fd-eh- varjkojhy xkokr tkos ykxs- ifj.kkeh vusd fo|kFkhZ o fo|kFkhZuhauk f'k{k.kk iklwu oaphr jgkos ykxr vls- gs efPNanz [kjkrkaP;k y{kkr vkY;kus R;kauh 1985 e/;s dVQG f'k{k.k izlkjd eaMGkph LFkkiuk d:u 1986 e/;s ikaMqjax fo|ky; o 1990 e/;s pkankiwjh ;sFks izrkiflag fo|ky; lq: d:u xkokrhy eqykaP;k f'k{k.kkpk iz'u lksMfoyk- ;kpcjkscj nq/kkGokMh] uk;dqMs oLrh] Bsaxhy oLrh ;sFks ftYgk ifj"knsP;k Hkkx'kkGk lq: dsY;k-

1987 i;Zar dVQGe/;s vkBoMk cktkj Hkjr uOgrk- R;keqGs vkBoMk cktkjlkBh xkokrhy yksdkauk fn?kaph] egwn ;k nwjojP;k xkokauk tkos ykxs- R;keqGs xkokrhy xksjxjhc yksdkaps vrksukr gkr gksr vlr- Eg.kwu R;kauh iz;Ru d:u eaxGokjh cktkj Hkjfo.;kph ijokuxh feGoyh o R;kps mn~?kkVu lwrfxj.khps psvjeu vWM- olarjko ikVhy ;kaP;k gLrs es 1988 e/;s dsys- ;kpcjkscj xkokrhy yksdkaP;k lks;hlkBh ;kp o"khZ c¡d vkWQ bafM;k ;k jk"Vªh;d`r c¡dsph 'kk[kkgh lq: dsyh- tukojkapk nok[kkukgh lq: dsyk- lqjokrhl gk nok[kkuk xzkeiapk;r tkxsr lq: dsyk- ijarq tkxk deh iMw ykxY;kuarj rhu yk[kkaph Lora= bekjr mHkh d:u nok[kkuk R;k bekjrhe/;s pkyw dsyk- ;k nok[kkU;kps bekjrhps mn~?kkVu ia- l- lHkkirsh HkkbZ txUukFkjko fyxkMs ;kaP;k gLrs dsys-

Okjhy yksdksi;ksxh dsysY;k dk;kZph n[ky ?ksÅu i{k Js"Bhauh 1992 P;k ia-l- fuoM.kqdhr vpdnk.kh x.kkrwu mesnokjh fnyh- ;kosGh dk¡xzslus R;kaP;k fo:/n izHkkdj ;sMxs gk rxMk mesnokj fnykrjh [kjkr ;kauh 169 erkauh fot; [kspwu vk.kyk o rkyqD;kP;k jktdkj.kkr izos'k dsyk- lokZa'kh ftOgkG;kps laca/k vlY;kus R;kaph 18 ,fizy 1992 jksth milHkkirh Eg.kwu fuoM >kyh- rs 17 Qscqzokjh 1997 i;Zar ;k inkoj dk;Zjr gksrs- ;k dkyko/khr R;kauh iq<hy dkes dsY;kps fnlwu ;srs- ia-l- dkekpk vkokdk ok<Y;kus iz'kkldh; dkes dj.;klkBh rRdkyhu ia-l- ph bekjr viqjh iMr gksrh- R;keqGs [kjkrkauh ia-l- nqlÚ;k etY;kps cka/kdke d:u ?ksrys- rkyqD;kr ft-i- 'kkGk [kksY;kaph derjrk vlY;kus R;kauh 350 [kksY;kaps cka/kdke iw.kZ dsys- 'ksrdÚ;kauk ckxkaph Qokj.kh dj.;klkBh ,l~-Vh-ih- iaikph vko';drk gksrh- R;keqGs R;kauh ia-l-lsl QaMkrwu gs iai [kjsnh dj.;kl lqjokr dsyh- djy tfeuheqGs rkyqD;krhy vla[; 'ksrdÚ;kaps uqdlku gksr gksrs- R;keqGs [kjkarkauh ftile gs [kr xqtjkre/kwu ekxfoys- o xjtw 'ksrdÚ;kauk okVi dsys- R;koj eksB;k izek.kkr vuqnkugh fnys- ifj.kkeh 'ksdÚ;kapk eksB;k izek.kkr Qk;nk >kyk o tehu lqihd gks.;klgh enr >kyh- lekt dY;k.k [kkR;kekQZr ekxkl oxhZ;kauk eksB;k izek.kkr iUgkGh i=s o ?kjdqykaps okVi dsys-

1997 e/;s [kjkrkapk ernkjla?k jk[kho >kY;keqGs o R;kauh dsysy;k dk;kZph n[ky ?ksÅu i{k usr`Rokus R;kauk lkaxksyk lgdkjh lk[kj dkj[kkU;kP;k lapkydinkph mesnokjh fnyh- fuoM.kqdhr rs 3000 erkauh fot;h >kys- R;kaP;k dkjfdnhZr dkj[kkuk mHkk jkfgyk- uksdj Hkjrh dfeVhps psvjeu Eg.kwugh R;kauh ;kosGh dke ikfgys- 2008 yk lapkyd Eg.kwu R;kaph fcufojks/k fuoM >kyh-

;k f'kok; 1981 rs vkt rkxk;r rs lkaxksyk rk- iqjksxkeh ;qod la?kVusps v/;{k vkgsr- 1983 rs 1986 ;k dkyko/khr rkyqdk oht eaMG lYykxkj Eg.kwu dke ikfgys- 1981 rs 1986 ;k dky[kaMkr d`"kh mRiUu cktkj lferhoj lapkyd o cka/kdke lferhps psvjeugh gksrs-

13- vWM fot;flag Hkhejko pOgk.k

1979 yk fot;flag pOgk.k ;kauh lkaxksyk 'kgjkr ofdyh O;olk;kl izkjaHk dsyk- vYiko/khrp R;kauh vH;klw odhy Eg.kwu [;krh izklr dsyh- Fkksjys ca/kw HkkÅ P;k ekxZn'kZuk[kkyh R;kauh ,d izfFkr ;'k odhy Eg.kwu tuekulkr vkiyh izfrek r;kj dsyh- vWM- pOgk.k gs dsoG vkiyk O;olk;p lkaHkkGrkr vls uOgs rj lektkrhy fofo/k Lrjkoj R;kauh vkiY;k lektlsospk Blk meVfoyk vkgs-

1981 e/;s R;kauh uxjokpu eafnj lkaxksyk ;sFks vktho lnL; Eg.kwu dk;kZl izkjaHk dsyk- iq<s R;kauh dk;Zdkjh lnL; Eg.kwu dke ikg.;kl lqjokr dsyh- 1983&86 ;k dkGke/;s R;kauh uxjokpu eafnjP;k v/;{kinkph /kqjkgh vR;ar ;'kLohi.ks lkaHkkGyh- 1981 iklwu rs yk;Ul Dyc ;k lsokHkkoh laLFksps lnL; vkgsr- ;k dkjfdnhZr R;kauh DycP;k LFkkfud ikrGhoj loZ inkoj ;'kLoh dkes dsyh- 1989 e/;s v/;{k Eg.kwugh R;kauh dke dsys vkgs- yk;Ul DycP;k ek/;ekrwu R;kauh rGkxkGkrhy yksdkaph lsok dsyh vkgs- ;kphp ikorh Eg.kwu foHkkxh; Lrjkojhy vusd cf{kls feGkyh- vlwu R;kcn~ny R;kapk vusd osGk cgqeku >kyk vkgs- 1989 dkgh dkyko/kh i;Zar ejkBh lkfgR; eaMGkps rs lnL; gksrs- dkgh dkyko/khlkBh rs mik/;{kgh gksrs- ,l~- Vh- egkeaMGkojgh LFkkfud n{krk lferhps lnL; Eg.kwu

R;kauh dke ikfgys vkgs- Jh vafcdknsoh ;k=k dfeVhps dksVZ fjflOgj Eg.kwugh R;kauh ;'kLoh dke d:u nk[kfoys vkgs-[33] lkaxksyk rkyqdk f'k{k.k izlkjd eaMGkps rs vkfto lnL; vlwu vkn'kZ ukxjh ir laLFksps lapkyd vkgsr-

vke- x.kirjko ns'keq[k rkyqD;kps vkf.k 'kgjkph lsok pkaxY;k rÚgsus d: 'kdrkr- ;k fopkjkyk R;kauh izk/kkU; nsÅu jktdkj.kkr mMh ekjyh- lu 1977 iklwu rs vke- x.kirjko ns'keq[k ;kaP;k fo/kkulHksP;k fuoM.kqdhP;k izpkjlHkk xktfor vkgsr- izeq[k izpkjd Eg.kwu R;kauh dke ikfgys vkgs- xfjckauk U;k; ns.;klkBh ofdy] rGkxkGkrhy yksdkauk lgk¸; dj.;klkBh yk;Ul lnL;] izok'kkalkBh n{krk lferh lnL;] fopkjoarkalkBh uxjokpu eafnj o ejkBh lkfgR; eaMG] 'kS{kf.kd lsoslkBh lkaxksyk rkyqdk f'k{k.k izlkjd eaMG] vFkZlgk¸;klkBh vkn'kZ irlaFkk v'kk fofo/k okVsojrh R;kauh vkiY;k dk;kZpk Blk meVfoyk vkgs-

1993 e/;s lkaxksyk uxj ikfydsP;k fuoM.kqdk >kY;k- ;kosGh 'ks-dk- i{kkus R;kaph uxjikfydsoj Lohd`r lnL; Eg.kwu fuoM dsyh-[34] ;k dkyko/khr R;kauh lQkbZ dkexkjkapk /kqykbZ HkRrk] jLrs nq:Lrh ;koj y{k dsanzhr dsysys fnlrs- lkaxksyk uxjikfydsus vusd o"kkZiklwu lQkbZ dkexkjkapk /kqykbZ HkRrk ok<foysyk uOgrk- fnolsafnol egkxkbZ ok<r gksrh- R;keqGs gk HkRrk ok<fo.ks vko';d gksrs- r'kh dkexkjkaph ekx.khgh gksrh- R;keqGs pOgk.k ;kauh ;kckcrpk Bjko 7 vkWDVkscj 1993 jksth ekaMyk R;kl izHkkdj ekGh ;kauh vuqeksnu fnys- ;k HkR;klanHkkZr lHkkx`gkr ppkZ d:u lQkbZ

dkexkjkauk /kqykbZ HkRrk izrh efguk 8 :Ik;s izek.ks uksOgsacj 1993 iklwu ns.;kpk fu.kZ; lokZauqers ?ksryk-[35]

1994 e/;s viuk Hkkstuky; rs eqaxh fijki;Zarpk jLrk cjkp [kjkc >kysyk gksrk- R;keqGs ukxfjdkaph xSjlks; gksr gksrh- Eg.kwu Jh- pOgk.k ;kauh ;kckcrpk Bjko 28 Qscqzokjh 1994 jksth ekaMyk- R;kl Jh- xkSre culksMs ;kauh vuqeksnu fnys- R;kuqlkj uxjikfydk vfHk;ark ;kauh jLrk Mkacjhdj.k dj.kslkBh r;kj dsysys 18868 :i;kaps vankti=d lHksiq<s Bsoys- R;kl lokZuqers vkfFkZd o iz'kkldh; eatqjh fnyh-[36]

jkT; ifjogu eaMGkpk dkjHkkj vf/kd yksdkfHkeq[k Ogkok] izok'kh lsosr lq/kkj.kk Ogkoh o egkeaMGkph lsok tkLrhr tkLr dk;Z{ke Ogkoh ;k n`"Vhus egkeaMGkus izR;sd vkxkjklkBh ,d n{krk lferh tkusokjh 1992 e/;s LFkkiu dsyh gksrh- lkaxksyk vkxkjkr LFkkiu dsysY;k n{krk lferhoj lkaxksyk ;sFkhy izfl/n ofdy o yk;Ul Dycps ekth v/;{k vWM- fot;flag Hkhejko pOgk.k ;kaph lnL; Eg.kwu fuoM dj.;kr vkyh-[37]

14- Jh ih- Mh- tk/ko

Jh- ikaMqjax tk/ko ;kauk dks.krhgh jktdh; ik'oZHkweh ukgh- v'kk dqVqackr R;kapk tUe fyxkMsokMh ¼vtukGs½ rk- lkaxksyk ;sFks ekekP;k xkoh fnukad 1 twu 1948 jksth >kyk- R;kaP;k ofMykauk 4 viR;s vkgsr- R;kr 3 eqys o 1 eqyxh ;kapk lekos'k vkgs- R;krhy lokZr ts"B fpjatho Eg.kts ikaMqjax gs gks;- R;kaps 4 Fkh Ik;Zarps f'k{k.k fyxkMsokMh ;sFksp >kys- vkfFkZd ifjfLFkrh csrkphp vlY;kus o xkokr iq<hy f'k{k.kkph lks; ulY;kus R;kauk f'k{k.k v/kZoVp lksMkoys ykxys-jktdkj.kkpk Nan ek= R;kauk o;kP;k 16 O;k o"kkZiklwup gksrk- R;keqGs R;kauh 1964 yk 'ksdki e/;s izos'k dsyk- mnj fuokZg dj.;klkBh 1971 iklwu rs rkyqD;kP;k fBdk.kh tkr vlr- R;k dkyko/khr R;kauh jLrs] ik>j ryko] ukyk fcfYMax bR;knh dkekaps dk¡VWªDV ?ks.;kl lqjokr dsyh- [kksrukVh rk- vFk.kh ft- csGxkao ;sFkhy ftouklik Hkkslys ;kaph r`rh; dU;k dey fgP;k'kh ikaMqjaxPkk fookg >kyk- R;kauh 10 twu 1975 jksth xtkuu etwj lgdkjh laLFkk e;kZ- cyoMh lq: dsyh- ikBhekxs dks.kkpkgh ikfBack uOgrk ek= nSuanhu O;ogkjkrhy izkekf.kdi.kkeqGs tuekulkr R;kaph pkaxyh izfrek fuekZ.k >kyh-

jktdkj.kkpk Nan vlY;kus 1970 yk fyxkMsokMh xzkeiapk;r fuoM.kqdhr R;kauh Hkkx ?ks.;kps Bjfoys- ijarq xkodÚ;kauh R;kauk okWMZ ua- 1 e/kwu fcufojks/k fuoMwu fnys- 1975 ykgh ;k fuoM.kqdhr rs fcufojks/k fuoMwu vkys- xzkeiapk;rhrhy dkekph R;kaph i/nr ikgwu 5 tqyS 1981 yk fofo/k dk;Zdkjh lkslk;Vhojgh R;kaph fcufojks/k fuoM >kyh-[38]

Lkkaxksyk rkyqdk 'ksrdjh lgdkjh [kjsnh foØh la?kkP;k O;fDrxr ernkjla?kkrwu 1978 yk R;kauh f'ko.;kP;k f'kokth ?kkMxs fojks/kkr fuoM.kwd y<foyh o fot; [kspwu vk.k.;kr ;'k feGfoys- toG toG 6 osGk R;kauh ;k fuoM.kqdhr fot; feGoyk- R;krhy 1 osG rj rs fcufojks/k fuoMwu vkys- nqlÚ;k osGsl egwnP;k fot;flag ikVykapk 95 erkauh R;kauh ijkHko dsyk- R;kuarjP;k fuoM.kqdhr ek= rs gtkjks erkauh fot;h

>kysys fnlrkr- 19 vkWDVkscj 1991 yk rs ifgY;kank lkaxksyk rkyqdk 'ksrdjh lgdkjh [kjsnh foØh la?kkps psvjeu >kys rs vktrkxk;r vkgsr-

Jh tk/ko lksykiwj etwj QsMjs'kuoj 1981 yk rkyqD;krwu fcufojks/k fuoMwu xsys o 27 Qscqzokjh 1981 yk rs psvjeu >kys- 27 es 1982 Ik;Zar ;k inkoj rs dk;Zjr gksrs- jkT; Hkwfodkl c¡d lksykiwj 'kk[ksoj 29 lIVsacj 1986 yk rs lkaxksyk&eaxGos<k ernkj la?kkrwu fuoMwu xsys vkf.k 2 tkusokjh 1997 i;Zar rsFks dk;Zjr gksrs- ;k dkyko/khr R;kauh rkyqD;krhy lkekU; 'ksrdÚ;kaiklwu rs eksB;k 6000 'ksrdÚ;kauk R;kaP;k ekx.khuqlkj dtZ fnys- izlaxh vMhp vMhp dksVh :Ik;s dtZ rkyqD;kyk feGowu fnys- ftYgk etwj QsMjs'kupk psvjeu ftYgk ifj"knspk infl/n lnL; vlrks- R;keqGs Jh- tk/ko ;kauh QsMjs'kups psvjeu vlrkuk R;kauh lkaxksyk vkS|ksfxd olkgr lgdkjh laLFkk lq: dsyh o vkt rkxk;r rs ;k laLFksP;k lapkyd eaMGkr vkgsr- 1991 e/;s lkaxksyk rkyqdk 'ksrdjh lgdkjh [kjsnh foØh la?kkr 10 deZpkjh gksrs o [kkR;koj 40]000 :i;s c¡d cWyUl gksrk- vkfFkZd ifjfLFkrh cjh vlysY;k deZpkÚ;kl uksdjh lksM.;kph fouarh Jh- tk/ko ;kauh psvjeu >kY;kuarj dsyh- R;kl eku nsÅu xaxkjke ikVhy] ok?kekjs bR;knhauh uksdjhpk jkthukek fnyk- R;keqGs vkfFkZd ifjfLFkrh csrkph vlysY;k ;k laLFksps dkexkjkaP;k ixkjkojhy iSls okp.;kl enr >kyh-R;kp cjkscj laLFksps brj mRiUugh ok<foys- R;keqGs vktferhl laLFksdMs 6 deZpkjh vkf.k 1 dksVh 50 yk[k :i;s cWyUl vkgs- ;kps loZ Js; Jh- ikaMqjax tk/ko ;kauk tkrs-

egkjk"Vª jkT; fc;k.ks egkeaMG 'kklukps vkgs o gs egkeaMG ch&fc;k.kkapk iqjoBk djrs- i.k ;k egkeaMGkdMwu 1992 e/;s jCch gaxkekl lkaxksyk rkyqD;kl fc;k.kkapk iqjoBk u dsY;kus 'ksrdjh ukjkt >kyk gksrk- R;keqGs ;sFkwu iq<s egkeaMGkdMwu fc;k.kkapk iqjoBk osGsoj u >kY;kl 'ksrdjh oxkZps vkanksyu mHkkj.;kpk b'kkjk lkaxksyk rk- 'ksrdjh lg-[kjsnh foØh la?kkps psvjeu Jh- ih-Mh- tk/ko ;kauh fnyk gksrk- lkaxksyk rkyqD;ke/;s fnukad 30 vkWxLV 1992 rs 09 lIVsacj 1992 ;k dkyko/khr isj.kh;ksX; ikÅl >kY;kus fnukad 04 lIVsacj 1992 rs 15 lIVsacj 1992 i;Zar 50&60 VDds isj.;k iw.kZ >kY;k gksR;k-rkyqD;krhy 'ksrdÚ;kauk osGsoj fc;k.ks miyC/k Ogkos ;k mn~ns'kkus laLFksus fn- 10 vkWxLV 1992 jksth ek- ftYgk O;oLFkkid egkjk"Vª jkT; fc;k.ks egkeaMG lksykiwj ;kauk ekynkaMh 50 fDoaVy o vkj- ,l~- Ogh- 9 vkj- 50 fDoaVy v'kh ,dw.k 100 fDoaVy fc;k.ks ekx.kh uksanfoyh gksrh-

12 vkWxLV 1992 jksth ftYgk O;oLFkkid egkcht lksykiwj gs Lor% lkaxksY;kr vkys gksrs- R;kosGh R;kauh fc;k.ks osGsoj ns.;kps ekU; dsys gksrs- R;kuqlkj laLFksus fc;k.ks egkeaMGkl fnukad 17 vkWxLV 1992 jksth :i;s 5000 vkxkow jDdespk Mh-Mh- ikBfoyk gksrk- R;kcjkscj egkeaMGkps uequk QkWeZe/;s ekx.kh uksanfoyh gksrh- 'ksrdÚ;kauk fo'oluh; fc;k.ks osGsoj feGkos ;k mn~ns'kkus laLFksus vVksdkV iz;Ru dsys-[39] ek= R;kl vf/kdkÚ;kauh ;'k ;sÅ fnys ukgh- R;keqGs fpMysY;k tk/kokauh vf/kdkÚ;kauh oS;fDrd fgrklkBh lgdkjh

laLFkkauk fc;k.ks iqjfo.;kl foyac ykoY;kph Vhdk dsyh- [kjhi gaxkekrgh ekx.kh izek.ks fc;k.ks laLFksl fnys ukghr- rj ts fc;k.ks isj.kh yk;d ukghr fdaok T;k fc;k.kkaps [kjhi gaxkekl xjtp ukgh vls fc;k.ks laLFksdMs iqjoBk dsys gksrs- R;keqGs tk/ko ;kauh ftYgk egkeaMGkP;k forjd vf/kdkjh ;ksX; ukghr ;kph egkeaMGkus osGhp n[ky ?ksÅu 'ksrdÚ;kauk gaxkeiwoZ ;ksX; fc;k.ks iqjoBk d:u 'ksrdjh oxkZpk fo'okl laiknu dj.;kph ekx.kh dsyh-

Lkkaxksyk rkyqdk 'ksrdjh lgdkjh [kjsnh foØh la?kkph vkfFkZd ifjfLFkrh ulrkuk egkRek Qqys iqrG;kik'kh 22 xkG;kaps 'kkWfiax lsaVj lq: dsys- VsaMj nsrkuk dke iw.kZ >kY;kf'kok; chy fnys tk.kkj ukgh o dke iw.kZ >kY;koj 6 VDds O;kt njkus iSls fnys tkrhy v'kh vV ?kkryh gs VsaMj 35 yk[k :Ik;kps gksrs- dke iw.kZ >kY;kuarj dk;|kP;k pkdksjhr jkgwu 22 xkG;kaps fyyko fMikW>hV ?ksÅu dsys- R;keqGs 1 dksVh 47 yk[k :i;s fMikW>hV feGkys- R;kiklwu nj efgU;kyk 22 gtkj :i;s HkkMs feGkys o fMikW>hV 6 o"ksZ 3 efgU;kP;k nke nqIiV eqnrhoj Bsoys vkgs- ;keqGs vkfFkZd mRiUukP;k n`"Vhus ;k laLFkspk ftYg;kr ifgyk Øekad o egkjk"V^akr ekukps LFkku feG.;kl enr >kyh- ;kps loZ Js; Jh- ih- Mh- tk/ko ;kauk tkrs-

15- Jh y- fo- Hkkdjs lj

Jh y- fo- Hkkdjs ljkapk tUe lkaxksyk ;sFks 9 uksOgsacj 1948 jksth ,dk loZlkekU; 'ksrdjh dqVqackr >kyk- R;kaps oMhy uxjlsod gksrs- ljkaps f'k{k.k lkaxksyk o ck'khZ ;k fBdk.kh iw.kZ >kys- R;kauh fganh f'k{k.k lun 1969 yk iw.kZ dsyh- fo|kFkhZ n'ksiklwup R;kauk jktdkj.kkph vkoM gksrh- 1966 e/;s tokgj fo|ky;] ?ksjMh ;sFks rs f'k{kd Eg.kwu :tw >kys- R;kosGh dS- vke- dkdklkgsc lkGqa[ks&ikVhy ;kaP;k'kh laca/k vkys ijarq i{kh; erHksnkeqGs R;kauk uksdjh lksMkoh ykxyh- R;kuarj 1967 rs 1972 i;Zar R;kauh dk¡xzsle/;s dk;Z dsys-

1972 P;k fo/kkulHkk fuoM.kqdhr dkdklkgsc lkGqa[ks&ikVhy dk¡xzsl e/kwu mHks gksrs- ;k fuoM.kqdhr izpkj izeq[k Eg.kwu ljkauh dke ikfgys dkdklkgsckaP;k fot;kuarj ljkauh R;kaps Loh; lgk¸;d Eg.kwu dke ikfgys- R;keqGs dS-'kadjjkoth eksfgrs&ikVhy ;kaP;k'kh ?kfu"B laca/k fuekZ.k >kys- ifj.kkeh dS-olarnknk ikVhy ;kaps iq=or isze feGkys- dkdklkgsckaP;k fu/kukuarj 1974 P;k fo/kkulHkk iksVfuoM.kqdhP;k osGh 'kjn iokj lkgsc lksykiwj ftYg;kps laidZea=h gksrs- ;k iksVfuoM.kqdhrp ljkaP;k dk;kZph n[ky ?ksÅu iokj lkgsckauh ljkauk lksykiwj ftYgk ;qod dk¡xzslps v/;{k dj.;klkBh vkxzg /kjyk- 1977 yk iqyksneqGs dk¡xzslps foHkktu >kY;kuarj lksykiwj ftYgk dk¡xzsl v/;{kinh dS- czEgnso ekus o ljkaph ftYgk ljfpV.khlinh fuoM >kyh-

1974 ph lkaxksyk uxjikfydk fuoM.kqd vfr'k; xktyh- ;k fuoM.kqdhr dqaHkkj xYyh ;k pqj'khP;k izHkkxkrwu Jh-y-fo-Hkkdjs dk¡xzsl iz.khr mesnokj Eg.kwu mHks gksrs- rj R;kaP;k fojks/kkr 'ks-dk-i- ps bLekbZy 'ks[k mHks gksrs- ;kosGh 85 erkauh ljkauh fot; laiknu dsyk- ;k ;'kkr rkyqdk dk¡xzsl dfeVhps v/;{k bczkfgeHkkbZ bukenkj o czãnso ekus ;kapk flagkpk okVk gksrk- ;k fuoM.kqdhr 'ks-dk-i- ps yksd fu;qDr uxjk/;{k i`Fohjkt pOgk.k gs fot;h >kys gksrs- ;k dkyko/khr dk¡xzsl i{kkus fojks/kh i{kusrs Eg.kwu ljkaph fuoM dsyh-[40] lj gs fo/kk;d dkekph vkoM vlysys dk;Z{ke o mRre oDrs Eg.kwu letys tkr- R;kapk LoHkko Hkkoukiz/kku vlY;kus lqjkrhP;k dkGkr R;kauh Jh- pOgk.k ;kauk fojks/k dsyk ijarq Jh- pOgk.k ;kaPkk fu%i{kikrhi.kk] drZO;dBksjrk] fojks/kh i{kkyk fnyh tk.kkjh lUekuiwoZd okx.kwd] vkfFkZd ikjn'kZdrk] lokZauk cjkscj fo'oklkr ?ksÅu ,dksI;kus] lgdk;kZus dkjHkkj dj.;kph ln~Hkkouk ;keqGs ljkauh i{kHksn fol:u 'kgjkP;k o tursP;k fodklklkBh v[kaMi.ks lgdk;kZph Hkwfedk Bsoyh- 1 uksOgsacj 1980 jksth yksdfiz; yksd izfrfu/kh uxjk/;{k i`Fohjkt pOgk.k ;kauh v/;{kinkpk jkthukek fnY;kuarj egkjk"Va 'kklukus 1981 e/;s ljkaph uxjk/;{k Eg.kwu fuoM dsyh gksrh- 1986 P;k uxjikfydk fuoM.kqdhrgh lj ;kp izHkkxkrwu dk¡xzslps mesnokj Eg.kwu mHks gksrs- R;kaP;k fojks/kkr 'ks-dk-i- ps nRrk rsyh mHks gksrs- gh fuoM.kwd ek= iw.kZi.ks ,drQhZ >kyh- rsyh mesnokjkP;k nqIiV ers feGowu ljkauh fot; laiknu dsyk-

dS- lgdkj eg"khZ 'kadjjkoth eksfgrs&ikVhy ;kaP;k fu/kukuarj lksykiwj ftYg;kr czãnso ekus ;kaP;kf'kok; dq.khgh tckcnkj usrk dk¡xzsle/;s jkfgysyk uOgrk- f'kok; LFkkfud ikrGhoj 'ksrdjh lgdkjh lwrfxj.kh] ia<jiwj ;sFkwu lkaxksyk 'kgjklkBh ik.khiqjoBk ;kstuk] xzkeh.k :X.kky; ;klkj[kh Hkjho yksdksi;ksxh dkes >kY;keqGs O;Drh ;k ukR;kus vke-x.kirjko ns'keq[k ;kauk lgdk;Z dj.;kph Hkwfedk ljkauh ?ksryh gksrh-

1980 e/;s yksdlHksP;k fuoM.kqdk >kY;k- fuoM.kwd izpkjklkBh Jherh bafnjk xka/khauk lkaxksY;kr vk.k.;kr ljkapk o bczkfgeHkkbZ bukenkjkapk flagkpk okVk gksrk- ;kp dkGkr fo/kkulHkk fuoM.kqdkgh >kY;k- ;k fuoM.kqdhlkBh lksykiwj ftYgk e/;orhZ dk¡xzsl e/kwu lkaxksyk ernkj la?kklkBh Hkkdjs ljkaP;k ukokph f'kQkjl ,deq[kh >kysyh gksrh- ijarq lkaxksyk rkyqdk lk[kj dkj[kkuk psvjeu dS- ikaMqjax vkck Hkkacqjs ;kauh vkiyh izfr"Bk i.kkyk ykowu rh mesnokjh feGfoyh- R;k dkGkr ;qod dk¡xzsl o dk¡xzslps dk;Z lj izHkkohi.ks djhr gksrs- R;keqGs HkkacqjsaP;k ikBh'kh lj izkekf.kdi.ks mHks jkfgys o fot;klkBh iz;Ru dsys- ijarq Jh- ikaMqjax Hkkacqjs ;kapk ;k fuoM.kqdhr 4000 erkauh ijkHko >kyk-

1991 e/;s lkaxksyk 'kgjkl ia<jiwj ik.kh iqjoBk ;kstusrwu ik.kh feG.;kl lqjokr >kyh- ;kosGh 'kgjkr ik.;kph d`f=e VapkbZ eksB;k izek.kkr >kyh gksrh- ukxfjd larIr >kys gksrs-[41] v'kkosGh ik.khiqjoBk lferhpss lHkkirhin ljkauh Lohdkjys gksrs- o leFkZi.ks lkaHkkGys- loZ Hkkxkr ;ksX; nkckus ik.kh feGkos ;klkBh rs Lor% igkVs mBwu loZ= fQjr vlY;kps ukxfjdkauh vusdosGk ikfgys gksrs- ;ko:u R;kauh feGkysY;k la/khpk lnqi;ksx d:u ?ksrY;kps tk.kors-

1995&96 P;k fo/kkulHkk fuoM.kqdhr vke- ns'keq[kkapk /kDdknk;d ijkHko >kyk- R;kuarj >kysY;k uxjikfydk fuoM.kqdhr 'ks-dk-i- o dk¡xzsl

;kaP;kr Li"V y<r gksrh- R;kosGh lkaxksY;krhy ,dk ekrCcj dk¡xzsl mesnokjkpk ijkHko d:u lj fuoMwu vkys gksrs- ;k fuoM.kqdhr 'ks-dk-i- ps 9 vkf.k dk¡xzslps 8 lnL; fuoMwu vkys gksrs- rsaOgk dk¡xzsl dk;ZdR;kZauh ljkauk eksBh vkWQj fnY;kps letrs- ijarq ljkauh rh ukdkjyh 'ks-dk-i- P;k ikBh'kh [kachji.ks mHks jkfgys- 'ks-dk- i{kk'kh ljkaph fu"Bk vlY;kps ikgwu vke- ns'keq[k ;kauh ljkaph uxjk/;{k inh fuoM dsyh-

1996 e/;s uxjk/;{k >kY;kuarj R;kauh ifgY;kp fno'kh uxjikfydk dk;kZy; [kkyP;k etY;koj vk.kwu R;kpk njoktk lrr m?kMk Bso.;kpk fu.kZ; ?ksryk- R;keqGs dks.khgh lkekU; ek.kwl ljkauk HksVw 'kdr vls- fojks/kdkaukgh lUekukph okx.kwd fnyh tkr vls- uxjk/;{k inkP;k dkGkr ljkauh vusd yksdksi;ksxh dkes dsyh- LoPNrk] vkjksX;] jLrs] xVkj O;oLFkk ;kdMs fo'ks"k y{k fnY;kps fnlrs- ek:rh eafnj rs vks<;ki;Zar dsysys Hkq;kjh xVkjhps dke mYys[kuh; vkgs- v|kigh 'kgjkr brj= dksBsgh v'kh xVkjhph O;oLFkk fnlr ukgh- R;kaP;k dkjfdnhZr lq: dsys- Le'kkuHkwehps dke rs egRoiw.kZ ekurkr- njE;ku ljkaP;k Lora= fopkjlj.kheqGs o 'ks-dk-i- e/;s gksr vlysY;k dksaMheqGs rs 'ks-dk-i- e/;s vLoLFk gksrs- 2001 P;k lkaxksyk uxjikfydk fuoM.kqdhr uxjk/;{k in loZlk/kkj.k L=hlkBh jk[kho gksrs- R;keqGs ljkauh R;kaP;k iRuhlkBh 'ks-dk-i- ps mesnokjh ekfxryh ijarq i{kkus rh ukdkjyh- R;keqGs erHksn lq:s >kys- ifj.kkeh R;kauh 'ks-dk-i- ph lkFk lksMyh o vkiY;k iRuhl xksjxjhc 'kgj vk?kkMhP;k orhus uxjk/;{k fuoM.kqdhlkBh mHks dsys- R;kr R;kauk nksu uacjph ers feGkyh o dk¡xzslpk mesnokj frlÚ;k Øekadkoj xsyk- 'ks-dk-i- P;k Nk;k ikVhy fot;h >kY;k-

fot;h mesnokjkps irh uxjikfydk Bsdsnkj vlY;kus Jherh ikVhy ;k uxjk/;{k inkoj jkg.;kl vik= vkgsr vlk nkok ljkauh ia<jiwjkrhy ftYgk U;k;ky;kr nk[ky dsyk- ijarq gh gjdr mesnokjh vtkZP;k Nkuuh osGh ?;ko;kl ikfgts gksrh- ;k dkj.kko:u QsVkGyh xsyh-[42] rsaOgk ljkauh eqacbZ mPp U;k;ky;kr nkn ekfxryh- U;k-panzpwM ;kauh gh ;kfpdk ekU; d:u uxjk/;{k inkph fuoM.kwd voS/k Bjoyh o ;k ;kfpds o:u egkjk"Va uxjifj"knk] uxj iapk;rh o vkS|ksfxd uxjs vf/kfu;e 1965 P;k dk;|kr nq:Lrh dsyh- Jh- Hkkdjs lj vkt ,d O;Drh Eg.kwu jktdkj.k o lektdkj.k djr vkgs-

16- izk- ukuklks txUukFk fyxkMs

izk- ukuklks fyxkMs gs dS- txUukFk fyxkMs ;kaps T;s"B lqiq= vkgsr- R;kapk tUe 1 twu 1956 jksth vdksyk oklwn ;sFks >kyk- R;kaps izkFkfed f'k{k.k vuqØes udkrsokMh&vdksyk izkFkfed 'kkGk o ljnkj 'kkejko fyxkMs fo|ky; vdksyk ;sFks >kys- rj egkfo|ky;hu f'k{k.k dyk o okf.kT; egkfo|ky; ek<k] ia<jiwj dkWyst] ia<jiwj ;sFks >kys- ek<;kyk f'kdr vlrkuk deok o f'kdk ;kstusrwu R;kauh vkiys f'k{k.k iw.kZ dsys- f'kokth fo|kihB jkT;'kkL= foHkkxkrwu R;kauh 1980 yk ,e~-,-ph inoh laiknu dsyh- cfgLFk foHkkxkrwu ;k fo|kihBkrp ,e~-,- bfrgkl o Mh-,p~-bZ- ;k inO;k laiknu dsY;k-

fo|kFkhZ n'ksrp R;kaP;k jktdh; dk;kZph lqjokr >kY;kps fnlwu ;srs-'ksrdjh dkexkj i{k iqjLd`r iqjksxkeh ;qod la?kVusr R;kauh lØh; Hkkx ?ksrY;kps tk.kors-[43] f'k{k.k iw.kZ >kY;kuarj 1980 e/;s j;r f'k{k.k laLFksP;k nknk ikVhy egkfo|ky; dtZr ;sFks vf/kO;k[;krk Eg.kwu vkiY;k dkjfdnhZph lqjokr dsyh- 31 fMlsacj 1983 jksth vkVikMhP;k 'kadj lnkf'ko iokj ;kaph lqdU;k 'kdqarykrkbZ ;kaP;k'kh R;kapk fookg >kyk- R;kuarj R;kauh j;r f'k{k.k laLFksP;k fofo/k egkfo|ky;kr vkiY;k lsospk Blk meVoysyk fnlwu ;srks- 1984 rs 1986&nfgoMh dkWyst] nfgoMh 1986 rs 1996 dyk okf.kT; egkfo|ky;] iuosy] 1996 rs vkti;Zar deZohj HkkÅjko ikVhy egkfo|ky;] ia<jiwj ;k fofo/k egkfo|ky;kr dk;Zjr vlrkuk R;kauh laLFksl ukok:ikl vk.k.;kl enr dsyh- osxosxG;k ek/;ekrwu R;kauh laLFksyk Hkjho ns.kX;k feGowu fnY;k- tkLrhr tkLr fo|kF;kZauh j;r f'k{k.k laLFksr f'k{k.k ?;kos Eg.kwu iz;Ru dsys- vusd xjhc o gksrd: fo|kF;kZauk ;ksX; ekxZn'kZu d:u f'k{k.k ?ks.;kl izo`Ùk dsys- izlaxh v'kk fo|kF;kZauk Hkjho vkfFkZd lgdk;Zgh dj.;kpk iz;Ru dsyk- laLFksus izk- ukuklks fyxkMs ;kaP;k dk;kZph n[ky ?ksÅu R;kauk 1999&2000 e/;s ykbZQ odZj in cgky dsys- rj 2000&2001 e/;s ykbZQ esacj in cgky d:u ;ksX; lUeku dsyk-

HkkbZ txUukFkjko fyxkMs ¼rkR;k½ 29 fMlsacj 2005 jksth o;kP;k lRrjhr esanwP;k vktkjkus dkyo'k >kys- rkR;kaP;k fu/kukus lkaxksY;kP;k lkoZtfud o jktdh; thoukr iksdGh fuekZ.k >kyh- HkkbZ txUukFkjko fyxkMs rkR;kaph vke-x.krjko ns'keq[kkaojhy fu"Bk] 'ksrdjh dkexkj i{kkP;k iqjksxkeh fopkjk ojhy J/nk] vQkV yksdlaxzg] jktdh;

thoukrhy iMn;kekxps jkc.ks o izk- ukuklks fyxkMs ;kaph lkaxksyk rkyqD;kP;k fodklkph rGeG ikgwu o uksdjhl vlrkukgh nj vkBoM;kyk lkaxksY;kr ;sÅu tursph lsok dj.;kph ftn~n ikgwu vke-x.kirjko ns'keq[k ;kauh R;kaph 'ksrdjh lgdkjh lwr fxj.kh e;kZ- lkaxksysps lapkyd Eg.kwu lIVsacj 2006 o psvjeu Eg.kwu fMlsacj 2008 e/;s fuoM dsyh-

'ksrdjh lgdkjh lwr fxj.kh e;kZfnr] lkaxksys] ftYgk & lksykiwj BGd oSf'k"B;s

- Lku 1984 lkyh 25056 PkkR;koj lwr mRiknukl lqjokr-

Lku 1994 lkyh 16560 pkR;kps foLrkjhdj.k d:u l/;k 43536 pkR;koj lwr mRiknu lq: vkgs-

- ewG izdYi fdaer :Ik;s 8-63 dksVh gksrh- vkt gk izdYi :Ik;s 85-62 yk[k >kyk vkgs-

pkR;k o izdYi jdespk lfoLrj rif'ky

1- ewG izdYi 25056 pkR;k :i;s- 863-00 yk[k

2- ekftZuy ,DLiku'ku :i;s- 163-00 yk[k

¼5040 + 960 = 6000 pkR;k½

3- foLrkjhr izdYi ¼12480 pkR;k½ :i;s- 2640-00 yk[k

4- vk/kqfudhdj.k izdYi ¼1½ iw.kZ :i;s- 1434-00 yk[k

5- vk/kqfudhdj.k izdYi ¼2½ iw.kZ :i;s- 3465-00 yk[k

- fnukad 31@3@2009 v[ksj 11584 lHkklnkaps 205-31 yk[k Hkkx HkkaMoy laLFksdMs tek vkgs-
- lHkklnkauk dkiwl ykxoMhlkBh vkrki;Zar izrh Hkkx :i;s 500@& iksVh :i;s 4250@& ,o<s vuqnku fnys vkgs- ¼,dw.k 342-50 yk[k vnk½
- egkjk"Vª 'kklukdMwu izdYi mHkkj.khlkBh rlsp foLrkjhdj.k o vk/kqfudhdj.kklkBh feGkysY;k 'kkldh; Hkkx HkkaMoyk iSdh ns; 'kkldh; Hkkx HkkaMoy :i;s 342-65 yk[k ijr QsM dsyh vkgs-
- njjkst lwr mRiknu 24000 fdyks vkgs-
- mRikfnr lwrkiSdh lqekjs 34 VDds Eg.kts njjkst 8100 fdyks lwr teZuh] bVkyh] is:] czk>hy] gk¡¡xdk¡x] flaxkiwj] eysf'k;k] baMksusf'k;k] vesfjdk] rqdZLFkku bR;knh ns'kkauk fu;kZr dsys tkrs-
- lu 2008&09 ;k vkfFkZd o"kkZr 29-45 dksVh :i;kps lwr fu;kZr dsys vkgs-
- fxj.khus lu 2006&07 e/;s :i;s 99-21 yk[k o lu 2007&08 e/;s :i;s 83-68 yk[k brdk bUde VWDl Hkjyk vkgs- vkt i;Zar :i;s 394-61 yk[k vk;dj Hkjyk vkgs-
- fxj.khl lu 2006&07 e/;s 1152@& yk[k o lu 2007&08 e/;s :i;s 656-11 yk[kkpk jksdM uQk rlsp ,fizy 2008 rs ekpZ 2009 v[ksj :i;s 272-00 yk[k izdYi ¼vis{kr½ jksdM uQk >kyk vkgs-
- njegk fxj.kh :i;s 80@& yk[k brds oht chy Hkjr vkgs- dks.krhgh Fkdckdh ukgh-

- lu 1984 lkyh clfoysY;k ef'kujhps vk/kqfudhdj.k dj.;kl lq:okr dsyh vlwu R;kpk [kpZ :i;s 49@& dksVh vkgs- R;koj vkrki;Zar :Ik;s 41@& dksVh [kpZ dj.;kr vkyk vkgs-
- egkjk"Vª jkT; oL=ks|ksx egkla?k] eqacbZ o vf[ky Hkkjrh; oL=ks|ksx egkla?k eqacbZ ;kapsdMwu vkfFkZd o rkaf=d dkedktkcn~ny lu 1985&86 iklwu fxj.khl mRd`"V vkfFkZd o rkaf=d O;oLFkkiu ;klkBh jtr ind feGkys vkgs-
- fxj.khe/;s 1451 dkexkj o 77 LVkQ ¼,dw.k 1528½ dke djhr vlwu dkexkjkauk njjkst :i;s 199-59 o tkLrhr tkLr :I;s 208-20 brdk ixkj fnyk tkrks- rlsp brj Qk;|klg njjkst :i;s 282-22 o tkLrhr tkLr :i;s 294-39 brdk ixkj fnyk tkrks-
- dkexkjkauk loyrhP;k njkr ldl vkgkj fnyk tkrks-
- cnyh dkexkjkauk dke u feGkY;kl R;klkBh :i;s 15@& brdk “uks odZ vykSal” fnyk tkrks-
- dkexkjklkBh 1995 iklwu isU'ku ;kstuk pkyw dsyh vlwu ;k varxZr dkexkjkauk dehr deh :i;s 250@& o tkLrhr tkLr :i;s 2687@& brdh isU'ku fnyh tkrs- vkrki;Zar ;k ;kstuspk ykHk 107 dkexkjkauk >kyk vkgs-
- dkexkjkauk lu 2007&08 ;k vkfFkZd o"kkZlkBh 14 VDds izek.ks :i;s 91-48 yk[k brdk cksul fnyk vkgs- ¼,dw.k 857-99 yk[k vnk½
- fxj.khP;k dk;ZLFkGkoj ,y~-vkj-,- & 5166] cUuh o ojy{eh ;k tkrhpk dkiwl [kjsnh dsyh tkr vkgs- lnj

dkilkl 'kkldh; geh Hkko :i;s 2850@& izrh fOdaVy vkgs-

- **lkekftd miØe**

1- **lkeqnkbZd fookg%** ;k ;kstus varxZr vkrki;Zar ,dw.k 599 fookg laiUu >kys vkgsr- ekxhy vgoky lkykr 46 tksMI;kaps fookg >kys vkgsr- fnukad 31@03@2009 i;Zar dU;knku ;kstuspk ykHk 81 tksMI;kauk feGowu fnyk vkgs-

2- **va/kRo fuokj.k vfHk;ku%** ;k vfHk;kuk[kkyh lu 1995 iklwu fnukad 31@03@2009 i;Zar 248 f'kfcjs >kyh- R;ke/;s 15647 brD;k :X.kkaph rikl.kh dj.;kr vkyh o R;kiSdh 4134 :X.kkaph 'kL=fØ;k dj.;kr vkyh-

3- **xq.koar fo|kFkhZ iqjLdkj%** rkyqD;kr b;Rrk 4 Fkh iklwu inoh Ik;Zar fofo/k izdkjP;k LdkWyjf'kie/;s fo'ks"k izkfo.; feGfoysY;k fo|kF;kZapk iz'kLrhi=d o cf{kls nsowu xkSjo dj.;kr ;srks-

17- Jh jaHkkth 'kadj ikVhy

Jh jaHkkth 'kadj ikVhy ;kapk tUe 19 lIVsacj 1946 jksth egwn ;sFks >kyk- R;kaps izkFkfed ek/;fed o egkfo|ky;hu f'k{k.k vuqØes egwn] ekGhuxj o jktkjke dkWyst] dksYgkiwj ;sFks >kys- R;kauk fo|kFkhZ n'ksiklwup la?kVusph o xzqi d:u jkg.;kph vkoM gksrh- egkfo|ky;hu f'k{k.k ?ksr vlrkuk R;kauh dksYgkiwjP;k fcanw pkSdkrhy vusd lHkkauk gtsjh ykoysyh gksrh- 1967 e/;s iw.kZ egkjk"V^aHkj egkxkbZ fojks/kh vkanksyu mHkkjys gksrs- ;k vkanksyukr R;kauh lØh;

Hkkx ?ksryk o c?krk c?krk rs jktdkj.kkdMs vks<ys xsys-

1968&69 e/;s R;kauh f'konkl ckiw dne] panzdkar gfjnkl Hkkslys] vfuy Jhfuokl ns'kikaMs] jkepanz dksaMhck egktu ;kauh foosdkuan ;qod la?kVusph LFkkiuk dsyh- ;k la?kVusP;k ek/;ekrwu ,d= vkysY;k fe=kauh Lisz iai ¼Qokj.kh iai½ fodr ?ksÅu 'ksrdÚ;kaP;k ihdkaph deh njkr Qokj.kh dj.ks] Lihdj fodr ?ksÅu deh [kpkZr xksjxfjckaph yXus ykowu ns.ks bR;knh dkes dsyh- R;keqGs tulaidZ ok<.;kl enr >kyh-

1972 yk egwn xzkeiapk;r fuoM.kwd ykxyh- ;k fuoM.kqdhr Jh- jaHkkth ikVhy 'ks-dk-i- pk mesnokj Eg.kwu mHks gksrs- ijarq ;k fuoM.kqdhr 17 erkauh R;kauk ijkHkokyk lkeksjs tkos ykxys- 1976 e/;s xqatsxkoP;k ¼rk- eaxGos<k½ jkepanz jk.kksck dkGs ;kaph izFke dU;k dykorh fgP;k'kh rs fookgc/n >kys- 1973 e/;s rs egwn fodkl lsok lkslk;Vhps fcufojks/k psvjeu >kys- rs 2003 i;Zar rCcy 30 o"ksZ ;k inkoj dk;Zjr gksrs- rs psvjeu vlrkuk R;kauh lkslk;VhP;k ek/;ekrwu xzkgd HkkaMkj o dkiM nqdku pkyfoys-[44]

1977 P;k egwn xzkeiapk;r fuoM.kqdhr 'ks-dk-i-us 15 mesnokj mHks dsys gksrs- 15 iSdh 9 mesnokjkauk R;kauh fuoMw.k vk.kys o Lor%gh foØeh erkauh fot;h >kys- ;kosGh ljiap inkoj R;kapk gDd vlrkuk R;kauh f'koeqrhZ 'kadj ns'keq[k ;kauk ljiap rj nxMw nknw pOgk.k ;kauk miljiap dsys- o vkiY;k eukpk eksBsi.kk nk[koyk- fodkl lsok lkslk;VhP;k ek/;ekrwu o xzkeiapk;rhP;k ek/;ekrwu R;kauh yksdksi;ksxh vusd dkes dsyh- R;keqGs egwn xVkrhy reke tursus jaHkkth ikVhy ;kauk 1997 P;k iapk;r lferh fuoM.kqdhl mHks jkg.;kpk vkxzg /kjyk- R;keqGs rs ;k fuoM.kqdhl 'ks-dk-i- P;k frdhVkoj mHks jkfgys- R;kaP;k fojks/kkr dk¡xzslps fnXxt mesnokj fiaVw ikVhy mHks gksrs- R;keqGs jaHkkthuk gh fuoM.kwd ,d vkOgku gksrh- vVhrVhP;k >kysY;k ;k fuoM.kqdhr jaHkkth rCcy 338 erkauh fot;h >kys- laiw.kZ rkyqD;kps ;k fuoM.kqdhdMs y{k ykxysys gksrs- R;keqGs i{k Js"Bhauh ;kph n[ky ?ksÅu 14 ekpZ 1998 jksth R;kaph lkaxksyk iapk;r lferhP;k lHkkirhinh fuoM dsyh- rs ;k inkoj 13 ekpZ 1999 i;Zar dk;Zjr gksrs- ;k dkyko/khr R;kauh jLrs] f'k{k.k] oht bR;knh ckchaoj y{k fnY;kps tk.kors-

18- HkkbZ x.kirjko ns'keq[k

x.kirjko ns'keq[k ;kapk tUe isuwj rk- eksgksGs ;sFks 10 vkWxLV 1927 jksth >kyk- rsFksp R;kaps ifgyh rs ikpoh i;Zar f'k{k.k >kys- iq<hy f'k{k.k ikVdqy o ia<jiwj ;sFks >kys- rj L.L.B. ps f'k{k.k iq.ks ;sFks 1956 e/;s iw.kZ dsys- isuwj xkao rqG'khnkl tk/kokauk eku.kkjs gksrs- ;k xkokus 1942 P;k Lokra«; pGoGhr eksBh Hkkxhnkjh dsyh- R;kr uÅ t.kkauk rq:axokl >kyk- Lokra«; feGsi;Zar iw.kZ xko dk¡xzsle/;s gksrs- 1948 e/;s 'ksrdjh dkexkj i{kkP;k LFkkiusuarj iw.kZ xkokus 'ks-dk-i- e/;s izos'k dsyk- L.L.B. ps f'k{k.k ?ks.;klkBh rs 1954 e/;s iq.;kyk xsys- rsFks R;kauh o xksfoanjko cqjxqVs] ,l~-,e~- ikVhy] ,y- ch- dqjdqjs o MkW- vkIikjko iokj ;kauh 'ks-dk-i- Vªsfuax fo|kFkhZ lHkk LFkkiu d:u Qh ok< o fo|kF;kZaP;k iz'ukaoj pGoGh la?kfVr dsY;k-[45] 'kadjjko eksjs] ekfyuhrkbZ rqGiqGs o dkWezsM Hkkxor ;kaP;kdMs ekDlZoknh rRoKkukps oxZ pkyr] R;kl x.kirjko ns'keq[k tkr R;kosGh rs 'ks-dk-i- ps lkIrkfgd ^tulÙkk* vadkph foØh djhr-[46] ,d fo|kFkhZ lHkspk dk;ZdrkZ Eg.kwu iq.;kr 'kadjjko eksjs] ds'koojko ts/ks] j-ds-[kkMhydj] HkkÅlkgsc f'kjksGs ;kaP;k dk;ZØekyk gtsjh yko.ks o enr dj.;kps dke R;kauh dsys- R;kuarj la;qDr egkjk"Vª pGoGhr R;kauh lgHkkx ?ksryk- R;kr R;kauk rq:axokl iRdjkok ykxyk-

;kposGh 'ks-dk-i- P;k pGoGhr lkaxksyk rkyqD;kr dk¡xzslyk fojks/k dj.kkjs jkolkgsc iraxs] pOgk.k ekLrj] 'kadjjko dqeBsdj] HkkbZ <ksys] vCnqy caMw teknkj] ia<jhukFk ckcj bR;knh yksd gksrs- rs 'ks-dk-i- P;k orhus fuoM.kwd y<ohr ;kp cjkscj 'ks-dk-i- lnL; ulysyh o dk¡xzslyk fojks/k dj.kkjh eaMGhgh eksB;k la[;sus gksrh- ijarq lokZauk cjkscjhus ?ksÅu tk.kkjs usr`Ro lkaxksyk rkyqD;kr fuekZ.k >kys uOgrs-[47]

1890 P;k nq"dkGke/;s lkaxksyk rkyqD;kr cq/nsgkG rykokps dke pkyw >kys- ijarq 1952 i;Zar rs dke v/kZoVp gksrs- tursP;k jsV;keqGs 1952 P;k nq"dkGkr ;k dkekyk xrh feGkyh- o 1956 e/;s iw.kZ >kys- ;k izdYikr 'kklukus 1600 ,dj tehu laikfnr dsyh gksrh- ijarq izdYixzLr yksdkaps iquoZlu dsys uOgrs- R;kaP;k iquoZlukpk iz'u HkkbZ jkÅG gkrkGr gksrs- 1957 e/;s HkkbZ jkÅG ia<jiwj ernkj la?kkrwu vkenkj >kys- xkSMokMhrwu x.kirjko ns'keq[kkaps pqyrs ;'koarjko fl/nksthjko ns'keq[k gs izdYixzLRkaP;k iquoZlukP;k pGoGhr Hkkx ?ksr gksrs- R;kposGh

Kkuksck eqGs] xMns&ikVhy eaMGh ltsZjko lxj o dk;ZdR;kZauh iquokZflrkaph HkDde ,dtwV mHkh d:u tfeuhyk o ?kjkyk uqdlku HkjikbZ feG.;klkBh pGoG mHkh djhr gksrs- R;kr x.kirjko ns’keq[kkauh iq<kdkj ?ksÅu tfeuhyk o ?kjkauk ;ksX; ekscnyk feGowu fnyk- R;kr ofdy Eg.kwu gh R;kauh Hkwfedk ctkoyh- 1959 e/;s [kklnkj Økafrflag ukuk ikVhy ;kaP;k v/;{krs [kkyh R;kauh lkaxksY;kr izpaM nq"dkGh ifj"kn vk;ksftr dsyh-[48]

x.kirjko ns’keq[k ;kauh izFkep 1962 e/;s 'ks-dk-i- rQsZ lkaxksyk ernkj la?kkrwu fo/kku lHksph fuoM.kwd y<foyh R;kr rs fot;h >kys- 1967] 1974] 1978] 1980] 1985] 1990] 1999] 2004 o 2008 P;k fo/kkulHkk fuoM.kqdhr rs lkaxksyk ernkj la?kkrwu fuoMwu vkys- vkf.k ,dkp i{kkarwu ,dkp ernkj la?kkrwu 10 osGk vkenkj gksÅu foØe dsyk- R;krhy 1978 rs 1980 e/;s d`"kh o xzkefodkl ¼dWfcusV ea=h½ rj 1999 rs 2002 e/;s i.ku o jkstxkj geh ¼dWfcusV ea=h½ gksrs- ;k dkyko/khr R;kauh 'ksretwj] 'ksrdjh o xzkeh.k tursps iz’u nq"dkGh Hkkxkps iz’u fo/kkulHksr ekaMys- ;k iz’ukojrh ftYg;kr o jkT;kr pGoGh dsY;k- 1956 e/;s ia<jiwj ;sFks 'ks-dk-i- ps vf/kos’ku Hkjfoys o HkkbZ ,l~- ,e~- ikVhy] ltsZjko lxj] fo’okljko QkVs] eqjyh/kj Fkksjkr ;kaP;k lgdk;kZaus vf/kos’ku ;’kLohi.ks ikj ikMys-[49] 1965&1966 e/;s LoLr /kkU; nqdkukrwu ns’kHkj /kkU; VapkbZ fuekZ.k >kyh gksrh- ;k nqdkukrwu efgU;kyk ,d&nksu fdyks /kkU; feGr gksrs- ;kosGh vkenkj ns’keq[k ;kauh miklekj fojks/kh d`frlferh LFkkiwu dke o /kkU; feGfo.;klkBh vusd ekspsZ la?kfVr dsys- R;kr R;kauk vVd >kyh- 1969 iklwu rs lkaxksyk rkyqdk f'k{k.kizlkjd eaMGkps v/;{k vkgsr- 1972 rs 1975 ;k dkGkr jkT; jLrs okgrwd eaMGkps rs lnL; gksrs- ek.kxaxk lgdkjh lk[kj dkj[kkuk o lkaxksyk rkyqdk 'ksrdjh lgdkjh lk[kj dkj[kkU;kP;k mHkkj.khr lfØ; lgHkkx ?ksryk- 'ksrdjh lgdkjh lwrfxj.kh] lkaxksY;kps rs laLFkkid vkgsr- lkaxksyk rkyqD;ke/;s nq"dkG fuokj.k dj.;klkBh cksj o MkfGac QG ckxkaph eksB;k izek.kkr ykxoM dsyh o foØhlkBh lgdkjh rRokoj QGckx mRiknd 'ksrdjh lgdkjh laLFkk LFkkiu d:u QGckx foØhph O;oLFkk dj.;kr iq<kdkj ?ksryk- 1975 rs 1978 e/;s fo/kkulHkk fojks/kh i{kusrs gksrs- 1980 rs 1982 ;k dky[kaMkr rs yksdys[kk lferhps izeq[k gksrs- jkT;ikykus 19 ekpZ 1990 rs 21 ekpZ 1990 ;k dkyko/khr fo/kkulHksps gaxkeh v/;{k Eg.kwu fu;qDrh dsyh gksrh-

'ksrhps ik.kh o fi.;kps ik.;kckcr R;kauh dsysys dk;Z

x.kirjko ns'keq[kkauh eq[;ea=h olarnknk ikVhy ;kaP;k v/;{krs[kkyh 13 vkWxLV 1977 jksth ukxt ;sFks d`".kkik.kh raVk yoknkus egkjk"V^akyk fnysys ik.kh vkMo.;kP;k iz'ukyk 'kklukus vxzgDd |kok Eg.kwu nq"dkGh rkyqD;krhy 25000 tursph ik.kh ifj"kn vk;ksftr dsyh- R;kosGh R;kauh nq"dkGh Hkkxkyk 30 rs 40 T.M.C. ik.kh vxzgDdkus feG.;kph ekx.kh dsyh- R;kpcjkscj un;k] vks<s ;kaP;koj ca/kkjs cka/k.;kr ;kosr vlk Bjkogh ekaMyk- lkaxksyk 'kk[kk izdYi yodj iw.kZ Ogkok- VsaHkw o EgSlkG izdYikps ik.kh lkaxksyk o vkVikMh rkyqD;kl feGkos rlsp ek.k unhoj o vU; u|kaoj ca/kkjs cka/k.;kr ;kosr v'kh ekx.kh ikVca/kkjs

[kkR;kojhy ppsZosGh R;kauh okjaokj dsyh-[50] vusd osGk ekx.kh d:u gh nq"dkGh Hkkxkr ik.kh feGkys uOgrs- R;keqGs x.kirjko ns'keq[kkauh R;kaP;k lkFkhnkjkaP;k enrhus 30 tqyS 1995 jksth lkaxksyk ;sFks ik.kh ifj"kn vk;ksftr dsyh- ;k ifj"knsr egkjk"V^akps ekth mieq[;ea=h xksihukFk eqaMs] ikVca/kkjs ea=h egknsojko f'ko.kdj o xzkefodkl ea=h vk..kklkgsc Mkaxs mifLFkr gksrs- ;k ifj"knsP;k iwohZ R;kp fno'kh lkaxksyk lwr fxj.kh ;sFks VsaHkw milk tyflapu ;kstuk] EgSlkG lgkok VIik ;kstuk] lkaxksyk 'kk[kk izdYi o lkaxksyk vkVikMh rkyqD;krhy fujfujkGs ik.kh izdYi ;klacs/kh ojhy ea=h egksn;] ikVca/kkjs [kkR;kps ofj"B vf/kdkjh ;kaph cSBd >kyh- ;ke/;s d`".kk [ksjs izdYikP;k vaeyctko.khlkBh Bksl fu.kZ; ?ks.;kr vkys- ;k ifj"knsyk 30 rs 40 gtkj tuleqnk; mifLFkr gksrk- ;kosGh vkiY;k Hkk"k.kkr x.kirjko ns'keq[k ;kauh nq"dkGh Hkkxkrhy tursps iz'u ekaMwu ;kstuk o EgSlkG lgkok VIik ;kstuk rkcMrksc dk;kZfUor dj.;kph ekx.kh dsyh-[51] ;k ifj"knsP;k ekx.;kaps fuosnu x.kirjko ns'keq[k ;kauh ikVca/kkjs ea=h o mieq[;ea=h ;kauk 8 vkWxLV 1995 jksth fnys- R;keqGs ikVca/kkjs ea«;kauh 11 vkWxLV 1995 jksth d`".kk[ksjs[kksÚ;krhy d`".kkunhoj VsaHkw xkoktoG milk tyflapu ;kstusckcr lOgsZ dj.;kps vkns'k lacaf/kr vf/kdkÚ;kauk fnys- 1 uksOgsacj 1996 jksth vkVikMh ;sFks egkjk"V^a d`".kk [ksjs egkeaMG jks[ks foØhl 'kqHkkjaHk >kyk- ;kosGh cksyrkuk vkenkj ns'keq[k ;kauh vkVikMh] lkaxksys Hkkxkrhy nq"dkGkps ftoar fp= vkiY;k Hkk"k.kkr mHks d:u ;k izdYikps dke loZ fBdk.kh

,dnep lq: dj.;kph ekx.kh dsyh- rRdkyhu eq[;ea=h euksgj tks'kh ;kauh loZ VII;kae/khy dke ,dnep lq: dj.;kph ?kks"k.kk dsyh- ijarq dtZjks[;kP;k Lo:ikr jDde mHkh d:ugh 1 ,fizy 1997 iklwu d`".kk [kksÚ;krhy dkekph xrh eankoyh R;keqGs lkaxyh] lkrkjk o lksykiwj ftYg;krhy 13 rkyqD;krhy nq"dkGxzLr 'ksrdÚ;kaph ik.kh ifj"kn rklxkao ;sFks 21 es 1997 jksth vk;ksftr dsyh-[52] d`".ksP;k ik.;kP;k ekx.khlkBh R;kauh 26 tqyS 1995] 1996] 1997] 1998 o 1999 jksth vkVikMh ;sFks 'ksretwj 'ksrdjh la?kVusP;k orhus d`".ksP;k ik.;kP;k ekx.khlkBh ifj"knsps vk;kstu dsys-

lkaxksyk rkyqD;kr njo"khZ mUgkG;ke/;s vusd xkokr o okM;k oLR;koj fi.;kP;k ik.;kph VapkbZ fuekZ.k gksrs] jkT;krhy loZ xkokrhy fi.;kP;k ik.;kpk iz'u dk;e Lo:ih lksMfo.;kP;k n`"Vhus egkjk"Vª 'kklukus 26 tqyS 1995 jksth is;ty ik.kh iqjoBk dk;ZØekph 'osrif=dk lknj dsyh- 'osrif=dse/;s fnysY;k ?kks"k.kkaP;k v/kkjs lksykiwj ftYg;krhy fi.;kP;k ik.;kpk iz'u lksMfo.;kP;k n`"Vhus rkyqdk Lrjkojhy rkyqdk leUo; lferh o ftYgk lqlw=hdj.k lferh d`fr vkjk[kMk r;kj dsyk- lkaxksyk rkyqD;kP;k d`rh vkjk[kM;kr iq<hy pqdk gksR;k- f'kjHkkoh] oklwn] dMykl] f'ko.ks bR;knh 29 xkos nksuosGk nk[kfoyh gksrh- g.kearxko] ujkGs] cqjaxsokMh ;k xkokauk mUgkG;kr VªWDVjus ik.kh iqjoBk djkok ykxrks-rjhgh izLrkokr g;k xkokapk lekos'k uOgrk- bR;knh ;k pqdk vkenkj ns'keq[kkauh 'kklukP;k fun'kZukl vk.kwu nsÅu lkaxksyk rkyqD;klkBh Hkhek unh mxe fBdk.k /k:u uG ik.kh iqjoBk ;kstuk r;kj dj.;kph ekx.kh dsyh-

R;kuqlkj 'kklukus lkaxksyk rkyqD;krhy 82 xkokalkBh Hkhekunh mxeLFkku /k:u 87 dksVhph fi.;kP;k ik.;kph ;kstuk eatwj dsyh-[53] R;k dkekph lq:okr gh >kyh vkgs- R;kpizek.ks lkaxksyk uxjikfydk gíhrhy 100 VDds vuqnku lqekjs 5-50 dksVh [kpkZph ;kstuk o 1-30 dksVhph foLrkjhr ik.kh iqjoBk ;kstuk iw.kZ dsyh-

1984&1985 iklwu 'kklukus izR;sd vkenkjkauk ernkj la?kkrhy fodkl dkes dj.;klkBh 2-50 dksVh vkenkj fu/kh miyC/k d:u fnyk- 1984&1985 rs 1995&1996 ;k dkyko/khr lnj fu/khrwu izkeq[;kus vkenkj ns'keq[k ;kauh izkFkfed 'kkGk nq:Lrh o 'kkGk cka/k.kh] xVkj nq:Lrh o uohu xVkj cka/k.ks] uG ik.kh iqjoBk ;kstuk] vH;kfldk] lekteafnj] uxjikfydk o xzkeiapk;r feVhax gkWy cka/k.ks] pkoMh] rkyhe] foa/ku foghjh ¼cksvjosy½ bR;knhlkBh vkiY;k fu/khpk okij dsyk-

19- MkW- izHkkdj ,dukFk ekGh

MkW- izHkkdj ekGh ;kapk tUe lkaxksyk ;sFks fnukad 29 es 1952 jksth >kyk- R;kauh izkFkfed f'k{k.k lkaxksyk ;sFks iw.kZ dsys- rj 1966&1967 ;k dkyko/khr rs ekWMsy gk;Ldwy ekGhuxj ;sFk ek/;fed f'k{k.k iw.kZ dsys- lnj fBdk.kh gq'kkj fo|kF;kZauk deok o f'kdk ;kstusrwu f'k{k.k ?ksrk ;sr vls- R;keqGs R;kauh ;k ;kstusr dke d:u R;kauh vkiys ek/;fed f'k{k.k iw.kZ dsys- iq<hy f'k{k.k R;kauh fofyaXMu dkWyst] lkaxyh ;sFks iw.kZ dsys- 'kkys; thoukr ,d cqf/neku fo|kFkhZ Eg.kwu R;kauh uko deoys gksrs- cq/nhP;k tksjkoj R;kauh fejt ;sFkhy 'kkldh; oS|dh; egkfo|ky;kr 1978 e/;s ,e~-ch-ch-,l- ps f'k{k.k iw.kZ d:u 1979 rs 1982 ;k dkGkr 'ksxko rk- tr ;sFks esfMdy vkWfQlj

Eg.kwu dke ikfgys- fnukad 16 fMlsacj 1982 ;k fno’kh lkaxksyk 'kgjkr Lor%P;k oS|dh; O;olk;kl lqjokr dsyh- vYiko/khr ,d xjtw o xjhc :X.kkapk vk/kkj cuys- 1980 e/;s uk>Ú;kP;k Jh- ukjk;.k vknkVs ;kaph dU;k izfrHkk ;kaP;k’kh R;kapk fookg >kyk-

1985 P;k lkaxksyk uxjifj"kn fuoM.kqdhr R;kauh okWMZ Ø- 14 e/kwu dk¡xzslP;k f’kokth jkÅr ;kaP;k fojks/kkr fuoM.kwd y<foyh- vVhrVhP;k >kysY;k fuoM.kqdhr R;kauh 35 erkauh fot; laiknu dsyk- 1991 P;k fuoM.kqdhr R;kauh egknso Qqys ;k dk¡xzslP;k mesnokjk fojks/kkr fuoM.kqd ;kp okWMkZrwu y<foyh- ;kosGh Jh- ekGh gs 225 erkauh fot;h >kys- R;kauh vkiY;k inkpk mi;ksx tursP;k dY;k.kklkBh dsY;kus i{kusr`Rokus R;kph n[ky ?ksÅu lkaxksyk uxjifj"knsps uxjk/;{kinh fcufojks/k fu;qDrh dsyh- ¼1991&1993½ ;kosGh R;kauh 35 fd-eh- ph ia<jiwj ik.kh iqjoBk ;kstuk iw.kZ dsyh- R;klkBh 4]58]000 [kpZ vkyk- 2001 P;k fuoM.kqdhr dk¡xslP;k uoukFk QqysP;k fojks/kkr R;kauh fuoM.kqd y<foyh- ;kosGh R;kauh rCcy 985 erkauh fot; laiknu dsyk- ,o<;k izpaM erkapk fot; Eg.kts tursus lekt dk;kZph fnysyh iksgpp Eg.kkoh ykxrs- MkW- izHkkdj ekGh ;kauh uxjifj"knsP;k fuoM.kqdk egkRek Qqys uxj&jkÅr eGk & ekGokMh ;k okMkZrwu y<foY;k-[54]

1988 e/;s egkRek Qqys pWfjVscy V^aLV LFkkiu d:u lekt lsosps ,d O;klihB fuekZ.k dsys- vYiko/khrp ;k V^aLVekQZr vkn’kZ ckyd eafnj o izkFkfed fo|ky; lq: d:u vkt lkaxksY;kr ukokizek.ksp vkn’kZ 'kkGk Eg.kwu ykSfdd feGfoyk- ;k 'kkGsrhy vusd fo|kFkhZ

MkWDVj] baftfuvj] O;olkbZd bR;knh {ks=kr dk;Zjr vkgsr- VªLVP;k ek/;ekrwu R;kauh x.ks'k mRlo] ik.kiksbZ] xjhc fo|kF;kZauk 'kkys; lkfgR; okVi] xjhc fo|kFkhZ nRrd ;kstuk] xjhc dqVqacklkBh izkiafpd HkkaM;kpk lsV okVi] loZlkekU; tkx:d ukxfjdkalkBh okpuky; lq: dsys- e- Qqys pkSdkr ckrE;k o izcks/kuklkBh Vh-Ogh- ph izklafxd lks;gh dsyh tkrs- 1990 e/;s R;kauh e- Qqys irlaLFkk LFkkiu d:u xjtwauk vkfFkZd enr fnyh- vkt ,d vxzx.; irlaLFkk vlk ykSfdd ;k laLFksl izklr >kyk vkgs-1996 lkyh lkaxksyk 'kgjkr lkaxksyk vcZu dks&vkWijsfVOg c¡d LFkkiu dsyh- cWadsps lapkyd v/;{k Eg.kwu 10 o"ksZ dke dsys- vYiko/khrp ;k c¡dsph myk<kyk brdh ok<yh vkgs dh if'pe egkjk"Vªkr fofo/k ikrGhojhy c{khl fotsrh c¡d Bjyh vkgs-

2008 lkyh R;kauh Lokeh jkenso ckck ;kaps iratyh ;ksx f'kchj vk;ksftr dsys- ;kph f'kchjs osGksosGh vk;ksftr d:u tulkekU;kaph lsok rs djr vkgsr- iratyh ;ksx f'kchj gfj}kj ;k lferhps rs lkaxksyk rkyqdk v/;{k Eg.kwu dk;Zjr vkgsr- ;k lektlsosr R;kaph v/kkZafx.kh lkS- izfrHkk ;kgh vxzslj vlwu R;k lkaxksyk rkyqdk lgdkjh lk[kj dkj[kkuk o xq: ekÅyh ukxjh lgdkjh ir laLFksP;k ekth lapkfydk vkgsr- bujOghy Dyc lkaxksY;kP;k R;k laLFkkid lnL; vkgsr- 2009&2010 ;k lkykr R;k bujOghy Dyc lkaxksY;kP;k v/;{kk Eg.kwu dk;Zjr gksR;k-

Jh- izHkkdj ekGh ;kauh dks.krhgh jktdh; ik'oZHkweh ulrkuk jktdkj.k o lektdkj.kkr R;kauh feGfoysys ;'k vuU;lk/kkj.k vls vkgs- jktdkj.kkyk

R;kauh lektdkj.kkph tksM nsÅu uohu fi<hyk ,d vkn'kZ ?kkywu fnyk vkgs-

20- Jh- ekf.kdjko ia<jhukFk ckcj

Lkkaxksys rkyqD;kP;k jktdh;&lkekftd thoukrhy ekf.kdjko ckcj gs loZlkekU; fnl.kkjs i.k vlkekU; xq.koSf'k"B;s vl.kkjs vkxGs&osxGs O;fDreRo vkgs- jktdh; _"kh ekth ea=h vkenkj HkkbZ x.kirjko ns'keq[k ;kaps thokHkkokps lgdkjh vkf.k 'ksrdjh dkexkj i{kkps fu"Bkoku dk;ZdrZs vkgsr- mHks vk;q"; R;kauh yksd lsosyk okgwu ?ksrys- lekt:ih vFkkax egklkxjke/;s drZO;kph ukSdk gkdr vlrkuk mlG.kkÚ;k ykVkaph dnj u djrk] fuLokFkhZi.kkus tursph lsok dj.kkjs usr`Ro Eg.kts HkkbZ ekf.kdjko ckcj gks;- R;kapk tUe 20 vkWDVkscj 1931 jksth Mksaxjxko rk- lkaxksyk ;sFks xjhc 'ksrdjh dqVqackr >kyk-

Lkkaxksyk rkyqD;kr 'ksrdjh dkexkj i{kkph 'kk[kk LFkkiuk 1951 e/;s >kyh- ;kckcrph ifgyh feVhax Jh- Hkhejko ckiqlkgsc pOgk.k ;kaP;k ?kjh vk;ksftr dj.ksr vkysyh gksrh- lnj feVhaxyk ekf.kdjkokaps oMhy Jh- ia<jhukFk ckcj mifLFkr gksrs- ;ko:u ekf.kdjko ckcj vkf.k 'ksrdjh dkexkj i{k ;kaps ukrs fdrh tqus vkgs gs Li"V gksrs- euh vkys rs cksyywu nk[kfo.ks] gq'kkjhps tkghji.ks dkSrqd rj vkMeqB;k /kksj.kkpk frrD;kp fufHkZMi.kkus lekpkj ?ks.kkjs O;fDreRo Eg.kts vktP;k ?kMhyk lkaxksyk rkyqD;krhy ekf.kdjko ckcj ;kauk vksG[kys tkrs-

R;kaps lkroh i;Zarps f'k{k.k egwnyk dkdkadMs >kys- iq<hy f'k{k.k ia<jiwj ;sFks yksdekU; fo|ky;kr

>kys- QX;qZlu dkWyst] iq.ks ;sFks egkfo|ky;hu f'k{k.k iw.kZ d:u ch-Vh- ps f'k{k.k] lksykiwj ;sFks ?ksrys- rsFksp jkoth l[kkjke gk;Ldwye/;s f'k{kdh is'kkl lqjokr dsyh- rsFks 3 o"ksZ uksdjh dsY;kuarj 1961&62 yk rsFkhy uksdjh lksMwu lkGqa[ks&ikVhy ;kaP;k fouarhl eku nsowu R;kauh toG;kP;k gk;Ldwye/;s uksdjhl lqjokr dsyh- ijarq ;kp osGsyk ftYgk ifj"knsP;k fuoM.kqdhps iM?ke oktw ykxys- ewGkrp jktdh; fiaM vlY;kus R;kauh ftYgk ifj"knsph fuoM.kwd 'ksrdjh dkexkj i{kkrwu y<fo.;kpk fu.kZ; ?ksryk- lnjph fuoM.kwd R;kauh toGk xVkrwu y<foyh- dk¡xzslus R;kaP;k fojks/kkr f'kokthjko ikVykauk mHks dsys- f'kokthjko ikVhy gs rxMs mesnokj vlY;kus ekf.kdjkokauk 1200 erkauh ijkHko iRdjkok ykxyk-[55] 1964 yk R;kauh toG;krhy uksdjh lksMwu j;r f'k{k.k laLFksr uksdjhl lqjokr dsyh- ;k laLFksP;k vusd 'kkGkr R;kauh Kkunkukps dk;Z dsys- R;kpcjkscj vusd 'kkGkaP;k bekjrh cka/k.;kl enr dsyh- izlaxh yksdoxZ.kh xksGk d:u 'kkGk bekjrh cka/k.;kl enr dsyh-

Lkektkrhy rGkxkGkrhy yksdkaph izxrh djk;ph vlsy] ;qodkaps iz'u lksMok;ps vlrhy] R;kauk fufHkZM cuok;ps vlsy rj fdeku f'k{k.k ns.ks xjtsps vkgs- vls R;kaps er vkgs- R;keqGs dksBsgh vls lsoko`Rrhps dk;Z pkyys vlsy R;k dk;kZyk fofo/k ek/;eka}kjs rs lgk,; djrkr-[56] 1969 e/;s lkaxksY;kr vkenkj x.kirjko ns'keq[k] ekf.kdjko ckcj] jkeHkkÅ ok?keksMs] olarjko ikVhy] foB~Byjko f'kans ;kauh feVhax ?ksÅu lkaxksyk rkyqdk 'ksrdjh f'k{k.k izlkjd eaMGkph LFkkiuk dsyh- lnjph laLFkk LFkkiusr ekf.kdjkokauh fgjhjhus Hkkx ?ksryk o laLFkk ukok:ikyk vk.kyh- ;k laLFksps lqjokrhps oxZ yksgkj xYyhr Hkjr gksrs- uarj laLFksP;k fodklklkBh rek'kklkj[ks dk;ZØe ?ksÅu feGkysY;k iS'kkrwu 'kkGsP;k uohu [kksY;k cka/kY;k- 1980 uarj laLFksph uohu bekjr oklwn jLR;kyk cka/kwu laLFksps v|;kor dkedkt lq: dsys- Mksaxjxko ;sFksgh R;kauh 1989 e/;s gk;Ldwy lq: d:u xzkeh.k Hkkxkrhy fo|kF;kZaP;k f'k{k.kkph lks; dsyh- lkaxksyk rkyqdk 'ks- dk- i- fpV.khl ingh R;kauh dkgh dkG ;'kLohfjR;k lkaHkkGys vkgs-

lanHkZ

1- lkaxksyk VkbZEl] fnukad 3 tkusokhj 1999] i`"B Ø- 1

2- ek.kns'k lekpkj] fnukad 1 tkusokjh 1999] i`"B Ø- 2

3- fdRrk

4- lkaxksyk laink] fnukad 13 tkusokjh 1998] i`"B Ø- 1

6- ek.kns'k lekpkj] fnukad 1 tkusokjh 1999] i`"B Ø- 2

7- fdRrk

8- ukbZduojs Mh- ih- ¼laiknd½] HkkbZ jkÅG Lejf.kdk] ia<jiwj] 2002] i`"B Ø- 79

9- lkIrkfgd dksQ.k] ¼ia<jiwj½] fnukad 12 vkWDVkscj 1986] i`"B Ø- 2

10- ldkG] fnukad 15 es 1987] i`"B Ø- 3

11- dsljh] fnukad 25 es 1985] i`"B Ø- 3

12- fganw] fnukad 26 uksOgsacj 1985] i`"B Ø- 4

13- iq<kjh] fnukad 30 ,fizy 1989] i`"B Ø- 4

14- ldkG] fnukad 10 vkWDVkscj 1990] i`"B Ø- 1

15- iq<kjh fnukad 30 ,fizy 1989] i`"B Ø- 1

16- ldkG] fnukad 2 vkWDVkscj 1990] i`"B Ø- 1

17- ldkG fnukad 18 ekpZ 1989] i`"B Ø- 3

18- r:.k Hkkjr] fnukad 7 ekpZ 1989] i`"B Ø- 2

19- egklRrk] ¼lkaxyh½] fnukad 20 ,fizy 1998] i`"B Ø-1

20- ca/kqisze] ¼lksykiwj½] fnukad 20 ,fizy 1998] i`"B Ø- 1

21- dsljh] fnukad 26 Qscqzokjh 1992] i`"B Ø- 2

22- xksfoan t;jke tk/ko ;kaph 3 vkWxLV 2010 jksth la'kks/kd MkW- ,l~- ,u~- xk;dokM ;kauh ?ksrysyh eqyk[kr

23- xksfoanjko t;jke tk/ko ;kaph oS;Drhd dkxni=s

24- HkkbZ txUukFk ukjk;.k fyxkMs ;kaph 20 es 2002 jksth la'kks/k Jh- ,l~- ,u~- xk;dokM ;kauh ?ksrysyh eqyk[kr-

25- Ekkth vke- HkkbZ ,l~- ,e~- ikVhy ;kaph 20 vkWDVkscj 2009 jksth la'kks/kd MkW- ,l~- ,u~- xk;dokM ;kauh ?ksrysyh eqyk[kr

26- Lkapkj] fnukad 28 ,fizy 2002] i`"B Ø- 2

27- HkkbZ jkepanz Egkdw ok?keksMs ;kaph 2 twu 2010 jksth la'kks/kd MkW- ,l~- ,u~- xk;dokM ;kauh ?ksrysyh eqyk[kr

28- lqHkk"k vkIiklkgsc Mqjs&ikVhy ;kaph 21 es 2009 jksth la'kks/kd MkW- ,l~- ,u~- xk;dokM ;kauh ?ksrysyh eqyk[kr

29- HkkbZ g.kearjko /kksaMhck caMxj ;kaph 3 tqyS 2010 jksth MkW- ,l~- ,u~- xk;dokM ;kauh ?ksrysyh eqyk[kr

30- HkkbZ foB~Byjko f'kans ;kaph 4 es 2010jksth la'kks/kd MkW- ,l~- ,u~- xk;dokM ;kauh ?ksrysyh eqyk[kr

31- HkkbZ laHkkthjko vkynj ;kaph 13 es 2010 jksth la'kks/kd MkW- ,l~- ,u~- xk;dokM ;kauh ?ksrysyh eqyk[kr

32- HkkbZ vWM- v'kksdjko xOgk.ks ;kaph 24 es 2010 jksth la'kks/kd MkW- ,l~- ,u~- xk;dokM ;kauh ?ksrysyh eqyk[kr

33- HkkbZ efPNanz ;'koarjko [kjkr ;kaph 15 lIVsacj 2010 jksth la'kks/kd MkW- ,l~- ,u~- xk;dokM ;kauh ?ksrysyh eqyk[kr

34- Ekk.kns'k lekpkj] fnukad 18 ,fizy 1993 i`"B Ø- 1

35- fdRrk

36- lkaxksyk uxjikfydk tujy desVh izksflMhax fnukad 1 uksOgsacj 1993 vuq- 3 i`"B Ø- 67

37- fdRrk] 28 Qscqzokjh 1994 vuq- 9 i`"B Ø- 31

38- ek.kns'k lekpkj] fnukad 10 tkusokjh 1992 i`"B Ø- 1

39- HkkbZ ih- Mh- tk/ko ;kaph 20 tqyS 2010 jksth la'kks/kd MkW- ,l~- ,u~- xk;dokM ;kauh ?ksrysyh eqyk[kr

40- ek.kns'k lekpkj] fnukad 25 lIVsacj 1992] i`"B Ø- 1

41- pOg.k i`Fohjkt Hkhejko] vlkgh ,d ek.kwl] ek.kxaxk izdk'ku lkaxksys] 2008 i`"B Ø- 163

42- ek.kns'k lekpkj] fnukad 14 tkusokjh 1996] i`"B Ø- 2

43- Jh- y- fo- Hkkdjs lj ;kaph 14 twu 2010 jksth la'kks/kd MkW- ,l~- ,u~- xk;dokM ;kauh ?ksrysyh eqyk[kr

44- izk-ukuklks txUukFk fyxkMs ;kaph 13 twu 2010 jksth la'kks/kd MkW- ,l~- ,u~- xk;dokM ;kauh ?ksrysyh eqyk[kr

45- Jh- jaHkkth 'kadj ikVhy ;kaph 20 vkWxLV 2010 jksth la'kks/kd MkW- ,l~- ,u~- xk;dokM ;kauh ?ksrysyh eqyk[kr

46- nSfud tulRrk] fnukad 22 es 1951 i`"B Ø- 1

47- ekth vke- HkkbZ ,l~-,e~- ikVhy ;kaph fnukad 4 tkusokjh 2010 jksth la'kks/kd MkW- ,l~- ,u~- xk;dokM ;kauh ?ksrysyh eqyk[kr

48- vke- HkkbZ x.kirjko ns'keq[k ;kaph fnukad 10 tkusokjh 2010 jksth la'kks/kd MkW- ,l~- ,u~- xk;dokM ;kauh ?ksrysyh eqyk[kr

49- dYir: vkf.k vkuano`Ùk] fnukad 27 es 1959] i`"B Ø- 2

50- HkkbZ eqjyh/kj Fkksjkr ;kaph fnukad 8 es 2010 jksth la'kks/kd MkW- ,l~- ,u~- xk;dokM ;kauh ?ksrysyh eqyk[kr

51- eaqcbZ fo/kkulHkk ppkZ] fnukad 21 ekpZ 1968 i`"B Ø- 1175

52- dS- txUukFk ukjk;.k fyxkMs ;kaph fnukad 15 vkWDVkscj 2001 jksth la'kks/kd Jh- ,l~- ,u~- xk;dokM ;kauh ?ksrysyh eqyk[kr

53- baxoys d`".kk ¼laik½] panu] HkkbZ txUukFkjko fyxkMs pWfjVscy V$^{a}$LV] vdksyk 2008 i`"B Ø- 20

54- vke- HkkbZ x.kirjko ns'keq[k iqoksZDr

55- MkW- izHkkdj ,dukFk ekGh ;kaph 10 tqyS 2010 jksth la'kks/kd MkW- ,l~- ,u~- xk;dokM ;kauh ?ksrysyh eqyk[kr

56- Jh- ekf.kdjko ia<jhukFk ckcj ;kaph 14 vkWDVkscj 2009 jksth la'kks/kd MkW- ,l~- ,u~- xk;dokM ;kauh ?ksrysyh eqyk[kr

57- Jh- fnxacj f'kans ;kaph 11 tqyS 2010 jksth la'kks/kd MkW- ,l~- ,u~-xk;dokM ;kauh ?ksrysyh eqyk[kr

izdj.k 6

milagkj

egkjk"V^{a}kP;k 31 ftYg;krhy ,sfrgkfld vkf.k lkaLd`frd ijaijk ykHkysyk ftYgk Eg.kwu lksykiwj ftYg;kyk vksG[kys tkrs- lksykiwj ;k ukokP;k mRiRrhfo"k;h fHkUu fHkUu ers pfpZyh tkrkr- ,dk erizokgkuqlkj rs xko 16 xkokaP;k ,dhdj.kkuqlkj O;ogkjkr :< gksr xsys- rj dkghaP;k ers lksUuyxh ;k ewG [ksM;kph ok< gksr tkowu dkykarjkus lksUuyxh ;k 'kCnkpk viHkza'k lksuykiwj o R;kuarj lksykiwj vlk >kyk vlkok- gk ftYgk egkjk"V^{a} jkT;kP;k nf{k.k iwoZ lhesoj 17^{0} 42 vkf.k 18^{0}32 mRrj v{kka'k o 74^{0}42 vkf.k 76^{0}15 iwoZ js[kka'k ;kaP;ke/;s olyk vkgs- ;k ftYg;kP;k mRrjsyk vgenuxj o mLekukckn iwosZyk mLekukckn ftYg;kpk dkgh Hkkx o dukZVd jkT; nf{k.ksyk lkaxyh ftYgk o dukZVd jkT; if'pesyk lkrkjk o iq.ks ftYgk vkgs- ftYg;kpk ,dw.k foLrkj 14895 pkS- fd- ehVj vkgs- ftYg;kps deky rkieku 111 fMxzht QWne o fdeku 72 fMxzht QWne vlrs- ftYg;kr ygku eksBh 40 /kj.ks vlwu Hkhek gh eq[; unh vkgs-[1]

v'e;qxkr ;k ftYg;krhy ukjk;.k fpapksyhpk mYys[k feGrks- ;kno dky[kaMkr ;k ftYg;kyk ek.kns'k Eg.kwu vksG[kys tkr gksrs- 1358 Ik;Zar gk ftYgk cgkeuhP;k vf/kiR;k[kkyh jkfgyk- 1497 e/;s lksykiwjpk lekos'k futke'kkgh jkT;kr >kyk- R;kuarj lksykiwjPkk jktdh; bfrgkl lksykiwj ftYg;kHkksorh fQjr jkfgY;kps fnlrs- 10 es 1818 jksth ejkBh lRrspk vLr >kY;kuarj lksykiwjpk lekos'k ckWEcs izsflMsUlhe/;s dsyk-[2]

dk¡xzslps laLFkkid v/;{k lj vWyu g;qe ;kauh 1893 e/;s lksykiwjyk HksV fnyh- yksdekU; fVGd i{k izpkjkpk ,d Hkkx Eg.kwu 1907 e/;s izFke lksykiwjyk vkys- e-xka/khuh vlgdkj pGoGhP;k izpkjklkBh 1921 e/;s lksykiwj ftYg;kpk nkSjk dsyk- ns'kkP;k Lokra«; pGoGhr ftYg;krhy vusd r:.kkauh lØh; lgHkkx ?ksryk gksrk- R;krhy eYykIik /ku'ksV~Vh] txUukFk f'kans] dqckZu gqlsu o Jhfdlu lkjMk ;k pkS?kkojgh iksfyl pkSdh tkG.ks o dksVZ bekjr tkG.ks ;k vkjksik[kkyh 12 tkusokjh 1931 jksth ;sjoMk rq:axkr Qk'kh fnyh- 1930 lkyP;k taxy lR;kxzgkr Jherh ehuk{kh lkus] HkxhjFkh tktw] flykckbZ tktw] vkuanhckbZ tktw] izk- ljksftuh Mkxk o ikoZrh Mkxk ;kauh Hkkx ?ksryk-

vH;kl dky[kaMkr ¼1980&2005½ lksykiwj ftYg;kr dkgh cny >kysys fnlrkr- 1981 yk ftYg;kph yksdla[;k 26]10]144 gksrh- rh 2001 yk 38]49]543 ,o<h >kyh- lk{kjrsps izek.k 1971 yk 33-90 VDds gksrs- R;kr iq:"k 46-40 VDds o fL=;k 20-49 VDds ;kapk lekos'k gksrk- 2001 yk R;kr ok< gksÅu gs izek.k 71-2 VDds >kys- R;kr 82 VDds iq:"k o 59-8 VDds fL=;k ;kapk lekos'k gksrk- 1971 P;k lsalsDluqlkj ftYg;kr 1827 izkFkfed 'kkGk gksR;k- R;kr ok< gksÅu 2001 yk R;kph la[;k 2886 >kyh- egkjk"Vªkrhy ftYg;kaps {ks=QGkuqlkj oxhZdj.k dsY;kl lksykiwj ftYg;kpk Øekad 4 Fkk ykxrks- ek= fodklkckcr gkp Øekad 7 oj tkrks- vH;kl dky[kaMkr 1995 o 2001 yk ftYg;kr Hkh"k.k nq"dkG iMysyk gksrk- ;k dkyko/khr ftYg;kr fofo/k fBdk.kh tukojkaP;k Nko.;k lq: dsY;k- lkaxksyk rkyqD;kr 'ksrdjh lgdkjh lwrfxj.khP;k orhus 1995 yk tquksuh ;sFks pkjk Nko.kh lq: dsyh- gh Nko.kh pkyfo.;klkBh njjkst 30]000 :i;s [kpZ ;sr vls-[3]

'ksrdjh dkexkj jkT;kph ladYiuk dk¡xzslus 1942 P;k vkWxLV Bjkokr varHkwZr dsyh- 1937 P;k izkafrd dk;ns eaMGkP;k fuoM.kqdhosGh dk¡xzsle/;s LFkwy ekukus rhu xV gksrs- nso&nsofxjhdj ;kapk ,d xV] ds’kojko ts/ks&xkMxhG ;kapk nqljk xV o lektoknkpk iqjLdkj dj.kkÚ;kapk frljk xV gksrk-ts/ks&xkMxhG ;kaP;k xVkr czkã.ksÙkj] 'ksrdjh o dkgh izek.kkr dkexkj gksrs- ;k fuoM.kqdhr czkEg.ksÙkjkapk nk:.k ijkHk o >kyk- 1937&1939 ;k dkGkr [ksj eaf=eaMGkpk dkjHkkj fdlku&dkexkjkaP;k Qk;n;kpk >kyk ukgh- vls ts/ks xV Eg.kw ykxyk- 1946 P;k eaf=eaMGkph jpuk djrkuk ts/ks&xkMxhG xVkpk lYyk vftckr ?ksryk ukgh-[4] ;sFkwup 'ksrdjh dkexkj i{kkP;k LFkkiusps chtkjksi.k >kys-

11 lIVsacj 1946 jksth iq.ks ;sFks dkgh vkenkj dk;ZdrsZ teys- R;ke/;s ds’kojko ts/ks] 'kadjjko eksjs] rqG’khnkl tk/ko] ukuk ikVhy] Hkkidj] NUuqflax] nRrk ns’keq[k] O;adVjko iokj] HkkÅlkgsc jkÅr] ;’koarjko pOgk.k bR;knh gtj gksrs- iznh?kZ ppsZvarh dk¡xzsl varxZr 'ksrdjh dkexkj la?k LFkkiu dj.;kpk Bjko ;k cSBdhr eatwj dj.;kr vkyk- vkf.k 26 ,fizy 1948 jksth Jh- HkkÅlkgsc jkÅr ;kaP;k eqacbZ fuoklLFkkuh 'ksrdjh dkexkj i{kkph jhrlj LFkkiuk dsyh-[5] i{kkpk /ot

yky jaxkpk vkgs- i{k LFkkiusuarj ts/ks] eksjs] tk/ko vknh iq<kÚ;kauh egkjk"V^aHkj nkSjs d:u tutkx`rh dsyh- i{kkps ifgysp vf/kos'ku 5 o 6 lIVsacj 1948 jksth lksykiwj ;sFks 'kadjjko eksjsaP;k v/;{krs[kkyh ikj iMys-[6] 'ks-dk-i- ps uoos vf/kos'kugh ;kp ftYg;krhy ia<jiwj ;sFks 29] 30] 31 es o 1 twu 1965 jksth laiUu >kys-

'ksrdjh dkexkj i{kkus vkiY;k fofo/k ekx.;klkBh vusd ekspsZ dk<ys- R;krhy 6 lIVsacj 1971 jksth oSjkx rk-ck'khZ ;sFkhy ekspkZ oSf'k"B;iw.kZ Bjyk- lnj ekspkZr dMck rxkbZ rkcMrksc ns.;kr ;koh- nq"dkGh dkes rkcMrksc pkyw djkohr bR;knh ekx.;kapk lekos'k gksrk- 'ks-dk-i-us dk<ysys fofo/k ekspZs gs lkekftd] jktdh; o vkfFkZd ekx.;k ckcr gksrs- 'ks-dk-i-yk 'ksrdjh dkexkj o 'ksretwj ;kaP;k thoukr cny visf{kr gksrk- ;k oxkZP;k fdeku xjtk iw.kZ OgkO;kr gk ekspkZP;k ikBhekxpk mn~ns'k gksrk- vH;kl dky[kaMkr 'ks-dk-i-us dk<ysY;k ekspkZrhy ekx.;k iq<hyizek.ks gksR;k

1- 'ksrhekykyk mRiknu [kpkZoj vk/kkfjr Hkkokaph geh |k-

2- 'ksrdÚ;kaph loZ izdkjph dtsZ ekQ djk-

3- 'ksrdjh 'ksretwjkauk isU'ku ;kstuk ykxw djk-

4- Cksdkjkauk dke |k fdaok 500 :i;s csdkj HkRrk |k-

5- 'ksretwjkauk fuokÚ;kph o ekukph geh |k-

6- egkxkbZyk vkGk ?kkyk o Hkz"Vkpkj fuiVwu dk<k-

7- eaMy vk;ksx ykxw djk-

8- dkexkjkaP;k laikpk vf/kdkj dk<wu ?ks.kkjs fo/ks;d jn~n djk-

9- jkstxkj geh dk;n;kph dkVsdksji.ks vaeyctko.kh djk-[7]

10- dkexkj] vla?kVhr dkexkjkauk isU'ku ;kstuk ykxw djk-

11- lqf'kf{kr csdkjkauk O;olk;klkBh 4 VDds O;ktkus dtZ |k-

12- oht njok<] ,l~-Vh- njok< deh djk-[8]

13- csjkstxkjkauk jkstxkj miyC/k d:u |k-

14- 60 o"kkZuarj isU'ku ykxw djk-

15- nq/kkyk jkLr Hkko |k-[9]

16- thouko';d oLrqpk eqcyd iqjoBk djk-

17- isVªksy fM>syps Hkko deh djk-

18- [krkps Hkko deh djk-

19- okM;k oLR;koj fi.;kP;k ik.;kph lks; djk-

20- nj ekulh efgU;kyk 12 fdyks /kkU; |k-[10]

21- o`/nkauk isU'ku lq: djk-

22- VsaHkw EgSlkG ;kstusps ik.kh yodjkr yodj |kos-

23- f'k{k.kkps lkoZf=dj.k djkos-

24- bZ-ch-l-h Qh ok< jn~n djkoh-[11]

25- 'ksrhyk ik.kh |k-

26- vla?kVhr {ks=krhy dkexkjkauk fdeku osru ykxw djk-

27- efgykaojhy vR;kpkjkyk ik;can ?kkyk-

28- can iMysys dkj[kkus lq: djk-

29- Hkz"Vkpkjkps mPpkVu djk-

30- lokZauk f’k{k.k |k-[12]

31- 'ksrdjh] 'ksretwjkauk jkstxkj gehph dkes feGkohr-

32- i'kqikydkauk ,dk tukojkyk 500 :i;s ekfld [kkoVh feGkoh-

33- ikolk vHkkoh tGwu xsysY;k fidkaph uqdlku HkjikbZ feGkoh-

34- 'ksrdÚ;kauk 6 VDds O;kt njkus dtZ feGkos-

35- 'ksrhyk ik.kh ns.kkÚ;k eatwj dsysY;k ekx.;k rkRdkG iw.kZ djkO;kr-

36- nq"dkGh Hkkxkrhy fo|kF;kZyk 500 :i;s f’k";o`Ùkh |koh-

37- jkstxkj geh ;kstuspk fu/kh R;kp dkekoj [kpZ djkok-

'ksrdjh dkexkj i{kkus ojhy dsysY;k ekx.;kaiSdh cgqrka’k ekx.;k ;k yksdfiz; o vko’;d gksR;k- R;keqGs R;krhy dkgh ekx.;k 'kklukus eatwjgh dsysY;k vkgsr- mnk- 'ksrhekykyk mRiknu [kpkZoj vk/kkjhr Hkkokaph geh ;k ekx.khrwu fdeku Hkkokph geh feGkyh- jkstxkj geh dk;n;kph vaeyctko.kh dj.;kr vkyh- okM;k&oLR;kaoj fi.;kP;k ik.;kph lks; dj.;kr vkyh] 'ksrdjh o 'ksretwwjkauk jkstxkj gehph dkes feGkyh] lokZalkBh f’k{k.k miyC/k >kys- ikolkvHkkoh tGwu xsysY;k fidkauk uqdlku HkjikbZ feGw ykxyh- eaMy vk;ksx ykxw dj.;kr vkyk- bR;knh-

Lkksykiwj ftYg;kr 1027 xzkeiapk;rh] 11 iapk;r lferh] 1 ftYgk ifj"kn] 1 egkuxjikfydk] 10 fo/kkulHkk o 2 yksdlHkk ernkjla?k vkgsr-

vH;kl dky[kaMkr ftYg;krhy lkaxksyk] ek<k o ck'khZ rkyqD;krhy xzkeiapk;r fuoM.kqdhr 'ksrdjh dkexkj i{kkps mesnokj fuoMwu vkysys fnlrkr- iapk;r lferh o ftYgk ifj"knsl gh ;kp ernkj la?kkrwu 'ksrdjh dkexkj i{kkps lnL; fuoMwu vkysys fnlrkr- lkaxksyk iapk;r lferhr gk i{k vH;kl dky[kaMkr dk;e lRrk/kkjh i{k jkfgysyk vkgs- rj ek<k iapk;r lferhr QDr xksnkckbZ yksa<s ;k 2004 rs 2007 ;k dkyko/khr lHkkirh gksR;k- ek= lnj iapk;r lferhr cgqer dk¡xzsl i{kkps gksrs- ;k iapk;r lferhrhy lHkkirhin gs efgyk vkjf{kr vlY;keqGs ;k oxkZrhy efgyk lnL; dk¡xzsl i{kkps miyC/k ulY;kus lHkkirh inkph ykWVjh] 'ksrdjh dkexkj i{kkyk ykxyh- lksykiwj egkuxj ikfydsr vH;kl dky[kaMkr ,dgh 'ksrdjh dkexkj i{kkpk lnL; fuoMwu vkysyk ukgh- fo/kkulHkk fuoM.kqdhr QDr lkaxksyk o eksgksG ernkj la?kkrwu 'ksrdjh dkexkj i{kkps mesnokj fuoMwu vkys- R;ke/;s lkaxksY;krwu vkenkj x.kirjko ns'keq[k 1980] 1985] 1990] 1999] 2004 o 2008 ;k o"khZ fuoMwu vkys- ;k dky[kaMkP;k vxksnj 1962] 1967] 1974 o 1978 ;k o"khZ rs ;kp ernkj la?kkrwu o ;kp i{kkrwu fuoMwu vkys gksrs- ,dkp i{kkrwu o ,dkp ernkj la?kkrwu 10 osGk vkenkj Eg.kwu fuoMwu ;sÅu R;kauh ns'kkr foØe dsyk- rj eksgksG ernkj la?kkrwu ekth vkenkj HkkbZ panzdkar fuackGdj gs 1980 o 1985 yk nksu osGk fuoMwu vkys- vH;kl dky[kaMkr yksdlHksl 'ksrdjh dkexkj i{kkpk ,dgh mesnokj fuoMwu

vkyk ukgh- ek= 1952 P;k fuoM.kqdhr lksykiwjkr HkkbZ 'kadjjko eksjs o ia<jiwj ernkj la?kkrwu ih- ,u~- jktHkkst¼'k-sdk-i- iqjLd`r 'ksM;qYM dkLV QsMjs'ku½ gs mesnokj fuoMwu vkys-

'ks-dk-i- P;k fuoMwu vkysY;k mesnokjkaph la[;k [kkyhy rDR;kr nk[kfoyh vkgs-

o"kZ	yksdlHkk	fo/kkulHkk	ft-i-	ia-lferh	uxjifj"kn	egkuxjikfydk
1980	&	2	10	14	iz'kkld	&
1985	&	2	*	*	10	&
1990	&	1	6	14	18	&
1995	&	0	8	11	12	&
1999	&	1	*	*	11	&
2004	&	1	5	11	11	&

Vhi *;ko"khZ fuoM.kqdk >kysY;k ukghr-

fo/kkulHkksr 'ksrdjh dkexkj i{k 1978] 1980 o 1999] 2002 ;k dkyko/khr vuqØes iqjksxkeh yksdny vkf.k vk?kkMh ljdkje/;s lgHkkxh >kyk gksrk- ftYgk ifj"knse/;s 1969 rs 1972 ¼cka/kdke lferh psvjeu½ gs in ,dnkp feGkys gksrs- R;kuarj ftYgk ifj"kn lksykiwj e/;s 'ksrdjh dkexkj i{kkl lRrsr lgHkkxh gks.;kph la/kh dsOgkgh feGkyh ukgh- lkaxksyk uxjifj"knsr

1985&1986] 1987&1989] 1991] 1996] 1997&2006 ;k dkyko/khr 'ksrdjh dkexkj i{kkus lRrk/kkjh i{k Eg.kwu ;'kLoh /kqjk okfgyh vkgs-

lkaxksyk iapk;r lferhr 1980&2005 ;k dkyko/khr 'ks-dk-i- ps 36 lnL; fuoMwu vkys- lkaxksyk uxjifj"ksn 1980&2005 ;k dkyko/khr 'ks-dk-i- ps ,dw.k 41 lnL; fuoMwu vkys-

fo/kkulHksrhy dkedktkpk vk<kok ?ksr vlrkuk ,d xks"V tk.koyh dh cjspls lHkkln R;kauk ppsZlkBh fnysY;k osGspk Qk;nk ?ksr uOgrs- R;kauk feG.kkjh 15 fefuVs rs cksyr uOgrs- vkf.k lHkkirhuhagh okjaokj fo/kkulHksps y{k ;kdMs os/kys gksrs-[14+] ek= fo/kkulHksrhy 'ksrdjh dkexkj i{kkP;k vkenkjkauk R;kauk fnysyk osG vkiys fopkj ekaM.;klkBh iqjr uOgrk- ;ko:u gs fl/n~ gksrs dh 'ks-dk-i- ph fo/kkulHksrhy lnL; la[;k deh vlyh rjh mifLFkr vlysys lnL; vkiY;kyk feGkysY;k osGspk mi;ksx yksddY;k.kklkBh tursps iz'u ekaM.;klkBh o ljdkjoj vadq'k Bso.;klkBh dfjr gksrs-

ljdkjph /kksj.ks QDr dkxnkoj vlrkr izR;{k R;kph vaeyctko.kh djrkuk gyxthZi.kk gksrks- ;k /kksj.kkaps ykHk xjtwauk feGr ukghr gs fnlwu ;srs- mnk- nq"dkGh ifjfLFkrh'kh lkeuk dj.;klkBh ljdkjus fuf'pr dsysY;k /kksj.kke/;s tkLrhr tkLr yksdkauk 'kD; frrD;k ekxkZus jkstxkj feGowu ns.;kpk lekos'k vkgs- ;ke/;s eq[;r% jLrk] ukyk&cafMax ;k dkekpk lekos'k gksrks- i.k caMhaxps dke tjh lq: dsys vlys rjh dSdnk ;k dkekkBh ykx.kkjh gR;kjs nq"dkGihMhr yksdkadMs ulr- R;keqGs R;kauk rh fodr ?;koh ykxr gksrh-[16]

jkstxkj geh ;kstuk fu/kh tso<k tek gksbZy rso<k loZP;k loZ R;kp ;kstusoj [kpZ dj.ks ca/kudkjd vlrkuk 'kklu lnjpk fu/kh brj= oxZ djhr gksrs-[17] R;keqGs etqjkauk nksu&nksu] rhu&rhu efgus ixkj feGr uOgrs- ;k fojks/kkr 'ks-dk-i- P;k usr`Rokus osGksosGh fo/kkulHksr o fo/kkulHksP;k ckgsjgh vkokt mBfoysyk fnlwu ;srks- vfu;fer ikolkeqGs vusdnk 'ksrh mRiknukoj >G clrs vkf.k egkjk"V[a]krhy 'ksrh O;olk; cjkplk ikolkoj voyacwu vkgs- O;kid tyflapu ;kstuk gkrh ?ksÅu gh =qVh nwj dj.ks xjtsps vkgs- i.k v'kk izdkjph ikoys mpyY;kps fnlr ukgh-

'ksrhekykyk fdQk;r'khj fdaerh feGkY;k ikfgtsr- ;k iz'ukoj 'ks-dk-i- us vkanksyus dsyh vkgsr- R;krwup dkiwl ,dkf/kdkj [kjsnh lkj[;k 'ksrdÚ;kyk pkaxys Hkko ns.kkÚ;k ;kstuspk tUe >kyk- ijarq 'ksrhekykyk Hkko cka/kwu |kosr- ;k ekx.kheqGs i{kkoj tehunkjkapk i{k Eg.kwu Vhdk >kyh-[18]

'ksrdjh dkexkj i{k LFkkiu dj.;kr rqG'khnkl tk/ko] 'kadjjko eksjs] ds'kojko ts/ks] j-ds-[kkMhydj bR;knhapk flagkpk okVk vkgs- ijarq R;krhy yksdkauh i{kkarxZr dyg] oSpkfjd erHksn o fojks/kh i{kkrhy yksdkauh fofo/k izyksHkus nk[kfoY;keqGs 1954&1955 uarj dk¡xzsl i{kkr izos'k dsyk- R;krhy 'kadjjko eksjs o rqG'khnkl tk/ko ;kauh vki.k iqUgk dk¡xzsle/;s xsyks gh pwd >kyh v'kh Li"V dcwyh fnyh vkgs-[19] ;ko:u i{kkps rRoKku ;k yksdkauk ekU; gksrs ijarq dsoG xV&rV o i{kkarxZr dyg ;kus ;k i{kkl iks[kjys gksrs gs tk.korsfnXxt usR;kaP;k i{kkarjkeqGs ftYg;krhy i{k dedqor cuyk- i{kkP;k nqlÚ;k QGhrhy usrs fo’okljko QkVs] HkkbZ lxj] ,l~-,e~- ikVhy] x.kirjko ns’keq[k ;kauh i{k fVdowu /kjyk- lkaxksyk O;frfjDr brj rkyqD;krhy usR;kauk gk i{k ok<fo.;kr ;’k vkys vlys rjh nh?kZdkG lRrk feGfo.;kr vi;’k vkys- brj rkyqD;kP;k rqyusus lkaxksyk rkyqD;krhy usr`Ro vf/kd cGdV vlY;kus ;k i{kkpk fodkl ;k rkyqD;kr >kyk vkgs- lkaxksyk rkyqD;krhy dkgh yksdkaps Eg.k.ks vls dh] rs i{kkyk ekur ulwu i{kkP;k usr`Rokyk ekurkr-

ftYg;krhy 'ksrdjh dkexkj i{kkps usr`Ro gs fuLokFkhZ o R;kxh vkgs- i{kkr ?kjk.ks’kkghpk vHkko vkgs- loZlkekU; yksdkauk ;k i{kkafo"k;h vkiqydh vkgs- ftYgk ifj"kn] iapk;r lferh o fo/kku lHksr i{kkus 'ksrdjh o dkexkj ;kaP;k iz’ukauk okpk QksM.;kpk iz;Ru dsyk- rlsp fofo/k pGoGh ekQZr 'ksrdÚ;kaps iz’u lksMfo.kpk iz;Ru dsyk- 'ksrhekykyk fdQk;r’khj Hkko feGkok Eg.kwu i{kkP;k LFkkiusiklwu iz;Ru dsyk tkr vkgs- dkexkjkauk brj lks;h & loyrh] ;ksX; osGh ixkj feGkok Eg.kwu iz;Ru dsys- /kj.kxzLrkaps iz’u mpywu /k:u /kj.kk[kyh xsysY;k 'ksrdÚ;kaP;k tehuhyk ;ksX; fdaerh feGkO;kr Eg.kwu ;’kLoh iz;Ru dsys- ftYg;krhy xzkeh.k tursP;k fi.;kP;k ik.;kpk iz’u lqVkok Eg.kwu vusd osGk i{kkP;k usr`Rokus fo/kkulHksr vkokt mBoyk- cktkjisBsrhy 'ksrdÚ;kaP;k ekykph O;kikÚ;kadMwu gks.kkjh ywV Fkkacokoh Eg.kwu vktgh i{k iz;Ru’khy vkgs-

lkaxksyk rkyqD;k O;frfjDr ;k i{kkyk brj rkyqD;kr vi;’k vkys- R;keqGs ftYg;kP;k jktdkj.kke/;s

;k i{kkyk Qkjls LFkku vkgs- ;k i{kkyk ;qok usr`Ro r;kj djrk vkys ukgh- varxZr xVkrVkeqGs gk i{k iks[kjyk xsyk vkgs- ijarq R;kxh usr`Ro HkkbZ x.kirjko ns'keq[k ;kaP;keqGs gk i{k rx /k:u vkgs- 'ksrdÚ;kaps o dkexkjkaps iz'u lksMfo.;kpk iz;Ru dsyk- ijarq loZp iz'ukauk ;'k feGkys ukgh- dkGkP;k vks?kkr i{kkps iqu:Tthou >kys ukgh- ;klkBh i{kkph /;s;/kksj.ks cny.ks vko';d vkgs- ;k i{kkus ;qodkauk R;kaP;k iz'ukaph tk.kho d:u ns.ks vko';d vkgs- cnyR;k dkGkph tk.kho d:u ns.;klkBh tu tkx`rh dj.ks vko';d vkgs-

ftYg;kP;k jktdkj.kkpk fopkj dsyk vlrk nh?kZdkG dk¡xzsl i{kkus lRrk miHkksxyh vkgs- ftYg;kP;k jktdkj.kkr 'ksrdjh dkexkj i{kkps LFkku vYi vlys rjh ;k i{kkus loZlkekU; d"Vdjh o 'ksrdjh ;kaP;klkBh dsysys dk;Z gs foljrk ;s.kkj ukgh- lkaxksyk rkyqD;kpk fopkj djrk ftYg;krhy brj rkyqD;kaP;k ekukus lkaxksyk rkyqD;kr ik.;kps nqHkhZ{k vlwugh vk/kqfud ra=kuqlkj QGckxkaP;k :ikus gfjrØkarh dsyh o txkP;k udk'kkr lkaxksyk rkyqD;kus BGd Blk meVfoyk-

lksykiwj ftYg;krhy 'ksrdjh dkexkj i{kkP;k tkrh;rsP;k jktdkj.kkpk fopkj dsyk rj loZ tkrhP;k yksdkauk ;k i{kkus lkekowu ?ksrys vkgs- Eg.kwu tkrh;rsP;k jktdkj.kkpk vHkko ;k i{kke/;s fnlwu ;srks- dk¡xzsl i{kkr T;k dk;ZdR;kZaph xGpsih@dqpacuk >kyh vkgs- vls vusd dk;ZdrsZ ;k i{kkyk ;sÅu feGkys vkgsr- ;k i{kke/;s drZ`Ro'kkyh usr`Rokyk pkaxyk oko feGrks- ;k i{kke/;s /kuxj] ejkBk] ok.kh] czkã.k] gfjtu] eqLyhe ;k lkj[;k tkrhrhy yksd i{kkP;k fofo/k inkoj dke djr vkgsr- R;kpcjkscj lRrsP;k fofo/k inkoj fofo/k tkrhps yksd dke djr vlysys fnlwu ;srkr- mnk-

v- Ø-	O;fDrps ukao	in	tkr
1-	HkkbZ x.kirjko ns'keq[k	vkenkj	/kuxj
2-	Jh- jkepanz ok?keksMs	ftYgk c¡d Mk;jsDVj	/kuxj
3-	Jh- txUukFk fyxkMs	lwrfxj.kh psvjeu	ejkBk
4-	Jh- foykljko dk'khn	lHkkirh	ejkBk
5-	Jh- jfQd rkacksGh	uxjlsod	eqLyhe
6-	Jh- 'kjQqfíu eqyk.kh	uxjk/;{k	eqLyhe
7-	Jh- xksfoan tk/ko	uxjk/;{k	ekGh
8-	Jh- olarjko ikVhy	lHkkirh ¼ekth ljfpV.khl½	ok.kh
9-	Jhdkar Hkkslsdj	uxjlsod	czkã.k
10-	panzdkar dqeBsdj	uxjk/;{k	dks"Vh
11-	jkgqy dkVs	lHkkirh	Ekgkj
12-	Jh- ,l~- ,e~- iVhy	vkenkj	ejkBk
13-	Jh- okeu dkacGs	ftYgk ifj"kn lnL;	HkksbZ

'ks-dk-i- P;k fo'okljko QkVs o rqG'khnkl tk/ko] i`Fohjkt pOgk.k ;kapk viokn oxGrk dks.kkP;kgh oS;fDrd thoukph ekfgrh iqLrd:ikus miyC/k ukgh- ;k i{kkP;k u- ik-] ft- i- o ia-l- lnL;kaph ukos o fuoMhps o"kZ ;kcíy ekfgrh feGr ukgh- i{kkus R;kph uksangh Bsoyh ukgh- loZlkekU;kaP;k n`f"Vdksukrwu 'ks-dk-i-] dk¡xzsl usr`Rokrhy Qjd] i{kkrhy tkrh; jktdkj.k b- ps miyC/k lanHkZlk/kukarwu ekfgrh feGr uOgrh- R;keqGs R;klkBh vksjy lkslZojrh voyacwu jgkos ykxys- la'kks/kdkus eqyk[krh ?ks.;kps ewG dkj.k Eg.kts lksykiwjkrhy eq[;r% lkaxksY;krhy loZlkekU;kaP;k n`"Vhus jktdh; i{kkps dk;Z] loZlkekU;kaph jktdkj.kkfo"k;h Hkwfedk ;kph uksan ?ks.;klkBh eqyk[krh ?ksrY;k- ;k la'kks/kdkus lektkrhy loZ ?kVdkapk tkrh] O;olk;] fyax o oa'k] ;k vk/kkjs vk<kok ?ks.;kpk iz;Ru dsyk vkgs- la'kks/kdkus fo"k;kP;k vuq"kaxkus O;DrhaP;k eqyk[krh ?ksrY;k- ijarq R;krhy 30 O;Drhauh ukos xqIr Bso.;kP;k vVhoj eqyk[krh fnY;k- R;ke/;s 3 MkWDVj] 5 O;kikjh] 10 'ksrdjh] 5 uksdjnkj] 3 f'k{kd] 1 VsEiks pkyd] 1 odhy o 2 fo|kF;kZapk lekos'k gksrk- rj 51 O;Drhauh ukaos izdkf'kr dj.;kl ijokuxh fnyh- R;kaps ukao] tkr] O;olk; o tUe rkjh[k iq<hy rDR;kr fnyh vkgs-

v- Ø-	ukao	tkr	O;olk;	tUe rkjh[k
01-	vadyxh edjan panz'ks[kj	ok.kh	f'k{kd	15@06@1975
02-	ns'kikaMs vHk; v:.k	czkã.k	pgk dWfUVu	19@04@1974
03-	xkMsdj nknklks e/kqdj	ekGh	Vsyfjax	01@06@1976
04-	xkMsdj ;'koar rqdkjke	ekGh	dkexkj	09@07@1960
05-	xk;dokM ukjk;.k /keZjkt	ejkBk	Nk;k fp=dkj	01@06@1976
06-	xqjo cyHkhe jkepanz	xqjo	izk-f'k{kd	01@06@1951
07-	baxksys d`".kk	ejk	izk/;kid	17@07@19

	xksfoan	Bk		53
08-	baxoys rqdkjke lnkf'ko	ejk Bk	f'k{kd	01@12@19 62
09-	txrki larks"k rkR;k	ekG h	izk- f'k{kd	06@12@19 76
10-	dkacGs Kkus'oj Hkkuqnkl	egkj	'ksrh	01@12@19 76
11-	[kkaMsdj vkIiklks ,dukFk	/kux j	'ksrh	01@06@19 58
12-	Jherh [kpZs jru ikaMqjax	egkj	x`fg.kh	05@09@19 65
13-	eklkG uandqekj fl/kw	/kux j	Ikzk/;kid	01@06@19 76
14-	eqyk.kh j'khn ekSyk	eqL yhe	dkexkj	01@10@19 72
15-	eqyk.kh 'kgktku nknk	eqL yhe	'ksrh	25@09@19 76
16-	uhGdaB lkseukFk eqjyh/kj	xqjo	izk/;kid	01@05@19 70
17-	ikVhy Kkus'oj	/kux j	'ksrh	tkus 1935
18-	ikVhy ukenso Hkkuqnkl	ejk Bk	'ksretwj	tkus 1945
19-	jktxs f'kokth	/kux j	'ksrh	twu 1940
20-	QkVs fo'okljko dksaMhck	ejk Bk	'kkghj ¼'ksdki½	
21-	'ks[k vdcj lqHksnkj	eqL yhe	dkexkj	1955
22-	ns'keq[k th- ,-	/kux j	vkenkj	10@08@19 27
23-	ikVhy ,l~- ,e~-	ejk Bk	ekth vkenkj	
24-	ekus czãnso	ejk	ekth vkenkj	28@09@19

		Bk		40
25-	{khjlkxj ,l~- ,l~-	ejk Bk	ekth ft-i-lnL;	
26-	ikVhy Mh- Vh-	ejk Bk	fpV.khl ck'khZ	
27-	Mqjs&ikVhy ,l~-,-	ejk Bk	ftYgk fpV.khl	
28-	fuackGdj lh- Mh	ejk Bk	ekth vkenkj	
29-	BksdG ,u~- Vh-	ejk Bk	ekth vkenkj	
30-	tk/ko ch- Vh-	ejk Bk	'ksrdjh	
31-	pksiMs ikVhy ih- ch-	ejk Bk	ia-l-lnL; ek<k	03@12@19 45
32-	ikVhy f'kokthjko	ejk Bk	fpV.khl ek<k	10@03@19 61
33-	ikVhy ch- ,l~-	ejk Bk	ft-i-lnL;	1@05@196 7
34-	ikVhy ,-,-	ejk Bk	dk;ZdrkZ	1937
35-	tk/ko t;flaxjko	ejk Bk	fpV.khl ekGf'kjl	01@01@193 5
36-	eqyk.kh ,l~- ok;-	eqL yhe	uxjk/;{k lkaxksyk	
37-	dqeBsdj lh- ,l~-	dks" Vh	uxjk/;{k lkaxksyk	
38-	pOgk.k ih- ch-	ejk Bk	uxjk/;{k lkaxksyk	
39-	tk/ko th- Vh-	ekG h	uxjk/;{k lkaxksyk	
40-	fyxkMs ts- ,u~-	ejk Bk	lHkkirh i-l- lkaxksyk	
41-	ok?keksMs vkj-	/kux	ft-i- lnL;	

	,e~-	j		
42-	caMxj guqear	/kuxj	ft-i- lnL;	09@11@1962
43-	f'kaxkMs ds- vkj-	/kuxj	ft-i- lnL;	06@03@1965
44-	dksGsdj th- ts-	/kuxj	ft-i- lnL;	05@02@1966
45-	Ckkcj lquhy	ejkBk	ft-i- lnL;	
46-	lw;Zxa/k rkukth	egkj	Ekkth- ft-i- lnL;	01@05@1960
47-	ckcj ,e~- ih-	ejkBk	ft-i- lnL;	
48-	ns'keq[k lh- th-	/kuxj	'ksdki dk;ZdrkZ	07@03@1962
49-	Lkksuo.ks vk..k	Ekgkj	dk;ZdrkZ	14@09@1935
50-	Fkksjkr eqjyh/kj	ejkBk	rk- ia<jiwj	
51-	lxj vkj- ,l~-	ejkBk	dk;ZdrkZ	08@12@1965
52-	dqyd.khZ Ogh- ch-	czkã.k	deZpkjh	06@02@1945
53-	{khjlkxj ch-	ejkBk	dk;ZdrkZ	05@02@9135
54-	f'kans Vh- vkj-	ejkBk	f'k{kd	04@3@04@1950
55-	[kMrjs fnyhi	pkaHkkj	f'k{kd	01@06@1965
56-	vknfyaxs ,l~- Vh-	ekGh	'ksrh	01@10@1944
57-	culksMs Ogh- ts-	egkj	jktdkj.k	01@06@1976

58-	nksMds vkj- ,y-	egkj	'ksrh	03@07@1976
59-	ns'keq[k ,l~- Vh-	ejkBk	uksdjh	15@06@1949
60	QjkVs ,l~- vkj-	ejkBk	O;olk;	01@06@1974
61-	?kkMxs Mh- ,l~-	ejkBk	VsaEikspkyd	28@041970
62-	?kqys ih- th-	ejkBk	Okdhy	25@02@1953
63-	baxksys vkj- vkj-	ejkBk	O;kikj	10@06@1976
64-	dksBkoGs ,- ,-	ok.kh	jktdkj.k	01@07@1955
65-	[kkaMsdj ,l~- ,e~-	/kuxj	f'k{k.k	15@02@1974
66-	iokj ,l~- vkj-	ejkBk	'ksrh	28@03@1924
67-	iokj Mh- ds-	ejkBk	'ksrh	01@03@1965
68-	ikVhy ,l~- ,l~-	ejkBk	O;kikj	04@05@1960
69-	ejkBs Mh- Mh-	pkaHkkj	f'k{kd	05@06@1975
70-	eqtkoj vkj- ih-	eqLyhe	'ksrh	tkus 1965
71-	uoys ,- ,l~-	ekGh	oS|dh;	07@06@1978
72-	uoys Ogh- ,e~-	ekGh	'ksrh	10@05@1935
73-	lk[kjs ,u~- ,l~-	ok.kh	nqdku	31@08@1954
74-	f'ka?k.k Mh-	f'kai	oS|dh;	21@07@196

		h		2
75-	f'kans vkuank	ejk Bk	'ksrh	01@09@194 5
76-	f'kans jkolkks	ejk Bk	'ksrh	11@02@194 5
77-	f'kans ,e~-,e~-	ejk Bk	'ksrh	01@07@195 7
78-	'ks[k ch- ,l~-	eqL yhe	oS|dh;	01@07@196 7
79-	l,;n ,- ds-	eqL yhe	'ksrh	Tkus- 1960
80-	BksdGs lh- Mh-	egkj	'ksrh	01@03@197 3
81-	;kno ,l~- ds-	ejk Bk	O;kikj	02@07@198 0

R;kaps tkrhuqlkj oxhZdj.k iq<hy izek.ks

ejkBk & 38] ok.kh & 3] czkã.k & 2] ekGh & 7] xqjo & 2] /kuxj & 11] egkj & 7] eqLyhe & 7] dks"Vh & 1] pkaHkkj & 2] f'kaih & 1 v'kk izdkjph ekfgrh teor vlrk ekfgrh ns.kkÚ;k O;DrhP;k eukr la'k; fuekZ.k gksrkr- ;k ekfgrhpk xSjokij rj gks.kkj ukgh uk\ v'kh Hkhrh vlrs- iq"dGnk ekfgrh [kjh nsr ukghr- vtwu vkiY;kdMs la'kks/ku tkx`rh Eg.kkoh rso<h >kyh ukgh- R;kaph eqyk[kr ?ksr vlrkuk tkLrhr tkLr izkekf.kd Hkwfedk letkowu ?ks.;kpk iz;Ru la'kks/kdkus dsyk- ;k eqyk[krh izklafxd ?ks.;kpk iz;Ru dsyk vkgs-

eqyk[krhe/;s 'ksrdjh dkexkj i{k lkaxksY;krp dk e;kZfnr jkfgyk\ i{kkrhy tkrh; jktdkj.k] 'ks-dk-i- ps /kksj.k vki.kkl ekU; vkgs dk;\] ulY;kr R;kps dkj.k\] vki.k dks.kR;k i{kkl er nsrk] o dk\ lkaxksY;krwu x.kirjko ns'keq[k dk fuoMwu ;srkr\] ;k iz'ukapk lekos'k gksrk- loZlk/kkj.ki.ks ,danjhr vH;klko:u o larks"k txrki] ¼izkFk- f'k{kd½ ;kaP;k erkuqlkj 'ks-dk-i- rhy usrs izR;sd fu.kZ; lkeqfgd i/nrhus ?ksrkr-[20] jktdh; ?kks"k.kkckth] i=dckth lglk djhr ukghr] loax yksdfiz;rsiklwu nwj jkgrkr- lkekftd iz'ukaP;k ewGkr tkÅu vH;kl djrkr- ;kr FkksMs rF; vkgs- izLrqr vH;kldkyk fun'kZukl vkysY;k y{k.kh; ckch Eg.kts 'ks-dk-i- P;k usR;kauh vkiY;k dk;kZps nlrj O;ofLFkr Bsoys ukgh- dkagh viokn oxGrk cgqrka'k usR;kauh eqyk[kr ns.;kl VkGkVkG dsyh- ek= ;k i{kkr loZ usr`Rokl leku okx.kwd fnyh tkrs- gs usrs 'ksrdÚ;kaP;k dkexkjkaP;k iz'ukadMs xkaHkh;kZus ikgrkr-[21] R;keqGs izk- uanw eklkG Eg.krkr 'ksrdÚ;kaP;k iz'ukadms ikg.kkjk QDr 'ks-dk-i- p vkgs-' rj f'kokth jktxslkj[kk 40 o"khZ; lqf'kf{kr 'ksrdjh Eg.krks 'ks-dk-i-o R;kps usrs vfr'k; rRofu"B vkgsr-' ijarq i{kkps ts"B usr fo'okljko QkVs Eg.krkr bFkwu iq<s dks.krkp i{k tursps loZ iz'u lksMow 'kd.kkj ukgh- o iq<s gks.kkjh Økarh oSpkfjd vlsy- cqf/nthoh oxkZP;k gkrh ns'kkps usr`Ro tkbZy-' ;k i{kkrhy usr`Ro i{kkP;k rRoKkuk'kh cka/khy vkgsr-[22] ;kyk izk- lkseukFk uhGdaB nqtksjk nsrkr-[23] 'ks-dk-i- lnL;&la[;sus deh vlys rjh rs i{kk'kh izkekf.kd vlY;kps fnlrkr- ;k i{k lnL;kauh i{kk'kh t:j izkekf.kd jkgkos ijarq R;kauh vkiY;k /kksj.kkar cny d:u tursP;k uO;k leL;k tk.kwu ?;kO;kr- QDr 'ksrdjh o d"VdÚ;kaps iz'u ?ksÅu y<r u jkgrk brj Fkjkarhy yksdkaP;k leL;spk fopkj djkok- ;k erk'kh loZlkekU; turk lger vlysyh fnlrs- 'ks-dk-i- us lq:okrhP;k dkGkr dkexkjkaP;k la?kVuk cka/k.;kpk iz;Ru dsyk- R;kr

R;kyk ;'kgh vkys- ijarq QDr tqU;k fxj.khr ;k i{kkus dkexkjkaph la?kVuk mHkkjyh- vYiko/khrp dE;qfuLV i{kkP;k dkexkj la?kVuka'kh 'ks-dk-i- us le>ksrk dsY;keqGs 'ks-dk-i- ph dkexkj la?kVuk laiq"Vkr vkyh- tqU;k fxj.khP;k ckgsj ;k i{kkus dkexkj la?kVuk mHkh dj.;kpk iz;Ru dsyk ukgh- ;kyk tqU;k fxj.khrhy dkexkj vdcj 'ks[k o i{kkps ts"B usrs fo'okljko QkVs nqtksjk nsrkr- 'ks-dk-i- ps usrs o dk¡xzslps usrs ;kapk rqyukRed fopkj dsyk rj 'ks-dk-i- ps rkyqdk ikrGhojhy usr`Ro lokZauk lkekowu ?ksÅu tk.kkjs vkgs- R;krhy x.kirjko ns'keq[kkauh ftYgk o jkT; ikrGhoj i{kkps usr`Ro dsys- oS;Drhd iz'ukauk egRo u nsrk lkeqfgd iz'ukauk izk/kkU; fnys- 'ks-dk-i- e/;s i{kkarxZr caM[kksjhpk o ?kjk.ks'kkghpk vHkko vkgs- dk¡xzsl gk ns'kkrhy lokZr eksBk i{k vkgs- ;k i{kkyk egku ijaijk vkgs- ;k i{kkus ns'kkrhy fodkl dkekauk xrh izklr d:u fnyh vkgs- lgdkj pGoGhph lq:okr o fodkl ;k i{kkus dsyk- lgdkjh pGoGhrwu lkekU; yksd jktdkj.kkr vkys- ijarq lkaxksyk rkyqD;krhy dk¡xzzsle/;s loZ Lrjkrhy yksdkauk cjkscj ?ksÅu tk.kkjs usr`Ro ukgh- i{kkarxZr vusd erHksn vkgsr- xkoikrGhojP;k 'ks-dk-i- &dk¡xzsl usr`Rokr Qkjlk Qjd ukgh- nksUgh usr`Rokl i{kkP;k /;s;/kksj.kkaph Qkjlh ekfgrh ukgh- Eg.kwu jru [kpsZ lkj[;k vf'kf{kr L=hus xkoikrGhojy 'ks-dk-i- & dk¡xzsl usr`Rokrhy lkj[ksi.kk lkaxwu LFkkfud usrs vkt 'ks-dk- i- rj mn;k dk¡xzslps vlrkr- fuoM.kqdhP;k osGh rj dks.kR;k iq<kÚ;kpk dks.krk i{k gs dGr ulY;kps dcwy d:u izR;sd iq<kjh Lor%yk er ns.;kph ekx.kh djrks- i{kkyk er ekxr ulY;kpk euksn; O;Dr dsyk- gs okLro

vkgs- ijarq dks.khgh m?kM er O;Dr djr ukgh- lkaxksyk rkyqD;kr loZlkekU; yksdkauk 'ks-dk-i- fo"k;h vkiqydh vkgs- ft-i-] iapk;r lferh o fo/kku lHksr i{kkus 'ksrdjh dkexkjkaP;k iz'ukauk okpk QksM.;kpk iz;Ru dsyk- rlsp fofo/k pGoGhekQZr 'ksrdÚ;kaps iz'u lksMfo.;kpk iz;Ru dsyk- 26 tqyS 1971 jksth ck'khZ rkyqD;kr 'ks-dk-i-us 'ksrdjh dkexkjkalkBh dk<ysY;k ekspkZP;k 'ks-dk-i- usR;kauh QDr rglhynkjkauk fuosnu nsÅu u Fkkacrk fu.kZ; ?ks.ks Hkkx ikMys o nq"dkGh dkekojhy etwjkaph etwjh rhu vkBoM;kauh ns.;kps dcwy d:u ?ksrys- 16 vkWxLV 1972 jksth lkaxksyk rglhy dpsjhoj 'ksretqjkapk ekspkZ xsyk gksrk- R;k usr`Rokus 15 gtkj etqjkauk efgukHkj dke o 50 gtkj :i;s enr feGfoyh- 'ksrekykyk fdQk;r'khj Hkko feGkok Eg.kwu i{kkP;k LFkkiusiklwu i{kkus iz;Ru dsyk- dkexkjkauk brj lks;h loyrh o ;ksX; osGh ixkj feGkok Eg.kwu iz;Ru dsys- /kj.kxzLrkaps iz'u mpywu /kj.kk[kkyh xsysY;k 'ksrdÚ;kaP;k tehuhyk ;ksX; fdaerh feGfo.;klkBh ;'kLoh iz;Ru dsys- ftYg;krhy xzkeh.k turspk fi.;kP;k ik.;kpk iz'u o 'ksrhP;k ik.;kpk iz'u lksMfo.;klkBh vusdnk i{kusr`Rokus fo/kkulHksr vkokt mBfoyk- fo/kkulHksrhy ppsZP;k osGspk Qk;nk 'ks-dk-i- lnL;kauh ?ksryk- 'kklukP;k v;ksX; /kksj.kkaojrh rs gYyk djhr- x.kirjko ns'keq[kkauk tjh 'ksrh vkf.k xzkefodkl ea=hin o jkstxkj geh vkf.k i.ku ea=hin feGkys vlys rjh Lora= /kksj.kkRed fu.kZ; ?ks.;kl oko dehp gksrk- vk/khP;k ljdkjus ;k fo"k;koj ?ksrysY;k fofo/k fu.kZ;kaph R;kauk vaeyctko.kh djkoh ykxyh-

ftYg;kP;k jktdkj.kkpk fopkj dsyk vlrk nh?kZdkG dk¡xzslus lRrk miHkksxyh- lkaxksyk rkyqD;kP;k O;frfjDr ftYg;krhy brj rkyqD;kr 'ks-dk-i- yk vi;'k vkys- QDr lkaxksY;krp ;k i{kkus lRrk/kkjh i{k Eg.kwu dke ikfgys vkgs- ftYg;kP;k jktdkj.kkr 'ks-dk-i- yk Qkjls LFkku ulys rjh ;k i{kkus loZlkekU; d"Vdjh o 'ksrdjh ;kaP;klkBh dsysys dk;Z foljrk ;s.kkj ukgh- loZ i{k tkrhps jktdkj.k djrkr- R;k R;k foHkkxkr T;k tkrhps l[; tkLr] R;kauk xzkeiapk;rhiklwu [kklnkjdh Ik;Zarps frfdV nsrkr- ,dk vFkkZus rs tkrh;okn ikslrkr- m?kMi.ks rs tkrhfuewZyukph Hkk"kk djhr vlys rjh rh [kjh ulrs- iq<kjh gs tkrhojp mHks vlrkr- lq:okrhP;k dkGkr 'ks-dk-i-e/;s tkrhP;k jktdkj.kkyk LFkku uOgrs- ijarq vfydMhy dkGkr cgqla[; yksdkaP;k ers ;kgh i{kkyk tkrh; jktdkj.kkph ykx.k >kyh vkgs-

i{k LFkkiY;kuarj ftYg;krp uOgs rj egkjk"Vªkr ;k i{kkpk izpkj vf/kd >kysyk fnlwu ;srks- ijarq uarj ;k i{kkrhy dk;ZdR;kZauk fojks/kh i{kkrhy yksdkauh fofo/k izyksHkkus nk[kfoY;kus o i{kkarxZr oSpkfjd erHksnkeqGs vusd usR;kauh i{kkarj dsys- R;keqGs ftYg;krp uOgs rj] egkjk"Vªkrhy 'ks-dk-i- dedqor cuyk- ;kosGh ftYg;krhy nqlÚ;k QGhps usrs ,l~-,e~- ikVhy] fo'okljko QkVs] ltsZjko lxj] eqjyh/khj Fkksjkr] x.kirjko ns'keq[k] jkepanz ok?keksMs] txUukFk fyxkMs ;kauh 'ks-dk-i- fVdowu /kjyk] lkaxksyk rkyqD;kf'kok; brj rkyqD;kr ;k i{kkps QDr vfLrRo fVdwu jkfgys- lRrk/kkjh i{k Eg.kwu R;kyk Hkwfedk ctfo.;kr vi;'k vkys- ftYg;kr lkaxksY;kf'kok; brj rkyqD;kr 'ks-dk-i- yk leFkZ usr`Ro feGkys ukghf'kok; 'ks-dk-i- lrr fojks/kh i{k vlY;kus] i{kkr ;qod usr`Rokl iqjslk oko ulY;kus] jktdh; pkfj«;kph ikrGh lkaHkkGrkuk rRok'kh rMtksM u dsY;kus] lgdkj {ks=kr ;'kLoh >si u ?ksrY;ksu 'ks-dk-i-rkyqD;krp e;kZfnr jkfgyk vlkok- nqljs vls dh R;k R;k rkyqD;krhy usrs o dk;ZdrsZ iq<s dk¡xzsle/;s xsys- ts usrs 'ks-dk-i-e/;s jkfgys R;kauk fojks/kh i{kkps usr`Ro izcG vlY;kus lRrsoj ;s.;ktksxk tulkekU;kapk ikBhack feGw 'kdyk ukgh- lRrk feGfo.;klkBh fu"Bsus nh?kZdkG dk;Zjr jkg.;kph l/;k dk;ZdR;kZaph izo`Rrh ukgh vkf.k vkt jktdkj.k brds cnyys vkgs dh R;kr dks.krhp oSpkfjdrk] ewY;fu"Bk jkfgyh ukgh- dkagh u ns.kkÚ;k 'ks-dk-i-is{kk ygkueksBh ins ns.kkjh dk¡xzsl dk;ZdR;kZauk toGph okVr vlkoh- brj rkyqD;kP;k rqyusus lkaxksyk rkyqD;ke/;s 'ks-dk-i- ps usr`Ro vf/kd cGdV vlY;kus ;k i{kkpk fodkl ;k rkyqD;kr >kyk- i{kkus usr`Rokph maph ok<fo.;k,soth usr`Rokusp i{k ftoar Bsoyk gs m?kM lR; vkgs- tulkekU;kaP;kgh v'kkp izfrfØ;k vkgsr-

'ks-dk-i- ps /kksj.k loZlkekU; yksdkauk ekU; vkgs- ijarq 'ks-dk-i- ps /kksj.k dk; vkgs- vlk iz'u mifLFkr dsyk vlrk loZlkekU; yksd mRrj nsÅ 'kdr ukghr- ;kpkp vFkZ T;k i{kkps usr`Ro izekf.kd] pkfj«;laiUu] R;k i{kkps /kksj.k loZlkekU;kauk ekU; vlkos- vls vlys rjh dkagh ekstD;k yksdkauh 'ks-dk-i- us yksdkaP;k uO;k leL;k letwu ?;kO;kr] QDr 'ksrdjh o d"VdÚ;kapsp iz'u ?ksÅu y<r u jkgrk brj LFkjkarhy yksdkaP;k leL;spk fopkj dj.;kph vko';drk izfriknu dsyh- ;kr FkksMs rF; vkgs- vH;kl dky[kaMkpk fopkj

dsyk rj 'ks-dk-i- us lq:okrhiklqu 'ksrdjh] dkexkjkaps iz'u lksMfo.;klkBh vusd ekspsZ dk<ys ijarq R;krwu 'ksrdjh o dkexkjkaps loZp iz'u lksMfo.;kr i{k v;'kLoh >kyk- l|ifjfLFkrhr rs dks.kR;kgh i{kkl 'kD; ukgh- 'ks-dk-i- us lq:okrhP;k dkGkr fo|kFkhZ o L=h;kaP;k la?kVuk mHkkj.;kdMs fnysys y{k iq<s nqyZf{kr >kys- i{kkps dk;Z{ks= foLrkjhr dj.;klkBh ;k loZ la?kVukaph vko';drk vkgs- u-ik-] ft-i- o ia- lferhr fojks/kh i{k vlrkuk ;k i{kkus fojks/kklkBh fojks/k u djrk fo/kk;d dk;kZyk ikfBack fnysyk fnlrks- u-ik-gíhrhy yksdkaP;k fi.;kP;k ik.;kpk iz'u] xVkj O;oLFkk] jLrs] oht b- iz'u iw.kZi.ks lksMfo.;kl i{k deh iMyk vlyk rjh fdeku ckchaph miyC/krk dj.;kl i{k ;'kLoh >kyk vkgs- loZlkekU; yksd i{kkyk er u nsrk x.kirjko ns'keq[kkauk O;Drh'k% er nsrkr- dkgh yksd vk.k[khgh ernkukpk gDd ctkor ukghr- rs ernkukis{kk Lor%P;k dkekyk vxzØe nsrkr- R;kauk yksd'kkghrhy gDd o drZO;kaph tk.kho d:u ns.;kph vko';drk vkgs- lkaxksyk rkyqD;kr /kuxj lektkph rqyusus la[;k tkLr vkgs- R;k lektkpk o brj lektkpkgh x.kirjko ns'keq[kkauk ikBhack vkgs- R;kauh dk;ZdR;kZaph fu;kstuc/n QGh fuekZ.k dsysyh vkgs- rs loZlkekU;kar felGrkr- R;kaP;k vMhvMp.kh tk.kwu ?ksÅu R;kaP;k ijhus lksMfo.;kpk iz;Ru djrkr- ;kf'kok; dk¡xzslyk /kuxj lektkps usr`Ro fuekZ.k dj.;kr vkysys vi;'k] dk¡xzsl varxZr QqV o x.kirjko ns'keq[kkaps 'kq/n pkfj«; R;kauh rkyqD;krhy turspk fo'okl laiknu dsY;keqGs rs okjaokj fuoMwu ;srkrizfrdqy ifjfLFkrh'kh >xMr egkjk"Vªkrhy 'ksrdjh dkexkj i{k rCcy 60 o"kkZais{kk tkLr dkG jktdkj.kkr fVdwu vkgs- 'ks-dk- i{krhy xGrhpk R;kP;koj FkksMkcgwr ifj.kke >kY;kf'kok; jkfgyk ukgh- i.k vkiys osxGs vfLrRo ;k i{kkus lksMys ukgh- ;kr R;kpk fpoVi.kk fnlwu ;srks-

'ks- dk- i- us 60 o"kkZpk vk<kok ?ksÅu vkiY;koj gks.kkÚ;k vkjksikaps ewY;ekiu d:u R;kizek.ks pGoGh o la?kVuk mHkkj.ks vko';d vkgs-

vusd dkj.kkaeqGs vktps jktdh; okrkoj.k lRrsP;k Hkksorh fQj.kkjs >kys vkgs- vktP;k uohu fi<hrhy ernkj fuoM.kqdhr ernku djrkuk lRrsoj ;s.kkjk fdaok fdeku lRrsP;k toG tk.kkjk i{k dks.krk\ ;k iz'ukps mRrj vkiY;k euk'kh 'kks/krks vkf.k ex lRrsdMs tk.kkÚ;k i{kkP;k mesnokjkyk lgti.ks ernku d:u Vkdrks- vkt nksUgh dk¡xzsl&Hkktik&f'kolsuk ;k i{kkauk Ik;kZ; mHkk dj.;kph bPNk'kDrh 'ksrdjh dkexkj i{kkus nk[koyh ikfgts- lnj bPNk'kDrh dsoG oSpkfjd fdaok rkfRod ikrGhoj d:u Fkkacrk ;s.kkj ukgh- rj O;ogkjkP;k ikrGhoj fuoM.kqdhr i;kZ; mHkk dj.;kps dke dsys ikfgts- ;k fu/kkZjkus egkjk"VªkP;k tursleksj i{k mHkk jkghyk rj vusd vMp.khrwu ekxZ dk<.;kl tursrhy eksBk oxZ vki.kgwu iq<s ;sbZy- tkxfrdhdj.kkP;k vkOgkukauk lkeksjs tk.;klkBh pGoGhaph mHkkj.kh dj.ks vko';d vkgs-

xsY;k n'kdk&nksu n'kdkr ns'kkP;k vkf.k egkjk"VªkP;k jktdkj.kkr jktdh; i{kkrhy lkaf?kdrk yksi ikoyh- dks.;k ,dk O;DrhP;k ukos jktdh; i{k mHks jkgw ykxys vkf.k lnj O;DrhP;k ukos i{kkUrZxr i{k turse/;s ers ekxw ykxys- lnj O;Drhaph izklafxd Hkk"k.ks Eg.ktsp R;k i{kkph oSpkfjd cSBd B: ykxyh- jktdkj.kkrhy ;k izfØ;sus jktdh; i{kkrhy yksd'kkgh dk;Zi/nrhyk vkGk clyk- O;Drh egkRE;kpk >ksikGk ,dk O;DrhdMwu nqlÚ;k O;DrhdMs tk.ks Eg.ktsp fuoM.kqdh}kjs lRrk/kkjh fuoM.;kph izFkk egkjk"Vªkr lq: >kyh- yksd'kkghP;k fudksi ok<hlkBh O;Drh egkRE;kP;k jktdkj.kkyk Nsn ns.;kps jktdh; f'k{k.k tursr tkowu dj.ks vifjgk;Z vkgs-

[ksMs] rkyqdk] ftYgk o jkT; ikrGhoj la?kV.ksph lk[kGh r;kj dsyh ikfgts- [ksMs ikrGhojhy 'kk[ksP;k dk;kZpk vgoky e/;orhZ la?kVusi;Zar iksgpyk ikfgts o e/;orhZdMwu /kksj.kaps ekxZn'kZu lrr >kys ikfgts- v'kk nqgsjh okgrqdheqGsp la?kVusph fudksi o fujksxh ok< gks.kkj vkgs- rqeph iz[kj turkfu"Bk o vlkekU; fpdkVh gkyvis"Vk vkf.k ;kruk ;kaph fQdhj u dj.;kph o`Rrh ;keqGs gk i{k vkfFfZd] lkekftd o jktdh; Økarhps izeq[k lk/ku cusy vlk fo'okl okVrks-

lanHkZ

1- egkjk"Vªkps ftYgs lksykiwj izfl/nh foHkkx egkjk"Vª ljdkj] eqacbZ 1980 i`"B Ø- 13

2- xk;dokM jRukdj ¼laiknd½] ^lksykiwj ftYgk 'kkldh; dk;kZy;s Lejf.kdk*] lksykiwj 1987] i`"B Ø- 2] 4

3- ek.kns'k lekpkj] fnukad 22 fMlsacj 1989] i`"B Ø- 1

4- QM.khl txu] ^'ksdki 'ksrdjh dkexkj i{kkps jktdkj.k*] dksYgkiwj] 1978] i`"B Ø- 13] 15

5- baxGs o- u-] ^egkjk"Vªkps f'kYidkj HkkbZ m/nojko ikVhy*] egkjk"Vª jkT; lkfgR; vkf.k laLd`rh eaMG & eqacbZ] 2003] i`"B Ø- 36

6- vkanqjdj O;a- xks-] ^p.ks [kkos yks[kaMkps*] lksykiwj 1985] i`"B Ø- 87

7- ek.kns'k lekpkj] fnukad 20 vkWDVkscj 1988] i`"B Ø- 1

8- fdRrk] fnukad 8 tqyS 1990] i`"B Ø- 1

9- fdRrk] fnukad 1 vkWDVkscj 1991] i`"B Ø- 1

10- fdRrk] fnukad 1 vkWDVkscj 1992] i`"B Ø- 1

11- fdRrk] fnukad 19 fMlsacj 1995] i`"B Ø- 1] 3

12- fdRrk] fnukad 12tkusokjh 1996] i`"B Ø- 3

13- iq<kjh] yksder] r:.k Hkkjr] dsljh] ldkG] lapkj vkWxLV 2001] i`"B Ø- 1]3]7

14- eqacbZ fo/kklHkk ppkZ] fnukad 18 tkusokjh 1952] i`"B Ø- 229

15- fdRrk] fnukad 4 ,fizy 1975] i`"B Ø- 28 @ 45

16- fdRrk] [kaM vvı 26 fnukad 26 Qscqzokjh 1954] i`"B Ø- 373] 374

17- eqacbZ fo/kkulHkk dk;Zokgh [kaM & 103 i`"B Ø- 3

18- QM.khl txu] ^lRrsps eksgjs% egkjk"V[a]krhy dk¡xzslps jktdkj.k*] eqacbZ] 1977] i`"B Ø- 86] 87

19- fdRrk] i`"B Ø- 64

20- larks"k txrki ;kaph fnukad 2 es 2002 jksth la'kks/kd Jh ,l~- ,u~- xk;dokM ;kauh ?ksrysyh eqyk[kr

21- izk- uanw eklkG ;kaph fnukad 3 e 2002 jksth la'kks/kd Jh ,l~- ,u~- xk;dokM ;kauh ?ksrysyh eqyk[kr

22- fo'okljko QkVs ;kaph fnukad 25 ekpZ 2001 jksth la'kks/kd Jh ,l~- ,u~- xk;dokM ;kauh ?ksrysyh eqyk[kr

23- izk- lkseukFk uhGdaB ;kaph fnukad 4 es 2002 jksth la'kks/kd Jh ,l~- ,u~- xk;dokM ;kauh ?ksrysyh eqyk[kr

lanHkZxzaFk ;knh

vizdkf'kr izkFkfed lk/kus

1- x.kirjko ns'keq[k ;kaph oS;fDrd dkxni=s ¼1950&2005½
2- tujy desVh izksflMhax lkaxksyk] uxjikfydk ¼1980&2005½
3- tujy desVh izksflMhax lkaxksyk] iapk;r lferh] ¼1980&2005½
4- lkaxksyk uxjifj"kn [krko.kh] 1856

izdkf'kr izkFkfed lk/kus

1- df.kZd ih- th-] ftYgk U;k;k/kh'k vkSjaxkckn ;kapk oSjkx iksyhl xksGhckj laca/khpk vgoky] 'kkldh; eqnz.kky;] eaqcbZ & 1972
2- xOguZesaV vkWQ egkjk"V^a] egkjk"V^a LVsV xW>sV] lksykiwj fMfLV^aDV] xOguZesaV fizaVhax izsl ckWEcs] 1977
3- HkV ,l~- lh- ¼laiknd½ bulk;DyksisMhd fMfLV^aDV xW>sV vkWQ bafM;k osLVuZ >ksu OgWY;we XIII, 1988
4- nslkbZ nkthck] 'ksrdjh dkexkj i{k] nkHkkMh jktdh; izca/k] ek/ko fizVhax iszl] vfyckx
5- Hkkjrh; 'ksrdjh dkexkj i{k 8 os vf/kos'ku] HkkbZ djkGs ;kaps Hkk"k.k ia<jiwj] 1965
6- eqacbZ fo/kkulHkk ppkZ] 1980&1984
7- eqacbZ fo/kkulHkk dk;Zokgh]] 1980&2005

8- egkjk"Vªkps ftYgs & lksykiwj] izfl/nh foHkkx] egkjk"Vª ljdkj] eqacbZ & 1980

9- xk;dokM jRukdj] ¼laiknd½] lksykiwj ftYgk 'kkldh; dk;kZy;s Lejf.kdk] lksykiwj] 1987

10- egkjk"Vª 'kklu ftYgk tux.kuk funsZ'kkad lksykiwj] 1976

11- tujy bysD'ku Vw ysftLysVhOg vlsCyh egkjk"Vª] iksy LVWVhfLVDl 1985] fizaVsM vWV n xOguZesaV izsl] ckWEcs] 1988

vizdkf'kr ,e~-fQy o ih,p- Mh- izca/k

1- lax'ksV~Vh vkj- ,e~- ,U'k.V fgLVªh vkWQ lksykiwj fMfLVªDV] vuifCy'k ,e~- fQy Ms>jVs'ku lcfeVsM Vw f'kokth ;qfuOgflZVh] dksYgkiwj] 1997

2- HkksGs ch- ,y~- 'ksrdjh dkexkj i{k] vuifCy'k ih,p~- Mh- Fkslhl lcehVsM Vw ukxiwj ;qfuOgflZVhZ ukxiwj] 1992

3- Ykksa<s ch- ds- fgLVªh vkWQ lkaxksyk] vuifCy'k ,e~- fQy- Ms>jVs'ku lcfeVsM Vw f'kokth ;qfuOgflZVh] dksYgkiwj] 1986

4- xk;dokM vkj- ds-] iqfyfVdy odZ vkWQ rqG'khnkl tk/ko] vuifCy'k ih,p~-Mh- Fkslhl lcfeVsM Vw f'kokth ;qfuOgflZVh] dksYgkiwj] 1996

5- xk;dokM ,l~- ,u~- odZ vkWQ 'ksrdjh dkexkj i{k bu lksykiwj fMfLVªDV 1948&1980- vuifCy'k ih,p~- Mh- Fkslhl lcfeVsM Vw f'kokth ;qfuOgflZVh] dksYgkiwj] 2002

nq,;e lk/kus

1- vkanwjdj O;a- xks-] thou n'kZu] uanu izdk'ku iq.ks] 1997
2- vkanwjdj O;a- xks-] p.ks [kkos yks[kaMkps] lksykiwj] 1985
3- vkanwjdj O;a- xks-] lksykiwj ek'kZy ykW vkf.k pkj gqrkRes] lksykiwj] 1954
4- nslkbZ ckcklkgsc] Hkkjrh; 'ksrdjh dkexkj i{kkps jktdkj.k] dksYgkiwj] 1983
5- fMldGdj Mh- ch-] egkjk"Vªkpk izkphu bfrgkl vkf.k laLd`rh] iq.ks] 1987
6- tks'kh Ogh- ,l~- uxjikfydk vf/kfu;e 1965] Kkufni izdk'ku iq.ks] 1980
7- dkiM.khl n- xks- iapk;r jkt Hkkx & 1] nRr izdk'ku ukf'kd] 1963
8- doBsdj fo- xks-] ¼laiknd½] lkaxksys uxjifj"kn lkaxksys Lejf.kdk] ia<jiwj] 1979
9- ykM th- Mh] isVysys ikjra«; vkf.k /kqelrs Lokra«;] iq.ks] 1986
10- ekus ch-Vh- ¼laiknd½] fn lksykiwj fM- ls- dks&vkWi- c¡d fy- lksykiwj] ve`r egksRloh o"kZ 1992&93 Le`frxzaFk] lksykiwj] 1992
11- eksjs 'kadjjko] ek>h dSfQ;r] dksYgkiwj] 1976
12- eksjs 'kadjjko] 'ks-dk-i- vk<kok vkf.k vkjk[kMk] vkfyckx] 1983
13- ukbZduojs Mh- ih- ¼laiknd½] vkenkj HkkbZ jkÅG Lejf.kdk] ia<jiwj] 2000
14- ikVhy ,u~- Mh- Hkkjrh; 'ksrdjh dkexkj i{k 8 os vf/kos'ku] Bjko] eqacbZ] 1965

15- isaMls ykyth] egkjk"Vªkps egkeaFku] eqacbZ] 1965

16- QMds ok;- Mh- ds'kojko ts/ks] iq.ks] 1982

17- QMdqys ,u~- ts- o unkQ vftt] dFkk ,dk fo'okljkokph eksgksG] 1988

18- QM.khl txu] lRrsps eksgksjs % egkjk"Vªkrhy dk¡xzslps jktdkj.k] eqacbZ] 1977

19- QM.khl txu] 'ks-dk-i- 'ksrdjh] dkexkj i{kkps jktdj.k] dksYgkiwj 1978

20- QkVs fo- dksa-] HkVdarh] iq.ks] 1986

21- Ikksrnkj ,e~- ,e~- 'kkghj QkVs lkfgR; Lo:i] eksgksG] 1986

22- lkGqa[ks ,-ch-] ns'kHkDr rqG'khnkl tk/ko xkSjo xzaFk] iq.ks] 2002

23- rkifM;k lqjs'k] >aqtkj lsukuh] ykrwj] 1994

24- ;soys ,l~- ch-] lksykiwj ftY;krhy Lokra«; y<k] eqacbZ

25- QkVs fo-dks- ckcwjko ikVhy & vuxjdj ,d >atkor] eksgksG] 1980

26- baxoys d`".kk ¼laiknd½] panu HkkbZ txUukFkjko fyxkMs pWfjVscy VªLV] vdksyk rk- lkaxksyk] 2008

27- pOgk.k i`Fohjkt Hkhejko] vlkgh ,d ek.kwl] lkaxksys] 2008

28- baxGs o- u-] egkjk"Vªkps f'kYidkj HkkbZ m/nojko ikVhy] eaqcbZ] 2003

29- dqjdqjs r- Hkk-] [kklnkj 'kadjjko eksjs fopkj n'kZu] iq.ks] 1991

30- dkerdj O;adVs'k] egkjk"V^akps f'kYidkj Lokra«;lsukuh rqG'khnkl tk/ko'] eqacbZ] 2005

orZek.ki=s

1- nSfud uok dkG ¼1946½
2- nSfud lksykiwj lekpkj ¼1948&1978½
3- nSfud fo'olekpkj ¼lksykiwj½ 1977
4- nSfud lapkj ¼lksykiwj½ ¼1962&2005½
5- nSfud egkjk"Va VkbZEl ¼iq.ks½ ¼1965&1979½
6- nSfud ejkBk ¼eqacbZ½ 1957] 1958] 1974] 1975
7- nSfud iq<kjh ¼dksYgkiwj½ 1948] 1962] 1971] 1979
8- nSfud dsljh ¼iq.ks½] 1975] 1985] 1992
9- nSfud ldkG ¼iq.ks½] 1962] 1987] 1989] 1990
10- nSfud r:.k Hkkjr ¼csGxko½] 1976] 1983] 1989
11- nSfud yksder ¼lksykiwj½] 1998

lkIrkfgd

1- dYir: vkf.k vkuano`Rr ¼lksykiwj½ 1948& 1961
2- tulRrk ¼iq.ks½] 1949&1950
3- fnO;'kfDr ¼lksykiwj½ 1951&1955
4- uo'kfDr ¼eqacbZ½ 1952&1955
5- lkaxksyk VkbZEl 1999
6- ek.kns'k lekpkj ¼lkaxksyk½ 1988 & 2005
7- ek.kns'k o`Rr ¼lkaxksyk½ 1986&1988
8- lkaxksyk laink ¼lkaxksyk½ 1988
9- xksQ.k ¼ia<jiwj½ 1986
10- ca/kq izse ¼lksykiwj½ 1998

ikf{kd

1- laxzke ¼lkaxyh½ ¼jk;xM½ 1971&2005

ifjf'k"V

lksykiwj ftYgk ifj"knsrhy 'ksrdjh dkexkj i{kkps lnL;

tkr uko o"kZ

ejkBk ,l~-,e~- iVhy 1979&1992
ejkBk panzdkar fuackGdj 1979&1992
/kuxj jkepanz ok?keksMs
1979&1992
ejkBk txUukFk fyxkMs 1979&1992]
1992&1997
/kuxj txUukFk dksGsdj 1979&1992]
1997 e`R;qi;Zr
ejkBk vk..kklkgsc ?kkMxs
1979&1992
ejkBk ekf.kdjko iVhy 1979&1992
HkksbZ okeu dkacGs 1979&1992
HkksbZ Hkhejko eqa<s
1979&1992
/kuxj uhykorh ljxj 1992&1997
ok.kh olarjko iVhy 1992&1997
ejkBk 'kgkthjko uyoMs 1992&1997
ejkBk rkjkckbZ ckcj 1992&1997
ejkBk lqHkk"k Mqjs& ikVhy
1992&1997
/kuxj g.kear caMxj 1997&2002
ejkBk lqfuy ckcj 1997&2002
egkj rkukth lq;Zxa/k 1997&2002
/kuxj dYiuk f'kaxkMs 1997&2002
/kuxj lquank rjaxs 1997&2002
ekGh 1997&2002

[kjkr 1997&2002

vkIiklkgsc ckcj 2002 &

e`R;qi;Zar

/kuxj laHkkth vkynkj 2002

egkj m/no ljrkis 2002

ekax efu"kk dkacGs 2002

fdlu ekus 2002

lkaxksyk iapk;r lferhrh 'ksrdjh dkexkj i{kkps lnL;

tkr uko o"kZ

ejkBk fyxkMs ts- ,u~- 1979&1992] 1992&1997

/kuxj ns'keq[k ch- ok;- 1979&1992

ejkBk ?kqys ,-Vh- 1979&1992

ok.kh ikVhsy Ogh- ,- 1979&1992] 1992&1997

/kuxj ok?keksMs vkj- ,e~- 1979&1992

/kuxj dksGsdj ts-,e~- 1979&1992

/kuxj ikVhsy ,l~- ds- 1979&1992] 1992&1997

eksnh lqHkk"k okypan 1979&1992

yks[kaMs dsjkIik ek:rh 1979&1992

ekGh vknkVs vs- ,u~- 1979&1992

ejkBk [kaMkxGs vkj- ,e~- 1979&1992

eqLyhe eqtkoj ,u~- ,e~- 1979&1992

egkj ljrkis ds- Mh- 1979&1992

ejkBk uyoMs ,- ih- 1979&1992

/kuxj ljxj fuykorh 1992&1997

ejkBk	ckcj rkjkckbZ	1992&1997
/kuxj	dksdjs lqf'kykckbZ	1992&1997
ejkBk	iokj lqeu	1992&1997
/kuxj	'ksaMxs ne;arh	1992&1997
/kuxj	[kkaMsdj ,e~- Mh-	1992&1997
/kuxj	ikVhy Ogh- Vh-	1992&1997
/kuxj	ok?keksMs eaxy	1992&1997
egkj	tx/kus ,l~- vkj-	1992&1997
/kuxj	pkSxqys dqlqe	1997&2001] 2001&2006
ekax	dkacGs Hkkjrh	1997&2001] 2001&2006
/kuxj	vkynj ch- ,l~-	1997&2001] 2001&2006
/kuxj	dksGsdj ds- ch-	1997&2001] 2001&2006
ejkBk	?kkMxs izfeyk	1997&2001] 2001&2006
/kuxj	<ks.ks vkj- ,l~-	1997&2001] 2001&2006
egkj	dkVs vkj- ch-	1997&2001] 2001&2006
/kuxj	ikVhy vkj- ,l~-	1997&2001] 2001&2006
ejkBk	tk/ko vkj- ,u~-	1997&2001] 2001&2006
ejkBk	xOgk.ks ,- ch-	1997&2001] 2001&2006

ejkBk dkf'kn vkj- ih- 1997&2001]
2001&2006

lkaxksyk uxjifj"knsrhy 'ksrdjh dkexkj i{kkps lnL;

tkr uko o"kZ
ekGh cudj ,e~- Vh- 1985&1990]
1991&1996
ejkBk fcys ch- Ogh- 1985&1990
dks"Vh nkSaMs ,l~- ch-
1985&1990
/kuxj iqtkjh Ogh- Mh- 1985&1990
dks"Vh pkaMksys ch- Mh-
1985&1990
egkjk culksMs ch- ds- 1985&1990
ekGh ekGh ih- ,- 1985&1990]
1991&1996]
2001&2006
gksykj xstxs ,u~- ,u~-
1985&1990
ekGh tk/ko th- ts- 1985&1990]
1999&2001
ekGh Qqys vkj- th- 1985&1990
ejkBk dsnkj ch- th- 1991&1996
dks"Vh pkaMksys iq"ikrkbZ
1991&1996
/kuxj <sjs ts- ,- 1991&1996
ekGh tk/ko ih- Mh- 1991&1996
/kuxj ekus th- ,e~- 1991&1996
egkj lkfnyxs 'kkyu 1991&1996

egkj culksMs th- ,- 1991&1996
ok.kh rksMdjh vkj- ts- 1991&1996]
1996&2001]
2001&2006
ejkBk Hkkdjs ,y- Ogh- 1991&1996]
1996&2001]
ejkBk lqjols Mh- ds- 1991&1996
ok.kh yks[kaMs ,l~- ch- 1991&1996
ok.kh likVs ,l~- vkj- 1991&1996
Egs=s jatuk 1991&1996
czkã.k Hkkslsdj ,l~- Ogh- 1991&1996]
1996&2001]
2001&2006
rsyh rsyh Nk;k 1991&1996
Egs=s Ogh- ch- 1991&1996
ejkBk pOgk.k Ogh- ch- 1991&1996
eqLyhe rkacksGh vkj- ,l~- 1996&
2001
ekGh jkÅr ch- ,- 1996& 2001
/kuxj eLds ¼lkS½ ,l~- ,l~- 1996& 2001
dks"Vh pksFks ,l~- vkj- 1996&
2001
eqlyeku 'ks[k ¼lkS½ ,- ,- 1996&
2001
ekGh cudj ¼lkS½ ,l~- ,e~- 1996& 2001
egkj culksMs ¼lkS½ Ogh- th- 1996& 2001
ekGh tk/ko ,l~- Mh- 2001& 2006
eqLyhe 'ks[k 'kckuk 2001& 2006
/kuxj xkoMs ,l~- ,- 2001& 2006

ekGh	cudj ,l~- Mh-	2001& 2006
ejkBk	iokj ,u~- ch-	2001& 2006
ekax	dkacGs :ikyh	2001& 2006
dks"Vh	fnoVs :ikyh	2001& 2006

Lkksyikiwj ftYgîkrhy “ksrdjh dkexkj i{kkps dk;Z 1980&2005

MkW- ,l- ,u- xk;dokM

LAXMI BOOK PUBLICATION
2016

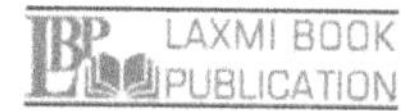

Price: 350/-

Lkksykiwj ftYgîkkrhy 'ksrdjh dkexkj i{kkps dk;Z 1980&2005

MkW- ,l- ,u- xk;dokM

Email ID: sanjaykumar3505@rediffmail.com

ISBN– 978-1-365-52651-0

Published by,
Lulu Publication
3101 Hillsborough St,
Raleigh, NC 27607,
United States.

Printed by,
Laxmi Book Publication,
258/34, RaviwarPeth,
Solapur, Maharashtra, India.
Contact No. : 9595359435
Website: http://www.isrj.org
Email ID: ayisrj@yahoo.in

Pune Branch Address

SR No 33/8/6 WadgaonBk AT No 10
DnyaneshApart , Pune -411041
Email Id :- ayisrjpune@gmail.com / lbppune@gmail.com

izkLrkfod

^lksykiwj ftYákrhy 'ksrdjh dkexkj i{kkps dk;Z ƒ‹Šå&„åå‡* gs iqLrd vkiY;k gkrh nsrkuk eyk euLoh vkuan gksr vkgs- gs iqLrd Eg.kts eh fo|kihB vuqnku vk;ksx] uoh fnYyhP;k çknsf'kd dk;kZy;] iq.ks ;kauk ^odZ v,Q 'ksrdjh dkexkj i{k bu n lksykiwj fMfLV^aDV ƒ‹Šå&„åå‡* gk y?kw la'kks/ku çdYi lknj dsyk gksrk R;kps gs xzaFk:i vkgs-

vkt çknsf'kdp uOgs rj LFkkfud bfrgklkyk egRo fnys tkr vkgs- lexzy{kh ¼eWØks½ bfrgklkdMwu ikf'pekR; bfrgkldkj vkrk lw{ey{;h ¼ek;Øks½ bfrgklkdMs oGys vkgsr- j¡ds] e,elsu ;kaP;klkj[ks ikf'pekR; bfrgkldkj rlsp tnqukFk ljdkj] fo- dk- jktokMs] xks- l- ljnslkbZ] oxSjs Hkkjrh; bfrgkldkj vLly nLr,sot 'kks/kwu R;kaP;k HkDde vk/kkjkoj bfrgklys[ku djhr vlr- ;qjksi&vesfjdsrhy vktps bfrgkldkj Qä fyf[kr iqjkO;kojp fHkLr Bsor ukghr- ekSf[kd bfrgklkP;k e;kZnk o /kksds y{kkr ?ksÅu R;kpk loax okij dsyk tkr vkgs- xsY;k iUukl o"kkZiklwu egRokP;k ?kMkeksMha'kh lcaf/kr O;ähaP;k vusdnk eqyk[krh ?ksÅu R;kauh fnysY;k rksaMh iqjkO;kph 'kgkfu'kk dsyh tkrs- dkxni=kr d/khgh uewn u

>kysY;k i.k iM|kvkM ?kMysY;k xks"Vh letkowu ?ksÅu vkt jktdh; bfrgklkpsgh ys[ku dsys tkr vkgs- dkghosGk lk/kukaph derjrk vlrkuk ,sfrgkfld ys[kukr çR;{k eqyk[krh vkf.k brj lk/kukapk la'kks/kukr okij d:u bfrgkl ys[ku dsys tkrs- LFkkfud bfrgkl ys[ku djrkuk ;k loZ ckchapk fopkj d:u vLly ,sfrgkfld ys[ku d:u bfrgklkps la'kks/ku gks.ks vko';d vkgs- ;k loZ ckchapk fopkj d:u eh lnj iqLrdkps ys[ku djrkuk Š*f* O;ähaP;k çR;{k eqyk[krh vkf.k vLly nLr,sot ;kapk vk/kkj ?ksÅu eh gs la'kks/ku dsys vkgs- lektkrhy fofo/k Lrjkrhy O;ähae/;s 'ksrdjh] dkexkj] 'ksretwj] O;kolkf;d] f'k{kd] çk/;kid] M,DVj] odhy] fofo/k i{kkps usrs vkf.k lkekU; ek.kwl ;kaP;k eqyk[krhe/kwu eh ek>s la'kks/ku iw.kZ dsys vkgs-

folkO;k 'krdkP;k pkSF;k n'kdkr egkjk"Vªkr d,axzsle/;s fofo/k xVckthyk m/kk.k vkys gksrs- R;ke/;s nso&nsofxjhdj ;kapk ,d xV] ds'kojko ts/ks&xkMxhG ;kapk nqljk xV] o lektoknkpk iqjLdkj dj.kkÚ;kapk frljk xV ;kapk lekos'k gksrks- fnolsafnol R;kaP;krhy la?k"kZ ok<rp gksrk- *f*‹…‰ P;k çkafrd dk;nseaMGkP;k fuoM.kqdhiklwu oSpkfjd la?k"kkZlgh lq#okr >kysyh fnlwu ;srs- Hkfo";kr ;k ns'kkP;k gkrkr laiw.kZ Lokra«;kph lÙkk ;s.kkj gksrh- ;k lÙkspk mi;ksx 'ksrdjh] dkexkj ;kaP;k vf/kdkf/kd Qk;|klkBh d:u lÙkspk ifjikd 'ksrdjh dkexkj jkT;kr gks.ks vR;ar xjtsps vlY;kus nsokph vkGanh ;sFks fnukad å… v,xLV *f*‹†‰ jksth d,axzsl varxZr 'ksrdjh dkexkj la?kkph ?kVuk o dk;ZØe r;kj dj.kslkBh 'kadjjko eksjsaP;k v/;{krs[kkyh uÅ t.kkaph lferh useyh- R;kauh r;kj dsysY;k nLr,sotkoj ƒ„ lIVsacj ƒ‹†‰ P;k lHksr eatqjhoj f'kDdkeksrZc dsys- ƒ… twu ƒ‹†Š jksth iq.ks ;sFks i{kkP;k dk;ZdR;kZaph cSBd Hkjyh vlrk ;k cSBdhe/;s i{kkps uko ^'ksrdjh dkexkj i{k* vlkos vls Bjys- ;kpcjkscj la?kVusP;k –"Vhus ftYgk o rkyqdk lfeR;k LFkkiu dj.;kpk fu.kZ; ?ks.;kr vkyk- ;k i{kkus egkjk"VªkP;k jktdkj.kkr vkf.k lektdkj.kkr 'ksrdjh] dkexkj] etwj ;kaP;k fgrklkBh egkjk"VªkP;k fof/keaMGkr vkf.k fnYyhP;k yksdlHksr vkokt mBfoyk- Lokra«;kuarjP;k loZ fuoM.kqdkr ;k i{kkus ?ko?kohr ;'k feGfoys rlsp lektdkj.kkr ;k i{kkus lkekU; tursP;k] 'ksrdjh] 'ksretwj] dkexkj ;kaP;k ç'ukoj jkT;Hkj fofo/k vkanksyus dsyh- vkf.k R;kauk U;k; feGowu ns.;kpk ç;Ru dsyk- ;k i{kkP;k yksdkauh lgdkj pGoGhP;k ek/;kekukrwu fofo/k fBdk.kh lgdkjh lk[kj dkj[kkus] lwrfxj.;k] etwj laLFkk] nq/k laLFkk] fodkl lsok lkslk;Vîk bR;knh laLFkk LFkkiu d:u 'ksrdjh] 'ksretwj ;kaP;k gkrkyk dke feGowu ns.ks vkf.k R;kaps thoueku mapkfo.ks ;klkBh tk.khoiwoZd dk;Z dsysys vkgs- 'ksrdjh dkexkj i{kkps gs mfî"V lk/; dj.;kps dke egkjk"Vªkr dsysys vkgs- lnj iqLrdkr eh lksykiwj ftYákrhy 'ksrdjh dkexkj i{kkus lkekU; ek.klklkBh mHkkjysys y<s] vkanksyus] ekspsZ vkf.k R;kauh LFkkiu dsysY;k fofo/k lgdkjh laLFkkaP;k ek/;ekrwu lkekU;kaps thoueku mapfo.;klkBh dsysY;k fofo/k çdkjP;k dk;kZus eh ;k vH;klfo"k;kdMs oGyks-

lnj fo"k;kps la'kks/ku djrkuk eyk vusd yksdkaps ekxZn'kZu vkf.k lgdk;Z ykHkys vkgs- ;ke/;s vknj.kh; vkenkj HkkbZ x.kirjko ns'keq[k] ekth vkenkj HkkbZ ,u- Mh- ikVhy] ekth vkenkj HkkbZ ,l- ,e- ikVhy] HkkbZ txUukFk fyxkMs] HkkbZ jkepaæ ok?keksMs] HkkbZ ekf.kdjko ckcj lj] HkkbZ paædkar dqeBsdj] çk- ukuklks fyxkMs ek>s xq#o;Z M,- ek/ko ij'kjke ikVhy] M,- ,- vkj- Hkkslys] çkpk;Z M,- Vh-,l- ikVhy] çkpk;Z M,- vkj- ,l- eksjs M,- Mh- ch- eklkG] M,- vouh'k ikVhy] M,- ,l- ih- f'kans] çk- M,- lqHkk"k ok?kekjs Mksaxjxko rk- lkaxksyk] eqacbZ ejkBh xzaFklaxzgky;] cW ckGklkgsc [kMsZdj xzaFkky;] f'kokth fo|kihB dksYgkiwj] egkjk"Vª fof/keaMG lfpoky; xzaFkky;] eqacbZ] Jherh lh- ch- 'kkg efgyk egkfo|ky;kps in~eJh foB~Bynkl gdepan 'kkg xzaFkky; lkaxyh] fgjkpan usepan okpuky;] lksykiwj bR;knh xzaFkky;kps xzaFkiky vkf.k brj deZpkjh ;kaps lgdk;Z feGkys R;kcíy eh R;kaps vkHkkj ekurks- vkeP;k Jh xqtjkrh lsok lekt lkaxyhps ek- v/;{k] ek- lfpo] vkf.k loZ inkf/kdkjh rlsp vkeP;k egkfo|ky;kps çkpk;Z rlsp ek>s loZ lgdkjh çk/;kid ca/kw&Hkfxuh rlsp egkfo|ky;krhy lsod oxZ ;k lokaZuh eyk la'kks/kuklkBh çksRlkgu] ekxZn'kZu] vkf.k lgdk;Z dsys- R;kcíy eh lokaZpk vkHkkjh vkgs-

ek÷;k ;k la'kks/ku dkekr eyk iw.kZi.ks eksdGhd ns.kkjh vkf.k eyk vH;klklkBh osG ns.kkjh ek>h iRuh lkS- lqjs[kk lat;dqekj xk;dokM rlsp ek>h eqys fp- jksgu] dq- Jstk rlsp ek>s vkbZ&oMhy Jh ukenso Hkkuqnkl xk;dokM] lkS- foBkckbZ ukenso xk;dokM ;kauh eyk f'kd.;kph vkf.k la'kks/kukph çsj.kk fnyh R;kcíy R;kaps vkHkkj- ;kpcjkscjp Jh /kksaMhjke fganqjko f'kans] lkS- dey /kksaMhjke f'kans] yks.kkfojs ;sFkhy iksLV ekLrj vkuank ek#rh f'kans ;k lokaZpsgh eu%iwoZd vkHkkj-

fo|kihB vuqnku vk;ksxkps çknsf'kd dk;kZy;] iq.ks ;kauh eyk y?kw la'kks/ku çdYi eatwj d:u Hkj?kksl vkfFkZd enr dsyh R;kcíy R;kaps gh eu%iwoZd vkHkkj- 'ksdkips lksykiwj ftYákrhy loZ vkth ekth inkf/kdkjh] y{eh cqd ifCyds'ku lksykiwj] yqyw ifCyds'ku ;quk;VsM LVsV~l v,Q vesfjdk] ;kaps eu%iwoZd vkHkkj-

M,- ,l- ,u- xk;dokM

vuqØef.kdk

www.ingramcontent.com/pod-product-compliance
Lightning Source LLC
LaVergne TN
LVHW092346220825
819400LV00031B/249

* 9 7 8 1 3 6 5 5 2 6 5 1 0 *